47都道府県・
民話百科

花部 英雄 編
小堀 光夫

丸善出版

まえがき

　かれこれ40年前、私が大学生だった頃、「いずれ昔話は消えてしまう」「今、採集しておかないと無くなってしまう」という切迫した言葉に促されるように、使命感にも似た思いでフィールド調査に出かけた記憶がある。あれから40年後、確かに民俗社会から昔話は消えてしまった。もう、フィールドで昔話調査ができる環境では無くなってしまった。

　ただ、「民俗社会」は消えたが、「昔話」が消えたわけではない。居場所を民俗社会から他に移し替えたというのが正しい認識であろう。「囲炉裏端を囲んで」「コタツに入って」聞いていた民俗社会の昔話は消えてしまったが、今、昔話は母子のいる家庭や、図書館の語り聞かせの場、幼稚園・小学校の語りの時間、地域コミュニティ・観光地の語りの場等に、居場所を移しつつ存在している。なぜ入れ物である社会が激変、消滅したのに、入れ物の中の昔話は消えないのか。あるいはなぜ、社会的存在である人間は昔話を手放さないのか、疑問が残る。

　これには三木成夫著『胎児の世界―人類の生命記憶―』（中公新書）がヒントを与えてくれる。同書に、受胎40日過ぎの羊水の中の胎児の顔と、ラブカ（サメの一種）やムカシトカゲ（ニュージーランドに生息するトカゲ）、ミツユビナマケモノの顔とを比較した写真を載せている。それぞれの動物の顔相の写真が胎児の顔とよく似ているのを見ていると、ドイツ・ベッケルの「個体発生は系統発生を繰り返す」という言葉が腑に落ちる。魚類から爬虫類、鳥類を経て哺乳類に至る、30億年の生物発生の歴史が、一人の胎児の誕生の場合に繰り返されるというのは、不思議そのものである。

　ところで、胎児の誕生の神秘は、子どもの成長の過程でも見られる。幼児から幼稚園児あるいは小学低学年の頃の児童が、「声の昔話」を通して、物語想像力を一気に膨らませ、心の成長を遂げていくとする「発達心理学」の知見は、これも驚くべきことである。昔話が子どもの成長に必須であったという事実は、民俗社会から現代社会へと外装が変化することなど微々たるものでしかない。民族や言語の差を超え、世界中に共通する昔話があることも、子どもの生育に昔話が不可欠である証拠といえよう。

さて、本書では47都道府県の地域別の民話（昔話、伝説、世間話）を取り上げ、地理・歴史的特性やその意義などを含めたコメントを付している。本書をどのように楽しみながら読むかの一方法を示してみたい（なお、昔話・伝説・世間話の違いについては、第一部「概説」を参照されたい）。

　昔話は全国に類話はあるが、それでも注意しながら見ると地域ごとの独自性や違いがある。気候や地勢、歴史などといった土地特有の属性よって、昔話にも変化が見られるからである。その違いこそが昔話研究の大事な点でもある。昔話は事実そのものではなく人間的真実を語るものとして、地域の生活人の実感がうかがえるものである。

　伝説はよく「〇〇伝説」の形で、地域性、事件性を強く主張する。時代や歴史的環境、生活と直結する話題も多い。現在もその場所や痕跡が残されており、特定の歴史的事件とかかわる説明をされることも多い。もちろん歴史そのものとはいえないが、伝説には地域の歴史語りの側面がある。その伝説をツールに歴史散歩や、新たな地域発見へと利用する楽しみ方もある。

　世間話は変人・奇行の持ち主や狐狸の話、妖怪変化、不思議な現象など、近代以前からの不可思議な事柄への興味関心に彩られている。現在のメディア環境や通信技術などの急激な進歩によって、それらは様変わりしつつある。ツイッターなど瞬時に拡散する膨大な現代の情報の海の中では、地域のローカルな世間話への興味は消えかかっている。しかし、逆にいえば本書のローカルな世間話情報はレトロ感もあり、一昔前の地域の生活環境にいた人々の生の姿を思い出させる。故きを温ねて新しきを知るのも、現代ではゆとりのなせる技といえるのではないだろうか。

2019年11月

編者を代表して
花　部　英　雄

目　次

第Ⅰ部　概　説

1．民話とは何か
「民話」という用語　2／民話の3ジャンルの比較　3／昔話とは何か　4／伝説とは何か　5／世間話とは何か　6

2．民話の移り変わり
昔話の移り変わり　7／伝説の移り変わり　9／世間話の移り変わり　10

3．民話と地域性
昔話の地域性と標準化　12／伝説の地域性　14／世間話の地域性　15

4．民話の役割
昔話の役割　16／伝説の役割　17／世間話の役割　18

第Ⅱ部　都道府県別にみる民話とその特色

北海道　22 / 青森県　28 / 岩手県　33 / 宮城県　39 / 秋田県　45 / 山形県　51 / 福島県　57 / 茨城県　63 / 栃木県　69 / 群馬県　75 / 埼玉県　81 / 千葉県　86 / 東京都　92 / 神奈川県　98 / 新潟県　104 / 富山県　110 / 石川県　116 / 福井県　122 / 山梨県　128 / 長野県　134 / 岐阜県　140 / 静岡県　146 / 愛知県　152 / 三重県　158 / 滋賀県　164 / 京都府　170 / 大阪府　176 / 兵庫県　181 / 奈良県　187 / 和歌山県　193 / 鳥取県　199 / 島根県　204 / 岡山県　209 / 広島県　214 / 山口県　220 / 徳島県　226 / 香川県　232 / 愛媛県　238 / 高知県　244 / 福岡県　250 / 佐賀県　255 / 長崎県　261 / 熊本県　267 / 大分県　273 / 宮崎県　279 / 鹿児島県　285 / 沖縄県　291

付録　民話を「学びたい」・「聞きたい」・「語ってみたい」人のための
　　　諸団体一覧　297

参考文献一覧　303
編者・執筆者一覧　330
事項索引　332
人名索引　338

【補遺】
　語り手の氏名には通常、「翁」「媼」を付けるが、本書ではすべて敬称を割愛した。

第Ⅰ部

概　説

1. 民話とは何か

「民話」という用語

　本書が書名に用いた「民話」の語の解釈を、「民衆、庶民の話」ととらえる見方と、「民間説話」の略称とする見方とがある。民話という言葉が示す内容について昔話や伝説、世間話（この三者については、次章で詳しく触れる）とする点では一致するのに、語の解釈に違いがあるのは、その背景に民話に向かう立場や評価の相違が関係しているようである。

　戦時中の国粋主義的な風潮から解放された戦後は、民衆こそが社会や歴史の主役だとする考えが台頭してきた。その流れを受けるように、木下順二を中心とする「民話の会」が生まれ、『民話』という雑誌が刊行された。活動の基調は、民衆が生活における喜怒哀楽や笑いを込めて伝えてきた話を、積極的に評価していこうとする姿勢にあふれていた。

　一方、それ以前の昭和初めごろから昔話や伝説などを採集し、研究を続けてきた柳田國男などの民俗学研究者は、民話という用語の使用を避けていた。しかし、中には関敬吾のように民話という語を、為政者や官制のものではない、一般庶民が伝えてきた話であるとして、「民間説話」の略語として使う人もいた。純粋に学術的な用語とする認識である。

　ところで、民話に対する姿勢や評価が違うこの二つの立場は、現在においても微妙にその影を引きずっているようである。民話を学校や図書館で子どもに語りをしたり、老人養護施設や観光地などで語ったりする語り手のグループたちは、積極的に民話ということばを使用し、また民話を昔話と同義語に使ったりする。一方、昔話や伝説研究者は民話ということばを使わず、学術用語の昔話、伝説を用いて表現する。しかし、両者の違いは民話へのアプローチ、運動の違いでもあり、互いの差異を認め合うことが肝要であろう。

　さて、いくぶんややこしい話題から始めてしまったが、本書では「国民的財産」である民話を、誰もが利用、享受するものとして、また、多様な

立場や関心を尊重する考えのもとから、民話をめぐる問題に触れてきた。次に、民話の情報や意義、その特性などに言及していくが、その前に民話の対象となる昔話、伝説、世間話の区別について、大まかな違いを明らかにしておこう。

民話の３ジャンルの比較

　庶民の日常世界では、声による散文的な表現としては、語り物を除いた昔話や伝説、世間話が主要なものとして長く伝えられてきた。そのことは、それぞれの役割と必要があったからで、それが独自の形態を形成してきたと考えるのが自然であろう。声による散文の三つのジャンルの性格や特徴などを大まかにとらえるために、表「民話の比較表」を参考に、これに基づいて説明していきたい。

　取り上げる比較項目は、民話の主な「享受者」、民話の「叙述法」の特徴、民話の「内容」および、その世界が示す「時空」、そして、それぞれの「目的／特性」についてである。

　昔話は、子どもに様式性のある非現実の物語を娯楽として聞かせ、子どもの情操や心の成長をはかる目的で行われる。それに対し伝説は、若者が地域社会での自立に向け、過去の出来事や謂れを知識として学習していくもので、口頭に限らず文字をも手段として用いることが多い。また世間話は、対面者同士が現実の事件や噂など興味本位の話を、情報伝達やコミュニケーションをはかる目的で行われる。この三つのジャンルの比較は、民話を享受する主体を中心に構想し、民話の役割に重きを置いたものである。続いて、それぞれのジャンルの特性について詳しく取り上げていきたい。

表　「民話の比較表」

	享受者	叙述法	内　容	時　空	目的／特性
昔　話	子ども	語り　様式性	物語	超時空	娯楽　情操　教育
伝　説	若　者	無形式　記録化	謂れ	過去	知識　信憑性
世間話	大　人	話　会話	奇事異聞　噂	現在	情報伝達　挨拶

昔話とは何か

柳田國男は「子供の為の話又は子供に向く文藝、そんなものは元は村にはなかつた」(「桃太郎の誕生」)と述べ、昔話の童話化は江戸の「赤本」などの影響と考えていたが、しかし、世界的視野からみても昔話は子どもが享受してきたことに間違いない。ここでは子どもの視点から日本の昔話の特性を取り上げていこう。

昔話世界の全貌を把握するためには、昔話話型の輪郭をおさえておく必要がある。日本の昔話を整理し体系化したものに『日本昔話名彙』(柳田國男)や『日本昔話大成』(関敬吾編)、『日本昔話通観』(稲田浩二・小澤俊夫編)などがある。ここでは『日本昔話大成』についてみていこう。関敬吾はフィンランドのアンティ・アールネの「国際昔話話型カタログ(ATU)」に倣いながら、日本の昔話を「動物昔話」「本格昔話」「笑話」に３分類し、中間項目に「話群」を設け、その下に1,100余りの「話型」を配置した。話群は次のとおりである。

〈動物昔話〉　一動物葛藤　二動物分配　三動物競走　四動物競争　五猿蟹合戦　六勝々山　七古屋の漏　八動物社会　九小鳥前生　十動物由来　十一新話型

〈本格昔話〉　一婚姻・異類聟　二婚姻・異類女房　三婚姻・難題聟　四誕生　五運命と致富　六呪宝譚　七兄弟譚　八隣の爺　九大歳の客　十継子譚　十一異郷　十二動物報恩　十三逃竄譚　十四愚かな動物　十五人と狐　十六新話型

〈笑　　話〉　一愚人譚　A愚か村　B愚か聟(息子)　C愚か嫁　D愚かな男　二誇張譚　三狡智譚　A業比べ　B和尚と小僧　四狡猾者譚　Aおどけ者　B狡猾者　五形式譚　六新話型　七補遺

「笑話」は現実の大人社会での笑いをテーマにしたもので、一般に子どもとのかかわりは薄く、したがってここでは笑話は別にして、動物昔話と本格昔話の話群に注目したい。関敬吾が取り上げた話群は、主人公を中心に婚姻から誕生、成長といった「人の一生」を念頭に配列されている。そして、成長段階での葛藤や運命や致富、呪宝など人生の関心事に加え、異郷や異郷からの逃竄、動物などを並べている。一見すると、これらは現実

社会の反映のようにみえるが、異類や動物、異郷、運命、呪宝などは現実の大人社会とは関連が薄い。しかし、子どもの世界観とは矛盾しない。幼稚園児が描く空想的な世界では、異類や動物、異郷、呪宝などが現実の続きのように現れる。

つまり、本格昔話の世界は、子どもの心理や世界観に基づいて構想されているようにみえる。これに動物昔話を加え、昔話は子どもに馴染みやすい話題によって形成されているといえよう。もちろん昔話は大人から提供されるが、子どもの発育に寄り添いながら、興味関心を呼び起こす工夫がされた結果を提供しているといえる。関敬吾が日本の昔話を子どもの視点から分類整理したのかどうかの判断は難しいが、そのことを意図してというより、収集した資料の類似性をもとに、分類整理した結果であるととらえることもできる。

ところで、子どもの心理や世界観から構想されているはずの昔話が、「むかしあるところに爺と婆がいて」と始まるのはどうしてかという疑問がある。これについて昔話研究者の稲田浩二は、この爺と婆は「狂言回しの役」であり、芝居などの進行をつかさどる役割と述べている。「桃太郎」の爺婆は鬼を退治する桃太郎を誕生させる役ではあるが、主人公ではない。「猿聟入(さるむこいり)」で畑打ちを猿に頼む爺は、末娘を猿に嫁がせるところで、物語の進行から退場する。稲田は狂言回しの爺婆は、古代の神話や物語における翁(おきな)・媼(おうな)からの伝統を引くものと説くが、それよりも昔話の語り手である爺婆が、物語の初めに登場したと考える方が、現実に即している。若い父母は働き手として忙しく、子どものお守は爺婆の役目であったのが、近代以後も農漁村の実態だったからである。昔話と子どもの関係についての問題は、後の「民話の役割」の章でも触れることにする。

伝説とは何か

昔話は文字を習う前の子どもにとって、物語能力を育成するためにも必要であったのに対し、伝説は特に成人男子の学ぶべき知識であったということについてはすでに述べた。伝説は、一般に「謂れ」「言い伝え」とも称され、物事の由来や来歴、理由などの説明の意に用いられる。近世の頃は、名所(名勝)や旧蹟、奇勝などという用語で示され、土地の歴史や旧

跡、景観のイメージで、伝説は受け止められていたようである。近代に入って、口承文芸（ここでいう民話）の一つのジャンルとして、学問的な意味づけのもとで使われるようになる。

その先駆けは民俗学者の柳田國男で、伝説の内容を『日本伝説名彙』に体系化して示した。その30年後に荒木博之らによって『日本伝説大系』（全14巻）が編まれ、『日本伝説名彙』の増補の役割を果たす。柳田は、伝説が信憑性を高めるために事物や事件などに結び付けられる性質を利用し、木、石・岩、水、塚、坂・峠・山、祠堂の部に6分類し、その下に1,500余の個別の伝説を配置した。伝説が事物の分類下に整然と収まったことで、インデックスとしての利用には便利なものであった。しかし、一方で事件のもつ悲喜劇や虚構をまじえた文学性などが過小評価され、信仰面に頼りすぎた分、社会性の反映に欠けるのではないかという批判があった。そこで柳田の体系に増補する形の『日本伝説大系』が生まれた。

『日本伝説大系』は、『日本伝説名彙』の分類を第二部にそのまま生かし、第一部に創世（成）、巨人、神、仏、精霊、始祖・起源、英雄、長者、聖者などの中分類を新たに加え、第一部を「文化叙事伝説」、第二部を「自然説明伝説」と銘打ち、トータルな伝説体系を目指した。これによって、伝説のもつ歴史性や社会性に加え、人々の生活的な営みが反映されることになった。現在、『日本伝説大系』の分類が多く使用されているようである。

世間話とは何か

社会はさまざまな階層や職種の人々によって構成され、互いが独自に関係を結びながら共存している。古くはこれを「世間」と呼び、この世間を無事円滑に渡っていくためには、成員間において常にコミュニケーションをはかる必要があった。日常の何気ない挨拶や、昵懇の間柄あるいは気の置けない者との会話、初対面同士の相手の顔色を窺いながらの商談など、人との出会いにはさまざまな機会や場があった。その際に不安や緊張を和らげ、互いの理解や意思疎通をはかるために、情報伝達や興味本位の噂話などを媒介に交流を深めてきた。そのために用いられる話を「世間話」と呼んでいる。世間話は社会生活を営む人々の、現実的な要請に基づいて発達してきたメディア（手段）といえる。

従来、世間話を「人間界」「自然界」「異界」の三世界に分けて分類整理してきた。人間界の話には、世間の出来事や事件や災害、人や家の動向などの噂話などが主となる。一方、自然界では動植物や天変地異、自然災害などが話題となることが多く、また、異界は神仏や冥界の話、妖怪、怪異といった現象が取りざたされる。メディアの発達した現代では、テレビのワイドショー番組やスマートフォンのツイッターなどが、現代の世間話の発信、受容となることも多い。いずれも人々の暮らしに直結する関心事が話題となるが、すべてオリジナルなものとは限らない。中にはステレオタイプ化したモチーフや、他ジャンルの話型を利用したものも含まれる。

2. 民話の移り変わり

　民話は「声の言葉」によるコミュニケーションである。昔話は親・祖父母から子・孫への親身な間柄の精神的な交流が中心となる。伝説は地域における先達者から後進の者への世代間の知識、知見の継承である。一方、世間話は大人同士の社会的関係を円滑にする潤滑油の役割を果たしてきた。それぞれの意図や内容の違いはあるとしても、口から耳への声による伝達方法であることは共通している。しかし、「声の言葉」は瞬時に消える運命にある。したがって、録音装置のなかった時代からの「民話の移り変わり」を考えることは、厳密には不可能である。
　ただ、現行の民話と同じ内容やモチーフの記録は残されている。例えば『宇治拾遺物語』の「鬼に瘤とらるゝこと」や、近世の赤本の「桃太郎」などである。それらの記録には、記録者の意図と叙述法があり、声の民話と同列に論じることはできないが、便宜的に大まかな傾向をみることはできる。ここでは、その記録を便りに、その変遷をみていこう。

▌昔話の移り変わり

　『ガイドブック　日本の民話』（講談社、1991）の巻末に「昔話にかかわ

りのある主要な古典」一覧がある。古典の15作品に取り上げられている昔話話型を紹介している。これらの作品と昔話を通史的に概括し、その特徴をラフスケッチすると、次のとおりである。12世紀ごろまでは「神話・説話」時代と呼ぶべき時期で、神話に加え説話が台頭し始め、異界や動物の話がみられるところに特徴がある。続いて15世紀ごろまでは「仏教・唱導」時代で、仏教説話や唱導に伴う縁起譚など、仏教や寺院が庶民の世界に浸透している様子が見て取れる。

17世紀ごろまでは「物語・草子」時代で、御伽草子や狂言などに昔話が取り上げられるが、教訓、説教的というより物語を娯楽として享受するといった態度がうかがえる。続く18世紀の中ごろまでは「咄本・絵本」時代で、出版物に笑話や子ども向け絵本が登場するなど、ビジュアル化の流れといえる。以上は、古代から近世までの文字化された昔話の動向を圧縮したものであるが、文化史の中で昔話がどのように台頭、享受されてきたかの一端がうかがえる。

しかし、繰り返しになるが、これは「声の昔話」の移り変わりではない。それでは、現在一般に想定されるところの家族における昔話の語りの場は、いつごろどのように形成されてきたのであろうか。これについて確定的なことを言うのは難しいが、「郷村制」の社会構造の確立が基盤になるのではないかという見方がある。

日本の農村が戦国時代を経て、それまでの荘園領主が徐々に解体され、また、刀狩りなど兵農分離による身分制の固定化した封建体制に移行していく。さらに近世に入ると、幕藩体制の公儀権力のもとで、本百姓が村の自治を主導していく、いわゆる近世の「郷村制」の村が形成される。住民自身が冠婚葬祭や共同労働など、共同利害のための相互扶助の制度が一般化していく。こうして安定した村落共同体のもとで、生活者自身がつくり享受する口承の文芸、すなわち鶴見俊輔の説く「限界芸術」の一つとされる昔話が、子どもたちに提供されていく環境が整い始める。

「瘤取り爺」に登場する二人の人物が、外国では兄弟同士や異なる職種の者同士など、多様な組み合わせがみられるが、日本ではすべて「隣の爺」である。その「隣の爺譚」の昔話は13話型もある。この背景には「五人組」など、近隣の監察、連帯を重視する郷村制の政治体制が反映しているものと理解すべきであろう。郷村制が現在の昔話の根底にあると考えるのは、

あながち無理のない見方といえるかもしれない。

伝説の移り変わり

　近代の伝説研究がどのように構築されてきたのかをとらえるヒントとして、研究の材料に使われた資料集を検討する方法がある。柳田國男が『日本伝説名彙』を作成するにあたって利用した資料の一覧が、同書の巻末に載る。柳田は資料を「明治以前のもの」と「明治以後のもの」とに二分し、名前順に配列している。これを年代別にみると、「明治以前のもの」の多くは元禄期（1688〜1704）ごろから江戸末期まで、すなわち17世紀後半から19世紀後半までの刊行年である。また、「明治以後のもの」は、明治中ごろから昭和の戦前までに発行された資料集が多い。伝説が資料から構成されるという見方からすれば、『日本伝説名彙』は江戸の中期から昭和初期までの資料を基礎にしているということになる。

　ところで、柳田は『日本伝説名彙』の巻頭に「傳説のこと」という解説を載せ、日本の伝説を展望している。柳田は伝説を管理者の面からとらえ、その変遷をたどる。伝説の最初の管理者は、家にかかわる「一族門党」であったという。それが中世に入ると神社、仏教など宗教者の手に移り、歴史との結びつきを強め、史実の人物との合理化がはかられるが、それが各地に運ばれ、土地の郷土史家の管理となる。そして、伝説愛好者の視点から文芸的改変を余儀なくされると概観する。また、伝説研究の意義について、遡って古い姿を復原することが必要で、その元の姿を「神話」に求め、そこに込められた「固有信仰」を追究することだと説く。

　柳田の説く伝説研究の道筋は整然としているが、その根拠は資料に依拠してというよりは、独自の口承文芸史の理論に基づいている。すなわち、神話の信仰的要素が伝説に、韻律的要素が語り物に、娯楽や文芸的要素が昔話に分化し、それぞれ発生したという考えである。伝説の発生を神話からの流れとしてとらえるのは、いくぶん理念的な解釈といえる。神や信仰の祭祀であるコトとしての伝説に、コトバの重要性を掲げて伝説分類の再編を目指した『日本伝説大系』は、その点では資料に基づいた伝説の体系といえる。

　『日本伝説大系』にも地域別の各巻末に「使用資料一覧」が掲載されて

いる。総じてその特徴をいえば、まず近代以前の資料には、藩が関係して作成した風土記、名所・史跡などの資料のほか、個人が地域の実情に触れて記したものも多い。江戸の経済や文化の発展が地方にも十分に浸透した結果、地域の独自な資料集が誕生してきたといえる。また、近代に入って明治以後の伝説集の発行時期を見ると、昭和40年、50年代の資料が圧倒的に多い。これには近世のものの翻刻や復刻も含まれるが、この年代に伝説の資料集が急増するのは、戦後の高度経済成長後の民俗学の台頭が大きくかかわっている。そのことに加えて注意すべきは、専門的な伝説研究のノウハウに基づいた、地域密着の伝説の収集、報告のスタイルが多いことである。『日本伝説名彙』の戦前までの資料とは、この点においても大きく異なっている。それによって伝説の体系への見直しが行われることになり、地域の地形や環境、歴史社会に応じた伝説研究が促進されたといえる。

世間話の移り変わり

　日本の民俗学は柳田國男の『遠野物語』に始まるとされるが、その『遠野物語』に載る話の多くは世間話といえる。その内容を目次から概観すると、まず遠野の「地勢」に始まり、山に宿る「神の始」、そして「里の神」「家の神」が続く。山中には「山の神」や「天狗」「山男」などが囲繞し、時に里人と接触する。里には「蝦夷の跡」「館の跡」など「昔の人」からの歩みが遺されるとともに、今も「家の盛衰」や葛藤が変わらず繰り返される。人々は事件の「前兆」や死後の「魂の行方」に腐心し、「雪女」や「河童」の幻影に怯えたりする。一方で、自然界の「狼」や「狐」などの動物や「鳥」「花」などとの交渉が話題にもなる。さらには「小正月の行事」に勤しみ、「昔々」の話や「歌謡」に心を慰める。

　『遠野物語』は佐々木喜善が語るのを、柳田が筆録したものであるが、当初から世間話を意図して編んだわけではないであろう。それが「異界」の神仏や冥界の話、妖怪、怪異譚に始まり、「人間界」の事件や人と家の動向、そして「自然界」の動植物をめぐる話など、世間話そのものの内容であった。偶然ともいえるこの結果は、世間話そのものが大人の日常の関心事をめぐる話柄だからであろう。三陸海岸と遠野盆地を往来する「駄賃稼ぎ」たちの休憩所でもあった喜善の生家が、世間話の集積する空間でも

あり、幼少の喜善が傍（かたわ）らで聞き留めていた話が、期せずして『遠野物語』という書物になったととらえるべきであろう。

柳田は『遠野物語』の刊行から20年後の1931（昭和6）年に、「世間話の研究」という論文をジャーナリズム講座に載せる。世間話研究の出発点となった論文で、ここを始まりとする世間話研究は、80年に満たない歴史であるが、柳田に続く動向にも触れておく。

柳田の次の世代となる大島建彦は、世間話を従来の民俗学の枠組みに整理し、世間話を通して日本人の心性を探る意義を説いた。これに対し、宮田登や野村純一は江戸、東京の都市に舞台を置いた世間話研究を模索する。この直後にアメリカのブルンヴァン『消えるヒッチハイカー』の翻訳もあって、都市伝説がヒートする。その先頭に重信幸彦や常光徹など新しい世代の研究者が登場し、都市伝説や「学校の怪談」ブームが巻き起こる。その流れは現在のインターネットの都市伝説へと展開していく。一方、松谷みよ子は現代に主軸を置いて、さまざまな状況や場における現代の民話の語りに注目し、現代人の心を「現代民話考」シリーズに結実させた。

かつての農村の狐狸や人魂（ひとだま）に心迷わせた世間話の世界は、24時間明かりの灯る「コンビニ」に象徴される都市化した現代社会に、そのステージを移したといえる。グローバルな通信の現代で「声の言葉」の民話がどのように進んでいくのか、昔話や伝説が退潮している中で、独自路線を歩む世間話が今後どこに向かい進んでいくのか、いっそう注目していく必要があろう。

3. 民話と地域性

本書は「47都道府県」と名付けている以上、47都道府県における地域差が前提になる。とはいっても、現代人の生活が均一化されている現状では、民話の地域性を明確にするのは困難である。ただ、現代より地域差が大きかった時代からの変化の動向をたどることについてはやぶさかではない。地域差の背景にあるもの、また、その地域差がなにゆえに解消されて

きたのかの理由などに触れていきたい。

柳田國男が昔話と伝説についての違いを鳥と植物に喩えて、昔話は自由にあちこち飛び回る鳥のように移動するが、伝説は植物のように根を張りその場所を動かないと述べた。「民話と地域性」といった場合に、民話が交流をなくして地域に留まり地域色を強くするか、また、あちこち移動交流し標準化していくか、大きくこの二つの問題に分けて整理することができる。しかし、これもジャンルによって濃淡の差が大きく一様ではない。次に個別に取り上げていくことにする。

昔話の地域性と標準化

近代以前の昔話は、語り手の口から聞き手の耳へ届けられる声のメッセージであり、都市のごく一部で刊行された絵本を除けば、文字によるテキストは存在しなかった。したがって昔話の保存は語り手自身の中にある。関敬吾は昔話が「一個の有機体として民衆の口と頭のなかで生きている」として、これを「昔話生物学」あるいは「昔話生態学」と称した。語り手は自分の頭にある記憶の昔話を子や孫に語り、その子や孫が次の世代へと伝える。こうした時間軸の縦の継承を「伝承」という。

異なる血が混じらなければ純粋な血統になっていくように、伝承が同一環境の家族や家系の中でほかとの交流がなければ、昔話の変化は少なく、地域の生活文化に密着した形の地域性を濃くすることは目に見えている。そのようにして地域の純粋培養の昔話が形成されていく。

そうした結果の例として「昔話の形式」を挙げることができる。様式性のある昔話には、語り始めの言葉（発語）と語り収めの言葉（結語）があり、これには地域の独自性が見られる。『日本昔話大成』11巻に「県別　発語・結語通覧」が示されている。例えば、鹿児島県の発語は「とんとむかし」、結語は「そしこんむかし」。新潟県の発語「あったてんがな」、結語「いちごさっけ」。岩手県の発語「むかしあったど」、結語「どんとはらい」などとある。「昔話の形式」が地域によって大きく異なるのはどうしてなのだろうかという素朴な疑問が浮かんでくる。

余談になるが、私が学生の頃に多人数で昔話の調査をする場合に、調査地を広く1郡に設定し、その中の市町村を適宜班分けし、ローラー方式に

よる調査を行うことがあった。その際、発語と結語に違いが出てきて、その違いを「語り収め文化圏」などと称して地図上に線引きし、昔話の地域差の目安にすることがあった。

こうした文化圏の背景にはもともと自然の地理的環境があり、それに依拠した交易往来の結果できあがることが多いが、人為的には幕藩体制の領地の配分によって決まる場合もあった。江戸時代には農民を土地に縛りつけるためにも、他国への人の移動や物資の往来は厳しく制限、遮断する政策を執ったのである。地域間の移動交流が少なければ、昔話は孤立したまま地域的な特性を強く反映するようになる。先述した発語や結語は、かつての領国支配の結果、残存したと考えられる。

そのことは「昔話の形式」にとどまらず、内容面にも表れ、地域固有のモチーフを形成し、やがて大きくなればサブタイプを決定していくことになる。例えば、「桃太郎」の場合、江戸の赤本では桃から生まれる「果生型」より、桃を食べた夫婦が若返り子どもを産む「回春型」の方が先に登場する。昔話でも鬼退治に犬、猿、雉を引き連れていくのに対し、臼や蜂、卵などが加勢する「猿蟹合戦型」も全国に散見する。また、鬼退治が出てこない怠け者の桃太郎が大木を引き抜く「山行き型」が西日本にはある。とてもバラエティーに富んではいるが、これらが異端でイレギュラーのようになってしまったのは、明治の中期ごろの国定教科書に、桃から生まれ犬雉猿を連れて鬼退治する孝行者の桃太郎が登場するようになり、全国の児童が教育された結果といえる。

ところで、地域的特性をもつ昔話が、一般的な形に標準化されるのは、学校教育による画一化以外にどのような場合が考えられるだろうか。時間軸の縦の「伝承」に対し、空間を横断して移動する昔話の「伝播」が大きく関係する。伝播の条件には二つある。一つは諸国を旅して歩く者の存在、すなわち近世の身分制でいえば「工・商」に属する旅職人や交易商人、さらには宗教や芸能を携えた者たちがいる。彼らは比較的自由に諸国を旅することができた。定住民の社会に他国からやってきて、専門の技芸の合間に、求められれば民話を提供した伝播者たちである。彼らによって定住社会の昔話が他国の昔話と出会う機会が与えられ、交流し変化することにもなったのである。

もう一つは婚姻による移動がある。特に近代以降、広く通婚が可能にな

るにつれて、婚姻によって実家の昔話が、新たな婚家先のもとに加えられることになる。加えて、検定教科書以外にも、教室における先生の「口演童話」なども、昔話の画一化に拍車をかけることになろう。

伝説の地域性

　昔話に比べ伝説は地域性が格段と強い。それは伝説が地域の事物に基づく謂れの説明という性質に基づいているからである。そのことを示す例がある。『常陸国風土記』の「那賀郡」に、昔、大櫛に巨人がいて、食べた蛤の貝が積もって大櫛の岡になったと記される。この記事が書かれた場所は、現在水戸市の「大串貝塚ふれあい公園」になっていて、その一角に貝塚の跡もあり、巨人伝説を証拠づけている。

　この丘からあまり離れていない場所に、木造の舟をつくっている作業場があり、その舟づくりの職人によると、舟は近くの涸沼川でシジミを採るのに使うのだという。8世紀半ばの風土記の時代から、今に至るまでシジミ漁が続いていたということは驚きである。今は他所から安い材料を買うが、以前は地元産の木材で舟をつくっていたと職人は言う。

　この種の話はほかでも聞くことがある。地域で生産したものを地域で消費するという「地産地消」の発想は、経済的合理性が中心ではあるが、地勢や気象など同一の環境に生まれたものは、その地で成長、活用するのが一番だという考えに基づいている。人間も含めて地域環境がその主体の特性を形成するという論理につながる。

　地域の伝説も、結局はこれと同様かもしれない。伝説が植物のように根づくのは、そこで生まれ生育するのに最適の場所だからである。歴史的事件がある特定の地域で起こるのは、その地域や場所特有の必然があるからであろう。また、たとえ他所から流入してきたとしても、そこに留まるにふさわしい理由、条件があるからで、伝説は地域と一体になってそこに定着する。同時に、地域の環境や歴史文化に適応しながら、いっそう地域性や独自性を発揮するようになる。

世間話の地域性

　世間話は昔話、伝説に比べると地域性が薄い。昔話は地域の親の代から子の代へ伝承され、伝説は地域の事物に結びついた事件や出来事が継承される。しかし、世間話は地域やその環境と直接かかわらない。文字どおり「世間」の人や事物の噂、新奇な話で、興味本位で恣意的な面が強い。世間話は「道聴塗説(どうちょうとせつ)」の類いで、すなわち道端で耳にした話を心にとどめず、すぐさま人に受け売りするようなものである。したがって、世間をさ迷い上滑りしていく浮説の類いが世間話で、地域を超えた概念といえる。問題は、地域を超えたところの「世間」とはいったい何かということになろう。

　世間に近い言葉に「社会」という語がある。1877（明治10）年にSocietyを「社会」と翻訳したのが始まりとされ、日本語の「世間」に近いとされるが、範囲や概念には開きがある。社会は個人の尊厳と不可分で、個人が社会を構成する一員という認識がある。したがって「社会性がない」と指弾されるが、「世間性がない」とは言わない。逆に「世間体が悪い」と言うが、「社会体が悪い」とは言わない。「渡る世間に鬼はなし」「世間の口に戸は立てられぬ」などと、世間は一つの人格のようであり、その世間を規範、鑑(かがみ)にして、これまでの日本人はそれに縛られ従属する存在のようでもある。

　世間話とはその「世間」の話ととらえることができる。噂話、浮説とは言うが、話に懲罰のトーンが含まれていることを見逃してはならない。人の失敗や不道徳を、自戒を込めつつコミュニケーション代わりに楽しんでいるのが、噂などの世間話の機能といえないであろうか。

　社会学者の阿部謹也は「世間は社会ではなく、自分が加わっている比較的小さな人間関係の環なのである」と述べる。郷村制の世間話の主流は、村落社会の狐狸や精霊、冥界など、身近な存在であった。同様に江戸の都市の「噺本（咄本）」では、盛り場の芝居や歌舞伎役者の演技、町内での事件などが大きな関心事であった。農村と都市の生活環境の違いが世間話にも表れている。やがて近代に入り相互の交通が激しくなり、世間話も拡散する傾向をみせてくる。戦後はいっそう世間が拡大、複雑化し、都市伝説や現代民話、ネットロアなどが登場してきた。「世間」の基盤が農村から都市、そして電子媒体の世界へと拡張を遂げているのが、近代から現代

への流れということになろうか。

4. 民話の役割

　民話が長く存在してきたのは、意義と役割を担ってきたからであることは言うまでもない。その意義と役割を、語り手聞き手間の享受の関係性、また、社会における大衆的な役割、そして、社会悪の矯正などといった観点から、それぞれジャンル別に問題にしていきたい。

昔話の役割

　昔話が子どもの情操に果たす役割については、「語り手たちの会」の櫻井美紀たちの活動を通してよく知られている。また、ベッテルハイムは障害のある子が昔話を通して心の成長を遂げていくことなどを『昔話の魔力』で明らかにしている。昔話の情操面としての役割については、以上を参照してもらうとして、ここでは指摘されてこなかった面について少し触れてみたい。

　昔話は語り手と聞き手との間での、声の言葉によるコミュニケーションであることについては再三述べてきた。こういう手段を編み出したのは社会的ニーズによる知恵であるが、語りの場面ごとに語り手の思い入れや、聞き手の受け取りの恣意性が含まれる。いま前者の「社会的ニーズ」を表立った昔話の役割ととらえると、後者の語り手／聞き手間の恣意的な関係は、別個の機能と考えることができる。昔話をオフィシャルな役割とプライベートな機能との関係に分けて考えることができないだろうか。

　新潟県魚沼市の佐藤ミヨキ（当時95歳）は優れた語り手で、母から聞いた昔話を、先般『雪国の女語り―佐藤ミヨキの昔話世界―』にまとめることができた。筆者がミヨキ宅を訪ねて昔話を聞いて帰る玄関先で、「今日は話を聞いてくれてどうも有難う」と言う。最初は明治気質(かたぎ)の挨拶と思ったが、そのつど繰り返すので、本心なのだと考えた。ミヨキは思い出すよ

うに訥々と語るが、その時間に母と邂逅し、その雰囲気に浸っていたのだと思う。その充実感が帰りの言葉に表れるのだろうと理解した。母は「気持ちのやわっこい人であった」と述べ、その母が桑畑から帰って玄関先で腰掛けている時の汗の匂いが好きで、わざわざ嗅ぎにいったと笑う。母を思い出すと小学生の頃に戻るのである。

長女だったミヨキは、母の昔話を真っ暗な寝床で聞きながら眠ったという。昔話は幼い子と母の間に親和な時間を提供し、いっそう絆を深める働きをしたといえる。老境の語りが奇しくも母との親和な時間を呼び起こす回路の機能を果たし、現実ではないが確かな邂逅に浸らせたのだと考えられる。これは語りがもつ一つの機能といえる。

昔話は言語による社会的状況の中で構成されるものだ(「昔話の社会的構成主義」)とする立場から、廣瀬清人は瞽女の木山セン(仮名)の昔話を分析している。それによると、3歳で失明したセンのその後の人生の指針ともなった伯父の語りの重要性を挙げ、伯父の役割を「社会化エージェント」と呼ぶ。「社会化」とは、ある個人が自分の所属する社会で生きるための行動様式や知識、経験の内面化の全過程を指すのだという。伯父の語りを通して幼いセンは、社会の構成員の力を与えられたのである。そのセンが後年、廣瀬に語る意義を「語り手は、重要な他者から伝承された社会化過程を、語りの場で聞き手に語ることによって自らの人生を肯定的に内省している」と述べる。

昔話の語り手と聞き手は、昔話の授受を通しながら人間的、社会的関係を深く築いていることがわかる。語り手は子どもの頃に昔話を語ってくれた部屋の様子や祖父母の表情など、今でも鮮やかに記憶に残っていると述べる。それを廣瀬は「重要な他者によって語られた昔話の語りを、語り手と聞き手という役割において生じるコミュニケーション機能」ととらえる。昔話を心理学の立場からとらえる深い洞察といえる。

伝説の役割

伝説が地域における未成年の知識習得の役割を果たすことについては、これまでも触れてきたので、ここでは伝説がもつ社会的役割について考えてみたい。伝説に限らないが、伝承を「文化資源」の活用として、しば

しば話題にされる。伝説はほかの民話と違い、その面を強くもっている。

　伝説という語は江戸時代には使われていなかったが、代わりの用語として名所や旧蹟、名勝などが用いられてきた。「名所における由緒ある景観の地」と集約しまとめることができる。江戸時代は参勤交代などで街道が整備され、しだいに社会に経済的余裕が生まれてくると、一般庶民の間にも領内における物見遊山や行楽に出掛けることが多くなる。その目的地として伝説の場所が利用されることは、先の用語が示している。それにともない旅行案内書など多くの出版物が刊行されることにもなった。

　幕藩体制が崩壊し、近代に入ると鉄道の敷設が全国的に進む。旅行はより手軽に、そしてその範囲が拡大し、遠くどこへでも行くことを可能にした。当然のことながら旅行客を当て込んでの産業や商売も増えていく。それまで地域のアイデンティティの面を強くもっていた伝説が、一躍地域を超え、全国的視野のもと多くの人々に開かれ関心事になっていく。それに一役買ったのが、1928（昭和3）年に発刊された『旅と伝説』の雑誌で、終刊は戦争末期の1944（昭和19）年である。戦争で紙の調達が困難になるまで15年以上に渡って続けられたのは、読者の応援があったからであろう。単なる旅行案内書ではなく、学術的な裏づけとなる誌面構成が好評の理由であったともいえる。『旅と伝説』の発想は、その後のツーリズムやジオパークと趣意を同じくするもので、その先駆けの役割を果たし、地域の専有物であった伝説を国民的規模に押し上げた意義は大きい。

　旅は消費であるが、文化の生産でもある。「かわいい子には旅をさせよ」という古い諺を持ち出すまでもなく、旅の経験は自己省察をともなう成長のための文化的営みである。その文化の潜勢力を引き出す力としての「伝説」の役割を、文化資源として活用する意義は大きい。

世間話の役割

　ドイツの小咄に警察官を取り上げた話がある。いつも威張って町を巡回しながらあれこれ文句を言うので、町の人はこの警官を煙たがっていた。その警官が無事に勤め終え退官し、翌日制服を脱いでいつもどおり町を歩くが、挨拶するどころか誰も見向きもしない。町の人の態度にすっかり腹を立てるが、いくぶん冷静になった元警官は、俺のことを知らないとすれ

ば俺は制服だったのかと呟くのがオチになる。役割を人格と勘違いしていたというコントである。

　日本の西行の伝承にも同様の話がある。ある立派な家にみすぼらしい形(なり)のまま托鉢に行くと、邪慳(じゃけん)に追い払われた。今度は立派な僧衣を着て訪ねると、座敷に招き入れご馳走を振る舞ってくれた。西行はすかさず僧衣を脱いで畳み、その上にご馳走を置いて、これはお前にくれたご馳走だと言って帰ってきたという。身なり恰好で人を判断するのは、とかくこの世の習いで、それを逆手にとった笑いといえよう。

　さて、こういった風刺的な話から何を学ぶのかという前に、こういった風刺が生まれ流通する状況こそが世間話の世界といえよう。権力者など非対称の相手に向かうのに笑いは有力な抵抗であり、こうした話に託して溜飲を下げてきたのであろう。しかし、笑いで解消するだけではなく、ここから教訓を導き出してきたのでもあろう。世間話は世相を映す鏡の役割を果たす。その鏡に映し出された人の失敗や事件に学び、自分の実生活に生かすべく世間話を活用してきたのである。世間話とは人の失敗に学ぶメディアでもある。その最たるものが新聞の社会面のいわゆる三面記事で、ここに失敗者からのいい教訓がある。

　ドイツのコントや西行伝承が意図するものは、社会生活における非対称の相手の横暴をいかに撃退するかの関心事である。一方、悪を犯した者への社会的な制裁は、明日の我が身にふりかかるかもしれない「両刃(もろは)の剣(つるぎ)」で、反省を促すという世間話の役割がここにある。

第Ⅱ部

都道府県別にみる民話とその特色

1 北海道

地域の特徴

北海道は、日本の総面積の21％で、東北6県と新潟県を合わせた面積に相当し、また四国・九州と山口県を合わせた面積を占める。

北海道内各地域の自然や開拓の歴史・文化は、本州とはもちろんのこと北海道内でも異なる。例えば動物相では、津軽海峡を境界として北海道と本州以南とは異なる。北海道にのみ分布する生物は、シマフクロウ、ヒグマ、クロテンなどで、ツキノワグマ、イノシシ、ニホンザルなどは生息しない。

その北海道には、13世紀頃からアイヌ民族が先住していた。その地に鎌倉時代以後、日本海・太平洋沿岸を中心に本州以南の移住者（和人）が住み始めた。そして、1869（明治2）年〈北海道〉と命名されるまで〈松前和人地・東西北蝦夷地〉ではアイヌと和人が共存していた。その様子を菅江真澄や松浦武四郎などをはじめとする近世の旅行者たちは各種の史資料に記録している。

日本の近代化が急速に推進されていくにつれて日本の資源基地としての「内国植民地」としての性格を強めていった。1886（明治19）年から1922（大正11）年までの36年間の統計（『北海道移民政策史』）によると、日本全国55万戸、199万6,000人以上が移住している。そのなかで、1万2,000戸以上の移住者を送り出した都県は14にもなる（東京・東北・北陸・四国などの移住者が多い）。職業別では、農業約94万人をはじめとして約200万人の農漁業者・士族・屯田兵・宗教関係者が北海道に移住している。

この全国からの移住者は、全国各地の「モノ」をもたらし、当然ながら異なる生活文化をもたらした。北海道という気候・風土に加え、異文化接触により新しい北海道文化が生成された。しかし、日本近代化を背景にした開拓政策は、先住民族のアイヌの生活、文化基盤を破壊するものであった。しかも、これらの国づくり政策は太平洋戦争後の「戦後開拓」（戦争

罹災者・海外引揚者）にも引き継がれ、その後の高度成長期を経て、北海道は日本の資源基地としての役割を持ちながら今日まできている。

伝承と特徴

今日までの北海道の民話伝承活動は、『県別ふるさとの民話6　北海道の民話』『北海道のむかし話』『むかし話北海道』などにみられるように再話・創作活動に重点が置かれた活動であった。しかし、『蝦夷地に於ける和人伝説攷』『北方文明史話』『北海道郷土研究』『北海道の口碑伝説』『北海道の伝説』などの他に金田一京助、久保寺逸彦、更科源蔵、知里真志保などの研究や資料収集も行われている。このような先達の成果をもとに、北海道開拓談を含めた総合的な研究が俟たれる。

以上の成果を通してみるとき、北海道の「昔話伝承活動」は、次の五つに分類されるであろう。

①アイヌ民族はユカㇻ、カムイユカㇻなどの口頭伝承の形で、狩猟採集民族としての自然観、世界観を創造し、伝承している。アイヌ民話については、『日本昔話通観1　アイヌ』に体系的総合的に整理されている。

②サハリンのニヴフ（ギリヤーク）やアイヌ民族は、近世以降やアジア・太平洋戦争後も北海道に移住して自らの文化を伝えている。その民話は『ギリヤーク　民話と習俗』『服部健著作集―ギリヤーク研究論集―』『ギリヤークの昔話』『樺太アイヌの昔話 TUYTAH』などに記録され、北方民族の民話として保存されている。

③和人が創作したアイヌ民話がある。『アイヌの伝説と其情話』『アイヌ民話』『伝説蝦夷哀話集』などに収録された民話のなかに和人が創作したアイヌ民話がある。

④和人の移住者が伝えた民話がある。近世からニシンの漁場で伝承された「江差の繁次郎話」がある。また、義経・弁慶に関する伝説は北海道内に110か所以上ある。

「江差の繁次郎話」は、東北・北陸の出稼ぎ者（ヤン衆）が厳しい漁業を通して伝える笑い話で、3月から7月までの漁期に語られたものである。古くは松前の役人の笑いであったものが、多くは網元の笑いになっている。これらの話は、漁期が終わり帰郷すると、その地域の風土に合わせた「江差の繁次郎話」として、北海道、東北などとの地域の共有の民話として今

日まで伝承されている。その「江差の繁次郎話」が、アジア・太平洋戦争直後から当時の「函館新聞」記者の中村純三によって、ニシン漁を舞台にした日本海沿岸に伝承されている話に、イソップ物語・フランス小噺・艶笑譚・落語などの話を翻案して掲載され、話種も豊富に今日まで伝えられている。

⑤北海道移住後に新しく生成された民話がある。一例を挙げれば「大蛇神社」伝説である。また、太平洋戦争終結前後の荒廃したなかで無責任な開発計画で北海道に入植した開拓移民を描いた『ロビンソンの末裔』や戦災集団疎開者が辿った『拓北農兵隊』などの生活記録・談話がある。

おもな民話（昔話）

銀の滴降る　私が「銀の滴降る降るまわりに……」と村の上を飛んでいると貧しい身なりの子どもが仲間の子どもたちに嫌がらせを受けながらも私に向けて弓矢を放ちました。私はその子の矢を受け取り地面に降りました。その子は大切に私を受け取り、両親の元に届けました。受け取った両親は何度も礼拝し、私を神窓の下の花ござの上に置きました。私は家中の人々が寝静まった時、「銀の滴降る降るまわりに……」と歌いながら、家の中を宝物一杯にし、家も新しくしました。夜が明け、家中の者は驚きました。立派な御幣を飾り、酒を造り私を礼拝しました。

その様子を村の人たちに伝えました。村の人たちは驚き、今までの分け隔てしたことを詫び、それからは仲良く暮らすようになりました。私は安心して天上の世界に帰ることにしました。私が帰ると家には美しい御幣やおいしいお酒でいっぱいになっていました。私は他の神々を招き、人間の村を訪ねた時のようすを語り聞かせました。人間の村を見ると村人たちは平和に仲良く暮らしていました。あの家の主人は村長になり、少年は立派に成長していました。私シマフクロウ神は村人の背後にいて常に人間の世界を見守っています（「銀の滴降る降るまわりに　フクロウの神が自らうたった謡」『アイヌ神謡集』）。

知里幸恵『アイヌ神謡集』から引用した。アイヌ民族では、シマフクロウはコタンコロ・カムイ（村・持つ・神）、カムイ・チカップ（神・鳥）と呼び、村神として敬っていた。それは、シマフクロウの強い縄張り意識と長い寿命によって創られた地域は、アイヌ民族の食料・生活資源である

サケや樹木などの生態地域と重なっていたことと関係する。シマフクロウが生活の営みに重要な価値を持つと同時に、精神的価値を持つ鳥として位置づけられてきたことに由来する。

血に咲く鈴蘭

函館から二里許り離れた所に銭亀澤といふ所がある。そこのある場所にゆくと、丁度五月の末香も高く、いとも優しく白く咲くリリー（鈴蘭）の花がたつた一ヶ所真赤に咲いて昔の恋の名残りを止めて居る。

昔此村の酋長の娘にカパラペと云ふ珍らしい美人が居つた。同じ村にキロロアンといふ青年があつた。若い娘と若い男の仲にはいつ知れず恋が成立した。キロロアンは村の猛者として知られて居た。それは秋近い日の事、青年はブシを塗つた毒矢を手にして平常の通り熊狩りに出掛けた。一頭の大熊を見付けて彼は毒矢を発止と放つとそれが熊の足に命中した。熊は一聲高く唸るや青年を目掛けて躍り掛つた。

彼は非常に驚いて直ぐマキリ（小刀）を手にして熊の腹に飛付いて、ぐさと許りに突き立てた。その時熊の手は青年の横腹を叩いて居た。熊が毒矢とマキリの為めにその場に倒れた時青年も同時に哀れ血に染まつて倒れて仕舞つた。

次の朝村人が之を発見して大騒ぎを始めたが、その事を聞いた娘は驚いて涙さへ出なかつた。彼女は青年の傍に走り寄つて「キロロアン様」と幾度も叫んで居たが、やがて青年の手にして居たマキリを取り、自分の咽喉にぐさと突きさした。娘の咽喉からは赤い恋の血が溢れ出て、青年の血と一緒になつて流れた。そしてその血は鈴蘭の花を真赤に染めた。

鈴蘭の花は未だに赤い血に染まつて、毎年毎年咲いて居る。そして恋の成立する花として今でも若い男女が摘みに出掛ける（『アイヌの伝説と其情話』）。

この「血に咲く鈴蘭」話は、青木純二が1924（大正13）年に『アイヌの伝説と其情話』に掲載したものである。この話はアイヌ民族に伝承されていないのにアイヌ伝説風に仕立てて創作されたものである。

ピーピーヒョロヒョロジュウージューブー

昔々あるところに、お爺さんとお婆さんがいた。お爺さんは毎日山に樵に行った。ある日、昼の弁当を食べようとすると小鳥に食べられ、小鳥のうんこが一杯散らかっていた。腹

がすいていたので「これは汚くないんだ」といって食べてしまった。仕事を終えて家に帰るとお腹が変で、きれいな音のおならが出た。その音が珍しいので屁売りに出かけたと。その音を聞いた殿様は喜び、お爺さんにたくさんのほうびを与えた。その話を聞いた悪いお爺さんはまねをして屁売りに出かけた。殿様は前のお爺さんよりきれいな音のおならを聞けるかもしれないと思ったが、悪いお爺さんは汚いうんこをしてしまった。殿様は怒って「牢屋」に入れたんだとさ（札幌・粟井幸子談）。

　この話は一般的な話型の「鳥呑み爺」の昔話である。1899（明治33）年に石川県志賀町から移住した祖母から聞いた昔話という。親子3代にわたって語り伝えられたものである。放庇音の「ピーピーヒョロヒョロジュージュープー」の話は、出身地石川県では、「チチンポンポン　コガネザクザク　チチンポンポン　コガネザクザク」と伝承されている。それが移住地でよく見聞する鳶の「ピーヒョロロ」の鳴き声に変化している。結末句も「それきりぷっつりなんばみそ」ではなく、「ひとのことをうらやんだり、意地悪いことをしない」という教訓の言葉で語り終えられる。昔話の伝播の問題を考えると、このように語る形式も内容も変化しながら伝承されていることは、とても興味深い。

おもな民話（伝説）

大蛇神社　旧広島村に入植した武右エ門はうっそうと茂る原始林を切り倒しながら開墾に精を出していた。樹齢数百年のタモの大木を切り倒したその夜、寝ている枕元に長い黒髪の女が現れ、「火を消してください」と武右エ門に頼むのだった。

　しかし、算段通り切り倒して焼き払った。四日間同じことを言いながら女は枕元に現れたが、その容姿は老婆のようになり、最後には白骨同様な姿になって頼むのだった。火は七日七晩も燃え続けて消えた。そしてタモの木の洞を見ると大蛇の白骨死体があった。武右エ門が祟りを恐れて供養したのが大蛇神社の始まりである。しかし、その後武右エ門の家族やその土地の次の所有者の家族にも原因不明の不幸が重なった。占い師や神主にお払いしてもらって、何事も起こらなくなったという（「大蛇神社」『郷土研究広島村』）。

　この「大蛇神社」伝説の形成は、1896（明治29）年に岸本トモ（当時

93歳)の手記が『郷土研究広島村』1号、1967 (昭和42) 年に掲載されたことから始まる。当初は「蛇の神社」と呼ばれていたが、その後「大蛇神社」と呼ばれるようになり、近辺の人たちが祠をつくり、お参りしていた。そして、地域の郷土民話として史家や図書館関係者などによって写真集、紙芝居、郷土絵本、郷土史、報道機関、行政の広報誌などに取り上げられて今日に至っている。

義経伝説 　将軍山の東面の中腹に中央のくびれた大きな岩がある。この岩は弁慶の背負った岩で、くびれているのは荷縄の跡だという。また将軍山の頂に露出した岩があり、この岩の表面に二の字の形が食い込んでいる。これは義経が足駄を履いて歩いた跡だという。また、この山の何里か奥に平地があって、昔そこで義経と弁慶が舟を作ったと言い伝えられている (『北海道の口碑伝説』)。

　悲劇の武将と言われる源義経に関する伝説が北海道内110か所に伝えられている。内容も悲恋話や粟・麦の生産技術伝授、弁慶・静御前、大陸渡来などの話がある。時代も江戸時代以降の政治利用とも関連しながら伝説が伝えられている。また、まちおこし物語にも活用されている。北海道でも義経に寄せる思いが現在も生きている。

おもな民話(世間話)

炭鉱 (ヤマ) 話 　私が生まれた頃には組合があるわけでもないしね、友子という制度が炭鉱の運営上非常に重要な役割を果たしていました。友子というのは一口に言うと炭鉱の技術を人に伝えていくということと、やっぱり石炭を掘るとね、掘っている人というのは真っ黒になってしまう。地熱もあるし汗も出るしね、そして肺の中も黒くなるんです。今で言う珪肺、塵肺です。そこで炭坑ヨロケになった (珪肺にかかること) 人を友子の中で救済していたんです (夕張・都築螢雪 (1919年真谷地生まれ) 談)。

　この談話は、さらに友子への加入方法 (わらじぬぎ)、取り立て式、親分の生涯にわたる面倒見などに言及する。「ですから私も年寄りですが、親父の84歳になる子分が毎月私の家に親分のお参りをさせてくださいと言ってくるんですよ」と語っている。炭鉱 (ヤマ) 社会の互助制度の一端を知ることができる。

2 青森県

地域の特徴

 青森県は本州の最北端にあり、西は日本海、東は太平洋に面する。北は津軽海峡をはさんで北海道、日本海側の南は秋田県、太平洋側の南は岩手県に続く。

 かつて「津軽の稲作、南部の畑作」といわれた時代もあったが、品種改良により全県的に稲作が盛んである。また、リンゴ、ナガイモ、ニンニクなどの果樹や野菜栽培も盛んである。そして、漁業においても全国有数の水揚高がある八戸港などがあり、サバ、イカ、ホタテ、マグロなどが全国に出荷されている。

 祭りや行事はたくさんあるが、青森市や弘前市などのネブタ（ネプタ）祭り、八戸市の三社大祭や八戸市などのエンブリ、むつ市の恐山大祭などは特に有名である。桜祭りは各地にあり多くの人で賑わうが、東北地方に唯一現存する天守をいただく弘前城の「弘前さくらまつり」は特に有名である。秋田県にまたがる世界遺産の白神山地や十和田湖をはじめ八甲田山、岩木山、仏ヶ浦などの景勝地があり、自然環境が数多く残されている。

伝承と特徴

 青森県は大まかに津軽・南部・下北の三つの地区に分けられる。それぞれに異なる歴史や気候、文化、風土をもっている。近代以降、旧津軽藩領はそのまま一つに、旧南部藩領は三八・上北・下北地方の三つに分かれる。

 昔話の結句は津軽・南部・下北で異なる。津軽はトッツバ（パ）レで、南部はドットハライである。山形県や秋田県のトッピンパラリ（カタリ）系に属するが、変化が少ないのが特徴である。

 下北は旧南部藩領であるが、「一生暮らした」、ドットハライ、トッチバレ、トットグレなどの結句があり、変化がみられる。「一生暮らした」という結句では東通村と佐井村に分布しており注目される。なお、旧南部藩

領の岩手県岩泉町でソレバカリ、コレバカリという結句で、深浦町でトチパレプン（トッチパレと秋田のトッピンバラリノプウの複合型か）が確認されていて、旧藩領で結句が統一されているわけではないようである。

近年、『青森県史』の調査資料として『青森県史 民俗編 資料 南部』、『青森県史 民俗編 資料 下北』、『青森県史 民俗編 資料 津軽』の3冊が刊行された。ここには「口承文芸」の昔話・伝説・世間話・ことわざ・俗信・早物語がまとめられている。県内の昔話・伝説・世間話を調べるための話例や一覧などがあり、それぞれの話の収録されている資料集、伝承地などがわかり、民話などの伝承研究の基礎資料となる。

おもな民話（昔話）

蛇婿入り（へびむこいり）　昔、千刈田を持ったトド（父）どアッパ（母）があったんだって。田植えだというのに水がない。「沼の主さま」に、娘三人のうち一人を嫁にやるからと水乞いをする。水が入る。上の娘二人は嫁入りを承知しない。末の娘が承知する。「針千本と目籠（めかご）千枚」を持って嫁入りし、「龍」である「沼の主さま」を退治する。帰り道の途中、かつて娘のトドに助けられた蛙がお礼だといって「婆の皮」を授ける。娘は「婆の皮」をかぶり、金持ちの家に女中に入る。「婆の皮」をはずした顔を若旦那に見られ見初められる。それでしあわせに暮らして、親孝行もして暮らしたそうです。いちごんまちごん暮らしてどんとない（『下北半島西通りの民俗』）。

『青森県史』によると、昔話の話型（それぞれ話の特有の型、タイプ）数は、県全体で492話型、そのうち津軽が377話型、南部は312話型、下北は233話型である。話数は、県3,603話（津1,771話、南1,110話、下722話）。採集話数の上位は、①蛇婿入り98話、②鼠の浄土76話、③食わず女房―蛇女房型75話、④継子の訴え―継子と鳥型65話、⑤三枚のお札64話などである。以上から青森県を代表する昔話は蛇婿入り、鼠の浄土、食わず女房―蛇女房型となる。蛇婿入りを話型別に見ると、姥皮型（蛙報恩）34話（津10、南13、下12）、針糸型・豆炒り型・立ち聞き型（苧環型）26話（津4、南9、下北13）、水乞型26話（津11、南8、下北7）などとなる。例話は「蛇婿入り―姥皮型」で、「いちごんまちごん暮らしてどんとない」という「一生暮らした系＋どんとない」という結句が珍しい。

東北地方　29

鼠の浄土

昔、あるところに爺と婆とがあった。爺は毎日蕎麦餅を鼠にあげていた。ある日、鼠がごちそうすると迎えに来たので、爺は鼠穴に入っていった。「そーれでァ　それそれァ　ひゃーぐね（百に）なっても　二百ねなっても　猫の声こば　聞きなくなェでァ　やーえ　それそれ　それそれ　やーえ」と歌いながら大勢で蕎麦切りを打っていた。爺は蕎麦切りをごちそうになって、ずッぱど銭をもらって帰った。隣の欲たかり婆がこの話を聞いて爺に真似させた。隣の爺は唄の最中に猫の鳴き真似をした。鼠は逃げてしまい、鼠穴から出られなくなった。そうして慾たがり爺はとうとう土の中で、もぐらもち（もぐら）になってしまった。どっとはらェ（『手っきり姉さま』）。

食わず女房

むがし、ある村に、それはそれは欲のふかい旅商人（たべと）あったんだと。探し求め、飯食ね嫁をもらった。ある日、隣の婆が、お前が出かけると大きな握り飯（まま）を食っていると男に教える。出かけたふりをして、男はまぎ（屋根裏）に上がる。見ると、嫁は髪をほどき頭のてっぺんの口で大きな握り飯を10も食っていた。そして男は蔵を開けてみると、今までいっぱいためていた米はなくなっていた。したらで、誰でもあんまり欲ふかくかがるもんでねえんだ。これでとっちばれだ（『木造町のむがしコ集』）。

おもな民話（伝説）

ジュネ畑

三戸郡南郷村（現・八戸市）の島守にある虚空蔵山のうしろに、岩肌が露出しているところがある。

これを遠望すると畑のウネに見えるので、村人は義経のジュネ（荏、荏胡麻）畑と呼んでいる。むかし源義経が、平泉からここに逃れて隠れ住み、ジュネを植えたといい伝えている（『陸奥の伝説』）。

仏ガ浦

下北郡佐井村の牛滝と福浦の間、1.5kmにわたる浸食海岸で、その所々に高さ60～90mの奇岩が、何百となく羅列して、全国にも類のない奇観である。

中に洞穴のある巨岩があり、むかし源義経がここに隠れ、弁慶が身を以て穴をふさぎ、敵を追い払ったという。また墨流しの岩というのは、弁慶の墨染めの衣の色で染まったという。義経が馬でかけ下りたときの馬のヒズメの跡や、弁慶の足跡というのも残っている。

牛岩というのがあって、義経がここから松前に橋をかけるために、奥地から材木を牛に引かせた。その牛が疲れて死に、岩になったのだと伝える（『陸奥の伝説』）。

風祈り観音

東津軽郡三厩村（みんまやむら）（現・外ヶ浜町）は、むかしは松前（北海道）に渡る港であった。源義経が奥州高館を逃れてここまでたどり着き、蝦夷地（えぞち）に渡ろうとした。しかし順風が吹かなかったので、数日滞在した。

いつまでもそうして居れないので、大切にしている守本尊の観音様を岩の上に安置し、渡海を祈ったところ、たちまち風が変わった。そこで無事に蝦夷地へ渡ることができた。その観音様は、いま三厩の義経寺（ぎけいじ）に祀られて、義経の風祈りの観音とあがめられている（『陸奥の伝説』）。

このように『陸奥の伝説』には、義経、義経の家来である弁慶や常陸坊海尊（二人とも説話・伝承上の人物）の話が、この3話を含めて27話載っている。いわゆる判官びいきの内容で、源義経は今も伝承の世界で生きているのである。

八郎太郎

①昔、マタギの八郎太郎が岩魚（いわな）3匹を食った。のどがかわき、水を飲み続けているうちに竜となった。自分のすみかをつくるために川をせきとめようとするが、土地の神仏により阻止され逃げていった。

②十和田湖に八郎太郎という竜が住んでいた。南蔵坊（なんぞのぼう）（南宗坊とも）がやって来て戦うが、負けて追い出される。

③十和田湖を追い出された八郎太郎は、秋田県の八郎潟に行く。なお、秋田県では八郎潟の八郎太郎が田沢湖の辰子姫に通（かよ）う話もある。

これが八郎太郎伝説の基本話型である。なお、南部では八ノ太郎、津軽では八郎と呼ぶことが多い。

この伝説は、室町時代の玄棟による『三国伝記』にも書かれており、古くから伝承されていたらしい。ここでは江戸時代の津軽（弘前）藩最初の官撰史書『津軽一統志』から引く。〈　〉は筆者付記。

津軽と糠部（ヌカノブ）〈現・（以下同）南部〉の堺糠壇〈八甲田〉の嶽に湖有、十湾（トワ）の沼〈十和田湖〉と言ふ也〈なり〉。地神五代より始〈はじま〉る也。数ヶ年に至〈いたり〉て大同二（807）年斗賀〈とが。南部町名川の地名〉の霊験室〈堂カ〉の衆徒南蔵坊と言。法師〈南蔵坊という法師〉八竜を追

出し十灣の沼に入る。今天文十五（1546）年まて及二八百余歳一也〈八百余歳に及ぶなり。引き算すると、七百余年か〉。

> おもな民話（世間話）

江差の繁次郎　ユルカイ村ニシトラノスケ

ある時分にね、繁次郎に、「お前何処さヤドイに行って来た」って聞いだんです。そしたらね、まあ、「樺太の、ずっと向ごうの、ユルカイ村のニシトラノスケの家へ行って来た」ってしたんですと。

それはね、ほれ、ユルカイ村たら、何にもニシンが取れなくて、ゆるい粥ばり食べだんして。はあ、それだどごでユルカイ村。して、それ、ニシンがとれねどこでニシトラノスケ（ニシンとらんの介）っていう名前コつけでね、そういう所へ行って来たってそう言ったんですと。

これは、むつ市の女性から1981年に筆者が聞いた話で、『青森県史 民俗編 資料 下北』に載せたものである。

江差の繁次郎、繁次郎話は、北海道はもちろん、青森県・秋田県・岩手県などでも伝承されている。これは北海道へ出かせぎに行って、繁次郎話を持ち帰り、故郷でも話に花を咲かせたからである。中でも、青森県からの出かせぎ者は多かった。『青森の「繁次郎ばなし」』に「ニシン場の話」19話型、「山仕事の話」11話型、「村と町の話」62話型などの話が載っている。例えば「逆さ手網」というニシン場の話を見ると、上北郡横浜町、下北郡東通村・風間浦村、むつ市、東津軽郡今別町、北津軽郡中泊町、西津軽郡鰺ヶ沢町・深浦町で14話採集されていることからも、繁次郎話が青森県で盛んに話されていたことがわかる。

3　岩手県

地域の特徴

　岩手県は東北地方北部に位置し、面積は全国では2番目に広い。北上川沿いの北上盆地は、県の穀倉地帯で幹線交通網も集中しており、人口の7割強が集中している。秋田県境の奥羽山脈の山沿い地域は豪雪地帯で、南部富士ともいわれる岩手山（2,041m）、八幡平（はちまんたい）、駒ケ岳など1,500m前後の山々が連なり、十和田八幡平国立公園の雄大な自然美をつくっている。県の東半分を占める北上高地は、高い山の少ないかわりに奥行きの深い山系で、太平洋岸の三陸沿岸へと続く。陸中海岸国立公園は景勝地で漁業が盛んであるが、東日本大震災で壊滅的な被害を受け、今も、復興途上である。

　奈良時代、北上川流域は蝦夷（えみし）の中心地でヤマト王権の影響力が及ぶ北端であったが、蝦夷の指導者阿弖流為（あてるい）は朝廷軍の坂上田村麻呂に滅ぼされる。その後平泉に独自の黄金文化を築いた奥州藤原氏も、鎌倉時代に源頼朝に滅ぼされ、中央勢力の支配を受けることになる。江戸時代になると、南は仙台藩伊達氏、中央部と北は盛岡藩南部氏に統治されるが、近代に入り廃藩置県を経て盛岡県が設置され、その後、岩手県に改称された。

伝承と特徴

　民俗学の記念碑的な著作といわれる柳田國男の『遠野物語』は、遠野の人・佐々木喜善からの聞き書きをまとめた書物である。喜善も『江刺郡昔話』を皮切りに『老媼夜譚』『聴耳草紙』などたくさんの昔話集を編み、同郷の言語学者金田一京助から「日本のグリム」と称された。『紫波郡昔話集』『すねこ・たんぱこ』『黄金の馬』『ねむた鳥』も忘れてはならない。各自治体が報告した昔話資料も多数あり、地元の個人がまとめたものには『民話の平泉』『陸奥二戸の昔話』『わがのむがしばなし』『火っこをたんもうれ―岩泉の昔ばなし』などがある。宮城県から精力的に調査に通った佐々木徳夫の『遠野に生きつづけた昔』『遠野の昔話』などもある。『日本昔話

通観3　岩手』には、岩手県内の昔話が話型別に整理されている。県内の執筆者たちによる『岩手民話伝説事典』は、1984（昭和59）年までに報告された5,793話の概要を記している。

岩手県の昔話の呼称は「むがし」「むがしこ」といい、発句は「昔あったど」「昔あったずもな」。結句の大部分は「どっとはらい」系であるが、西和賀町のみ秋田と同じ「とっぴんぱらり」系。県南の一部は宮城県と同じ「えんつこさけた」系で、新潟や会津の「一期栄えた」と同系統である。

遠野市は、昭和40年代から「民話のふるさと」として民話を積極的に観光に取り入れてきたが、その中で北川みゆきや白幡ミヨシ、鈴木サツ・正部家ミヤ姉妹らの優れた語り手が輩出された。一方「語り部講座」を開き、語り手の養成にも力を入れてきた。遠野物語研究所（1995～2014）は、昔話教室を開催して昔話研究と継承に尽力した。1992年夏には「世界民話博in遠野」を開催し、「遠野昔ばなし祭り」は2019年第36回を迎えた。

近年、ふるさとの方言で昔話を語る人も出ている。宮守村出身で仙台市在住の佐々木健、関東では紫波町出身の中鉢カヨ、北上市出身のふるさと北上民話研究会、遠野市出身の大平悦子などが、その例といえる。

おもな民話（昔話）

マオ鳥　むかし、めんこい男の子と意地悪な継母がいた。ある時男の子は、馬に草を食べさせるため野原に出かけた。夕方になったので馬を連れて帰ろうと思ったら、馬の姿が見つからない。大変なことになったと思い、「あーほ、あーほ、マオー」と呼びながら青くなって探したが見つからない。暗くなってしまったので、しかたなく男の子は馬のおもずら（馬の鼻の上にかけるひも）を持って、泣きながら家に帰ると、継母は激怒しおもずらで背中を叩いてせっかんし、「馬を連れてこないうちは、家にいれない」と言って男の子を外に放り出してしまう。男の子は、たいまつに火をつけて、また野原にでかけ「マオー、マオー、あーほー」と馬を呼びながら、野原から山へ探し回ったけれども、馬は見つからなかった。腹が減り野原にぐったりと寝てしまった男の子は、そのまま冷たくなって死んでしまった。その様子を天で見ていた神さまが、かわいそうだと思って男の子を鳥にした。その鳥は、マーオ、マーオと鳴くので、皆は「マオドリ（馬追鳥）」と呼ぶことにした。マオドリの背中には、おもずら

でぶたれた跡が残っていて、マーオ、マーオと鳴く声も、たいそう悲しそうに聞こえるという。鳴き声を聞いた人はいるけれども、鳥の姿を見た人は、誰一人いないそうだ（『読みがたり　岩手のむかし話』）。

　この話は、馬産地である岩手県に広く分布している。馬と人とが同じ屋根の下で暮らす「南部曲家」からも馬と密接な土地柄がうかがえる。

すねこたんぱこ

　子どものいない爺と婆がいた。観音様に子どもが欲しいと祈願すると、「毎晩すねにつばをつけてみろ。子どもが生まれるから大事に育てろ。後に福徳長者になる」とのお告げがある。婆は毎晩すねに唾をつけてこすっていると、すねから小さな子どもが生まれる。すねから生まれた子どもなので、「すねこたんぱこ」と名付けて可愛がった。若者になり、体は人の爪のあかほどもない小ささだが、馬を扱うのが上手かった。すねこたんぱこは、婆に麦こがしを小袋に入れてもらい、馬に乗って出かけた。長者の家に泊めてもらったすねこたんぱこは、夜中に長者の娘の口に麦こがしをぬりつけて、残りは食べてしまい、娘に全て食べられてしまったと泣く。長者は申し訳ないと、娘を嫁にやることにし、馬に一緒に乗って家に向かう。途中、馬から落ちて馬に踏まれたすねこたんぱこは、立派な若者の姿になり、親子夫婦4人一緒に仲良く暮らし、末には福徳長者になる（『すねこ・たんぱこ』）。

　小さ子譚の一つで、岩手県では他に「桃太郎」や、婆のひざかぶ（膝）から生まれた「つぶ息子」（田螺息子）の伝承もある。

南部と伊達の藩境

　南部藩と伊達藩の藩境が、まだはっきりしていなかった頃の話。南部の殿様と伊達の殿様は、同じ日の同じ時刻にべご（牛）に乗って出発し、出会った所を藩境にしようと決める。南部の殿様は、決めたとおりにべご（牛）に乗ってやってきて、まだまだと思っていたら、伊達の殿様が目の前に現れ驚く。伊達の殿様は、最初は馬に乗ってやってきて、途中でべこ（牛）に乗り換えたのである。北上市の「相去」は、殿様が相対して去ったところから付いた地名といわれる（『ふるさと北上の昔話』）。

おもな民話（伝説）

岩手山と姫神山と早池峰山

　岩手山は姫神山を妻にめとったが、早池峰山の女神に心奪われる。岩手山は姫

神山と顔を合わせるのもうとましくなり、送仙山の神に「一夜のうちに、わが目のとどかぬところへ送りゆけ」と命じた。姫神山の姫は泣く泣く夫のもとを去ったが去る足も鈍く、翌朝岩手山が目をさますと、まだ東の空にそびえていた。それを見て怒り狂った岩手山は、盛んに火を噴いて暴れまわった。その時から、岩手山と姫神山の間にあった送仙山は、岩手山の怒りにふれて首をふきとばされ、その首は岩手山麓に大きなこぶとなって、今に残っている（『岩手の伝説』）。

遠野三山　むかし、遠野の石倉権現さまに、三人の娘神を連れた女神さまが泊った。最初の晩に、「遠野に三つのお山があるが、胸に蓮の花を授けた娘に一番高い早池峰山を守らせろ」というお告げがあり、母神さまはその事を娘たちに教えて、もう一晩泊った。一晩中目を覚ましていた一番小さな妹神さまは、一番大きな娘神さま（姉神さま）の胸の上にぴかぴか光る美しい蓮の花が降りてくるのを見て、横取りして自分の胸の上に置いて寝た。朝になりみんなが目を覚ますと、一番小さな娘神さまの胸の上に蓮の花があるので、その娘神さまが早池峰山を守ることになった。二番目の娘神さまは六角牛山を、一番大きな娘神さまは、一番低い石上山を守ることになった。石上山は一番低い山ではあるが、一番険しい山だと言われている。その山を守ったのが、一番の姉神さまなので、一番低い山ではあるが、一番位の高い神さまだと言われている（『正部家ミヤ昔話集』）。

母神さまと娘たちが別れた峠を神遣峠といい、そこに建っているお社を神遣神社という。

義経伝説　平泉は、藤原氏三代の仏教文化が栄えた地で世界遺産にも登録されたが、源義経や弁慶などの終焉の地でもある。高館で自害した義経の首は、黒漆の櫃に納め酒に浸して鎌倉に送られたが、盛夏のため腐敗が激しかった。そのため、この首は家来の首で義経は弁慶と共にいち早く脱出し、岩谷堂から気仙、遠野、釜石。さらに陸中海岸を北上し久慈から青森の三厩から北海道へ渡ったという「義経北行伝説」が関係各地に残っている。さらには、シベリアへ渡り蒙古のジンギスカン（チンギス・ハン）になったという伝説まで生まれ、「義経北行伝説」と称されている。

例えば、山伏姿に扮した義経一行は、束稲山を越えて一関市大東町の観

福寺に宿泊した。この寺には、義経の四天王・亀井六郎清重の「笈(おい)」が残されているという。また、一行は江刺市井出の藤原隆家の館に数日滞在した。源義経が休んだ家なので、「源休館」と呼ばれるようになった。

さんさ踊りの始まり

むかし羅刹(らせつ)という恐ろしい鬼がいて田畑を荒らしたり、女こどもをさらったり、あばれまわっていた。ほとほと困った村人は、盛岡の三つ石の神さまに「羅刹を退治して、一日も早く平和な村にしてください」と願掛けした。21日目の満願の日に村人が三つ石の神さまに行ってみると、大きな鬼の羅刹は藤のつるでグルグル巻きにされて、「二度と村人に悪さはしません」と泣きながら詫びていた。羅刹は、約束の証に三つの岩に手形を押して逃げて行った。見ていた村人は大喜びして、神様にお礼の踊りを奉納した。これが、盛岡各地で踊られている「さんさ踊り」の始まりである。鬼が来なくなったので、盛岡の別名を「不来方(こずかた)」ともいうようになり、また鬼が岩に手形を押したことから、岩手という地名になったという(『岩手のむがしッコ』)。

だんぶり長者

むかし、二戸郡の田山の里に貧しい百姓夫婦がいた。ある年の初夢に、「小豆沢の地をひらけ。そうすれば福運が授かるだろう」とのお告げがあり、さっそくその地を耕しはじめた。その年の夏のある日、木陰で昼寝をしていると、一匹のだんぶり(とんぼ)が飛んできて、夫婦の唇をなめた夢をみる。目覚めると、唇から得も言われぬ酒の香りがするので不思議に思ってあたりを見回すと、夢の中で見ただんぶりが岩間に飛び去るところだった。後を追うと酒の泉を見つけ、そのおかげで夫婦は大きな酒屋をひらき、のちに田山のだんぶり長者と言われるほどになった(『岩手の伝説』)。

奥浄瑠璃本の中にだんぶり長者を題材とした「檀毘尼長者本地」がある。大勢の使用人に食べさせる米のとぎ汁で川が白くなったことから、米白川(今の米代川)と呼ばれるようになったという長者伝説である。

おもな民話(世間話)

オシラサマ

むかし、父と母と美しい娘がいた。年ごろになった娘は、飼っていた牡馬と仲良くなり、「馬と夫婦になる」と言い出す。怒った父は、桑の木に馬を吊し上げ、鉈(なた)と鎌で馬の皮を剥ぎ始めるが、馬の皮が泣きじゃくる娘の体をぽっと包んで、天に昇ってしまう。父

と母は、思いもよらぬことに泣き明かすが、ある晩娘が夢枕に立ち「来年の3月14日の朝に庭の臼の中を見てほしい。馬の頭のような小さな虫が沢山いるので、裏庭の桑の葉を食べさせて、大きくなったら繭から糸を取って機を織り、その織物を売って暮らしを立てるように」という。両親は、娘に教えられたとおりにする。そのお礼に、馬を吊るした桑の木に娘の顔と馬の頭を彫って祀ったのが、オシラサマである。オシラサマは養蚕の神様で、目と女の神様でもあり、祀っている家の良いことや悪いことを知らせる神さまでもある（『遠野むかしばなし　鈴木サツ自選50話』）。

　オシラサマは家の神で、通常は桑の木に馬頭と女を彫った2体がある。オシラサマの祭りを「オシラアソビ」と言い、小正月の16日に箱から女たちによって出され、新しい赤い布を被せられ小豆餅が供えられる。

ザシキワラシ

遠野郷山口の旧家孫左衛門の家には、若い女のザシキワラシが二人いると言い伝えられている。ある年同じ所の男が、夕方橋のあたりで見慣れぬ美しい娘二人に会った。「お前さんたちはどこからきてどこに行くのか」と聞くと「今まで山口の孫左衛門殿の家にいたが、これから気仙の稲子沢へ行きます」と言って過ぎた。その後山口の家の主従30人ばかりは、茸の毒にあたって一夜のうちにみな死に絶えたということである（『奥州のザシキワラシの話』）。

　『遠野物語18』と同じ話である。ザシキワラシは全国的に伝承されるが、岩手県を始めとした東北北部では家にまつわる精霊とされる。子どもの姿をしていて、旧家の座敷に出没し、夜に枕返しをしたり、体を押し付けたりして寝かせないという。また、ザシキワラシがいる間は富み栄え、出ていってしまうと没落してしまうとも伝えられる。

カッパの手形

北上市染黒寺にはカッパの手形とカッパが書いたという書が現存している。染黒寺十四代の仏国大器の和尚の時に、北上川の渕に住んでいたカッパが寺の馬屋に入って馬を殺した。それを見つけた和尚は、カッパに意見した上で詫び状としてカッパに手形を押させ、カッパの手を取って「當山」と書かせて北上川に離してやったという（『岩手のむがしッコ』）。

　カッパは水中に住む妖怪。『遠野物語』の中のカッパは、顔は赤く足跡は猿と同じで親指がなく人間の指のようだという。捕えたカッパを逃がす代わりに教えてもらった「河童秘伝薬」を伝えている家もある。

4 宮城県

地域の特徴

　宮城県は東北地方の中部、太平洋側に位置する。北は岩手県と秋田県、南は福島県に接し、西および北西隅は奥羽山脈を境として山形県に隣接する。太平洋に突き出る牡鹿半島以北は複雑なリアス式海岸をなし、仙台湾岸は砂浜海岸が続く。沿岸地域は漁業が盛んで、石巻や女川など現在も日本で有数の漁港となっている。洪水に悩まされた地域も多いが、戦後は干拓が進められ、穀倉地帯が広がった。ただ、夏期にヤマセと呼ばれる北東風が吹くと、日照不足と低温により稲作は冷害を起こしやすく、農民に警戒されている。江戸時代から「日本三景」といわれた松島には、多くの文人が訪れ、現在も観光客が多い。

　奈良時代には、北方の蝦夷と対立する大和文化の最前線に位置していたことが多賀城碑からわかる。江戸時代には仙台藩が設けられ、伊達政宗のさまざまな干拓事業により水路を整え、産業も多彩となった。明治期以降、工業は仙台や石巻に若干みられたが、県内の産業の中心は農水産業である。1960（昭和35）年のチリ地震津波、1978（昭和53）年の宮城県沖地震、2003（平成15）年の宮城県北部地震、2011（平成23）年の東日本大震災とそれにともなう津波など、多くの震災の被害に遭っている。

伝承と特徴

　宮城県における民話の採集および研究は、戦前はほとんどなされていなかったが、戦後の1960（昭和35）年に発足した「みちのく昔話研究会」以降、盛んになっていく。後に宮城県の民話の採集、研究を進めていく佐々木徳夫もこの研究会から『酒の三太郎』を発刊している。佐々木はその後も『夢買い長者』『陸前昔話集』『陸前の昔話』『永浦誠喜翁の昔話』など多くの資料を残しており、それによって県内の民話の伝承の実態が徐々に明らかになってきた。

東北地方　39

宮城県教育委員会が「みやぎ民話の会」へ調査を委託し、昭和60（1985）年度から62（1987）年度までの調査をまとめた『宮城県の民話』により、県内の昔話の概観がつかめるようになった。それによると、昔話の形態は仙台市と旧宮城町のあたりを境界線として、県北部と県南部で分けられるという。県北部では語り始めが「むがすむがす」「むがすあったどごろぬ」であり、仙台中心部に近くなるにつれて濁音がとれて「むかしむかし」「むかしあるところに」になる傾向がある。そして南下すると「ずっとむかし」「ざっとむかし」となる。語り収めは北部は「えんつこ、もんつこ、さげだ」系統であるが、南部には特定のものはない。
　こうした南北の語りの形式の違いは伝承内容の違いにも表れている。北部は昔話の伝承度が高く、多くの話を有する話者が多いのに対し、南部では有力な話者の資料が見出せていない。これには土地柄がかかわっているといわれている。県北部は肥沃な穀倉地帯を抱え、また、昔話が盛んな岩手県南部との交易や婚姻による交流が深かった。それに対し、県南はそうした場や交流も少なく、さらに白石市のあたりでは江戸時代から農業の傍ら製紙・製麺が奨励されるなど商品経済が、昔話の疲弊へとつながったとみられる。また、内陸部と沿岸部でも伝承度に差が出ている。これは農業と漁業の時間に対する価値観と余暇の過ごし方の差からくるものであるように思われる。
　「みやぎ民話の会」は優れた資料を報告する一方、語りの活動にも精力的に携わり、今度の東日本大震災以降は被災者の声を聞き、その報告などの活動も行っている。

おもな民話（昔話）

釜神さまのはじまり

　むがぁし、あったつもねえ。ある所に、じいさまとばあさまがいたんだと。二人で一生懸命働いたけれども、なかなか金持ちになれなかった。子どももなくさびしかったんだと。ほんで、毎晩子どもが欲しいと言っていた。じいさま山へ柴刈りにいったら穴があったんで、危ないからふさごうと思って柴木を入れた。そしたらその穴から立派な姫さまが出てきて柴木のお礼をしたいからと穴に招かれた。そこでご馳走をたくさん食べて、帰りにかわいい男の子をもらった。その子どもを二人で一生懸命育てたら、その息子は体ばかり

大きくなって、全く稼がない。おまけに、鼻は大きく、口は大きく、ちょっと見苦しくなってしまった。それでもじいさまは自分の子どもだと思って大切にしてたけど、ばあさまは気に食わなくなってきたんだと。その息子が昼寝してて、へそのあたりをいじっているうちに、へそから小判が一枚、出たんだと。毎日へそから小判が一枚ずつ出てきて長者になったんだと。ところがばあさまはもっと小判欲しくて、息子のへそを火箸でついたら、息子は死んでしまったと。悲しんだじいさまは息子の顔の形を泥で作って、自分が住んでいる家の柱にかけて毎日拝んで息子の冥福を祈ったんだと。それが今の釜神さんのはじまりになったんだと。えんつこまんま、ぽっとさけた（『南三陸町入谷の伝承』）。

　この昔話は、県北部の旧志津川町（現・南三陸町）の山内郁が語ったもの。山内は1929（昭和4）年南三陸町入谷字林際生まれの話者である。山内家では昔話をはじめ、あらゆる話が語られていたが、郁が継承した昔話は、母よしをからのものである。この話は「竜宮童子」と同様のモチーフであるが、それが釜神と結びついているところに特色がある。この釜神の面は、宮城県と岩手県南部で多く見られる。こうした醜い自分に似た人形を、竈（かまど）の前に掛ければ家が富むという夢でのお告げがあったという昔話が、岩手県の『紫波郡昔話集』に報告されている。その子どもが「ひょうとく」という名であったことから「ひょっとこ」との関連も指摘される。

鱈（たら）の化け物

　むかしむかしある浜辺に、一人暮らしのおなごがいたんだと。ある晩、見たことがない色白な男がやってきて、炉ばたに座っていつまでも動がねえんだと。次の晩も、その次の晩もやってきて、動がねんだと。ほんで、近くの物知りのおばんつぁんに打ち明けたら、鱈の化け物だから、小豆を煮てそれをかけてみなさいと言われだんだと。その晩、その男が小豆を煮ていると聞いて顔色を変えて帰ろうとしたから、おなごは男に小豆を鍋ごとかけたら、「あっつい、あっつい」て言いながら逃げでったんだと。次の朝、浜辺さ行ってみだら、火傷したおっきな鱈が波打ち際で死んでだんだと。こんで、えんつこ、もんつこ、さげだどや（『永浦誠喜翁の昔話』）。

　この昔話の語り手である永浦誠喜は、100話クラスの語り手であり、旧南方町（現・登米市）で農業に従事しながら公民館長も務めた人物である。この昔話は「鱈聟（たらむこ）」ともいわれ、気仙沼や本吉地方でも確認されている。

「蛇聟入(へびむこいり)」の話型のうち、毎夜女のもとを訪れてくる「苧環型(おだまきがた)」を思わせる語りといえる。菱川晶子はこの話の背景に、小豆がもつ霊的な力があることを指摘している。

与茂吉話(よもきちばなし)

登米市に与茂吉という人物の笑話が報告されている。ある晩、旦那さんに、「明朝早くにシッキリ(のこぎり)の目をたてるやすりを買って来い」と言われて町に買いに行ったがなかった。せっかく赤生津(旧・豊里町の地名)からやってきたのに何も買わないのは腹が立つので、一すり足して薬買うべと思い、薬屋に行って、ひび薬を買って帰って、旦那に怒られだんだどさ(『陸前の昔話』)。

旦那さんが、客が来たからどじょう汁を御馳走しようと思って、与茂吉に裏の堀で「洗れ流してこ」と言った。与茂吉はどじょうをざるに入れて、一匹ずつ洗ってはペロリ、洗ってはペロリと流してしまった。空になったざるを持ってきて、「『洗れ流してこ』と言われたから、洗って流して来たでば」て言ったんだどさ(同書)。

他にも、12話が『陸前の昔話』に報告されている。この与茂吉の話は、登米市と旧桃生郡西部にわたって伝承されているが、話に実在の地名を織り込み、よりリアリティをもった笑いにしている。その結果、実在の人物として信じられていた節もあり、その墓の所在があったという。

おもな民話(伝説)

西行戻しの松

名跡を求めて諸国を遍歴していた西行が松島の姉取山の途中で休んで和歌を詠むと、傍で鎌で草を刈っていた童子がそれを嗤(わら)い、西行の和歌を翻案して詠んだ。西行が驚いて業(職業)(なりわい)を尋ねると「冬萌えて夏枯れ草(麦)を刈って業としている」と答えたが、西行はその意を解せず恥じていると、童子は「松島は霊区(霊域)で才人が多い、恥を残すより速やかに帰るがよい」というので、西行はここを立ち去った。この童子は山王の神の化身であり、これによって西行戻しの松という(『松島町史(資料編)』)。

また、同じ松島の西行戻しの松の伝説には次のようなものもある。

西行が北面の侍だった時、通じた宮仕えの女に「あこぎ」といってたしなめられたが、意味が分からず出家して旅に出た。そして松のところで牛に草を食わせていた老人が「なんとあこぎなことである」と言って牛を叱

った。その意味を西行が訪ねると「伊勢の海あこぎが浦にひく網も　たび重ればあらわれやせん」と古歌を引いて答えた。西行は自分の至らないことを知り、ここから引き返した。この老人は松島明神の化身であったという(『陸前の伝説』)。

　この西行戻しの松の伝承は1487年の「廻国雑記」にも記載がある。近世期には松島という景勝地が文人にも広く知られており、そうした縁によって記述された伝説といえる。この松島の西行戻しの松の山を下っていくと瑞巌寺があり、そこで修行をしていた宗教者の関与に寄るのかもしれない。歌人の伝説としては他に小野小町の生誕や墓地なども確認できる。

甲冑堂（かっちゅうどう）

　白石市に坂上田村麻呂を祭る田村神社が鎮座しており、その境内に甲冑堂がある。源義経家臣の佐藤継信・忠信兄弟の妻楓と初音の甲冑姿の木像が安置されている。兄継信は壇ノ浦の戦いで、義経の身代わりで討ち死にし、弟忠信は義経を平泉におくったのち、京都で自害したという。この甲冑姿は息子の安否を気遣う老母を慰めるため、形見の甲冑を身につけ、無事凱旋をしたと伝える雄姿であるという(『宮城の伝説』)。

　この話は戦前の国定教科書の『高等小学校読本』でも取り上げられた。『奥の細道』の旅で、芭蕉も曽良と共にここを拝観しているが、芭蕉が訪れたときは放火のために焼失していたともいう。1795年の『東遊記』(橘南谿)でも先の伝説を確認できる。坂上田村麻呂と鈴鹿御前を祀る(『宮城縣史21』)という伝承もある。

おもな民話(世間話)

猫塚

　昔、梶賀村に半沢某という者があり、一家中特に主婦は飼猫を可愛がり、猫もまたその傍をはなれず、夜は厠にまでついて行く。ある夜猫が裾をくわえて離さないので、主人は怒って刀で猫を切った。すると首は飛んで厠の小窓から入ってきた毒蛇に噛みついてこれを殺した。主人は初めて猫の忠義を知り、手厚く葬り祠を建てて祭った。土地ではこれを猫神社といい、いまも残っている(『宮城縣史21』)。

　これは、角田市で確認された話であるが、仙台市では伊達家邸内の話として伝承されている。この話は「犬塚」や「忠義な犬」として、日本では『今昔物語集』ですでに確認でき、また世界的にも分布する話である。そ

の犬がこの話では猫になっているところがおもしろい。猫といえば、死体を操る「猫檀家」や、殺されて復讐する「猫と南瓜」など、伝承の世界では魔性の生き物、異界との交渉をもつ動物と見なされるなどが、そういった魔を帯びていない。なお、この話が1757年の『近世江都著聞集』に記されている。

水死人と先祖

海で土座衛門（水死人）拾ってくると、大漁があたるって、むかしから漁師は語っている。親類の人で、初めて船を買ったときのこと、気仙沼に水揚げに来たときに土座衛門を拾ったんだって。それを警察に届けたけどだれか分からなかったから、自分で埋葬するって言って、大雄寺に埋葬したんだね。そうしたっけ、どんどん漁当たって、成金になったの。「このお仏は、おら家の先祖だ。このお仏のために、魚が獲れて当たって、そしてお金もうけたんだ」って、今でも祀っている。お墓を新しく建てたときも、ほんとうに先祖として祭ったんだっけね（『南三陸町入谷の伝承』）。

水死人を船に上げれば大漁になるというのは広い伝承をもっている。波平恵美子は水死人をエビスと呼んでいることに注目し、外来者としての性格があるとしたうえで、ケガレが逆にハレの持つ力へと転換したと述べている。また、伝承の背景には海が死と背中合わせの場所であることも関係しているのであろう。

5 秋田県

地域の特徴

　秋田県は西が海に面し、東は奥羽山脈が背後を蔽うように南北に連なった縦に長い県である。中央の出羽山地の周辺に、盆地や平野が開けている。冬期には積雪が多く、山間部の豪雪地帯では、春の雪どけまで交通が遮断されるほどであった。河川は北部の米代川、中央部の雄物川、南部の子吉川が、東から海に向けてゆったりと流れている。それらの流域に人家が多く生活圏が形成されてきた。県の産業は、古くから豊富な森林や地下資源に支えられてきた。藩が植林や鉱山開発に力を入れたこともあり、秋田杉などの木材や鉱物資源が産出され、その集散地である能代湊や秋田湊は海運業としても栄えた。また、米どころ秋田は、新潟県とならぶ米の生産県でもある。この自然豊かな地に、伝承文化も豊かに残されてきた。男鹿の「なまはげ」、横手の「かまくら」「霜月神楽」、西馬音内の「盆踊り」、秋田竿灯祭りなど、独自な民俗が多くある。

伝承と特徴

　秋田県の民話と関係が深い人物に、江戸後期の菅江真澄（1754～1829）がいる。柳田國男が民俗学の先覚者と位置づける真澄は三河に生まれたが、生涯の多くを秋田で過ごし、たくさんの紀行文や地誌を残している。秋田藩士の人見焦雨や石井忠行の記録なども貴重な仕事である。

　近代に入って早く昔話の収集にかかわった武藤鉄城は、戦前の雑誌『旅と傳説』に多く発表し、戦後も収集に力を注いだ。今村義孝・今村泰子の『秋田むがしこ』や『羽後の昔話』はかけがえのない資料である。1970（昭和45）年以降は、県外からの研究者や有志の調査が行われ、資料の蓄積が進んだ。同じ頃に各自治体や公民館による郷土の昔話の記録と公刊も活発になる。

　2013（平成25）年に秋田県教育庁生涯学習課文化財保護室により秋田

県内の昔話資料等がデータベース化される。また、秋田大学の「秋田県の昔話・伝説・世間話 口承文芸検索システム」がインターネット上に公開され、利用が便利になった。

秋田の昔話は、結末句が「とっぴんぱらり」であるが、旧南部領に近い鹿角郡は、岩手や青森県と同じ「どっとはらい」が混在する。県南部の由利郡の結末句「とっぴんかたりん、山淑(さんしょ)の実」は、庄内藩の影響がみられる。

秋田は中世以来、日本海の海運を通じて越前・若狭地方や上方との経済・文化の交流が深かった。男鹿半島の椿山をめぐる能登の船乗りと娘との悲恋話や、土崎(秋田)湊近くの香木の通商で裕福になった船頭の伝説などは、そうした名残といえる。八郎潟と田沢湖、十和田湖が関係する「三湖伝説」は、スケールの大きな伝説である。長慶金山や院内銀山の伝説、小野小町、象潟蚶満寺(きさかたかんまんじ)の神功皇后(じんぐうこうごう)など、歴史や文化にまつわる伝説も多い。

近世末期から蝦夷地や樺太への漁業・林業の出稼ぎが盛んになり、繁次郎(茂二郎)にまつわる世間話に、その面影を残す。世界遺産の白神山地には鬼神や山人の話、鹿角には狩猟にまつわるマタギ佐太六(さだろく)などの話もある。

おもな民話(昔話)

小野小町　昔、あったずもな。秋田に小野小町というきれいな女がおり、男たちが嫁にほしいと大騒ぎをした。小町にのぼせた男が毛虫になってはってきて、膝の上にあがってきた。小町は黙って見ていたが、「口を吸わせ　手を握らせて　ひざまくら　はだと云わぬは　虫のあやまり」と歌を詠むと毛虫は落ちて死んでしまった。これきって　とっぴんぱらりのぷう(『秋田むがしこ』第1集)。

湯沢市小野が生誕地とされる小野小町は、伝説の人として有名であるが、その小町にちなんだ少し卑猥な昔話である。恋慕の末に男は、毛虫と化してまでも迫るが、小町の毒気を孕(はら)んだ歌にあえなくころりと終わる。語った堀井徳五郎は明治初めの生まれ。同じ語り手に「鮭を呼ぶ歌」の狂歌話もある。鮭が川を上るのを殿様が見物に来ると、さっぱり鮭が上らない。機嫌が悪くなる殿様の前に出た「歌よむ若(わげ)ぇ兄」が、「昨日たち　今日きてみれば衣川　すそのほころび　さけのぼらん」と詠むと、いっせいに上

り始めたという。歌は新調した衣の裾の破れ（裂け）に、鮭を掛けたものである。この話は『尤の草紙』など、江戸の随筆にも出ている。堀井は小学校の校長の経歴をもつ方で、同書に50話近く採録されている。編者の今村泰子の「採集記」（同書巻末）には、1955（昭和30）年頃の秋田の年寄りとの懐かしい交流が記されている。

桃内小太郎

むがしあったぞん。あるところに爺と婆がいた。爺は山に柴刈りに、婆は川に洗濯に行ったが、川上から白い箱と赤い箱が流れて来た。婆は赤い箱を拾って家に帰った。箱の中には大きな桃が入っていた。その桃から赤ん坊が生まれたので、桃内小太郎と名付けられた。その子は成長して鬼ヶ島に鬼征伐に行くと言い出した。途中で、竹ナリ子と葭ナリ子を仲間にする。鬼ヶ島で、竹ナリ子と葭ナリ子は鬼に飲まれてしまうが、小太郎が助けて、三人で鬼を退治した。帰る途中で、竹ナリ子は守り不動尊、葭ナリ子は産土神であると正体を明かして消えた。小太郎は、家に帰ると爺と婆は大変喜んだ。トンピンパラリのプウ（『角館昔話集』）。

「桃太郎」の話は、柳田國男『桃太郎の誕生』以来、水辺の小さ子の誕生と成長といったテーマで読み解かれてきた。しかし、日本各地に伝承されてきた「桃太郎」には、それには収まり切らない多くの「桃太郎」がいることを、野村純一と斎藤純は指摘した。それに倣って、ここでは赤い箱に入って流れて来た桃から生まれ、犬、猿、雉や、きび団子も登場しない、不動尊と産土神を従えた秋田の桃太郎を取り上げた。

近江の国のひやみ太郎

毎日仕事もせず、寝てばかりいるひやみ太郎がいた。大口を開け外で寝ていると、キリギリスが口に入った。命を助けてやるとその恩返しに殿様の所に行って「ひやみ太郎に百万石を与えなければ、天下の首はキリキリーン」と鳴いた。虫の音を気にした殿様はひやみ太郎を捜し出し百万石を与えた（『傳承文藝』17号）。

この昔話は、「蟋蟀報恩」と呼ばれる採集事例がきわめて少ない話である。『日本昔話通観』によると、虫報恩の話型で、岩手県の二戸、京都の丹後伊根、鳥取の日野、鹿児島の種子島から採集されている。秋田でも、採集事例は藤田藤太郎、ハル夫妻による2話のみである。話者の藤田藤太郎は、各地の酒蔵で働いた山内杜氏である。広い世間を知る伝承者であり、この

昔話の伝承経路が推測される。

うそつき男　むかし、あるところに、藤五郎という男がいて、大きな家の奉公人として使われていた。藤五郎は、「四十八の鷹巣(たかのす)」の場所を親方に教えた。鷹巣を見たいと言う親方を山の木に登らせ、梯子をはずして帰った。だまされた親方は怒って、藤五郎を簀巻(すまき)にして、川へ流すことを命じた。担ぐ奉公人達に、隠し金があると探しに行かせ、通りかかった目の悪い牛方を、簀巻になれば一晩で直ると、牛方を身代わりにして屋敷に戻る。藤五郎は、投げられた後、竜宮の乙姫に会ったことを話し、親方を川へ誘い込み流してしまう。そしてその屋敷の親方になった。どっとはれ（『秋田むがしこ』第2集）。

　この話は「俵薬師」という笑話である。現在では、悪人が成功する話のため、道徳上、問題があるといわれて語られなくなった話であるが、採集者の今村泰子は同書内の「注」でたくさん聞けたと記しているので、かつては秋田の各地で語られた話であった。この話は、グリム童話やアンデルセン童話にもあり、ヨーロッパでは「ウニボス」（騙(だま)し屋の話）と呼ばれ、修道院でも語られていた。また、アジアでは中国湖南省、ベトナムでも報告されている。

おもな民話（伝説）

伊勢参りの松　文政の頃、土崎（現・秋田市）の一行が、伊勢参りに行った際、河辺郡雄和町水沢の松右衛門と名のる老人の世話になった。土崎に帰って、お礼のために訪ねると、そのような老人はいなかった。ただ、水沢の大きな松が、去年の春の彼岸から急に枯れだし、秋の彼岸には再び生気をとりもどしたことがあった。村人は、松右衛門は松の精で、一時枯れたのは伊勢参詣中のことゆえであろうと話したという（『羽後の伝説』）。

　大館市比内町独鈷の伝説では、伊勢参りの道中で路銀が足りなくなって借りた銭が、村の松の木に掛かっていたという伝説もある。柳田國男は、伊勢参りの代参が盛んに行われていた江戸時代に、各地を遊行して歩く座頭や巫女などが、松の下で、松の精霊を語る話に結びついた伝承ではないかと推測している。『日本伝奇伝説大事典』の中で、野添憲治は、秋田市の雄和町水沢の「伊勢参りの松」の根元には、水沢地区の伊藤家一族の墓

があり、「総墓」という碑銘の裏に「伊藤同苗中（一族の意）建　文政八年」と刻まれていたと述べる。墓石が建立される以前、ここにあった松が墓標の役割を果たしていたことが、伝説を生む一因と指摘している。

熊野山神社由来（三十人小屋場）

黒沢の水源地に三十人小屋場があって、きこりが30人泊まっていた。ある時そこへ女が来て、眠っている人の舌をかみ切って殺していた。中で一人起きている男がいて、急いで逃げ、木のうろに逃げた。そこへ熊が来て、男を自分の後ろに隠して、化け物を退治してくれた。そこで、黒沢に熊を祀る、熊野山神社を作った（『傳承文藝』17号）。

この伝説は、横手市山内黒沢の山中を舞台とした話で、異聞が横手市山内地区で、多く報告されている。きこりたちが夜に小屋で百物語をしたら化け物が出て食い殺された。百物語に加わらなかった飯炊きだけが助かって鉈で化け物を切りつけると三本足狐になったなど、黒沢以外の採集地でさまざまに語られているのが興味深い。同様の話が富山県黒部市宇奈月町の十六人谷にも伝えられている。杣人たちが伝承していた話と思われる。

影とり沼

昔、角間川の近くに大きな沼があり、いつの頃からか、影とり沼とよばれていた。この沼の近くを歩くと、影が反対側に映るという不思議な沼でもあった。朝に東を通れば人の影が西に落ち、夕日のころ西を通れば影は東に映り、人も馬も沼に落ち溺死するのであった。村人はおそれて晴天の日は沼に近よらず、曇天や雨の日だけ歩いたという（『羽後の伝傳』）。

この伝説については、菅江真澄も地誌『雪の出羽路　平鹿郡』巻一、板井田村の項に記している。武藤鉄城も『旅と傳説』で触れている。同様の伝説は、横手市大森にもある。戸塚ひろみは、ほかにも長野県上田市半過の影取り湖、栃木県足利市の影取り淵、神奈川県横浜市戸塚区の影取りの池があり、水に映った影法師を湖沼の主にとられると命を落とすという話があると指摘する。影の喪失と死の話は、澁澤龍彦の小説『高岳親王航海記』にもある。主人公の高岳親王が湖をのぞき込むと、自分の影が水面に映っていないことに気づき、親王は死期を知った。一方、梶井基次郎の『Kの昇天』は自己像幻視（ドッペルゲンガー）、すなわち自分の姿を目撃することをテーマにしている。「影の病」「影の煩い」「離魂病」という言葉があるように、自分が自分自身（影）を見ると長く生きられないともいわれる。

おもな民話（世間話）

山内の大力の話

山内の万蔵（さんない まんぞう）が、川越刑部のもとに若勢（年季奉公）に行った折、山の神様に願を掛けて力を授かる。大力が話題となり、江戸へ相撲を取りに行くことになった。将軍の前で伊達藩のいろは山と勝負をし、運悪く相手が死んでしまった。万蔵に非はなかったが、伊達藩の仕返しをおそれて、ひそかに郷里の平野沢に帰り、静かに暮らしたという（『傳承文藝』17号）。

宮田登は、大力の男は土地をもたない者が多いと指摘する。大力の話は、富農に年季奉公にきた若勢たちが、「タマリ」と呼ぶ溜（た）まり場で語ったものだという藤田秀司の聞書きがある。一方、石井忠行（いしい ただつら）の随筆には、豪農の川越家の由緒書きに先祖の山内喜代之助が藩のお抱えの相撲取りであったとする記事がみえる。伝承と記録との違いが面白い。

また近年では、話者の藤田ハルが万蔵の大力の理由を、見知らぬ女から赤子抱きを頼まれ、その赤子がだんだん重くなり、その結果、大力を得たと話している。赤子抱きにより産女（うぶめ）から大力を授かる昔話「産女の礼物」に類似し、世間話から昔話へと伝承が移行している形かもしれない。

百物語

秋風が立って袷（あわせ）では肌寒い頃の闇夜に、法久寺の本堂に行き百物語をやった。蠟燭を仲間の数だけ点けて、一同は通りからお寺へ向かう所にあった常夜燈まで行って引き上げて来る。それからジャンケンで順番を決めて、一人が蠟燭を消しに行く。最後の一本を吹き消すと化け物が出ると言われていた。最後の子は顔色を変えて走って来た。夜学の帰りによく百物語を行った。仲間の怪談に反抗心が手伝って蠟燭を消しに行った（『大曲町郷土史』）。

浅井了意（あさい りょうい）は『御伽婢子』（おとぎぼうこ）の中で、「百物語に方式あり、月暗き夜行灯（あんどん）の火を点じ、其行灯は青き紙にて張り立て、百筋の灯心を点じ、一つの物語に、灯心一筋づゝ引取ぬれば、座中漸々暗くなり……必ず怪き事現はるゝとかや」と書いているが、本話も同種の方式で行っていた様子がわかる。一方、野村純一は『昔話の森』の中の「百物語」で、もともとは神聖な夜の夜語りが本来の姿であり、予祝儀礼における祝儀性の強い行事であったことを指摘している。神聖なハレの夜の語りに現れる神に対して、日常のケの夜に行われる百物語には化け物が出るという。

6 山形県

地域の特徴

　山形県は、東北地方の西南部に位置する。日本海側の庄内と内陸の山形などでは気候に差もあるが、県全体としては豪雪地帯である。主な産業は農業と果物栽培である。

　山形県は、西北は日本海に面するものの、三方を高山に囲まれている。北は鳥海山・丁岳山地で秋田県と接し、南は吾妻山系で福島県と接する。南西は越後山脈で新潟県と接し、東は奥羽山脈で宮城県と接する。また、日本海に浮かぶ飛島がある。県中央には、山岳信仰の修験道場である出羽三山がそびえ、県内を北へと縦断する最上川が流れる。米や紅花、青芋（織物の原料）などの特産物は、最上川舟運で酒田まで運ばれ、北前船に乗せられて上方まで運ばれた。この交易により、上方の文化が流入した。

　山形県は大きく四つの地域に分かれる。北西部に位置する庄内、北東の内陸部に位置する最上、内陸部のほぼ中央に位置する村山、県の最南端に位置する置賜である。自然環境や江戸時代の幕藩体制のなごりから、方言や食物などが少しずつ異なり、それぞれの地域文化を形成してきた。

伝承と特徴

　山形県では、1922（大正11）年に常葉金太郎『葛籠の華』、1928（昭和3）年に『豊里村誌』と郷土史が刊行され、地域の伝説が取り上げられた。1935（昭和10）年発行の「昔話研究」には清野久夫、鈴木棠三、板垣スエ、鮭延瑞鳳らの昔話資料が収録された。昭和30年代以降は、野村純一、野村敬子、佐藤義則、江口文四郎、武田正などの県内外の民俗学研究者や大学の研究会、自治体などが精力的に調査を進め、現在では膨大な資料が集まっている。山形県内の民話集の出版状況については、武田正が東北文教大学短期大学部民話研究センターのホームページで年表にしている。

　昔話の呼称は「むかしこ」や「とんとむかし」。発端句が「むかしあっ

たけど」などで、結末句は「とんびん」や「とーびんと」が多く、語り手が言葉をつけ加えることもある。家庭内での伝承のほか、小正月の晩や祭礼の際の宵宮でも語られた。また、置賜地方では、若者が集まり作業する木小屋(けごや)で語られた「木小屋話」がある。武田正は木小屋話には、馬鹿聟話などの笑話、世話物、因縁話、縁起話、仏教説話があると説明する。庄内地方では、「天保元年やくわんの年」や「ソーレ物語、語り候」で始まる「早物語(はやものがたり)」の一種を、遊芸人が早口で語る「てんぽ物語」が伝承され、昔話やわらべ歌の中にもその影響がみられる。話を伝播した者としては、越後瞽女(ごぜ)、座頭、祭文語りなどの遊芸人、屋根葺き、大工、博労(ばくろう)などの職人、山伏や法印といった民間宗教者、簑売り、魚売(いさば)りといった行商人がいる。

　日本有数の昔話伝承地である山形県では、各地域に語り部の会があり、地元に伝わる昔話を語る活動を行っている。また、新庄市の「新庄ふるさと歴史センター」内の「語りの部屋」や南陽市の「夕鶴の里」など、語り手が来客に地元の昔話を語る施設もある。「ふるさと山形　地域文化　伝承・体験サイト　ふるさと塾記録アーカイブス」の活動記録（口承文芸）では、地域の昔話を視聴することができる。

おもな民話（昔話）

瓜子姫　婆が川上から流れてきた瓜を拾う。家で瓜を切ると、中から女の子が出てきたので、瓜子姫と名づける。やがて、瓜子姫は機織りが上手な美しい娘になる。ある時、一人で機織りをしていると、あまのじゃくが来る。爺と婆からは、一人の時にあまのじゃくが来ても、戸を開けてはいけないと言われていた。しかし、あまのじゃくは瓜子姫を騙して戸を開けさせ、桃を食べに行こうと誘う。あまのじゃくは、外に出た瓜子姫を殺し、瓜子姫に化ける。爺と婆が帰ってきて、入れ替わっていることに気がついて、あまのじゃくを殺す（『飯豊山麓中津川昔話集　上』）。話の最後に萱(かや)の根が赤いのは、あまのじゃくの血がついたからだという植物の由来譚がつくこともある。

　瓜は川から流れてくるのが一般的だが、山形県では、畑で瓜を収穫したと語ることがある。また、最上地方を中心に、胡瓜から産まれた胡瓜姫と、瓜類が異なって語られることがある（『ふるさとお話の旅　山形』）。酒田市では、江戸時代から酒田胡瓜（鵜渡川原(うどがわら)胡瓜）、真室川町では明治時代

から勘次郎胡瓜と、丸みを帯びた胡瓜がつくられていることと関係しているらしい。

せんとくの金

お堂に泊まった六部が「せんとくに与える金」と書いてある小判が入った小袋を見つける。そこに落ち葉拾いの爺が来て、知らずに落ち葉に紛れた小袋を持っていく。日が暮れ、爺の家に泊まった六部は、温かいもてなしを受ける。翌朝、爺の家で孫が生まれる。爺と婆の名前を取り、孫の名前を「せんとく」と名付けたことを知る。六部は、小判のことを話し、この家の物だと言うが、爺は受け取らない。爺は、出発する六部に二つの握り飯を用意し、一つには小判を入れた。六部は道で走ってきた若者に出くわしたので、握り飯を一つあげる。若者は出稼ぎに出ていた「せんとく」の父親であった。若者が家に帰り握り飯を見ると、六部に渡そうと思って入れた小判が入っていた。結局、小判は「せんとく」の物となった（『出羽の民話』）。

六部は全国の六十六ヶ所の霊場を巡礼する宗教者のことである。「産神問答」や「子供の寿命」でも見られるが、昔話の世界では予知をする能力をもった人物として登場することが多い。

牛方山姥

牛方、もしくは魚売り（サバ売りとも）が、山姥に積荷をすべて食べられてしまう。牛方は山姥から逃げるため、川辺近くの木に登る。山姥は川面に映った牛方の姿を見て、捕まえようとして川に入る。逃げ切った牛方は、山姥の家の梁の上に隠れる。帰ってきた山姥は、餅と甘酒を準備するが、寝ている間に牛方にすべて食べられてしまう。山姥は、石の唐戸と木の唐戸で悩むが、牛方が木の唐戸に寝るのがよいという声を神のお告げだと勘違いし、木の唐戸に寝る。牛方はキリで木の唐戸に穴を開け、そこから熱湯を注ぎ込んで山姥を殺す（『真室川昔話集』）。

この話は主人公の魚売りや牛方が伝えたといわれる。関根綾子は、山形県の「牛方山姥」は、主人公の職業と積み荷が地域で異なると説明する。庄内地方では、酒田や鶴岡の漁村から生鯖や焼鯖を担いで売りに来た魚売りが主人公だと語る。「浜のアバ」と呼ばれる、女の行商人が主人公のこともある。牛方山姥で女性が主人公であるのは、全国でもこの地方のみである。最上、村山地方では、魚売りが主人公で、積荷は、酒田や鶴岡で仕入れた塩鯖や乾物。置賜地方でも主人公は魚売りで、新潟県から運んでき

た干魚などの乾物である。現実の交易が昔話に影響を及ぼしている。

猿地蔵
山で爺が婆に作ってもらった団子を食べて寝ていた。猿たちが白い粉をつけた爺を見つけ、爺を地蔵と勘違いする。猿たちは爺を担いで川を渡し、爺を住み処に連れていく。川を渡る時、爺はおなかが鳴ったり、屁が出たりするが、猿たちは気づかない。そして、爺は宝物を手に入れ帰ってきた。それを隣の婆が見て、自分の爺に真似させる。また猿が来て、隣の爺を担いで運ぶが、途中で屁が出たり笑ったりしたため、人間だとばれてしまい、川に流される（『関澤幸右衛門昔話集』）。

「地蔵浄土」（「おむすびころりん」とも）、「舌切り雀」と同じく、良い爺が福を得るが、それを隣の爺が真似て失敗する、「隣の爺型」の昔話である。末尾に、人真似や欲張ることを戒める教訓がつけ加えられることがある。

鶴女房
男が傷ついた鶴を助ける。後日、きれいな娘が来て、嫁にしてほしいと言うので、一緒に暮らした。娘は機屋で機を織るが、機織りをしている時は覗かないよう、男に頼んだ。男が織り上がった布を町に持っていくと、高値で売れた。不思議に思った男は約束を破り、娘が機織をしているところを覗き見する。すると、娘ではなく鶴が自分の羽根を抜き、機を織っていた。娘は助けられた鶴であり、恩返しに機織りをしていたことを告げ、出て行ってしまった（『ふるさとお話の旅　山形』）。

動物が人間の嫁になる、異類女房譚の一つである。「鶴の恩返し」とも呼ばれる。

南陽市にある鶴布山珍蔵寺では、寺の縁起として伝えている。珍蔵寺では、鶴を助けた金蔵が後に出家し、鶴が織った曼荼羅を納めて珍蔵寺を建立したと伝える（『南陽市史 民俗編』）。珍蔵寺のある南陽市漆山地区には、鶴巻田、羽付、織機川など、伝説にちなむ地名がある。

佐兵話・酒の籠抜け
上杉領の頃、高畠村では酒をつくれたが、米沢城下ではつくっていけなかった。ある時、頓知者の佐兵が、酒樽を背負って番所に来た。中身を聞かれたので小便だと言うが、役人は信じず、酒樽の中身を飲んだ。佐兵の言うとおり、小便であった。次の日から、佐兵が酒樽を背負って通っても中身を確認しなかったので、佐兵は酒を売り大もうけした（『木小屋話』）。

佐兵話・豆腐のすだれ

佐兵が、米沢城下で豆腐で編んだすだれを見てきたと言った。人々は信じず、佐兵について行くと、縄で編んだすだれであった。佐兵はすだれを「一封(ひとふう)、二封(ふたふう)、三封、四封、……」と数え、「十封(とうふう)で編んだ」と答えた(『木小屋話』)。

「佐兵話」とは、置賜地方で話された、佐兵が主人公の頓知話で、木小屋話の一つである。

置賜地方では、頓知の効いた人を「佐兵のようだ」ということがある。佐兵のモデルである高橋佐兵次(さへいじ)は、江戸時代後期の人である。高橋佐兵次が暮らした高畠町亀岡地区露藤には、高橋佐兵次翁供養塔がある(高畠町観光協会ホームページ)。

山伏狐

山伏(法印)が昼寝をしている狐にホラ貝を吹いて驚かす。すると、急に暗くなる。葬列に出くわしたので、山伏は木の上に登って見ていると、棺の中から死人が出てきて木に登ってくる。山伏は木の上の方に登り逃げるが、そのうちに木の枝が折れて落ちると明るくなった(『羽前小国昔話集』)。また、泊まった家で風呂を借りたつもりが、川の中に入っていたという話もある(『飯豊山麓の昔話』)。

どちらも山伏が狐をホラ貝で驚かせたため、狐に仕返しされた話である。法印が主人公であることが多く、「法印と狐」と呼ぶことがある。この話は場所や修行者が特定され、世間話のように語られることもある。武田正は、置賜地方では「法印と狐」は行者などが伝えたと説明する。

おもな民話(伝説)

与蔵沼(よぞうぬま)

炭焼きをしていた与蔵という若者がいた。ある日、与蔵が沼で赤い魚を捕まえ、焼いて食べた。喉が渇くので大量の水を飲む。飲んでいるうちに、与蔵は大蛇になってしまった。母親が与蔵の名を呼ぶと、一度は姿を現すが、それきり出てこなくなった。それからこの沼を与蔵沼、峠を与蔵峠と呼ぶようになったという(『萩野才兵衛昔話集』『山形県伝説集・総合編』)。

与蔵沼は、鮭川村にある沼である。与蔵峠は、最上地方と庄内地方を結ぶ交通の要所であった。むやみに川や沼の魚を食べてはいけないという禁忌も合わせて語られることがある。川や沼の魚を食べ大蛇になる伝説は、秋田県の八郎潟、青森県の十和田湖にもある。

東北地方　55

阿古屋の松

出羽の領主藤原豊成の娘、阿古屋姫のもとへ、夜に名取左衛門太郎と名乗る男が通う。ある晩、男は千歳山の老松の精だと正体を告げる。名取川の橋が洪水で流され、千歳山の老松を橋の材料にすればよいというご神託がある。切り倒した老松を運ぼうとしても動かないが、阿古屋姫が老松に手をかけると動く。阿古屋姫が峠を越える時、老松にささやきながら引いたので、笹谷峠という。その後、阿古屋姫は老松の菩提を弔うため、庵をつくり、松を植えた。これが阿古屋の松であり、庵は山形市の千歳山万松寺である(『出羽の伝説』)。

阿古屋の松は歌枕として有名であった。平安時代の歌人、藤原実方は帝から歌枕を見に行くよう言われ、みちのくへ行く。松島に着き、塩釜明神の化身である老人に阿古屋の松への道を尋ねる。道すがら、藤原実方は宮城県名取郡笠島の道祖神の前で落馬し、死んでしまう。娘の中将姫が、阿古屋の松を見にいく。千歳山まで来た時、長旅でやつれた自分の姿を見て悲観し、身を投げたので恥川という(『出羽の民話』)。

藤原実方の伝説は、『平家物語』『古事談』、謡曲「阿古屋松」などにも記されている。千歳山万松寺には、阿古屋姫の木像と藤原実方の墓碑(板碑)、阿古屋姫、中将姫の墓がある。なお、宮城県柴田郡川崎町にも阿古屋の松がある。

おもな民話(世間話)

磐司祠

磐司と磐三郎は兄弟の猟師であったが、慈覚大師の教化により仏門に入り、大師が山寺を開山する際に力添えをしたという。寺の周辺が殺生禁断になったため、猪たちが大師にお礼を言うと、大師は磐司に礼をするよう言う。そのため、旧暦7月7日の祭には、磐司祠で獅子舞を奉納するのだという。磐司が矢を研いだ「矢とぎ清水」、大師が大石の上で磐司磐三郎と対面したためについた「対面石」がある。山寺の奥にある「磐司岩」は、磐司と磐三郎が住んだ地だという(『山形県伝説集・総合編』)。

山形市の山寺(立石寺)の開山にまつわる伝説である。磐司磐三郎は、兄弟であるとも、一人の名前だとも言われる。狩りを生業とするマタギの祖であり、伝説は東北から北関東にかけて分布している。

7 福島県

地域の特徴

　福島県は東北地方の一番南に位置し、太平洋に接している浜通り、阿武隈高地と奥羽山脈に挟まれた中通り、奥羽山脈以西の会津地方と大きく三つに分けられる。さらには、城下町であった会津地域と県境に近い南会津地域。県庁所在地である福島市を中心とした県北地域。交通・経済の要衝である郡山市を中心とする県中地域。陸奥の玄関口とされる白河市を中心とした県南地域。原発事故の被害を最も受けた相双（相馬、双葉）地域。そして最も温暖な気候の地であるいわき地域の七つに大別され、行政もこの区分けを使用している。これらの地域は気候が異なり、独自の文化、行事、歴史があり、地域の帰属意識が高い一方、一県のまとまりとしての意識は薄かった。これは江戸期に大小10余りの藩が治めていたこととも関係する。

　2011（平成23）年東日本大震災では、地震と津波、福島第一原子力発電所の事故などで県内は大きな被害を受けた。これをきっかけに各地域の民俗伝承も変化し、一県としての結びつきが強くなっている。県内の民俗には古い言い伝えのものが多い。相馬野馬追は、相馬氏の始祖・平将門による軍事訓練がはじめと伝えられる国指定重要無形民俗文化財である。

伝承と特徴

　福島県における民話の記録は、『会津風土記』や『磐城風土記』など江戸期に藩主導で行われた郷土誌編纂のものが早い。明治時代に入ると明治政府や福島県の命令を受けて、各地域の地誌が編纂された。民話集としては、1928（昭和3）年の近藤喜一による『信達民譚集』、1942（昭和17）年の岩崎敏夫による『磐城昔話集』がある。1960（昭和35）年以降、山村民俗の会による雑誌『あしなか』に各地の民話が報告され、1965（昭和40）年以降には『河童火やろう』や『鬼の子小綱』などが出版される。同

時期に地元の教育委員会や、県内外の学校による資料集が作成された。平成に入ると、2001（平成13）年に開催された地域博覧会「うつくしま未来博」において、地元の人が民話を語って聞かせる「からくり民話茶屋」が出展された。これを契機に改めて資料集が編まれたり、語りの場が設けられたりした。東日本大震災以降は、震災前後の語りを聞き書きするなどの試みも行われている。

　福島の昔話は「ざっと昔」と呼ばれ、昔話は「ざっと昔あったと」で始まり、合槌は「へーん」や「はード」、結語は「ざっと昔が栄えだど」などが一般的である。伝説では小野小町や萩姫などの女性や、源義家や源義経といった武将の話が伝わっている。世間話では浪江町や船引町の河童の話、富岡町や長沼町の小豆とぎの話が多く語られる。

おもな民話（昔話）

時鳥の姉妹（ほととぎす）　南会津郡只見町には次のような話がある。

　時鳥には姉と妹があっただ。そして姉の方は山芋見つけて、わが（自分）はあくび（芋の頭部）の方の固い方ばっかり食って、妹にはいい方を食わせただと。妹は、こおったら（こんなに）うめい物を姉はけただから（くれるのだから）、わがはどんなうめい物を食っているべと思って、姉を殺して、姉の腹を裂いてみたら、姉はあくびの固いとこの、うまくねぇとこばかり食っていたったと。そして、時鳥はその罰で八千八声鳴かねぇと餌食われなくなったと。喉から血が出るようになって、泣いて血を吐く鳴く鳥だとて、そこから出ただって。ポトサケタって鳴くだ（『会津百話』）。

　動物昔話の中の「時鳥と兄弟」で知られるこの話は、全県的に報告されている。『会津百話』はテープ録音資料を忠実に翻字化しており資料的価値が高い。

蛇聟入（へびむこいり）　福島県ではさまざまな異類婚姻譚が語られている。特に蛇聟入、猿聟入の報告例が多い。石川純一郎はこれらの昔話は、「田植に際して処女が山中に籠って田の神を招き迎えて来る民俗を反映している」と述べている。南会津郡桧枝岐村（ひのえまた）には次のような話がある。

　ざっと昔あったと。ある所に、婆様と孫娘が暮していたと。その孫娘がどこさ、毎晩見たこともねぇ青年が遊びに来んだちゅうと。ひして、用が

あって隣村さ行ぐ途中で、道端の木の陰から毎晩通って来る青年が出て来て、娘の手拭を取って、また木の陰さ隠れたと。

娘は用達の帰りに、青年が隠っちゃ木の陰を見て、あんまあ魂消たと。青年の正体は蛇で、手拭を面さのせて昼寝していたっとと。娘は急いで家さ帰って、婆様さこの有様を語ったと。

「それは大事だ。晩げも来るに違いねぇから、その時は大鍋をかけて大豆をちっと入れ、火をどんどん燃やし、我は用事があっから、ちょっくら留守のうちにこれを炒って下せい、めて頼んで外さ出て透見していろ」

こういう風に、婆様に教えらっちゃ通りに、娘が透見しているというと、初めのうちは青年の姿だったが、火がどんどんと燃えて、鍋が焼けて来ると、だんだん大蛇の姿に変って、鉤竹さ巻きついて、尻っぽで大豆をかきまあしていたが、尻っぽも焼け、鍋の中さ落ちて死んだと。

いちが栄え申した（『河童火やろう』）。

南山の馬鹿婿（むこ）

福島県で笑話として語られることが多いのが愚か婿譚である。一連の愚か婿譚は「南山の」で始まることが多く、「南山話」ともいわれる。これらの話は特に浜通り・中通りで報告例が多い。例えば、中通りの福島市には次のような話がある。

南山の馬鹿婿殿が、その、山歩ってたら、一緒に行った人が、
「なんと婿殿、まぁずいい秋山の色になったんでねえかまず、真っ赤だわ」
ってゆったらば、
「はぁ、真っ赤になったこと、秋になるっていうのかい。したればぁ稲荷様の鳥居もあれ秋になったのがん」とこうゆったから、
「いや違ぁ、あいつは色塗ったがんだ」
とこうゆった。そうこうしているうちにそれ、長者殿の家で、招ばれがあったもんで、みなして行ったところが、立派な海老が出た。婿殿こん時とばかし、ずねぇ声だして、
「まぁず、いいあんべえにこれ色塗らってんなん。なんとまずヒゲの先まで、までぇに塗らってるわん」とこうゆったと（『遠藤登志子の語り―福島の民話―』）。

これを語った遠藤登志子は福島市出身で200話クラスの語り手とされ、明治生まれの祖母から昔話を聞いたという。

うば棄て山

本格昔話で語られることが多いのは「姥捨山」である。田村郡小野町では次のように語られている。

親が61になると、山に棄てに行かなければならないところ、その息子は親を台所の下に隠していた。ある時殿様から、アクで縄を綯え、二頭の馬の親か子か見分けをつけろ、玉の中の穴に絹糸を通せ、といった三つの知恵試しが出される。すべての知恵試しを親の助言で息子は解く。三つ目の知恵試しを解いたところで、親の命を助けてもらう。それ以後年寄を大切にするようになる（『小野町のむかしばなし』）。

この例のように難題は複数語られることが多い。また、棄てに行く場所は特定の山の名前を挙げるところは少ない。

三枚の護符

福島県では和尚と小僧が登場する話も多く、具体的な寺の名前が出てくることもある。「三枚のお札」話にも和尚と小僧が登場する。浜通りのいわき市小名浜に次のような話がある。

ある山寺に和尚と小僧とがいた。小僧は仏にあげる花を採りに山へ出かけた。日が暮れてしまい、ある老婆の家に泊めてもらう。夜中に小僧が目を覚ますと、台所で婆が出刃包丁をといでいた。小僧が便所に行こうとすると、婆は正体を明かし、小僧の腰に縄をつけ便所へ行った。小僧は縄を便所の柱に結わえ、便所の神様にお願いをし逃げ出した。「まあだだまあだだ。」という返事なので、婆が見ると小僧はおらず縄ばかりが残っていた。神様が小僧をあわれみ返事をしてくれていた。婆は小僧を追いかける。追いつかれそうになると、一枚のお札を「山になあれ。」と投げ、二枚目のお札を「川になあれ。」と投げ、最後の一枚を「火事になれ。」と投げ上げたら、後ろは一面火事となり、鬼婆はとうとう焼け死んでしまい小僧は助かることができた（『福島県磐城地方昔話集』）。

おもな民話（伝説）

虎丸長者伝説

福島県は奥州の入り口とされ、多くの人物が通過した。坂上田村麻呂、源義家や源義経、以仁王（もちひとおう）などの人物の話があり、長者伝説や寺社縁起と結びついている例も多い。ただし地域により人物に対する評価は異なり、中通りでは源義家に刃向い長者は滅ぼされるが、浜通りでは源義家に協力して長者が褒美を賜ったとされる。中通りの福島県郡山市に次のような伝説がある。

今から1200年前の昔、大同年間に、虎丸長者という豪族が住んでいたという。長者屋敷跡は、如宝寺の境内といわれるが、清水台だともいわれる。そのあたりから、布目瓦が出ていて、その散布状況を見ると、大きな屋敷があったことがわかる。虎丸長者は京にのぼり、時の帝、平城天皇に拝謁して、馬頭観音の御尊像を下賜された。それを守り本尊として、この地の高台に祀ったのが、如宝寺の馬頭観音堂である。虎丸長者は、源義家がこの地方を平定するときに、義家に反旗をひるがえしたかどで、亡ぼされたと伝えられるが、一説には、安達の杉田に隠れてすごしたともいう。

　また、虎丸長者がこの地から逃げるとき、その財宝の黄金千杯、朱千杯、漆千杯を埋めたといい伝えられている（『郡山の伝説』）。

和泉式部伝説

　福島県には和泉式部や小野小町の出生伝説があり、采女や静御前といった悲劇の女性伝説もある。猫啼温泉や磐梯熱海温泉などの開湯伝説にもつながっている。石川郡石川町猫啼温泉伝説では、曲木に子のない夫婦がおり、神様に頼むと子どもを授かり近くの清水で産湯をした。そして和泉式部と名付けた。和泉式部が京の都へ上ると、その飼い猫は主人を探して鳴き続け、病気になってしまった。しかし泉に浸かるとすっかり元気になった。それを見た地元の人が効能に気づき、猫啼温泉と名付けたと伝えられている（『石川郡のざっと昔―福島県石川郡昔話集―』）。

安達ヶ原鬼婆伝説

　古くから伝えられている伝説で、和歌や謡曲などに題材としてとられている。また松尾芭蕉も『おくのほそ道』の旅で黒塚を尋ねている。安達ヶ原鬼婆伝説は次のような話である。

　安達ヶ原の岩屋に「いわて」というお婆がいた。いわては京のあるお姫様の乳母だった。姫の病気を治すのに、赤子の生き肝が必要だと言われ探していた。ある日ある若い夫婦を泊める。その妻は妊娠しており、殺して赤子の生き肝を奪った。しかしその若妻は自分の娘だったことを知ってしまう。そして本当の鬼になってしまった。

　数年後、阿闍梨東光坊祐慶という高僧が岩屋に来て宿を求めた。祐慶はお婆が薪を取りに外に出た折、隣室を覗くと山積みの白骨がある。怖れて逃げ出す祐慶は、那智社観音像を芒の根に立てお経を唱えると観音像が手にした白弓から金色の矢が放たれ、お婆を突き刺し息絶えた。その仏像を

白弓観音と命名し、これが今に残る観世寺観音像である。お婆は里人の手で葬られ、黒塚の石碑も建立された（『あだち野のむかし物語』）。

おもな民話（世間話）

福島県にはさまざまな妖怪の話がある。旧制学校の系譜を引く学校には、地元の世間話と結び付いた七不思議も伝えられる。大沼郡金山町には、次のような話がある。

あずき洗い 　本名(ほんな)にはいくつか清水が湧いていて、そのなかでもオレの家のすぐ下にある大清水は、いちばん大きい清水だ。むかしは水道も冷蔵庫もなかったから、大清水には水汲みやら野菜洗いやらで、毎日大勢の人が来ていた。とても冷たい水で、オレが子どもの頃は、そこで汲んだ水に粉ジュースを入れて飲んだりもして、とてもうまかったことを覚えている。しかし、暗くなると近づく人はいなかった。そこは、あずき洗いという化け物が出るところでもあったからだ（『会津物語』）。

『会津物語』は2011（平成23）年春から、『朝日新聞』福島版に連載するため、会津学研究会が会津地方に伝わる不思議な話の聞き取りを始めた。そのさなかに東日本大震災が起こり、いったんは計画が中止されたが、同年夏より3年間連載され後に書籍化された。

姫田の森塚 　浜通りの双葉郡大熊町に次のような話がある。
大熊の町のある家にいわきから嫁が来た。嫁はいわきの大きな屋敷の娘で、化粧料と花嫁道具を持たされた。夫婦仲は良かったが、姑の嫁いびりはひどかった。嫁は我慢していたが、ある時家を出て行ってしまった。いわきの親たちは嫁ぎ先に化粧料と花嫁道具を返すように言ったが、返そうとはしなかった。そうすると何年かして、婿の家は身上を潰していなくなってしまった。その後、そこの田んぼを買った人たちが次々と身上を潰してしまった。それから、この田んぼをつくると祟りがあると伝えられるようになった（『残しておきたい大熊のはなし』）。

大熊町は福島第一原子力発電所の1号機から4号機があり、事故の発生地である。同書は2016（平成28）年に、「震災前の町内の言い伝えや現実を、できる限り残しておこうという気運」のもと編まれた。

8 茨城県

地域の特徴

　茨城県は、東は太平洋に面し、北は福島県、西は栃木県、南は千葉県、埼玉県に接している。北部から北西部にかけては八溝山地の山々が連なり、南部には加波山、筑波山を擁している。中央部に広がる常総平野に流れる小貝川、鬼怒川は利根川に合流して太平洋に注ぎ込み、また南東部は、霞ケ浦や北浦を中心とする水郷地帯となっている。奈良時代に編纂された『常陸国風土記』に記されるように古くから豊かな土地柄である。

　歴史的にも重要な役割を担った地域で、江戸時代には徳川御三家の一つ、水戸藩が置かれた。産業面では農業が盛んな一方、1901（明治34）年に日立鉱山が創業され、企業城下町として発展してきた日立市がある。また、筑波研究学園都市の建設、日本初の商業用原子力発電所を東海村に開設するなど、日本の産業・経済の基盤を担ってきた。

伝承と特徴

　茨城県の民話の初期の記録に、1935（昭和10）年の『五倍子雑筆（ごばいしざっぴつ）』がある。奈良県出身の医師・民俗学者であった沢田四郎作の随筆集で、彼は柳田國男と知り合って民俗学を追究した。東京で小児科医院を営み、出会った患者の家族から、その出身地の東茨城郡山根村の話を聞いて記録した。関東地方は、他の地域に比べると、昔話資料の収集や刊行が遅れ、昔話空白地帯といわれていた。全国的に1960年代から1970年代に組織的に調査が始まると、茨城でも、茨城民俗学会（1964〔昭和39〕年設立）・県教育委員会が共同で行った、筑波研究学園都市の民俗調査、勝田市による同市の昔話と伝説調査などを皮切りに、活発な昔話収集が行われた。その中で、鶴尾能子の功績は大きい。『茨城県の昔話』『勝田の昔話と伝説』『高萩の昔話と伝説』など、茨城県の主要な資料集の調査、編集に携わっている。

　大規模な昔話収集が始まった理由の一つに、カセットテープレコーダー

の普及がある。しかし、アナログテープの音源はいずれ劣化してしまう。1990年代に、日立市科学文化情報財団はこの昔話音源を保存するためCD資料化するプロジェクトを立ち上げた。現在では、インターネット上で昔話の音源公開している団体はたくさんあるが、日立市のこの企画はごく初期のものといえる。当初は、47都道府県ごとにCD資料を発行する計画であったが、実現したのは、新潟県の笠原政雄、岩手県の鈴木サツなど一部の語り手だけである。

　主要大都市周辺地域は、近代産業の発展とともに昔話の伝承母体である農村から人が都市へ流出してしまい、人の口から耳へという営みが途絶えたといわれる。しかし、茨城県はそういった地域でありながら、長い話、変わった話、古風な語り口の伝承を残している。他県の出身者から聞いた話、他県で育った人が茨城に戻って語った話、あるいは瞽女(ごぜ)など旅の芸人から聞いた話などが伝えられている。

おもな民話(昔話)

おさととおみつ

　おさとという娘があり、継母とその娘のおみつと暮らしている。毎年、祭りの日になると、継母はおさとにたくさんの仕事をいいつけ、祭りに行かせてくれない。ある年、おさとの死んだ母親が夢に現れて、明日の朝、川上を見よと言う。翌朝、川に行くと赤い箱と白い箱が流れてくる。おさとが、赤い箱こっちゃ来い、白い箱そっちゃ行け、と言うと、赤い箱が寄ってくる。あけてみるときれいな着物とお金が入っているので、家に戻って、もみがらのかますの中に隠す。祭りの日に、継母はおさとに、玄米三俵を磨り臼で引いたら来いと言い、おみつを連れて出かける。おさとは友達に手伝ってもらって仕事を終え、赤い箱から着物を出して着飾り、祭りへ行く。祭りの場で、おみつがおさとに気が付き、母親に告げるが、継母は、晩までかかっても米に出来ないほどの量だから、おさとがいるわけがないと言う。着飾ったおさとは良い娘なので、庄屋の息子が見初め、おさとを嫁に欲しいと頼みに来る。継母はおみつを庄屋の嫁にしたかったが、仕方なく承知し、おさとは馬にのって嫁に行く。うらやんだおみつが、おれも姉やんのようになって行ぎでえな、とせがむので、継母は臼におみつを乗せて縄をつけて家の周りをゴロゴロと引き回す。はずみで臼から縄が外れ、おみつは井戸の中に落ち

て死んでしまい、継母はかわいい娘の世話になれないで終わる(『高萩の昔話と伝説』)。

「おさととおみつ」は、「越後のシンデレラ」といわれる新潟県の継子譚と同系の話である。川上から流れてくる赤い箱を呼び寄せるモチーフは、「桃太郎」「瓜子姫」「花咲か爺」などにもみられ、流れてくる容器には、その後の展開の重要な役割を担う小さ子(ちいさご)や犬が入っている。

盗人女房(ぬすっとにょうぼう) 金持ちの家と貧乏な家が隣り合って暮らしている。金持ちの家では、年頃になった一人娘に、振袖、留袖、黒紋付きに羽織の嫁入り衣装を仕度する。隣の貧乏な家の女はひがんで、金持ちの娘が死ぬように祈る。すると、娘は病気になって死んでしまったので、親が白装束を着せて埋葬する。隣の女は、死んだ娘の衣装を横取りして、自分の娘の嫁入り衣装にしようと企てる。夜中に、派手に化粧して金持ちの家の軒下に立ち、死んだ娘のふりをして、おっかさん、と優しい声で呼びかける。死んだ娘の母親が出てくると、振袖を持たないとあの世に行けないと訴え、娘だと思い込んだ母親は振袖を出して与える。次の晩、隣の女はまた娘のふりをして留袖を出させ、また次の晩もやってきて黒紋付きと羽織を出させる。母親が父親に、毎晩娘が着物を取りに来てしょうがないとこぼすと、父親は狐か狸の仕業だろうから見抜いてやろうと言い、親戚中に応援を頼み、夜中に戸の隙間から覗いている。すると隣の家の風呂場から物音が聞こえ、派手に化粧した女が出てきて、おっかさんと呼びかけたので、いつわりがばれる(『茨城の昔話』)。

「盗人女房」は全国で伝承例が10話に満たない珍しい話である。茨城の話は変形で、詐欺師が失敗するが、本来は成功する。典型的な内容は次のようなもので、女房が夫に盗ませたものを売って儲ける。夫が女房を困らせようと、墓場から童女の死体を盗んでくると、女房は、童女に化粧してきれいな着物を着せ、夜中に酒屋の戸口にもたれさせて戸をたたく。店主が戸をあけたとたん童女が倒れると、娘が死んだと騒いでたくさんの金をせしめる。死体をたらいまわしにして利益を得る「知恵有殿」(ちえありどの)または「分別八十八」(ふんべつやそはち)と、この「盗人女房」は関連があるだろう。詐欺師が成功する話はモンゴル、シベリア、朝鮮半島など東北アジアにも多い。

額田の達才(ぬかだのたっさい) 額田の達才という嘘つき名人がいた。紀州の殿様と水戸の殿様が、嘘比べをさせる。紀州の嘘つきが、このあいだ

の暴風で寺の釣鐘が飛ばされたが、こっちの方へ飛んでこなかったか、と言うと、達才は、家の裏にある柘植の木の蜘蛛の巣に引っかかっているものがあるが、あれがそうかもしれないと答える。

またある時、伊達の殿様が達才の前を通りかかり、うまそうだと言って芋を買う。殿様が馬で歩き出すのを待って、達才は無礼を承知で呼びもどす。殿様に叱責されると、達才は、今買われた芋を種にしたら、額田の達才から買った芋は芽が出なかったと言われても困る、それは焼いた芋ですから、念のためにと言って地べたに頭をつける。殿様は吹き出して達才に褒美を与える（『勝田の昔話と伝説』）。

茨城で親しまれている「額田のたっつあいチクヌキバナシ（嘘つき話）」と同じように、ほら吹きや嘘つき名人は、北海道江差の繁次郎、大分県野津の吉四六、熊本県八代の彦一などたくさんあり、いずれも実在したとされる。おどけ者の名前は違っても、話の内容は一定の型をもっている。創作された話が広まり、実在の人の言動が話に織り込まれた可能性もある。外国の例では、18世紀ドイツ・プロイセンのミュンヒハウゼン男爵の体験談を、後の作家が昔話と結びつけて脚色し、『ほらふき男爵の冒険』を創作した。

安寺持方話（あてらもちかた）

山奥にある安寺持方村は平家落人の隠れ里といわれる。ある時、水戸の殿様が来て、庄屋の家に泊まる。殿様がしょいゴボウ（しょぎゴボウ：そいだゴボウとドジョウを醤油で煮る料理）を食べたいと言う。村人たちはドジョウにゴボウを背負わせようとするが、つるりとすべってうまくいかない。しまいに、ゴボウを千切りにしてドジョウの背に結いつけて煮て出した。翌朝、手打ちうどんを朝食に出すと、殿様が、ネギを持てと言うので、ネギを知らない村人は禰宜（神職の一つで宮司の補佐役）を連れてくる。殿様が洗面するために手水（手や顔を洗うための水）を回せと言う。手水を知らない村人たちに、禰宜が、長い頭と書いてちょうずと読むと言うので村一番の長い頭の爺を呼び、殿様の前で這い回らせた（『茨城の昔話』）。

おどけ者話と同じく、特定の村の話にも一定の型があり、ネギと禰宜、手水と長頭の話は各地で語られている。稲田浩二によると、このような話は、北海道（アイヌ）以外の全国に実在の村名で伝承されている。中近世に農山村の特産物を換金する商人との経済交流が始まったころ成立した話

で、保守的な農山村のよそ者に対する警戒心、また、山奥の地域に対する都市部の差別意識を背景にした、日本社会の閉鎖的体質が根底にあるという。現在は、カラリと明るい笑いを強調した『安寺持方おもしろばなし』が刊行されている。

おもな民話(伝説)

『常陸国風土記』には、祖神巡行説話の福慈(富士)と筑波をめぐる話、三輪山説話と同様に素性の知れぬ男(蛇神)が娘のもとへ通ってくる話、異常に長身で手足の長い人、いわゆるダイダラ坊伝説などが記録されている。それ以後の伝承では実在の人物にまつわる話も多く、源義家がその豪勢さを恐れて攻め滅ぼした一盛長者(持丸長者とも)屋敷跡、日本武尊にちなむ地名由来、平将門と桔梗御前、親鸞聖人の教えで救われた人々、水戸黄門と鹿島神社の力石など多彩である。

金色姫と蚕

昔、インドに金色姫という王女がいた。幼い頃母が死に、継母にいじめられる。最初は獅子山に、次に鷹群山に、三回めは草木の全く繁らない海眼山に捨てられるが、姫は動物や家来に助けられ、いつも無事に戻ってくる。しまいに、継母は深い穴の中に姫を埋めるが、数日後地中から不思議な光がさす。それに気づいた父王が家来に掘らせると、姫が掘り出される。父王は姫を不憫に思い、桑の木で造った舟に乗せて送り出す。さまよった挙句、舟は筑波山麓の豊裏湊に流れ着く。姫は浦人達に助けられるが、ほどなく亡くなり、小さな虫に姿を変える。虫は桑の葉を食べて成長し、白い繭となる。そこへ、筑波の神が影道仙人となって現れ、繭から糸を取る方法を教えたので、この地方に養蚕が広まり、蚕と影の字を合わせて蚕影神社を祀った(『日本伝説大系4』)。

つくば市の蚕影神社は全国の蚕影神社の総本山である。金色姫伝説はお伽草子『戒言』、上垣守国の『養蚕秘録』など文献に扱われ、中近世から広まっていた。しかし、民話化した蚕由来は、馬と心を通じ合わせた娘が蚕になる馬娘婚姻譚の方が多く、東北を中心にオシラ様信仰と結びついて伝承されている。

女化稲荷

昔、忠五郎という百姓が土浦にむしろを売りに行った帰り、猟師に狙われている狐を助け、怒る猟師に売上金全てを渡して家に帰る。その夜、旅の娘が来て、一晩泊めてくれと頼む。二人は夫婦

になり、三人の子どもも生まれて幸せに暮らすが、ある日、長男が母親に尻尾があるのを見て騒ぐ。母親は、みどり子の母はと問わば女化けの原に泣く泣く臥すと答えよ、という歌を残して姿を消す。忠五郎はあの時の狐が恩返しに来たのだと悟り、屋敷内に女化稲荷を建てて供養した（『茨城の伝説』）。

　狐が女になって人と暮らす話は全国にあり、そのモチーフを応用した伝説となっている。陰陽師安倍清明の母も狐で、清明は筑波山麓猫島で生まれたという伝説もある。

名馬里が淵の馬（なめり）

　名馬里に龍が住むという滝がある。滝の近くで、馬の飼育をする家が数軒あり、馬たちはよく滝へ行く。一頭の馬が龍の子を宿し、立派な牡馬が生まれるが、厩栓棒（ませんぼう）（馬小屋の入り口に渡す取り外しできる横棒）から出て大暴れするので、仕方なく殺す。その晩、大暴風が起きて、家々はすべて流された（『高萩の昔話と伝説』）。

　龍と馬の間に仔馬が生まれるという変わった話は、背景に自然災害があるという。1745（延享2）年に花貫川の大洪水が川筋の村々に大損害を与えた。龍神の怒りと水の大災害が重なってこの伝説を生んだと考えられる。災害が投影された話はほかにもある。1792（寛政4）年、雲仙岳の火山性地震が島原に、その直後の有明海の津波が肥後に被害を与えた。これが、蛇女房が目玉を強奪された報復に地震や津波を起こしたため、島原の九十九島が出来たとする伝説と結びついている。

おもな民話（世間話）

うしろがわのたすけ

　うしろがわ（高萩市の地名）に、たすけという大泥棒がいた。ある貧しい家では、小豆のお粥に団子を入れる大師の粥（旧11月23日〜24日の大師講の日に食べる）が食べられない。おかみさんがこぼすと、たすけが、今、温かいのを持ってくるから安心しろ、と言って中郷から鍋ごと盗んでくる。飛ぶように足の速い人といわれる（『高萩の昔話と伝説』）。

　鼠小僧次郎吉が義賊として伝説化したように、実在の泥棒が昇華されて語られているのかもしれない。

⑨ 栃木県

地域の特徴

　栃木県の東部は茨城県に接し、八溝山地や那珂川が南北に延びる。西部は男体山を中心にした足尾山塊を有し、裾野から渡良瀬川が埼玉県に向かう。福島県に接する北西から東には高原・那須連山が位置し、中央から南に流れる鬼怒川流域は肥沃な関東平野の北端になる。

　里地・里山に恵まれた栃木県は、昭和30年代までは、北部の葉煙草・養蚕、南西部の麦・養蚕・カンピョウ・麻など、畑作を中心に稲作・牧畜・林業と多様な営みがあった。現在は、イチゴ・ウド・アスパラなどの商品作物の他、牧畜、稲作も行われる。東北自動車道・北関東自動車道の高速道路や東北新幹線開通など、東京が近くなり生活や経済環境が変化している。

　古代に東山道が南北を貫き、国分寺・薬師寺・古墳が点在する栃木県は、群馬県とともに「毛の国」と呼ばれ、渡良瀬川を境にして群馬県側が上つ毛國（上野）、栃木県側が下つ毛國（下野）と分かれる。古代的な景観の残る文化的風土が、日光戦場ヶ原伝説・長者屋敷伝説・殺生石伝説などを生み出してきたといえる。

伝承と特徴

　県内では、『下野伝説集　あの山この里』『下野伝説集　追分の宿』『栃木の民話第1集・第2集』『しもつけの伝説1～8』『栃木のむかし話』など、教育関係者による伝説の収集・再話が多い。

　以上の伝説集の大まかな内容を整理してみると、まずは日光の神やマタギ由来など山に関わる信仰伝説、勝道・円仁などの高僧および民間の地蔵伝説など、仏教色の伝説がある。一方、西行の遊行柳や、那須の殺生石、時頼の鉢の木など謡曲を題材としたもの、坂上田村麻呂や義経、義家など歴史的人物にまつわるものなど、多様な展開をみせている。これは栃木の

地理的、文化的環境が影響すると同時に、それを教育的な立場から心がけて収集した編者たちの成果を示したものといえる。

『日本昔話通観8　栃木・群馬』に「語りの場は、那須・八溝地域での葉煙草のしや烏山和紙づくりの中にあった」とある。おろか村譚の「栗山話」や「へっぴり嫁」などの滑稽譚を語ることで、野良仕事の疲労やうっ屈を解消したのであろう。

栃木県史編纂（1970年代）後や市町村史編纂事業（1980～90年代）による民話の採集・記録化後、それらを生かした民話語りや各地での民話継承活動がさかんに行われている。

おもな民話（昔話）

大晦日の火　嫁と姑の仲が悪い家があった。嫁を追い出すために「大晦日の火種を絶やさないでくろ。」と姑が先に寝る。嫁は薪をいっぱいくべて寝る。夜中に姑が薪に水をかけて消す。火が消えた囲炉裏を見た嫁は家を出るが、明かりを持った人に会い「火を分けてください。」と頼む。その人は「火を分けてやっから、この箱を納屋の隅でもいいから置いてくろ。」と言う。嫁は火種をもらってお雑煮を作るが、十日経っても受け取りに来ない。嫁の不安な様子を心配した夫に事情を話し、二人で恐る恐る箱を開けてみると、中は全部お金。嫁は一部始終を姑にも話し、お互い仲良く暮らす（『湯津上村誌』）。

「大歳の客」ともいう昔話である。この昔話を地域の語り部の会で紹介した時、嫁姑関係で困っているので、この話は語りにくいという声を聞いた。現実の生活が昔話に反映している例といえる。

へっぴり嫁　器量も体格もよいのに、屁ぴりが災いして縁遠い娘がいた。心配した親が仲人に嫁ぎ先を見つけてもらう。屁を我慢している嫁に「身体を悪くするがら、屁ぐらいひってもいいんだよ」と姑が言う。嫁は「おっかさんひっから戸縁にぎっちり摑まっていどごれ」と言う。姑は「そんなに強い屁なのげ」と言う。嫁は「しっかり摑まっていでおごれ」と「ぶうー」と始まる。屁の勢いは大風だか竜巻だか分からない。戸縁に摑まっていた姑は、着物も脱げ飛んで茅屋根の煙出しの口端で体も吹き飛ばされそう。「屁の口止めろ、屁の口止めろ。とでもお前を置いておぐごどはでぎねえ」と嫁を連れて家を出る。途中で、柿の実を取

れずに困っている男達に「でっかい男らが、こんな柿をとんのに骨折ってら。おらなら屁でも落とせるよ」と柿の実を落とす。米俵を運ぶのに難渋している男たちも屁で助ける。姑さまは「嫁の屁はたいした屁だ。こんなたした仕事をする屁ぴり嫁さまをおん出すことはできね」と謝り二人仲良く戻る（『芳賀町史通史編民俗』）。

「でっかいことこきやがって」という口調に、話しことばの魅力が込められている。滑稽譚ではあるが、嫁姑の関係も巧みに織り込まれている。青年団の集まりや講（庚申講や十九夜講）でよく語られたという。昔話は子どもだけに向けて語られたのではない。

ばか婿さま

婿が実家で馬をもらい「風呂敷にしまって持って帰っぺと思ったら馬が風呂敷から逃げっちまった」。舅は「そりゃだめだ。手綱付けで引っ張って行がねがら逃げっちゃったんだ」。次に「所帯が大変だっぺ」と茶碗や瀬戸物をもらい「今度はちゃんとすっぺ」と、手綱をしっかりと付けでガシャラゴシャラと帰って来たが、全部粉々になっていた。

「栗山話」（愚か村譚）は、県内各地に分布する。おそらくは、『栗山の話　栃木県芳賀郡土俗資料第二編』の影響が大きいと思われるが、「日光参詣の土産話として参詣者が道々に語り伝えたこと」（『日本昔話通観8　栃木・群馬』）による）もあろう。

『野木町史　民俗編』に「白い犬を焼き殺した灰で花を咲かせる花咲かじじい」が記録されているが、語り収めは「悪いことはしてはいけない」と教訓的である。悪を強調するために犬を焼き殺すという語り口になっているのであろう。県内の昔話全般にいえることだが、語り収めはほとんど崩れて、どこか教訓的口調になっている。

半殺し皆殺し

薬屋さんがある家に泊めてもらう。家の夫婦が「今夜は半殺しにするか（ボタモチ）皆殺しにするか（餅）」と話している。薬屋はびっくりして何も持たずに逃げ出す（『芳賀町史通史編民俗』）。

登場人物が「薬屋」というところに、行商人や職人の姿が映る。語り手の阿久津シゲ子は、会津田島から芳賀町に嫁いだ。シゲ子は、近所の目の不自由なおばあさんから昔話を聞いて育ったという。語りの系譜や伝播状況が深く関係している。

おもな民話（伝説）

お小夜沼

むかし、太吉お小夜という仲の良い夫婦がいたが、お小夜が病で寝込むと太吉は家を空ける。神社に妻の病退散の願掛けしていたのを知らなかったお小夜は、嫉妬のあまり大蛇になり沼に棲みつき村人を悩ます。村では人身御供を差し出すことで大蛇の怒りを鎮めることにする。室の八島の神主大沢掃部のひとり娘が生贄となる。そこに親鸞聖人が来て七日七夜念仏を唱え大蛇を菩薩に変えて難を救う（『栃木の民話第1集』）。

室の八島は、「下野や室の八島に立つ煙はただこのしろとつなし焼くなり」で知られ、歌枕の地でもある。水神信仰を反映した「お小夜沼」も、室の八島と関わり、また、佐渡流罪放免後に親鸞が行った関東布教の歴史に結びついた伝説になっている。

板室の沼ッ原（那須塩原市）に「蛇嫁入り」、鬼怒沼にも「五十里洪水」など大蛇伝説がある。

竜宮のお膳

手彦子の大島家の娘に、毎夜若侍が訪ね来る。不思議に思った村人が、侍の袴の裾に糸を付けて追って行くと五行川の渕に着く。糸は竜宮まで続いていたという。この淵で「明日はお客さんが来るので膳が欲しい」と頼むと、渕の所に依頼した数のお膳が用意されるが、10膳だけ返しそびれ、竜宮のお膳として大島家に伝わる。

大島家では、田植えを行う前夜の丑三ツ時、赤飯を入れたワラットを二つ、当主が後向きに歩いて渕に投げ入れる。ワラットが堰（せき）に残っていると良くない年、引っ掛かっていないと良い年になる（『芳賀町史通史編民俗』）。

「椀貸伝説」と「異類婚姻譚（蛇婿入譚）」を混在させた内容で、水気のない関東平野北部の、水への憧憬から生まれた伝説の面をもつ。江戸時代の『那須記』『那須拾遺記』にも記録され、柳田國男も「機織御前」で注目した伝説である。氏家（現・さくら市）の鬼怒川の「椀貸淵」や渡良瀬川（足利市）の「白鞍の淵」など、栃木県には椀貸伝説が多い。

小丸山の鬼退治

延喜2（902）年5月の頃、高林の小丸山の蔵宗・蔵安兄弟鬼が人々を困らせていた。醍醐天皇の勅命を受けた藤原利仁将軍が大軍を率いて陣を敷く。兄弟鬼の猛攻に苦慮した利仁将軍は、村人に大木を集めさせ大橇（おおぞり）を作らせる。利仁将軍は大橇を駆使

して兄弟鬼を鎮圧し、豊かな土地という意味の「高林」と命名する（『黒磯市誌』）。

この伝説は『栃木県民俗芸能誌』の「天下一神獅子由来之巻」から派生したとされ、県内に広く分布する民俗芸能「一人立三匹獅子舞」（関白流獅子舞）の由来譚として、羽黒山（現・宇都宮市〔河内〕）に伝わる。

歴史の道を往来した漂泊芸能民や修験者による唱導文芸の徒の影が漂う伝説で、古代東山道の記憶が強い。

見（乾）養院（黒羽堀之内）の西行桜

那須与一宗隆に会った西行法師が、雲雀を殺さず捕獲する弓術を宗隆に教える。宗隆は領内の見養院に西行を案内し、名木の糸桜を見せる。花は散り青葉だったが樹容の美しさは格別。西行は「さかりにはさぞな青葉の今とても心ひかるる糸ざくらかな」「東にも花見る人もあるやらん色香ものこる糸ざくらかな」と詠み都に上る（『ふるさと雑記—世代間の対話』）。

日光には、「西行戻石」として、「冬ほきて夏枯るる草を刈りに行く」という童子の歌が解けずに去る西行伝承がある。那須地域では『平家物語』の「扇の的」の英雄那須与一と結びつく。青葉の桜の和歌は「中野の楓」（那須塩原市）、「西行桜」（大田原市）などとも関わる。歌人西行を聖化して伝承化した、江戸時代の文人墨客たちの交流・交歓を連想させる。

足緒のねずみ

男体山を開いた勝道上人が中禅寺湖のほとりで修行していた頃である。粟の穂を咥えた白鼠が上人の足元に来る。上人は鼠の足に紐を結んで後を追う。鼠は山を越えて貧しい老夫婦の家に上人を誘い入れる。老夫婦の住む岩山の祠に大黒様が祀られている。大黒様を祀るために老夫婦が作った洞窟。老夫婦の信心深さが白鼠を上人に引き合わせた。上人は心打たれて足尾と命名する（『栃木の民話第２集』）。

昔話の「ねずみ浄土」を連想させる。「伝承と特徴」の項で触れたように、県内には高僧伝承が多い。勝道上人の他、慈覚大師（円仁）や弘法大師（空海）などがおり、弘法大師の事跡は「弘法清水」として県内各地に残る。

さらに、「遊行柳」「殺生石」「放下僧」「鉢の木」など、謡曲や歌舞伎の題材になった伝説が県内に点在する。「殺生石」「遊行柳」「鉢の木」はよく知られているので解説しないが、上田秋成は『春雨物語』の「樊會」で、大盗賊樊會が大悔悟する場面として「殺生石」を生かしている。秋成は「大

中寺の七不思議」(栃木市)からも「青頭巾」(破戒僧を救う高僧の話)を翻案している。戯曲作家でもあった川口松太郎(1899〜1985)による「蛇姫様」も、映画や新劇の「新蛇姫様」と姿を変え、昭和30年代に「お島・千太郎」で広く知れ渡った。

おもな民話(世間話)

狐に化かされた話

これも『芳賀町史民俗編』による。

昔、祖母井の備前屋という魚屋が番台を担いで「おお深い、おお深い」と言いながら。ソバ畑の中を汗びっしょりになって歩いている。近くの人が聞くと、夜からずっと番台を担いで歩いていたと言う。実は狐に化かされていたことになる。

「狐に化かされた話」は、県内各地に残るが、特に那須・八溝地域に多い。殺生石伝説や初午神事の「しもつかれ」奉納による稲荷信仰が関係していよう。

ほかにも、2月1日の「川浸り」(河童に引き込まれないように、餅を搗いて川に流す。下流の人が拾って食べると風邪をひかないという)の由来譚もある。

10　群馬県

地域の特徴

　県民に「つる舞う形」で親しまれる内陸の群馬県は、かつては上(毛)野国と呼ばれ、その文化圏は中毛、東毛、西毛、北毛の四つに分けられる。県内には上毛三山の赤城山、榛名山、妙義山のほか多くの山々が点在し、信仰の対象として、また、伝説の地としてもこの地に暮らす人々に親しまれてきた。夏は猛暑と雷、冬は強烈なからっ風が吹きすさぶことで知られるが、晴れた日が多く、水資源が豊富であることから米と麦の二毛作が発達し、おっきりこみや焼きまんじゅうといった県民のソウルフードが誕生した。また、冬場の乾いた気候はダルマづくりに適し、選挙の際には県下でつくられた縁起ダルマが全国へと出荷される。

　県の北西部は日本一の湧出量を誇る草津や、石段で有名な伊香保、四万の病を治すといわれた四方、温泉マーク発祥の地である磯部など、日本有数の温泉地である。南西部から東部にかけては、かつて蚕種、養蚕、製糸、染め、織りといった絹産業を担う一大地域として栄えていた。そのため早く（1884年）から鉄道網が発達し、群馬県で生産された絹糸は横浜から海外へと輸出され、諸外国からも注目された。一連の絹産業群は2014年、「富岡製糸場と絹産業遺産群」として世界遺産に認定され、再び注目され始めている。県民はこうした風土や名産を「上毛かるた」を通して学び、次世代に伝えている。

伝承と特徴

　14世紀頃に安居院によってつくられたとされる『神道集』の中に、群馬県関係の説話が8話確認されている。その後、近世に入ってから各地の伝説が地誌に数多く集められた。『上毛伝説雑記』や『上毛伝説雑記拾遺』は貴重な資料で、中世以降近世に至る歴史や社寺の縁起、伝説が収録されている。明治期には『郷土誌』の発行が盛んになった。

昔話に関する刊行物は1910（明治43）年編纂の各町村の『郷土誌』に取り上げられたものが最初とされるが、伝説に比べると採集は少なく、個人の研究によるところが大きかった。民話調査が本格的に始められたのは戦後になってからで、1951（昭和26）年に沼田女子高校の上野勇と生徒により『でえろん息子』が編まれ、利根地方の昔話が紹介された。さらに、昭和40年代には群馬県教育委員会の民俗調査が行われ、群馬県各地の民話採集が熱心に行われた。同じ頃、群馬県の昔話採集に大きく貢献したのが千葉県出身の柾谷明である。利根地方、吾妻(あがつま)地方を中心に採集を行った柾谷明は自著『金の瓜』の中で、当時の片品村での伝承の状況を「まだまだ人々の心の中に昔語りは生きて存在することを感じる」と記している。

　近年では前橋市出身で新治(にいはる)村の旅館に嫁いだ持谷靖子が、この地域の聞き書きを行い、多くの民話を紹介している。同時に持谷は地元の子どもたちに語りを教え、新しい世代の語り手を育てる活動も行っている。また、従来山間部にのみ昔話が残っているとされてきたが、1985（昭和60）年頃に太田市で優れた語り手が報告されていることにも注目したい。

　山間部では、昔話は主に「むかし」や「むかしがたり」と呼ばれ、発句は「むかしむかしあったげだ」、結句は「いちがさかえた」系と「それっきり」「むかしはむくれて」系がみられる。結句の前者は主に新潟県、後者は長野県に隣接する地域に伝わる。結句だけでも交流・交易地域による語りの違いが垣間見られる。平野部においては、発句・結句の決まりは薄いようである。

おもな民話（昔話）

猿蟹合戦　柿の種を持った猿と握り飯を持った蟹が出くわす。猿は蟹に柿の種と握り飯の交換を持ち掛ける。蟹は一生懸命柿の木を育てる。実がなった頃に猿が現れて、木に登り自分だけ赤い実を食べる。蟹は猿に「昔の猿は逆さ降りができたけれど、今はできまい」と言い、その言葉に乗せられた猿が逆さになると持っていた柿が落ち、蟹はその柿を手に入れることに成功する。それに怒った猿は「夜討ちに来る」と言って蟹を脅す。蟹が泣いていると、立臼、蜂、牛糞、卵が助太刀を買って出る。夜討ちに来た猿が囲炉裏の火にあたると卵がはじけ、味噌甕(みそがめ)に隠れていた蜂が刺し、牛糞で転び、しまいに棚木から立臼が落ちて来て、猿を潰す（『吾

妻昔話集』)。

　群馬県で語られる「猿蟹合戦」には特徴がある。蟹が猿に「逆さ降りができるか」と聞き、蟹は猿が獲った柿を知恵で手に入れる。さらに、猿の家に敵討ちをしに行くのではなく、蟹の家で夜討ちに来る猿を待ちかまえて猿を懲らしめるというパターンである。野村純一は『吾妻昔話集』の解説で、「かつての日に関東地方一帯に行われていた「猿蟹合戦」の語り口は、ようやくここに新たな復元の手掛りと機会とが得られてきた」とし、「猿と蟹とが相争うこの部分こそ、いま在る「猿蟹合戦」成立以前の基軸ではなかったのかと思うわけである」と、現代に残る猿蟹合戦の話から消滅した部分を補う群馬県の語りを評価している。なお、九州では袋に柿を入れて枯れ枝に吊すとおいしくなる、と猿をだまして、蟹が柿を手に入れるモチーフの展開があり、関連を予想させる。

団子聟（むこ）　群馬県全県にわたり採集されている笑い話に「どっこいしょ」がある。ばかな聟（むこ）が嫁の実家で食べた団子の味に感動し、その名前を忘れないように繰り返し口にしながら帰る。途中、川を渡る際に「どっこいしょ」と言ったことで、「団子」を忘れて「どっこいしょ」と覚える。家に帰り、嫁に「どっこいしょをつくってくれ」というが嫁は「そんなもの知らない」という。腹を立てた聟が嫁を殴ると団子のようなこぶができ、「団子」という言葉を思い出す（『やぶづかの昔がたり』）。

　話の筋が変わらず、県内のどの地域でもほぼ「団子」を「どっこいしょ」である。ただ、新治村で語られたものに「ぼた餅」の例がある。

　『やぶづかの昔がたり』の編者・高井恵子は、忙しい母に代わって幼い者たちの世話をした姉がきまって「ドッコイショ」の話をしたと記している。おそらく話が短く簡潔なため、子どもでも語ることができた。親や祖父母から子への伝承だけでなく、子ども同士の遊びの場を通じても広まったのではないだろうか。

米ぼこ糠（ぬか）ぼこ　日本版「シンデレラ」といわれる昔話「米福粟福」。吾妻郡中之条町の六合（くに）地域では「米ぼこ糠（ぬか）ぼこ」の名前で知られる。米ぼこは実子だが、糠ぼこは継子で、ある日、二人は稲穂拾いに行くが、糠ぼこの籠は底がなく、いくら拾ってもいっぱいにならない。日が暮れ帰れなくなった糠ぼこは老婆の家に泊めてもらう。老婆の家には人を食う鬼が来るが、隠してくれたため助かる。夜が明け、糠ぼこは老婆

から延命小袋と打出の小槌をもらい、家に帰る。途中延命小袋のおかげで命拾いする。家では継母と米ぽこが芝居見物に出かけるところだった。継母は糠ぽこに唐臼で麦を搗くように言う。糠ぽこは麦を搗くがなかなか皮が取れない。涙がこぼれると皮がむけたので水につけて搗くと皮が取れることに気がつき、麦搗きを終える。打出の小槌できれいな着物と白馬を出し、芝居見物に出かける。糠ぽこのあまりの美しさに芝居に来ていた皆が見とれ、糠ぽこを嫁に欲しいという話が次々と来て、糠ぽこは幸せな結婚をする。この話の最後に、「小槌で米と蔵を出した」という糠ぽこの言葉をまねて、継母が「こめくら出ろ」と小槌を振ったところ小盲がたくさん出たというオチをつけるものもある（『吾妻昔話集』）。

『日本昔話通観』では本話を「芝居見型」と「嫁入り型」の二つの型に分けているが、群馬県ではどちらの型も拮抗しているが「芝居見型」が優勢であるとし、継子の幸運よりも継母と実子の処罰により大きい関心を示しているとする。また、同書では、幼い聞き手のため結婚という要素よりも「こめくら」の言葉遊びに対象が移っていったことを指摘している。

三枚のお札

長野原町で採話された「三枚のお札」の話に面白いものがある。道端でねずみを飲み込もうとする蛇を見た小間物屋が「おやげねえ（かわいそう）から放してやれ」と蛇に言うと、蛇は睨むような目をしてねずみを放してやる。小間物屋は歩いているうちに道に迷い、灯りのついた家に泊めてもらう。家の主はすごい目をした婆であった。夜になると小間物屋の前に昼間のねずみが現れ、「ここは鬼の家だから今晩ここに泊まると喰われてしまう。いよいよ困ったことがあったら、このお札を投げてくれ」と言って、三枚のお札をくれる。小間物屋は怖くなり逃げ出すが、それに気がついた鬼が後を追ってくる。小間物屋は札を投げ「高い山になれ」「川になれ」「火事になれ」と言い難を逃れる。鬼は火の中で焼け死んでしまう（『長野原町の伝承　小山ふみさん・篠原きぬさんのむかしあったって』）。

全国に広く分布する「三枚のお札」の昔話は、群馬県でも採集報告は多い。小僧、和尚、山姥の組み合わせで語られることが多いが、ここでは動物報恩の話として三枚のお札が授けられた話を紹介した。『日本昔話事典』には「助けるのが和尚であるので小僧としたもので、単に子供となっている話の方がより古い姿をとどめているといえよう」とあり、子どもが登場

しない本話は全国的にもかなり珍しく、その変化が気になる。

おもな民話（伝説）

赤城と日光の戦

下野国の二荒山の神が隣の上野国赤城山の神と赤城湖の奪い合いの戦いを始める。二荒神は孫にあたる猿麻呂という弓の名人に、ムカデに変化した赤城神を討つよう応援を頼む。翌日、大ムカデに変化した赤城神と大蛇に姿を変えた二荒神は激しい抗争を繰り広げる。猿麻呂は言われたとおりに大ムカデに弓を放つ。左目に傷を受けたムカデは急いで走り去ろうとし、猿麻呂は大蛇の代わりにムカデを追うが、とうとう追いつけず上野国の利根川のほとりで断念する。この時戦場になった場所は真っ赤な血が流れ、川までも赤くなった。そこを赤沼と呼ぶようになった。草木も赤くなったので赤木山といい、赤城神が傷を洗った温泉は赤比曾湯と名付けられたという（『上州路（伝説篇）』）。

話の主軸は下野国（栃木県）の二荒神と猿麻呂にあるが、赤城の地名由来譚として伝承されているのが面白い。この話は早く『神道集』にもみられ、柳田國男も『神を助けた話』の中に取り上げている。

木部姫伝説

榛名山は近年パワースポットとしても人気が高く、榛名神社は多くの参拝者で賑わう。榛名富士の麓に広がる榛名湖には木部姫の入水伝説が伝えられている。

木部姫が攻め落とされた木部城から箕輪城へと逃れて来た時のことも、榛名神社へ願掛けに出掛けた時の話とも伝えられている。榛名湖の前を通りかかったところで、駕籠から降りた姫はそのまま湖に入ってしまう。そして姫は大蛇になって現れる。慌てた腰元たちも後を追って湖に入水するが、腰元は蟹になり、今でも姫を探しているという。そのため、蟹を食べると榛名山へ行けないと言い伝えられている（『群馬県史資料編27　民俗3』）。

筆者も高崎市木部町では沢蟹を食べてはいけないという食物禁忌を聞いたことがある。5月5日には赤飯を榛名湖に供えるが、榛名湖畔と高崎市木部町には木部姫を祀った墓があり、この悲劇が地元の人々に長く語り伝えられてきたことがわかる。

おもな民話（世間話）

おこさまのはなし　「地域の特徴」の項で紹介したとおり、群馬県は養蚕で栄えた地域である。多くはないが、蚕に関する話も集められている。高崎市の話者の話を紹介する。

ある国の王様が病で亡くなった奥方の代わりに新しい奥方をもらう。継母は王様が家を空けたすきを狙って、邪魔な娘を箱に入れて殺そうとする。一度目は獅子が通る谷間に娘を捨てるが、娘は助かる。二度目は虎が通る竹藪の中に娘を捨てるが、これも助かる。三度目は娘を川に流すが、やはり助かる。四度目は庭に穴を掘り娘を埋めるが、また助かる。最後にたき火で娘の入った箱を燃やす。父親が帰って来て娘を探すが見当たらない。家来に問い詰めると娘は煙になって空へ上がってしまったという。空を見上げていると黒い雲の中から黒くて小さいものがぱらぱら降ってくる。よく見るとたくさんの小さい虫であった。王様は娘の生まれ変わりと信じ大切に育てる（『おこさまのはなし』）。

実は、この四度にわたる「助け」が実際の蚕の4回の脱皮「シジ休み・タケ休み・フナ休み・ニワ休み」に相当し、話と重なっている。群馬県では蚕のことを「オコサマ」と呼ぶが、話者はなぜ蚕のことを「オコサマ」と呼ぶのかという導入を付けてこの話が語られたことを記憶している。日常の小さな疑問の答えとして用意された、暮らしに密着した話といえる。

狐（おとうか）　狐の話は多い。新治村の語り手は身の周りで起きた狐の話をいくつか覚えていた。例えば、「おらがうちのじいさんが住んでいたころは」として、狐に化かされた話を語っている。「山を下りて酒を飲んだ時のこと。さんまを10匹買って帰ったが、道に迷い、家に着いた時には一つもなくなってしまった。「狐にまやかされた」と言って腰をぬかした。」という（『上州新治の民話』）。

ほかにも前橋市では小雨の日にオトウカの花嫁行列を見た話、桐生市では戦後の昭和20年代におばあさんが一晩中山の中を歩き、その際に蛇の目傘をさした娘（実は狐）にあったという話など、各所に狐にまつわる世間話が伝えられている。群馬県内では養蚕の神様として稲荷社へ参拝したり、屋敷神として稲荷神を祀ったりする。そうした稲荷信仰の影響からも狐は身近な存在であり、人々の話の中にたびたび登場したのであろう。

11 埼玉県

地域の特徴

埼玉県は、関東平野の中西部に位置している。海に面していない内陸県である。地形は、西部の山地、中央部の台地、丘陵部、東部の低地に分けられる。西部の山地地帯では、稲作はほとんどなく、雑穀栽培、養蚕、林業、炭焼きなどが行われていた。中央部の台地は、畑作地帯であり、麦作や蔬菜や芋類などのほか、北部を中心に養蚕が行われ、東部の低地地帯は稲作が中心に行われてきた。

藩政時代は、幕府直轄地、旗本知行地、大名領に分けられ、大名領も徳川家とゆかりの深い譜代の名家の大名であった。住民は郷代官などによる間接支配の形がほとんどであり、帰属意識は希薄であった。

藩政時代から、支配層と江戸幕府との結びつきが強く、地理的にも近いことから、江戸の文化的、経済的な強い影響を受けた。また、祖先が出稼ぎに来たまま住み着くなど、越後などとの交流もあった。

明治になると、鉄道などの交通網の発展により、東京都との結びつきはより強くなり、東京都内への通勤圏として都市化され、他県からの転入者も多くなった。

伝承と特徴

おもな昔話集として、『川越地方昔話集』『武蔵川越昔話集』と『武蔵の昔話』が挙げられる。

1927（昭和12）年に柳田國男の命を受けた鈴木棠三が整理した『川越地方昔話集』が刊行された。資料の収集方法は、埼玉県立川越高等女学校が、1936（昭和11）年の冬季休暇の宿題として、生徒に昔話を採集させ、原稿の形で提出させた。鈴木棠三は、限られた紙面に、原稿の提供者全員の名前とその文章の一齣を書中にとどめたいと、梗概の形で工夫して紹介した。その後、1975（昭和50）年に、野村純一が生徒の提出した原稿から、

掲載資料を新たに選び直し、要約しないで掲載する『武蔵川越昔話集』として刊行した。

1979（昭和54）年には池上真理子により、『武蔵の昔話』が刊行された。埼玉県を西から秩父地方、丘陵部、平野部の3地域に分けて調査し、地域の特徴を解説している。1980（昭和50年代後半）年代から2010年代（平成初め）までは、県内の市町村史が数多く刊行されるなど、昔話や伝説、世間話など口承文芸調査が進展した。

これらの資料から、昔話伝承の特徴と傾向についてみると、中央部の台地から東部の平野部においては、昔話はあらすじ的で、笑話化の状況である。笑話の中では「団子聟」の話が多く報告されている。秩父地方では、ほかの地域に比べ、伝えられている昔話は量的に多く質的にも整っている。なかでも「雨ふれふれ」との話名で、水乞い鳥の話が数多く報告されている。

昔話の形式は、平野部では、すでに昭和50年代に残存していない地域もあった。昔話の呼称は、「むかしばなし」「おとしばなし」「おとぎばなし」「ひとくちばなし」「ひと昔話ばなし」、語り始めは、「むかしむかし」「むかしあったとさ」「むかしあるところにさ」「むかしあるところになあ」「むかしおおむかしに」、相槌（あいづち）は、「ふんとこさ」「へんとこさ」、語り収めは、秩父地方では「それぶんぎり」「そんぶんぎりさ」「これぶんぎり」「これぶんぎりだ」「めでたしめでたしこれぶんぎり」と、川越地方では「もうこれっきり」で結んだと報告されている。

県内の伝説については、韮塚一三郎編著の『埼玉県伝説集成　分類と解説』（上巻自然編、中巻歴史編、下巻信仰編、別巻）が刊行された。これは、県内の伝説を関敬吾の説により分類し、伝説ごとにまとめて掲載している。資料には出典が明記され、類型別と市町村別の索引がある。

世間話についての資料は昭和50年代後半以降に刊行された市町村史に掲載されるようになった。旧大里町の「たんぎくどん」、日高市の「新井の五郎」などのおどけ者についての報告もある。

おもな民話（昔話）

雨降れ降れ　『武蔵の昔話』に次のような昔話が収録されている。
親が子に水をくれと言った時に囲炉裏の燃えた木を差し

出した。その罰で子は自分の体が赤くなってしまった。水辺で水を飲もうとすると、自分の赤い体が水に映って火のように見えて飲めないので、空から降ってくる雨を飲む。水が飲みたくて「雨降れ降れ」と鳴く。

秩父地方では、ミヤマショウビン（別名アカショウビン）の話とされ、一番知られている昔話である。柳田國男は「鳥の名と昔話」（『野鳥雑記』所収）の「水こひ鳥」において、アカショウビンの各地域での呼び名や昔話の話型について解説している。

暗闇から牛でござる

絵かきと偽の絵かきが絵の描き比べをする。本物の絵かきが、親が赤ん坊にご飯を食べさせているところを描くと「それは間違っている。親は子供が口を開けたら、自分もアーンと口を開けなければならない」、木挽きが木を引いているところを描くと「木を削ったなら木のくずが出るはずだ」などと難くせをつける。そして、自分の番になると、偽絵かきは黒一色に塗って、「真っ暗闇から黒い牛がでてきたところだ」と言った。

狡猾者が口で巧みにやり返す昔話である。『川越地方昔話集』に収録されている。他県の報告例では、闇夜にカラスを描いていることが多い。「闇から牛を引き出す」「暗がりから牛」のことわざもあり、「闇夜のカラス」と同様に物事が判別しないことの譬えとして用いられている。

麦とそば

『武蔵の昔話』に次のような昔話が収録されている。麦とそばが寒い日に川に行く。麦はそばを騙し、冷たい川の中を渡らせ、又、戻って来させる。そばが麦にも行くように言うと、麦は「この寒いのにそんな馬鹿なことができるか。お前はおれにだまされた」と言って、そばを笑う。神さまがそれを聞き、麦は罰として、冬の寒い時に芽が出て、人に踏まれるようになる。そばはその時の後遺症で足が赤くなった。

この話は、そばの足が赤いことの由来譚の一つで、同様の由来譚に山姥やあまのじゃくの血で赤く染まったという「天道さんの金の鎖」や「瓜子姫」などがある。弘法大師が自分を背負って川を渡してくれと頼んだ時に、麦は寒いからと断り、そばは背負って渡したという「弘法とそば」の類話とされている。

おもな民話（伝説）

西行戻しの橋

『埼玉の伝説』の「西行見返りの桜」に、こんな西行伝説が収録されている（『埼玉県伝説集成　分類と解説』中巻歴史編に再録）。西行が歌修行のため秩父地方へ向かった時、逆川の橋の所で鎌を持った子どもに行き会った。西行が子どもにどこに行くのか尋ねると、「冬萠きの夏枯草を刈りにゆく」と答えた。西行は意味がわからなくて、これから先どんな難問が出されるかもしれないと、橋を渡らずに戻ってしまったという。今もこの橋を「西行戻しの橋」という。西行はこの橋のたもとで女が絹を織っているのを見て、「その絹を売るか」と尋ねると、その女は「ウルカとは、川の瀬にすむ鮎のはらわた」と禅問答のように答えた。西行はいよいよ困って、引き返していった。

西行は、歌人として有名であり、旅僧、宗教歌人としても崇拝される一方、俗僧として揶揄、嘲笑されて伝承されてきた。伝説の世界の西行も地元の子どもや女との問答の意味がわからない不甲斐ない西行として伝えられている。ときがわ町には、渡り職人、修行者が民俗語彙としての「サイギョウ」として、昭和初期まで巡って来ていたという。

悪竜退治と尻あぶり

『新編埼玉県史　別編2　民俗2』にこんな伝説が収録されている。坂上田村麻呂が征夷大将軍として奥州征伐に行くときに村人が悪竜に苦しめられている話を聞き、悪竜を退治することになったが、いくら探しても悪竜は姿を現さなかった。岩殿山の観音様に祈願したところ、夢に僧が現れてお告げがあり、6月1日なのに朝から大雪が降った。急な寒さのため、坂上田村麻呂や兵士のために村人は麦藁を燃やし、饅頭作ってご馳走をした。坂上田村麻呂が山に登り、悪竜を見つけて、退治することができた。その後、この日にちなんで、比企郡から入間郡にかけて、毎年旧6月1日に庭先で藁を燃やして「尻あぶり」をし、小麦のまんじゅうを食べるという行事が行われるようになった。「ケツアブリ」を行うと、できものができない、風邪をひかないなど健康に過ごせると伝えられている。

民俗学者の宮田登は、「悪竜退治は、土着の在地勢力のメタファーである悪竜を、地域社会の王が鎮めなければならないが、異人の霊力により、坂上田村麻呂が退治する」と指摘している。

日高の大男ダイダラ坊

『新編埼玉県史　別編2　民俗2』にこんな伝説が収録されている。むかし、ダイダラボッチャという大男が秩父のほうから、モッコに入れた山を二つ天秤で担いできた。高麗のあたりまで来ると疲れてきたので、山を下におろした。一方の山はそーっとおろしたけれども、もう片方の山はどっかとおろしてしまった。そーっとおろした山が今の日和田山で、あとからおろした山が飯能市にある多峰主山であるという。多峰主山はどっかとおろされたので、日和田山よりだいぶ小さくなっている。それから、ダイダラボッチャは足が汚れていたので、日和田山に腰を掛けて、足を高麗川に投げ出して洗った。そこが高麗の新井というところである。

埼玉県では、ダイダラ坊のほか、ダイダラボッチやダイダロボッチャ、ダイダラボッケなどの呼び名がある。ダイダラ坊の伝説は関東中部をはじめ全国的に分布している。山を運んで来たという伝説の他に、池や窪地を巨人の足跡だとする伝説がある。

おもな民話（世間話）

たんぎくどんの仕事は弁当

『滑川村史』に次のような世間話が収録されている。たんぎくどんは、力持ちで大食いだった。大きな弁当を作ってもらって畑に仕事に行く。おかみさんが弁当を作っているときに「この弁当が仕事をする」と言ったのが聞こえたので、たんぎくどんは、畑に行って、鍬に弁当を縛りつけて、自分は昼寝をしていた。主人がどのくらい畑が終えたか聞くと、たんぎくどんは「おかみさんが弁当が仕事をするというから、弁当に聞いてくれ」と言った。

おどけ者譚で、他の地区のおどけ者と同じ内容の話もある。たんぎくどんは、熊谷市中曽根（旧大里町中曽根）にたんぎくどんの屋敷だったといわれるところがあったとも、旧大里町冑山で番頭をしていた人ともいわれている。大力の作男で、とても仕事のできる人であったけれども、主人に何か言われるとその言葉尻をとらえて揚げ足を取るような話がある。たんぎくどんの話は、旧大里町のほか、滑川町、東松山市、熊谷市から報告されている。

12 千葉県

地域の特徴

　千葉県は、四方を海と川に囲まれている。地形は全体的に起伏が少なく、低い山々からなる。気候は、黒潮の影響を受ける海洋性気候、下総台地の内陸性気候と変化に富む。

　1871年の廃藩置県まで、安房（あわ）、上総（かずさ）、下総（しもうさ）から成り立っていた。房、総は古語の「ふさ」であり、花や実がたれさがる状態を意味している。伝承では、阿波国から来た天富命（あめのとみのみこと）と忌部氏（いんべ）が上陸し、麻＝総のよく育つ土地として名付けたという話と、猿田彦命と香取神宮の経津主命（ふつぬしのみこと）が鬼退治の際に倒した椿の木の上を上総、下を下総と名付け、根元のあとが椿海（つばきのうみ）となったという話とがある。

　外洋に面していることから古代より海上交通による外部との交流があった。また、中世までは、香取の海と呼ばれた入海（いりうみ）があり、多数の津（港）を香取神宮が支配していた。歴史的転機としては、平安時代末期の源頼朝の安房への上陸と鎌倉幕府の成立、そして徳川家康による江戸開闢（えどかいびゃく）で江戸が政治の中心地となったことが挙げられる。江戸の人口増加にともない、房総は、江戸の町を支える物資の供給地となり、新田開発が行われ、沿岸漁業も発達した。そして、江戸への物資が海運、利根川・江戸川水運により入ってくることから、房総は航路の一環となり、物資だけでなく、文化的ルートにもなった。

　1873年、千葉県が誕生し、94年に総武鉄道が開通。後に、東京のベッドタウン化を進める要因となり、行商の女性たちが乗降する車内は東京で房総を感じる場となった。第2次世界大戦後は、軍都と農業の地からの転換をはかった。首都東京に近接、東京湾に面した地であることから、臨海工業地帯、住宅団地、新東京国際空港、東京ディズニーランドが建設され、千葉都民の語を生み出した。

伝承と特徴

　千葉県は、都市部に近接しており、民俗や民話の調査地としての関心が低い場所だった。全般的傾向として昔話より伝説や世間話、笑話が好んで伝承され、昔話の話柄も伝説や世間話として語られる事例が多い。鎌倉、江戸・東京だけでなく、海路を通じて西国などとも交流があり、話の伝承においてもその影響が見受けられる。県内の民話を記録した古いものとして、1915年の内田邦彦『南総の俚俗』が挙げられる。『房総の民話』が出版されると同様の報告が続き、『富津町の口承文芸』『長柄町の民俗』などの資料集が刊行された。『房総の昔話』は、県の民俗的特徴が利根川沿岸、内部、九十九里沿岸、南部の4地域に分かれることを踏まえて、異なる環境や歴史の中でどのような民話が育まれてきたのか、地域性を意識してまとめている。近年では市川民話の会による『市川の伝承民話』の刊行、会員の根岸英之の「生活譚」の研究が興味深い。また、『浦安の世間話』は、江戸前の漁村だった浦安を前田治郎助の「ムラ話」で表した世間話集である。その浦安の地に誕生した東京ディズニーランドをめぐる伝承も大島廣志などが取り上げている。『富浦町のはなし』では、沿岸部地域の伝承の現在が資料化され、江戸・東京との距離感もうかがえる。

おもな民話（昔話）

くらっこ鳥　クラという女性が田の草取りをしていると鷲(わし)に赤子をさらわれた。慌てて股引を片脚脱いで「クラッコ、クラッコ」と追い掛けてそのまま郭公(かっこう)になった。郭公の脚は片脚白く、片脚黒い。鳥の鳴き声と脚の色の由来を語る（『南総の俚俗』『長柄町の民俗』）。昔話の「片脚脚絆(かたあしきゃはん)」として広く分布するが、鳴き声の由来を説く事例は珍しい。伊藤龍平は近世の文献『日東本草図纂』にその事例のあることを指摘している（「もう一羽の「くらっこ鳥」」）。

燕報恩　木更津の成就寺では燕の糞害に悩まされていた。和尚は燕に「来年も巣をつくるのなら本尊に礼をしなさい」と話したところ、芥子粒のようなものを持って来た。土に埋めてみたが、何も出てこなかったので、掘り返すとたくさんの蛇がいた。それは南国の蛇で、境内にたくさんいた蝮(むし)を退治してくれた（『木更津郷土誌』）。

流山市に類話が伝わる。燕が正直者の家に毎年巣をつくり、親孝行の子供のために山から金の欠片を持って来た（『房総の昔話』）。『日本昔話通観9』では孤立伝承話に分類される。昔話の燕は「雀報恩」で語られることが多く、県内には例えばこんな話がある。石堂寺（南房総市）が火事になった時、雀は大急ぎでお寺に集まったが、燕はお化粧をして遅れ、蝙蝠は遊んで行かなかった。仏様は、雀には穀物を食べることを許し、燕には年に一度遠い国へと追いやり、蝙蝠は鳥との交流を禁じて昼は出られないようにした（『日本伝説叢書　安房の巻』）。富津市では、燕はお化粧をするのでクチバシが赤く、お洒落をしているうちに親の死に目にもあえなくなったと、燕の部分のみ語られる例がある（『房総の昔話』）。

一目千両

　昔、一目見るのに千両に値するというきれいな娘がいた。ある時、名古屋からしろべえという人が訪ね来て、「3年3か月もかかって千両貯めたので、どうしても娘を連れて帰りたい」と言い、一緒に暮らすこととなった。そば屋を開いたところ繁盛したが、鬼に娘をさらわれてしまった。しろべえは鬼を退治し、娘を無事連れ戻した（『日本の民話4　関東』）。一目千両の採集例は多くはなく、中国・四国・九州地方が多数を占める。話型も一定でない（「一目千両」）。

　本話を語った遠山ますは、1893年、老川村（現・大多喜町）生まれ、市原市田淵に居住した。女中奉公先でも昔話を聴いている（「遠山ますさんのこと」）。ますは「鳩と鳴と蟻」「狐女房」などの昔話を語っている。「狐女房」は、県内ではヨカヨカ飴屋から聴いたという事例がある（『房総の昔話』）。ますの語る話は、伝承経路を含めて興味深い（『ふるさと千葉県の民話』）。

天人女房

　県内では天人女房の話が伝承されている。富津市の例話を挙げる。よい着物が松の木にかかっていたので漁師が持って帰ろうとした。天人が来て、「それがないと天に昇れない」と言うので返してあげたところ、いつも大漁が続き金持ちになった（『房総の昔話』）。

　千葉氏の始祖伝承として語られる羽衣伝説の例がある。亥鼻城下には、千葉の蓮の花が咲く池と一本の松があった。そこに天女が舞い降り、羽衣を松に掛けて蓮の花を眺めていた。領主の常将が聞きつけ、羽衣を隠して帰れないようにし、天女との間に男子が産まれ、千葉の姓を賜った（『日本の伝説6　房総の伝説』）。一般的に天人女房などの異類婚姻譚は破局に

終わるが、羽衣伝説の場合は、婚姻後に特定の一族や職業の始祖と結びつけられて、始祖伝承など新たな展開を見ることがある(「羽衣伝説」)。

おもな民話(伝説)

角なし栄螺(つのなしさざえ) 源頼朝が真鶴の石橋山から房州に逃げて来て鋸南町(きょなんまち)に上陸した際に、栄螺を踏んで怪我をしてしまい、「栄螺はあるとも、角はいらん」と言ったので、勝山の栄螺は角なしになった。富浦の南無谷(なむや)の栄螺は威張って鮑(あわび)の背中で昼寝をしていたが、日蓮上人が富浦の南無谷から鎌倉に渡る時に栄螺の角で怪我をしてしまい、自慢の角がなくなった。鮑は日蓮の船の穴にすいついて鎌倉の由比ヶ浜まで行った。そこの寺には鮑の殻が宝として残っている。日蓮は佐渡に流された時にも鮑が守ったので、船の着いた集落では鮑を食べないという(『ふるさとお話の旅 千葉 南房総ちょっとむかし3』)。安房は頼朝上陸、日蓮誕生の地であり、それらにまつわる話が多く伝承されている(『日本の伝説6 房総の伝説』)。

また、木更津沖の大法螺貝や岩和田(あわび)(夷隅郡御宿町)沖の大鮑など、海の主にまつわる怪異の話も多い(『千葉県の民話』)。

布良星(めらぼし) メラ星。天文学的には、カノープスと呼ばれ、シリウスに次ぐ2番目の明るさをもつ、りゅうこつ座の一部の星。南半球の星のため、冬に南の水平線ぎりぎりの位置に赤く輝く。1月から2月、房総半島の南端、館山市の布良という漁港で見ることができ、この星に関する伝承はヴァリエーションに富む。例話を挙げると、浦安の猟師、前田治郎助は、メラボシは布良のナレエ(北風)で亡くなった漁師の星で、布良へ行くと冬場のナレエの大きい時に出て知らせてくれるという。また、漁師はよく星を覚えており、父親からキタノホシ、ホウキボシなども教わったという(『浦安の世間話』)。

真間の手児奈(ままのてこな) 市川市真間の伝承。真間の浦には毎日、井戸の水を汲みに来る手児奈という美しい女性がおり、多くの若者からプロポーズを受けたことに悩み、ついに真間の入り江に入水してしまうというもの。『万葉集』には山部赤人と高橋虫麻呂の歌が詠まれている。真間の井、手古奈霊堂、片葉のアシなどゆかりの事物や伝承がある(『日本伝説叢書 下総の巻』『千葉県東葛飾郡誌』『房総の伝説』『千葉県の民

話』）。もともとは、水を司(つかさど)る巫女的存在の女性にまつわる伝承であったと思われる。上田秋成の『雨月物語』をはじめ、多くの文学作品の素材にもなっている。現在では、「手児奈フェスティバル」の開催などで、地元市川の町を盛り上げている（「変容し続ける〈真間の手児奈〉像」）。

里見氏の話

里見氏は、1445年から1614年まで安房郡を支配した。里見氏にまつわる歴史と物語は、滝沢馬琴の『南総里見八犬伝』で有名になり、小説だけでなく、歌舞伎や浮世絵、テレビなどさまざまなメディアを通して広まった（『常設展示解説』）。県内には、旧富山町（現・南房総市）の伏姫が隠れた洞穴をはじめ、里見氏にまつわる事跡が多く、埋蔵金伝説など口承の世界でもヴァリエーションに富んだ話が伝わり、人々にとって身近な存在である（『日本の民俗12 千葉』『房総の伝説』）。『富浦町のはなし』では、里見氏の城址や伏姫の籠った洞窟、武将の祟り、里見観音の由来など、「里見さまの話」としてまとめている。『南総里見八犬伝』は、史実や伝承をもとに馬琴が創作したフィクションだが、その影響のもと地元では、史実と伝承が交錯しながら、新たな創作や解釈、伝承がなされてきたのだろう。

八幡の藪(やぶ)知らず

下総国総鎮守、葛飾八幡宮（市川市）の参道に沿った20m四方の藪(やぶ)にまつわる話。藪の中に入ってはいけないとされる。『千葉県東葛飾郡誌』では、①昔、葛飾八幡宮が祭られていた聖地である、②行徳の飛び地であるため八幡の人は入れない、③貴人を埋葬した場所、④ガスを吹き出す穴、底なしの小沼があり、危険、⑤平将門を討つため平貞盛が陣を構えた場所で、入ったら祟りがある、⑥水戸の徳川光圀が伝承を知り、踏査したが迷ってしまい、入ってはいけないと言った、⑦日本武尊が御所地にした跡、などを理由に挙げている。

このほかにも異伝があり、現在でも、おばあさんが中に入って大騒ぎになった話や藪知らずの両側には狐がいて前をぼんやりして通ると狐が憑くなどと言われたりする（『市川の伝承民話』）。この場所が神聖視されてきたことを物語っており（『日本の民俗12 千葉』）、そこに禁足地としてのさまざまな解釈がなされてきたのであろう。江戸時代には地誌や紀行文に記録されたり（特集『遊歴雑記初編上32』「やはたしらずの藪の事実」）、それ以降も浮世絵や講談の題材になったりしている。また般若心経の注釈書に引用されている例もある（「翻刻・『般若心經繪入講釋』」「無罣碍故無

有恐怖」(八幡不知森説話)」)。

おもな民話(世間話)

増間話（ますま） 　増間集落(現・南房総市増間)を舞台とする「愚か村話」。県内には成田市周辺に川津場話も伝わる。増間出身の安田高次は増間村話を熱心に報告した(「安房の増間の話」)。ある時、増間村に大雨が降り、増間川の岩に祀ってあった水神様が流された。増間の人たちは東京湾へ突き出た大房岬の岩礁を流された水神様の岩だと主張し、「増間島」となった。増間の人々の愚行を笑う話であるが、一方で、増間の人々は愚かなふりをしているだけだなどという異伝や解釈もある。飯倉義之は、愚か村は落人の里で、愚か村話は落武者の自作自演であるというような、歴史的・伝説的な言説が加わって語られていることを指摘する(「愚か村話の近代」)。また、増間は実際は「山奥のムラ」ではなく、船で簡単に東京の霊岸島まで行ってしまう人たちが多く、増間村話は、増間を愚か村としてきた人々のプレッシャーの象徴でもあったと分析する(「安房と上総の増間の話」『富浦町のはなし』)。増間話は時代や伝承する人々の立場などに応じて、引用、解釈されながら語られてきた。

印内の重右衛門（いんないのじゅえむ） 　船橋市や市川市を中心に生活に根ざして語られてきた「おどけ者話」。他地域にも大分の吉四六話や熊本の彦一話などがある。武田正は、いずれも地域に限定して語られており、話の成立当初は新話型だったのではないかと述べている(「木小屋ばなしと現代伝説」)。重右衛門は、江戸時代、印内(現・船橋市)に実在した小農民とされる。例話として「うるさい鷹番」を挙げる。鷹匠様が村に泊まることになり重右衛門が鷹番をすることになった。「ただ鷹を見ていて変わったことがあれば知らせればよい」と言われた。鷹匠が眠ろうとすると「一大事でございます」と叫ぶ。「どうした」と聞くと、「まばたきをしました」「足をあげました」などと言って眠らせなかったという。米屋陽一は実際に鷹場で暮らす農民たちの中で生成、伝承されてきたとする(「下総の笑話・重右衛門話考」)。また、阿彦周宜は、重右衛門話は馬鹿聟(むこ)話などと同様の話もあるが、奉公先の旦那や幕府権力者をやりこめる点が強調されていると分析している(「重右衛門話考」)。因みに、県内には為政者を意識した話として佐倉惣五郎の義民伝承も知られている。

13 東京都

地域の特徴

　東京は、徳川家康が江戸に幕府を開いて以来、400年以上にわたり政治の中心の地となっている。1868（慶応4）年7月、江戸から東京に改称され明治になると、伊豆諸島や小笠原諸島、三多摩郡を編入し南と西に大きく広がる。現在は23区、26市、1郡、大島・三宅・八丈・小笠原の4支庁となり、都市化された23区のほかに、南方の伝承をうかがわせる島嶼部や山間部の伝承を残す西部など、豊かな自然も有している。

　東京の中心部は江戸時代の中期以降、文化的にも経済的にも発展し、地方からの人口流入とともに一大消費地となってきた。また、江戸の文人たちの活動によって残された随筆・地誌類（『慶長見聞集』『耳嚢』『江戸塵拾』『江戸名所図会』など）から、江戸の町の伝説や世間話について比較的豊富な当時の伝承をうかがうことができる。

　経済的な中心地は現在も変わらず、2018年3月に東京都総務局から発表された2015年度の都内総生産額は104兆3,000億円で、東京都だけで同年の国内総生産額の19.6％を占めている。これは1,300万人以上の人口を抱える一大消費地であり、多くの上場企業の本社があることによる。

伝承と特徴

　昔話伝承については、衰退している地域である。また、昔話の採集調査も多く行われなかった。昭和に自治体が関係した主要なものとしては、八丈島・大田区・中野区・府中市・青梅市・町田市などの調査がある。これらの調査においては、いわゆる「五大御伽噺」といわれる「桃太郎」「かちかち山」「猿蟹合戦」「舌切り雀」「花咲爺」については報告がされている。この五つは江戸時代からよく知られてきた昔話であるが、明治時代以降、これらの話が学校教育や絵本や児童文学において多く取り上げられてきたので、その影響は無視できない。発端句と結末句についても、語ることは

少ない。その中で発端句を語る場合は「むかし、むかし」や「むかし、むかし、あるところに」が主流である。結末句は「イチがサカエ」(町田市)「これでいちにまちだとよ」(府中市) など「一期栄えた」の変化が一部にみられる。語りが行われた場については、まず夜に語ることが多かった。場所は、こたつや囲炉裏を囲んで(中野区、青梅市、府中市、八丈島) や添い寝の時(町田市)、夏の夜に子どもたちが夕涼みの縁台に集まった時(中野区) などで、昔話を「夜ばなし」「寝ばなし」と呼ぶ場合もあった (大田区)。ほかにも、月並み念仏の宿でお念仏の後に年寄りが話してくれる場合 (大田区)、お盆過ぎに近所の人たちが集まり、蚊を払いながら話を聞いた場合 (府中市)、年寄りの茶話の合間 (中野区) など、人が集まる場でも語られた。また、夜なべや雨の日の針仕事の時 (大田区)、母親が繕い物をする時や針仕事をする時、かまどで夕ご飯の支度をしている時(中野区) など、仕事のかたわらで語ることもあった。東京でも人々のコミュニケーションの中で、昔話が機能していた様子がうかがわれる。

伝説については、高尾山では天狗、御岳山では日本武尊を苦しめる狼や、反対に日本武尊を悪い山の神から助ける狼などが語られる。また、平将門伝説も広く東京各地で語られており、大島に流罪になった源為朝の伝説は、伊豆諸島に多く伝えられている。そして、杖をついた場所から清水が湧き出すという「弘法清水」をはじめとした全国的に語られる弘法伝説も東京において伝えられている。

世間話については、各地域さまざまであるが、「狐火」「狐の嫁入り」「狐憑き」「狐に化かされる話」などは、東京でも濃厚に伝承されている。

おもな民話(昔話)

津波の話　八丈島に次のような伝承がある。

昔、大津波があって、島中が全滅した。そのとき、神山の1本のシュロの木に、一人の女がひっかかって生き残った。近くのもう一つの神山には一人の男がやはり同じように生き残っていた。そこで二人は夫婦となり、子孫をふやした。神山には、今でも、その場所に穴があり、木も残っている (『文化財の保護』6号)。

この話は神話的伝承といえる。洪水によって人類が絶滅した後、最後に生き残った男女から人類が増えていったという神話は、日本の沖縄など南

西諸島や中国の西南部などでも語られており、八丈島の話もこれらとの繋がりをもつ伝承である。

桃太郎

「桃太郎」は昔話伝承が希薄な東京でも、比較的よく知られている。ただ、その多くが国定教科書に載った内容と大きく変わらず、学校教育や書籍の影響も大きいと思われる。その中で、小金井市に伝わった「桃太郎」(『昔話研究2』1号) は、後半部が「猿蟹合戦」型である。山梨や広島、岡山、愛媛などでも語られ、全国に点在している話である。「昔、爺さんは山へ草刈りに婆さんは川へ洗濯に行った。ぶらんこぶらんこ桃が流れてきて、婆さんがそれを拾って家に帰って棚にしまった。爺さんが帰ってきてから割ると、小僧っ子が出て、桃太郎と名付けた。すると見る見る大きくなって、鬼ヶ島へ行くことになる。爺さんに作ってもらった魚籠に、婆さんに作ってもらった黍団子を入れて、日本一の黍団子と触れ歩く。そこへ蟹が来て、黍団子をもらい家来になる。それから立臼、糞、蜂、卵、水桶が同じように家来になる。鬼ヶ島の鬼の家は留守だった。桃太郎の指図で、石臼がとんぼ (玄関) 口の上に、蟹が水桶の中に、糞がとんぼ口に、卵がきじろ (炉の横の燃料置き場) に隠れる。桃太郎が、きじろに火を焚いていると、鬼が帰って来て、桃太郎を食べようとする。卵が鬼にはねつき、蜂が鬼の目を刺したので、鬼は火に落ちた。鬼が水桶に行くと、蟹にやられ、とんぼ口に行くと糞に滑って、臼が落ちてくる。桃太郎は、宝物を持ち帰った。」この話は、1936 (昭和11) 年時点で63歳の話者が、子どもの頃 (明治初期) に曾祖母から聞いた話である。江戸時代の赤本には、すでに犬・猿・雉子をお供に桃太郎が鬼退治をする話が描かれ、明治時代も同様であった。一方で、こうした出版文化とは無縁の「桃太郎」も口伝えとしてあった。

かちかち山

大田区に地元の話として語られる伝承がある。

大田区高畑生まれのおばあさん (1855 (安政2) 年生) が子ども時分、本寺 (宝幢院) の竹山に狸が住んでいた。人を騙し、お爺さんの柴刈りを手伝って、悪いことをした。お爺さんの留守に、お婆さんを踏み臼に入れて搗き殺して、鍋汁にして、お爺さんに食べさせた。それで、狸が外の柿の木に登って、揺さぶりながら「ジンジナ、ジンジナ、ジンジナ婆汁食ったげな」と歌った。爺さんが流しに行くと、お婆さんの骨があって、泣いていると、兎が来た。本寺の山の狸のことを話すと、兎

が仇を取ることになる。兎が柴刈りをしていると、狸が手伝い、柴を背負って家に帰る。兎が後になり、狸の柴にカチカチと火口で火をつける。狸が「兎さん、ボウボウ音がするけど、あれは何だろう」と言うと、兎は「あれは、ぼうぼう山だよ」と言う。狸が火傷して寝ているところに、兎が唐辛子の膏薬を売りに行き、火傷に貼る。その後、汐干狩に行こうと、舟を作る。古川村の小向で船を造っていて、高畑でも船を造っていた。そこで兎が木の舟を造っていると、狸が出てきて尋ね、自分も連れていくように言うので「お前はお前のを造れ、こっちは木の舟だが、そっちは泥の舟を作れ」と言う。狸は一生懸命泥こねして、舟を造った。それで多摩川へ舟を引き出す。そして、川崎の妙光寺の下へ行って「兎の舟は木ぃ舟、木ぃ舟。狸の舟は泥舟(どーろぶね)」と言って、兎は狸の舟を沈める(『大田区の文化財22』)。

　昔話は、そもそも「むかしむかし、あるところに」と時間と場所を設定しない虚構の話なので、このように地元の地名を昔話に当てはめるのは珍しい。書籍や学校教育には登場しない「かちかち山」であり、地元の人々がこの昔話に親しんでいたことをうかがわせる。

猿蟹合戦　江戸時代からよく知られている昔話で、東京における伝承も、「猿と蟹が握り飯と柿の種を交換して、蟹が柿を育てる。柿の実が実ると猿が独り占めして、渋柿を蟹に投げつける。その後、助っ人が蟹の仇討ちをする」という典型的な内容である。ただ、助っ人に関しては違いが出る。明治時代に童話作家の巌谷小波が「石臼・焼き栗・大蜂」にして以来、教科書や絵本ではこのメンバーが主流になった。一方、口伝えの昔話にもこの影響がみられるが、それでも独自の伝承を残している。例えば「臼・蜂・栗」「ダイドウ臼」(『大田区の文化財22』)、「臼・蜂・卵(ただし、卵は破裂するのではなく、猿の足を滑らせる)」(『中野の昔話・伝説・世間話』)、「栗・立臼・蜂」「とろろ(滑らせる)」(『続　中野の昔話・伝説・世間話』)、「栗・立臼・蜂」「卵・蜂・牛の糞・立臼」(『府中の口伝え集』)、「栗・蜂・昆布・臼」「卵・蟹・蜂・大便・臼」「栗・蟹・太鼓・鏡・立臼」(『青梅市の民俗』第2分冊)などである。特に、青梅では助っ人の活躍が豊かで、猿の足を滑らせるのに「昆布・大便」、火で弾(はじ)けるのに「栗・卵」、さらに、太鼓の音と鏡の反射で驚かせるという珍しい伝承もある。青梅では、みな明治生まれの話者であり、工夫を凝らした仇討ちの様子を語っていた。また、比較的教訓もつきやすく「悪いことをしてはいけない」

というのが、青梅でも府中でも最後に語られ、大田区では「むすびは食べてしまえば、そんとき、その場で終わりだけど、種は蒔けば、なるんだから、目先のものより、いいものを取れ」とも最後につけられた。子どもへ語る際、教訓話にしやすかったことがうかがえる。

おもな民話（伝説）

高尾山の天狗　醍醐寺から高尾山の薬王院へ移った俊徳上人の夢に飯縄大権現(いづなだいごんげん)が現れ、それ以後、薬師如来に加えて祀るようになった。そして、権現の使いの天狗も高尾山で活躍を始めた。高尾山には、樹齢何百年という大杉が立ち並び、ケーブルカー終点から薬王院入口付近の木立の一本に天狗の腰掛け杉がある。天狗は、この大杉に腰掛け、天下を見下ろして、悪人を懲らしめ善人を助けたという。高尾山の参道の途中の曲がり角にタコ杉と呼ばれた大杉の根が飛び上がり、狭い山道にはびこって、参拝者を悩ませていた。これを天狗が山に追い上げて、道には一本の根もなくなった。またある時は、町から高尾に工事に来た土方が「天狗がなんだ、小便を引っかけてやる」と言っていた。その後、山に仕事に行ったが、その男だけ帰ってこない。天狗にさらわれたということで、みんなで山に入り探すと、男は松の木の高い所に藤づるで巻かれてつるされ、おいおいと叫んでいた。木から降ろすと、男はすぐ高尾山へ行って、天狗に謝った（『八王子ふるさとのむかし話1』）。

　天狗のイメージには修験道が反映され、修験道の広がりとともに天狗も知られてきた。天狗が腰掛ける「天狗松」、斧で木を伐って倒す音が聞こえるが倒れた木が見当たらない「天狗倒し」、山中で笑い声が聞こえる「天狗倒し」など、山中の怪異や神隠しなどの伝承は全国的に有名である。高尾山は修験の山なので、信仰とかかわって天狗伝承が残されてきた。

平将門伝説　平将門を祀る神社は各地にあるが、中でも東京の神田明神は有名である。平将門が藤原秀郷に首を取られ、その屍がこの地まで追ってきて倒れたという伝説や、討たれた首が飛んできて落ちた所という伝説もある。首を祀ることで特に有名なのは、大手町の首塚である。関東大震災後、崩され、そこに大蔵省仮庁舎が建った。しかし、大蔵省の役人に死者や病人が続出したので、鎮魂祭が行われた。その後も落雷・炎上の騒ぎがあり、1940（昭和15）年に将門一千年祭を催し供養

した。さらに太平洋戦争後には、米軍によって大手町一帯が整備されたが、この場所でブルドーザーが横転して運転手が死ぬという事故が起こった。そのため、首塚は現在も手厚く祀られている。これらは、日本人が非業の死を遂げた人物を神として祀る御霊信仰に基づいている。また地名にも関わり、「青梅」は将門が植えた梅の実が、いつまでも熟さず、青いままであったことに由来しているという（『平将門伝説』）。

おもな民話（世間話）

本所七不思議

『墨田区史』によれば、本所七不思議は次の七つ。
①「置いてけ堀」 この堀では非常によく魚が釣れるが、夕方になって帰ろうとすると何者とも知れず堀の中から「置いてけ、置いてけ」と呼ぶ声が聞こえ、そのまま帰ろうとすると途中必ず釣った魚を失ってしまうといわれている。②「馬鹿囃」 本所の人々が夜半にめざめて耳をすませると、遠くあるいは近くおはやしの音が聞こえてくるが、それがどのあたりから起こるか明らかでない。③「送りちょうちん」 夜ふけて道を歩いていると前方にちょうちんの火が見えるが、これに向かって進んで行くとちょうちんもまた進んでいって追いつくことができない。④「落葉なき椎」 人呼んで、椎の木屋敷といった大川端の松浦上屋敷内の大木の椎は、道路をおおうほどに枝葉が茂っていたが、その葉はどのような時にも落葉したことがない。⑤「津軽の太鼓」 江戸時代には大名屋敷の火の見やぐらでは版木を打つことになっていたが、津軽家に限り特に太鼓を打つことが許されていた。⑥「片葉の葦」 本所藤代町の南側から両国橋東の広小路に渡る駒止橋の下を流れる隅田川の入堀に生えていた葦を片葉の葦という。その葦の葉はすべて一方にだけ生えて片葉となっているという。⑦「消えずのあんどん」 これは江戸時代に二八そばといわれたそば屋のあんどんで、夜間にいつ見ても火の消えたのを見た者がない。

本所七不思議については伝承が複数あり、「送り拍子木」（自分が打った拍子木の後に同じような音が聞こえる）や「足洗い屋敷」（旗本屋敷の味野家で毎晩、天井から汚れた大足がつき出て足を洗わせる）もある。

これら本所の七不思議は、江戸時代に成立した。江戸は水路や川が張り巡らされた町であり、武家屋敷・大名屋敷が立ち並ぶ町である。本所七不思議はそんな土地柄を反映した話といえる。

14 神奈川県

地域の特徴

　神奈川県は東が東京湾、南が相模湾に面している。北東部の多摩丘陵は、大規模な宅地開発のため地形の変化が著しいが、西部、南西部の山間部は丹沢大山国定公園や箱根山、芦ノ湖などの自然が豊かで、国立公園に指定されている。気候は温暖であるが、山間部では年間降水量が2,100mmにも達し、積雪も多い。

　県内には、多摩川・鶴見川・相模川水系の一級河川があり、治水に力を入れてきた。足柄、相模原、吉田新田などにみられるように新田開発も盛んであった。鎌倉幕府が開かれると、「いざ鎌倉」へと馳せ参じる街道が整備され、また、房州に通じる海上路の利用も進んだ。街道の発達により、人々や物資の往来が盛んになっていった。

　三浦半島では首都圏向けの野菜や果物が栽培され、南端の三崎港は遠洋漁業の基地となっている。平塚、伊勢原、相模原では畜産業が営まれ、川崎、横浜など東京湾岸は京浜工業地帯の中核を成している。近年は、先端技術研究を中心とする工場が内陸部へと進出している。県内には、国際的に有名な横浜みなとみらい地区や鎌倉、箱根など観光名所も多い。

伝承と特徴

　神奈川県では、鈴木重光『相州内郷村話』、季刊誌『ひでばち』に昔話や伝説が報告される。『ひでばち』には、川崎市の「弘法の松」横浜市の「影取の伝説」などが収められる。冊子にまとまったものとして小島瓔礼『神奈川県昔話集』がある。小島瓔礼は昔話と神奈川県という風土とのからみ合いを、生態学的に分析してみたいと記している。その後、増補したものを『全国昔話資料集成35 武相昔話集』として刊行した。神奈川県は、昔話の採集が希薄な地域であり、話者の語り口が掲載されている資料集は少ない。その意味で同書は貴重な資料といえる。1972年から丸山久子、中

島恵子が藤沢市の調査を始めて、『遠藤民俗聞書』『藤沢の民話1・2』にまとめている。地域に根ざした伝説（「大門の榎」「暮女淵」など）を報告するとともに、横浜市を舞台にした「猫の踊り」の類話を数多く掲載し、伝承の広がりを明らかにした。その後、各々の市町村で調査が行われ、相模民俗学会編『神奈川のむかし話』によって、伝承の状況を俯瞰できるようになった。

　民話の舞台が山間部、海岸部ではそれぞれに特徴があり、山間部では昔話「狼の恩返し」や伝説「乙女峠」など、天狗にまつわる話もみられる。一方、真鶴では「ぽんぽん鮫」という沈鐘伝説が伝承されている。一般的な内容とは異なり、鮫の親子の愛情に話の中心がある。三浦半島では、大蛸と漁師の話（「七桶の里」）や日本武尊東征と弟橘媛命の入水伝説が伝えられている。平塚の「須賀の頓狂」話という笑い話は、頓狂な物言いが素早く口をついて出る内容で、須賀の魚売りが行商に来ていた相模川流域の内陸部に広く伝承されている。さらに八王子、房州まで出かける行商人の活動範囲が伝承と重なっている。

　「狸和尚」は鎌倉の建長寺にまつわる伝説であるが、津久井郡では、犬に噛まれて死んでしまう話が残されている。街道沿いに広がり、山梨県では「建長寺さまのようだ」と、汚く食べ散らかす子どもを戒める言葉に「狸和尚」が使われる。

　先人の報告や資料（例えば茅ヶ崎「かっぱ徳利」横浜「浦島太郎」など）をガイドブックの中で紹介し観光資源として活用する向きもある。また、『かながわのむかし話』（萩坂昇）や『かながわのむかしばなし五〇選』（神奈川県教育庁文化財保護課）など、児童向けに再話されたものもある。それらの昔話や伝説を語りや劇として活用する方向性がみられる。

　高度経済成長期における宅地開発によって、住処を追われる狐・狸話や工場進出にまつわる話が『川崎の世間話』で報告されている。

おもな民話（昔話）

食わず女房　むかしあるところにけちな桶屋がいた。飯を食わない嫁が欲しいと願っていた。ある晩、飯も水も食わぬ嫁が舞い込んできた。ある日、男が町に出かけるふりをして節穴からのぞいてみると、女房の頭に大穴があり、そこから飯五升に大鍋の味噌汁を食っている。

その後、男が桶に入れられて女房に背負われ連れ去られるが、脱出する。女房は気づかず、実家に帰る。男を食い殺そうとしたが、居なくなっていたので怒り大蜘蛛の正体をあらわし、「夜の蜘蛛はおととい来い」と言われるのが一番怖いと蜘蛛の子に言う。桶屋に戻って来た女房に「夜の蜘蛛はおととい来い」と男がどなると大蜘蛛となって、どこかに消えてしまった（「食わず女房」『かながわのむかし話3』）。

同様の話が、平塚市でも報告されている（『全国昔話資料集成35　武相昔話集』）。

一般的に、東日本では女房の正体を山姥（やまんば）や鬼とする話が多く、女房から身を守る植物として菖蒲や蓬が登場する。昔話「蛇婿入（へびむこいり）」「瓜子姫」でも同様のモチーフがみられる。五月節句に魔除けとしてこれらの植物を軒先に飾る由来を説く（「食わず女房」『日本伝奇伝説大辞典』）。一方、このような女房の正体を蜘蛛とする話は、西日本に多く分布している。この昔話は、東海道をはじめとする街道が幾筋も通る神奈川県での伝承や伝播について考える手がかりになる。

猫とかぼちゃ（胡瓜（きゅうり））

東浦賀の船宿菊屋に飼われている黒猫が、客に出す魚の匂いを嗅いでいる。客の若者が怒鳴ると宿の老婆が駆け寄り、猫を叱る。猫の眼光に恐れを成した若者は船に戻ると、黒猫が泳いで来る。船にいる若者たちは、猫をなぶり殺しにする。流れ着いた猫の死体を老婆が庭に埋めてやる。一年後、若者が再び船宿を訪れる。ちょうど庭から大きな胡瓜が生えたので老婆は料理でもてなそうとする。仲間が猫を殺したことを伝え、猫を埋葬した場所から胡瓜が生えたことを知る。掘り起こすと、猫の目のうつろから根が生えていた。老婆は、蒼白となり震えだし、後に死ぬ（「猫とかぼちゃ」『全國昔話資料集成35　武相昔話集』）。

昔話「猫と南瓜（かぼちゃ）」は九州、東北に分布の偏りがみられる。舞台が宿屋、船宿であることが多い。六部や僧、薬屋などが料理を食べないよう知らせ、危機を逃れる。この話では、猫を殺した人物に死が迫るのではなく飼い主が死ぬという結末になっている。この話には特定の場所が示されており、世間話化の傾向といえる。

屁（へ）の問答（鍬取り物語）

むかし、「屁まっつぁん」と呼ばれる屁ひりの名人がいた。屁まっつぁんは鍛冶屋に

鍬を注文に行く。屁まっつぁんの長屁たれと鍬打ちの長さを比べてみよう、鍬を打ち終わるまで続いたら鍬をやると言われる。鍛冶屋が「トン」むこう打ちが「カン」、屁まっつぁん「プー」。「トンカンプー」「トンカンプー」とひり続けて約束通り、立派な鍬をもらって帰った（「鍬取り物語」『丹沢山麓秦野の民話　中』）。

昔話「屁ひり爺」では真似をした隣の爺が失敗する。笑話「屁ひり嫁」や「部屋の由来」など、屁にまつわる昔話は全国にみられる。

大歳の火

橋戸の農家に夫婦がいた。大晦日の夜、姑が「大晦日の火を元旦まで残し、朝食を作るのが習わしです。」と伝える。一晩中火の番をしていたが嫁は眠り、火が消えてしまう。鐘の音が聞こえるので、火種を分けてもらおうと外に出る。「ロウソクは貸せないが、葬式ごとならくれてやる。」と言われ、葬式ごと納屋に隠しておく。翌朝、亭主と姑に話すと嫁の処置に涙を流して喜ぶ。納戸の葬式は金のこごり（塊）になっていた。夫婦仲の良かった賜だと伝えられている（「大歳の火」『横浜の民話』）。

昔話「大歳の客」も同様に、大歳の来訪者を接待した者が、来訪者の死体が黄金に化して富を得る話で、タタラや金属伝承との関連が指摘される。

朝茶は魔除け

山の麓におじいさんとおばあさんが住んでいる。山の主である大蛇は二人を飲んでしまおうと機会をうかがっている。二人は「茶飲んで一仕事しべぇよう。」「茶飲んでからにしべぇよう。」と話す。「蛇飲んで」と聞き違えた大蛇は、恐れて二度と近づかなかったという（「朝茶はま除け」『丹沢山麓秦野の民話　上』）。

「朝茶は二杯」「朝茶はその日の難逃れ」といったことわざと同様に、朝茶の功徳を伝える昔話といえる。

おもな民話（伝説）

禅師丸柿

ある時、一人の僧が王禅寺に来た。住職に「柿を恵んでください」と手を合わせた。住職は、「差し上げたいが、渋柿です。酒に漬けて甘柿にしておきます」と申した。僧は、「御仏の力で甘柿に進ぜよう」と言い、木の幹に「妙法」と書いた。こうして広まったのが王禅寺丸柿で、その僧は弘法大師であったとされる（「禅師丸柿と弘法伝説」『川崎の民話と伝説』）。

江戸時代、セリにかけた時、「王禅寺丸」とやったのでは気合がかからない。そこで、「禅師丸だぉー」と「王」を飛ばして言うようになった（「王禅寺の柿の木」『神奈川こども伝承文化発掘・収集報告書』）。徳川秀忠が鷹狩りに来て、子孫のために柿を育てる僧侶の言葉に心をうたれて鷹狩りをせずに帰った（『日本の伝説20 神奈川の伝説』）という話もある。

　1995年、「柿生禅師丸柿保存会」が結成された。2007年王禅寺に生育する原木を含む7本が、国の登録記念物に指定され文化財として保護されている（国指定文化財データベース）。

だいだらぼっち

　富士山を藤蔓で背負い西からやって来た大きな男が、富士山を下ろして大山に腰掛けると大山が平たくなってしまった。男が相模川の水を飲んむと干上がってしまった。富士山を縛っていた藤蔓を力任せにひっぱったら、切れてしまった。代わりの藤蔓を探し回るが見つからず癇癪を起こしてしまう。それから、相模原には藤蔓が生えない。地団駄踏んだ場所が鹿沼と菖蒲沼になり、褌をひきずってできた窪地をふんどし窪という（「でいらぼう」『かながわのむかしばなし五〇選』）。

　むかし、デーゴー坊という大入道が長沢にやって来た時に、三浦富士を一またぎにまたいだが、房州に渡る時にちょっとためらって力を入れなおした。その足跡が池になった（「デーゴー坊」『三浦半島の伝説』）。

蕎麦を作らない村

　厚木市の棚沢市島では、蕎麦を作らない。むかし小田原の北条氏と甲斐国の武田軍が戦いをしていた。武田軍は三増峠（愛川町）を陣地にしていた。武田軍のしんがりの三島一族は、他の仲間たちと離れてしまった。甲斐国に逃げて帰ろうと歩き続けると一人の侍が「海だ。向こうの山は、箱根山だ。」と叫んだ。目の前に白波がたち、ごうごうと海鳴りが聞こえていた。甲斐国に向かっていると思っていたのに、北条軍の中に進んでいると思い、一族は自害してしまった。一族が見た白波は蕎麦の花で、海鳴りは中津川の音であった。市島の村の人は、三島一族をあわれんで、それから蕎麦を作らないことを誓ったという（「蕎麦を作らない村」『あつぎのむかしむかし』）。

　作物禁忌の伝説は全国に分布しており、この話は戦いに敗れ命を落とした原因に結びつけられている。

瞽女淵と土手番さま

境川の堤防が切れた時に通りかかった瞽女が落ちて死んでしまった。それから、瞽女淵と言われるようになった。ここは、堤防が切れやすく、ある時、侍が堤防を守ると書置きと刀を置いて身を投げた。その侍を土手番さまとして祀った（「瞽女淵」「土手番さま」『藤沢の民話第2集』）。

治水、新田開発にまつわる話は「お三さま」として親しまれている横浜市の日枝神社（お三の宮）にも伝えられている。江戸時代、吉田勘兵衛が新田工事をしていた時、吉田家の下女のおさんが人柱となった。おかげで堤は壊れることがなく、新田は完成した（『神奈川県昔話集』）。

おもな民話（世間話）

足柄駒の子のおきつねさん

明治の頃、足柄上郡山北町足柄駒の子に「おきつねさん」と呼ばれる狐が住んでいた。荷車を押したり、部落の様子をながめたりして人々と仲が良かった。ある時、鉄道工事のために「おきつねさん」の住む山が崩されてしまう。「おきつねさん」の仕返しを部落の人たちは心配していた。その後、東海道線が開通。駒の子トンネルから汽車がでると線路上に牛が寝そべっていたり、石が置いてあったりする。調べてみると何もないという怪異現象が続く。部落の人たちは「おきつねさん」の仕業だと信じた。ある日、線路上に牛を見つけたがそのまま汽車を走らせると何かにぶつかった。線路の脇におきつねさんの死体が横たわっていた。部落の人と鉄道の人はトンネルの上におきつねさんを神様として祀り、見守ってくれるように頼んだ（『語りつごうふるさとの民話』）。

同様の話は狸話として、各地に伝わる。獣道を切断した負い目を話に託したものだろうか。鶴見駅を発車した列車の前方からも列車が走ってくる。汽笛を鳴らしブレーキをかけたが、突進してくる。衝突したところにタヌキが死んでいた。鶴見の裏山に住むタヌキが列車をまねたのだろう（『現代民話考3』）。

15 新潟県

地域の特徴

　新潟県は本州中央部の日本海側に面し、面積は日本で5番目に広く、穀倉地帯としての平地、山間部、島などと地理的に多岐にわたる。県全体をひとまとめにして特徴を述べることは難しいが、信濃川、阿賀野川の大河に恵まれた日本一の米どころである。また、稲作の他に海の幸、山の幸に恵まれているうえに、内陸部は冬季の気温が低く、雪に閉ざされる地域が多い。長く厳しい冬の夜、炉端で語られる昔話は心あたたまる娯楽として地域や暮らしの中に根付き、生きてきたといえる。

　交通が不便なために峠に隔てられ秘境となる地域もあり、独自の伝承文化が残される。また、女旅芸人の瞽女が村を巡業するなど、町場から持ち運ばれる文化も存在する。行けば戻ってくるしかない行き止まりの村をブットメ（打ち止め）の村といい、あちこちに存在した。秘境の村は伝承文化の吹き溜まりとなり、100話クラスの古老の語る昔話が残存していた。

伝承と特徴

　新潟県にはきわめて多くの昔話が豊かに伝承されている。新潟県が昔話の宝庫である理由には、雪国の長く閉ざされる風土や夜語りを紡いだ人々の暮らしも挙げられるが、昔話に魅了され県外から訪れた収集者、研究者の業績に負うところも大きい。新潟県の最も古い資料集は外山暦郎の『越後三条南郷談』で、その次が文野白駒（岩倉市郎）の『加無波良夜譚』である。岩倉市郎は鹿児島生まれだが、夫人の郷里である南蒲原郡ですぐれた昔話の伝承者と出会い、同書を刊行し、1943（昭和18）年に『南蒲原郡昔話集』に増補する。1936〜37（昭和11〜12）年に西頸城郡教育会編『西頸城郡郷土誌稿口碑伝説篇』が刊行される。ほかにも鈴木棠三の『佐渡昔話集』、山田貢の『あったとさ』、長岡市出身の水沢謙一の『富曾亀民俗誌』『とんと昔があったげど』『いきがポーンとさけた』など多数刊行される。

昭和40年代以降も、佐久間惇一の『北蒲原郡昔話集』、丸山久子の『佐渡国仲の昔話』、駒形覐の『五泉の民話』『つまりの民話集大成版』、野村純一の『吹谷松兵衛昔話集』などがある。『新潟県の昔話と語り手』は語り手の分析として有益であり、ほかに『新潟県郷土叢書』などが刊行される。

おもな民話（昔話）

大歳の客　とんとん昔があったでん、のう。貧乏な爺と婆が、隣りに身上のいい爺と婆があった。大晦日の寒い夜、瞽女さが「一晩宿をお願いします」とやって来た。身上のいい婆は「何言うてる。年夜だてがね、誰が泊めるもんがあろうば」。断るが、貧乏な爺と婆は「ああ、おらとこは食うもんも何もねえが」と、迎え入れる。瞽女さは井戸で足を洗い、誤って落ちてしまう。爺と婆が助け上げ、命が助かる。翌朝瞽女さが起きてこない。見ると大判小判の入った金甕になり後光がさしていた。

　その話を聞いた隣の爺は、村はずれに瞽女さをさがしに行って連れ帰り、無理やり井戸へ行かせ瞽女を井戸に突き落とした。上にあげたら瞽女さ白目むき出して死んであったで。そこの家はいいこと続かねで貧乏になってしもたとさ。いっつがむがしがつっさげた。長門の長渕ブランとさがった（『波多野ヨスミ女昔話集』）。

　『日本民話　瞽女のごめんなんしょ昔』にも掲載されている。実際に瞽女さは巡業先で泊る宿をお願いして回っていた。瞽女さの代わりに大歳の客として六部、乞食で語られる話もある。

絵姿女房　あったてんがな。身上のいい家があった。初夢を語りごっこしたが、くさかりずべ（草刈りの小若い衆）だけが夢を言わない。この家にお花という娘がいたが、くさかりずべの初夢が聞きたくてしょうがない。その晩お花は、こっそり若い衆の寝ている所へ聞きに行った。ところが他の若い衆に見つけられて騒ぎになった。

　親は娘がしのんで行くほどだからと、嫁にやることになった。くさかりずべは嫁のそばを離れず、嫁の顔ばかり見ている。嫁は、絵描きに自分の絵姿を描いてもらって、夫はその絵紙を見い見い仕事をした。

　ある日その絵紙は風で飛んでしまい、殿様の屋敷に落ちた。殿様は絵姿の女を気に入り、お花は殿様の所へ連れて行かれた。「蓬と菖蒲を売りに

来てくれ」と言い残していった。

　五月の節句が来て「蓬や、菖蒲や」という売り声が屋敷の中にきこえると、お花は笑った。屋敷に来てから笑ったことがないお花が笑ったので、殿様は蓬と菖蒲売りを屋敷に招き入れ、もっと喜ばしてやろうと思い蓬売りと着物を交換した。お花が笑うのでいい気になって、「蓬や、菖蒲や」と言いながら門の外に出て行った。殿様はそのまま追い出されてしまい、蓬売りは殿様になってお花と安楽に暮らした。

　くさかりずべの見た初夢は「咲く花と添うてお大名となる」という夢であった。こいで、いきがポーンとさけた（語り：本町・横山ソカ『越後宮内昔話集』）。

　物売り型の「絵姿女房」は新潟県に多く伝承され、売るものは蓬、菖蒲の他に門松や花などがある。柳田國男はこの話について「殿様との身柄のすり替え、風刺を含む奇抜な貧富幸不幸の裏返しは日本の域ではなく外国からの輸入説話である」と述べている。

夢買長者　　とんと昔あったと。村の男が二人して田んぼ仕事に行った。木の下の涼しい所で昼休みしていた。一人の男はすぐにいびきをかいて眠った。一人の男はいっこうに眠らないで見ていると、眠った男の鼻の穴からアブが一つ出てきて、どこか飛んでいった。しばらくしてそのアブがもどってきて眠っていた男の耳の穴に入っていった。男は目をさまして、「山の白い花のツバキのでっかいかぶつ（切り株）の下に金甕（かながめ）が埋まっている夢を見た」と言うた。眠らん男が「その夢、おらに売ってくれ」と言いその夢を買うた。

　次の日夢を買うた男は山へ行って白い花のツバキを探した。山の奥に白ツバキのかぶつが見つかった。その下を鍬で掘ったれば金甕が出てきた。甕の蓋をとって見たら大判小判がいっぱい入っていた。それを持って帰って夢を見た男にも半分やって長者になって暮らしたてや。

　いちごさっけ、どっぺん、なべの下ガラガラ、甘酒わいたら飲んでくれ（語り：長岡蓬平・中村タケ『新潟県の昔話と語り手』）。

　この語り手は100話クラスの伝承者である。夢を買う人の話は『宇治拾遺物語』巻十三「夢買ふ人の事」にもあり、夢を取られて昇進できなかった備中守の子の話の後に、夢を人に聞かせてはならぬと戒めている。

鶯のほけきょう

若い百姓が江戸へ出てひと稼ぎしようと国を出た。三国峠で日が暮れ、一軒家で宿を乞う。美しい女が出て来て、留守居をしてくれないかと言う。奥の間だけは見ないように、と言われる。一年たち、お金の包みと白木綿1反をもらって帰る。帰って包みを開けると、妙な一文銭が一枚きりなので庄屋に見せる。庄屋は「これは鶯の一文銭といって珍しいお金だ」と言って千両で買ってくれる。男は大金持ちになった。

話をきいた隣の男がまねをして、女の家を訪ね雇われる。奥の間だけは開けないように言われたが、女の留守に襖を開けた。部屋は何も置いていない空き部屋だった。女が帰って来て、奥の間を見、「長い間、山をまわってよんだ法華経をしまってあったのに、皆なくなった」と言って悲しんだ。男は何ももらうことができずに暇を出された(『加無波良夜譚』『南蒲原郡昔話集』)。

隣の爺型の「見るなの座敷」の昔話である。謎めいた「鶯の一文銭」は秘境で育まれた伝承なのだろうか。この不思議な話を河合隼雄は心の構造に還元し、「見るなの座敷」は文字どおり簡単にはみることのできない人間の心の深層を表すと述べている。

おもな民話(伝説)

八百比丘尼

昔、大石の浜に不思議な山伏が住んでいた。ある晩村人たちを招き、「珍しい動物の肉です」と言って焼肉をすすめた。村人は気味悪がって箸をつけなかったが、一人のおじいさんが袂に入れて持ち帰り棚の中に入れておいた。それを18歳になる娘が見つけて食べてしまった。これが人魚の肉だったため娘は不老不死の体になってしまった。その後娘は嫁入りし、48歳になったが容姿は18歳のままだった。やがて夫が亡くなったので別の所へ嫁ぎ、その夫とも死別した。こうして夫を替えること39回、もう300歳を越えているのに容姿は18歳のままだった。彼女は尼になり、500歳を過ぎてから諸国巡礼の旅に出た。800歳の時、若狭国小浜の空印寺の洞穴に入り、自然の力では死ねない運命を悲しみ、断食して自ら命を断った。人々は彼女を八百比丘尼と呼んだ(『越後佐渡の伝説』)。

八百比丘尼は、透きとおるような白い肌をしていたので白比丘尼ともい

われる。長命の比丘尼が椿を持って巡遊したという伝説が各地にあり、椿を手にした像や、比丘尼が植えた椿や樹木の跡を伝える話もある。熊野の信仰を携えて諸国を巡歴した熊野比丘尼などが伝承にかかわったといわれている。

弥三郎婆

弥彦山の麓に弥三郎という網使いが、婆さと二人暮らしていた。ある日、突然黒い雲が弥三郎を包んだ。雲の中から太い手がぬっと出て、弥三郎の首筋をつかまえた。弥三郎は腰に差してあった鉈で力まかせにぶった切った。血がだらだらと下へ流れる。弥三郎は切り落とした腕を持って家へ帰った。

「婆さ、今日は鬼の腕を取って来た」というと、奥で寝てうんうん唸っていた婆さが「早う持って来て見せてくれ」というから、弥三郎が婆さの所へ持って行くと、婆さは鬼婆の姿を現して、その腕を取って「これは俺の腕だ」と言いながら、自分の腕の切り口にくっつけて逃げて行った。婆さの床の下をめくってみたら、鳥獣や人間の骨が積み重ねてあった。鬼婆が弥三郎の婆さを食って、婆さに化けていた（『加無波良夜譚』）。

越後、佐渡、出羽などに分布する弥三郎婆の共通した物語の筋だが、弥三郎の職業は猟師、百姓、漆かき職人だったりしている。新潟県西蒲原郡弥彦村の真言宗紫雲山宝光院に、婆が罪を悔い改めて神になったという妙多羅天女像が安置されている。

おもな民話（世間話）

真人貉

昔、真人の南山に貉がたくさん住んでいた。ある日、北山村の若者が若栃村の恋人と逢うため、桂平まで来ると向こうから葬式の列がやってきた。木の陰に隠れて見ていると、若者の前まで来た棺桶の蓋が突然開き、中から恋人が青い死に顔を出してニタニタと笑った。若栃へ行ってみると村には葬式などなく、恋人も元気で働いていた。こうして貉が村人を化かしたり作物を荒らしたりするので、村人たちはこの貉を退治することにし、貉退治に向かった。ところが途中まで行くと急に日が西に傾き、薄暗くなってしまった。その時、弥六の家の使いだという人が来て「弥六の家のお婆さんが便所で転んで打ちどころが悪くて死んでしまった」という。貉退治を中止して帰ると、お婆さんは小川で菜っ葉を洗っていた。こんなことが続くので村人たちは小千谷の代官所へ貉を退治し

てもらいたいと願い出た。代官所は人々を動員し、貉の住んでいる穴を探し、穴の前で杉葉をいぶして煙を穴の中に差し込む「いぶり出し戦法」で攻めた。しかしどこかに抜け穴があるらしく、貉は一匹も捕まらなかった。それ以来貉はいっそう暴れ出し、畑を荒らしたり鶏を取ったりして村人を困らせた(『新潟県伝説集成　中越編』)。

現在の小千谷市真人町若栃地域に伝わるいたずら好きの大貉にはいくつもエピソードがある。真人の貉は佐渡まで穴を掘って逃げてしまい、この親分が佐渡の団三郎貉になったともいわれている。昔話「山伏狐」が貉で語られ、世間話化した内容といえる。

ウラズに置こう　猫になったソバ

赤泊に浦津という所がある。佐五郎は大きな箱を持って浦津の市に出た。「おっさん、何を売りに出た」と人に言われ、佐五郎は「そば粉を売りに出た。買うてくれ」と言った。「いやあ、今になってそば粉どもはいらん。ネコになったかも分からん」と言われた。この地域では昔、古くなり悪くなったそば粉を「ネコ」と呼んだという。佐五郎は、「それならウラズ(売らず)に置いて行かあ」と言った。そこの土地の名前が浦津なもんだし。

佐五郎がその箱を降ろしてフタを取ったら、中から猫が出てきた(『傳承文藝』18号)。

佐五郎話は、赤泊村徳和の鍛冶屋集落に実在する屋号大鍛冶屋の人だったという「鍛冶屋の佐五郎」という人物にかかわる話である。赤泊村徳和では「佐五郎」というひょうきんなおどけ者についての話が伝承されている。

16 富山県

地域の特徴

　富山県は日本列島のちょうど中央部に位置し、北は日本海に面し、背後に北アルプスが控え、新潟県・長野県・岐阜県・石川県に接している。アルプスの峻厳な山並みからは小矢部川、庄川、神通川、常願寺川、黒部川といった大河が富山平野を形成し、富山湾へ流れ込んでいる。人々の生活は富山湾の豊富な魚介や河川のもたらす恵みを受ける一方で、河川の氾濫との戦いの歴史でもあった。入善町の調査で耳にしたのは「今日の地面は私の地面ではない」という言い方である。大氾濫で常に黒部川の川筋が変わるため、せっかく耕した田畑も水害でいつ何時失うかわからないといった状況を表現したもので、常に災害と背中合わせに暮らしてきた土地柄でもあった。

　山間地域には五箇山の合掌造りの集落や、砺波平野に点在する散居村といった貴重な文化遺産があり、北部の富山湾沿いは好漁場に恵まれている。産業・文化の中心である富山市は県中央部に位置し、北陸新幹線も開通し、ますます発展し続けている。

伝承と特徴

　富山県ではまず1906（明治39）年に県の郡役所調査答申書が出され、各町村からの伝説・俗謡・童話・諺などが報告された。その中には今日なお貴重な民話が多く含まれ、1980（昭和55）年に『富山県明治期口承文芸資料集成』が出版される。また、伊藤曙覧による戦前からのフィールド調査を中心に『越中の民話』『越中射水の昔話』が刊行された。その間、地元の民俗学会などによる報告はあったが、1974（昭和49）年から立命館大学説話文学研究会が婦負郡八尾町で調査を行い、「越中・八尾地方の昔話」（『昔話―研究と資料―』13・14号）にまとめ、また、1975〜79（昭和50〜54）年には県東部の下新川郡朝日町・入善町で調査を行い、「富山県

下新川郡朝日町・入善町の昔話」(『昔話―研究と資料―』47号)にまとめた。
　伝承の特徴としては県西部の射水地域は笑話が多く本格昔話がやや少ないようである。真宗の説教僧による活動が盛んで、能登や加賀との交流もみられ、「子育て幽霊」「継子話」「和尚と小僧」といった話がよく語られていた。すぐれた語り手も多く、『越中射水の昔話』に井城歌次郎・伊藤タメ・黒田弥一郎・鷹島シノといった方々の名前が掲げられる。語り始めは「昔」「昔々」「昔あったとお」、結末句として県東部の入善町・朝日町あたりでは「昔ないこと語らんこと、サンスケドベラン」「昔ないことサンスケドビーン」といったものが多く聞かれ、県中央部から西部では「語っても語らいでも候」「語っても語らいでも候帳面ばっちり鍋の蓋」といった「候(そうろう)」系のものが多い。

おもな民話(昔話)

雀孝行　蚯蚓(みみず)と土　蛙と蛇

　お釈迦様が死ぬ時に生き物を呼び集め、食物を与える。雀が慌てて一番に行ったので稲の初穂を食べられ、鳥も田んぼの田螺(たにし)や泥鰌(どじょう)を食べることになった。啄木鳥(きつつき)は綺麗にして遅れて行ったので何ももらえなかった。蚯蚓(みみず)は土を食べるように言われるが、そのあとの食物まで訊いたので、8月の土用に往来へ出て死んでおれと言われる(「越中・八尾地方の昔話　上」)。

　入善町では「お釈迦様の非食(ひじき)」の名で伝わる。お釈迦様から食べ物を貰う時、雀がお歯黒を付けながら一番に行ったので稲の初穂を頂き、尾長鶏(おながどり)は伊達こいて(着飾って)遅くなったので木を突いて虫を3匹しか食えない。蚯蚓は土三合(さんごう)と言われ、そのあとの食物を尋ねてお釈迦様の怒りを買い、土用に車に轢かれて死ねと言われる。蛇は自分が何を貰えるかと蛙に聞くと、蛙は蛇をからかい、「ここじゃ、ここじゃ」と自分の尻の左を叩いて逃げて行ったので、それ以来蛇は蛙を左脚から呑むようになったという(「富山県下新川郡朝日町・入善町の昔話」)。動物たちの食物の由来譚に結びついている。

継子話(ままこばなし)(継子と笛)

　継母が3人の継子を苛(いじ)めて殺す話。父親の留守中に継母が3人に、灰で縄を綯(な)う・槌(つち)で庭を掃く・籠で水を汲むという難題を課す。尼の助言で無事にやり遂げるが、継母はそれでも3人を殺して竹藪に埋める。父親が帰って来て子どもを探し、竹

藪で見つけた3本の細い竹で笛をつくって吹くと、継母の難題を告げる。竹の下を掘ると死んだ子どもが見つかり、継母を追い出す(『越中射水の昔話』)。入善町のものは、継母が底の抜けた袋で栗拾いをさせたり、籠で風呂の水汲みをさせるのを、亡母や尼の援助で無事にこなすが、継母は最後に沸騰する風呂の湯の上に渡した「みいご」(藁しべ)の橋を渡らせ、落として殺す。帰って来た父親が竹で笛をつくり吹くと、「籠に水溜(た)まりょうか、みいごの橋伝(つた)わりょか」と鳴ったという。これも説教話であろう(「富山県下新川郡朝日町・入善町の昔話」)。

姥捨山 60歳になると老人を山に捨てたという言い伝えの民話。『越中射水の昔話』には2話の「婆々捨山」の報告がある。息子が母親を籠に入れて夜道を山へ捨てに行くと、母親は木の枝葉や笹の葉を取っては道に捨てて行く。山奥まで来ると母親はそれを目印にして帰れと言うので、親の有難さに涙したという「柴折り型」のタイプ。もう1話は「難題型」で、隣国から難題を突き付けられ、できなければ攻撃すると言われた殿様が、家来の60歳になる親の知恵で救われたというもの。難題は大きな牛の体重を測る、曲がった石の穴に糸を通す、の二つ。親は、牛を船に乗せて水位の下がった所に印をつけ、次に石をその印まで載せ、その重さを計る。穴に糸を通すには、穴の片方に甘い匂いのする物を置き、反対側から糸を付けた蟻を入れるように言って解決する。それからは60歳になっても老人を捨てないことにしたという。蟻通し説話は古典や蟻通明神縁起でも知られ、各地に伝説が残っている。難題のモチーフとしては灰で縄を綯(な)う、木の元と末を言い当てるといったものもよく知られる。

嫁と姑 仲の悪い嫁と姑がいた。姑は隣から貰った牡丹餅を箪笥に入れて隠し、出掛ける時に嫁が開けたら蛙になれと言う。それを嫁が立ち聞きしていて、蛙を捕まえて重箱に入れておき、牡丹餅を全部食べる。姑が帰って来て箪笥を開けると蛙が次々と跳び出すので「俺やがい、嫁さでないがい」と言ったという(『越中射水の昔話』)。

一般に「牡丹餅は蛙」と呼ばれる話である。朝日町には嫁と姑が歌の詠み合いをする話があるが、隣の嫁と姑が大変仲が良いので姑が理由を聞きに行くと、姑が「鬼婆なりと人は言うなり」と詠むのを嫁が「仏に勝るわが母を」と付け、互いに褒め合っている。家へ戻って嫁と歌をつくることにする。嫁が「命長らえて憎まれるよりも」と詠むと、腹を立てた姑は

「老少不定じゃおのれ先死ね」と付けたという（「富山県下新川郡朝日町・入善町の昔話」）。

爺と婆の餅争い

爺と婆が隣から団子を3個貰って取り合う。小便を遠くへ飛ばした者を勝ちとすると婆は負け、爺が三つとも取ってしまう。ほかに、やはり隣から貰った牡丹餅3個を爺と婆が奪い合い、爺が二つ食べたので婆が怒って爺の金玉を蹴ると下へ落ちる。それを鳥小屋に入れておくと孵って鶏になり、「キンコキンコダンビラコッコー」と鳴いたという（「越中・八尾地方の昔話　下」）。

似た話は石川県の能登地方にも「閑所（便所）の屋根葺き」として伝承されている。射水地方や南砺市利賀村に伝わるものは、牡丹餅をめぐって爺と婆が無言比べの勝負をしている時に泥棒が入り、それでも無言を貫いた爺が勝ったという。

和尚と小僧

和尚と小僧の話を紹介する。「焼餅和尚」は欲な和尚が檀家から貰った餅を独り占めして食べるために、小僧に隣の家の石搗ち（建前）を見に行かせる。和尚の魂胆を見抜いた小僧は、戻って来て和尚に石搗ちの様子を囲炉裏の火箸で説明しながら、次々と灰の中から餅を突き上げ、全部食べてしまった。「小僧改名」は、和尚がいつも一人で餅を焼きながらフーフーと吹き、パンパンとたたき、アチャチャ（熱い、熱い）と食うので、3人の小僧は和尚にフーフー・パンパン・アチャチャと改名を願う。和尚が餅を焼いて食べるところに呼ばれたふりをして和尚の部屋へ入り、まんまと餅をせしめる。「飴は毒」も和尚が飴を独り占めするため、小僧には毒だと言い聞かせるので小僧は和尚の大事な壺を割って飴を全部舐め、死んでお詫びをしようと飴を舐めたがまだ死ねないと言う。一休話としても知られる和尚と小僧の話はいずれも欲な和尚をやり込める小僧の頓知話である。それに対し、「酒は三匹」という話は、魚好きの和尚が小僧に徳利を持たせてこっそり泥鰌を買いに行かせる。途中で人に「何を買いに行った」と聞かれ「酒」と答えるが、「いくら買って来た」と聞かれると「三匹買って来た」とトンチンカンに答える。これは珍しく小僧が失敗する（「富山県下新川郡朝日町・入善町の昔話」）。

和尚と小僧譚は鎌倉時代の無住著『沙石集』『雑談集』にすでに登場しており、また、江戸時代初期の安楽庵策伝の笑話集『醒睡笑』には今日民話として知られるものが多く載せられている。おそらく室町時代頃か

ら寺院で盛んに語られていたものであろう。

だらな兄ま　「だらな聟さ」とも呼ばれる愚か聟話で、「富山県下新川郡朝日町・入善町の昔話」から紹介する。「団子聟」は嫁の家へ呼ばれて行った聟が団子をご馳走され、帰ったらつくってもらおうと「団子、団子」と言いながら戻って来る途中、川をホイトコと跳んだ拍子に「ホイトコ」になってしまう。嫁に言っても通じないので頭を叩くと、団子のような瘤ができたと言ったので、ようやく団子を思い出したというもの。「馬の尻に札」は、聟が嫁の家へ新築祝いに行く時、親が心配して、柱の穴があるところに札を張ればいいと言えと教える。そのとおりに言うと喜ばれるが、今度は馬小屋の馬の尻の穴を見て同じことを言うので馬鹿がばれたという。「仏前の松明」という話は、線香を買いに行った兄まが名前を忘れ、店で仏前の松明をくれと言ったというもの。また、「かまぼこ汁」は、嫁の家でご馳走になるが、囲炉裏に掛けた鍋の中に煮え立って浮き上がるかまぼこを見て、それ欲しさに上の方だけくれと言う。ところが、お膳に出て来た椀を見ると汁ばかりであった。そのほかにも無知ゆえに笑われる話がある。「蟹の褌」は、お膳の蟹の食べ方がわからない。店の者に蟹は褌を取って食べるものだと言われ、自分の褌を外して食べようとしたもの。「引っ張り屏風」は、嫁の家へ呼ばれ、客間で寝ていてうっかり倒した屏風の立て方がわからず一晩中手で持っていたという話である。

おもな民話（伝説）

坂東長者　昔、入善町椚山に貧しい男がいた。田仕事から帰り、羽鳥（簑）を脱いで臼に引っ掛けて置くと、臼の中から米がどんどん出て来て長者になった。長者の息子に嫁が来ることになるが、相手の長者は娘が土の上を歩くのが可哀想だと、たくさんの鏡餅を搗いて3里の道に敷き詰め、その上を歩いて嫁がせる。その後から次々と鏡餅が白鳥になって飛び立ち、やがて長者は没落する。一方、坂東長者の息子も嫁の家に呼ばれた時、米俵を並べた上を伝って行くと、米俵が空へ舞い上がって黒部川を堰き止めて川が氾濫し、長者の屋敷を流し去ったという。大洪水による長者没落伝承である。娘の親を宇奈月町下立の長者とする言い伝えもある。ほかにも、坂東長者があまりにも欲なので誰も仕事を手伝いに来てくれず困っていると、大力の男が来て、秋の仕事を終えたら背中に背負

えるだけの稲を貰うだけでいいと言って人一倍働く。収穫が終わると男は田んぼに荷縄を置き、稲架に架かった稲束を全部担いで行ってしまう。その男は明日の法福寺山門の仁王様であったという（「富山県下新川郡朝日町・入善町の昔話」）。

愛本橋伝説　黒部川上流の愛本橋にまつわる伝説。きれいな娘が毎日橋の上から川面を見下ろして水鏡にしていたが、ある時川に手拭いを落としてしまう。2、3日して立派な紳士がその手拭いを持って娘の家を訪れ、求婚する。それが大蛇と知らない娘は承諾して男について行き、そのまま川の中へ入る。2年経って娘はお産のために実家へ戻って六畳間に水の入った大きな盥を入れ、部屋を覗かないように頼む。気になった親が隙間から覗くと部屋いっぱいの大蛇であった。正体を見られた娘は二度と人間に戻れないと言って去る。娘の家では娘がつくり方を教えた餅を売っていたが、いつまでも腐らなかったという（「越中・八尾地方の昔話　下」）。

ほかに、大蛇が落とした手拭いを娘が拾ったために魅入られて嫁に行ったとするものもあり、里帰りをしてお産をした時覗かれたので家を去るが、笹の葉で粽餅をつくれば一生食べていけると教え、親はそれを商っていたという。これらは「蛇聟入」の伝説化したものといえよう。

上清お虎　黒部に「園家千軒」といわれて繁栄した港町があった。ある時、町一番の物識りである上清お虎という婆さんが星の異常から大津波の襲来を予知し、町の人々に逃げるよう警告するが誰一人信じない。その夜に大津波が町を一飲みにする。たった一人生き残った婆さんは流浪の末に若狭で800年生きたという。同じく黒部にあったという「玉椿千軒」にも同様の話が伝わっており、しかも村長の娘の名が八百比丘尼であったという。大津波から何百年も後のこと、園家の隣村の人たちが京参りからの帰りに若狭で上清お虎に出会うと、1日に串柿を3個食べて命をつなぎ、もうすぐ800歳になるので、村の椿の花が落ちたら死んだと思ってくれと言う。また、かつて園家にあった善称寺の後ろの池は竜宮に通じているといい、お寺で客の接待役であったお虎の祖父が持ち帰った折詰の中の人魚の肉をお虎が食べたので長生きをしたとも伝える（『とやま民俗』20号）。

17 石川県

地域の特徴

　石川県は南北に細長く、北の能登地方は日本海に突き出た能登半島を中心として東南地域を富山県と接し、南の加賀地方は富山県・岐阜県・福井県と県境を接し、白山麓から流れ出る手取川の広大な扇状地を中心に開けており、それぞれ特徴ある独自の文化を形成してきた。能登地方は海とかかわる生活文化が栄え、集落の神を海の彼方からの漂着神とする伝承が多い。加賀地方は霊峰白山をいただき、古代より山岳信仰が盛んであり、中世以降は真宗王国といわれるように、浄土真宗を中心とする文化が花開いた。金沢市はかつての加賀百万石の城下町であり、近年は北陸新幹線も開通し、北陸の中心地として発展している。

伝承と特徴

　石川県の本格的な民話調査は戦前の山下久男による『加賀江沼郡昔話集』に始まる。戦後になると、小倉学が石川郡白峰村を中心に『白山山麓白峰の民話』をまとめ、後に『白山麓昔話集』として増補刊行した。昭和40年代以降は主に県外の大学や自治体による民話調査が盛んになってくる。能登地方においては國學院大學民俗文学研究会が『奥能登地方昔話集』をまとめ、その後、同研究会の常光徹・大島広志が調査を継続、『三右衛門話―能登の昔話―』を出した。また、石川県立郷土資料館・羽咋郡志賀町による『能登志賀町の昔話・伝説集』、輪島市教育委員会による昭和50年代の報告書をまとめた『輪島の民話』が出た。一方、1973（昭和48）年から立命館大学説話文学研究会が加賀地方の調査を実施、『白山麓・手取川流域昔話集』を刊行し、引き続き『能登富来町昔話集』をまとめた。また、卒業生を中心に1979（昭和54）年『南加賀の昔話』『加賀の昔話』の2書を出している。その中の江沼郡山中町真砂の中島すぎ（明治30年生）は優れた語り手といえる。また、自治体の活動として金沢市教育委員会・

金沢口承文芸研究会による『金沢の昔話と伝説』『金沢の口頭伝承　補遺編』は、旧市内のほぼ全域の民話を調査したものとして貴重である。

　伝承の特徴として真宗王国らしく寺院や道場における説教僧の影響がみられる。民話の広がりは炉辺の爺・婆の語りだけでなく、客僧と呼ばれた彼らの活動に負うところが大きい。能登の引砂の三右衛門・富来の千ノ浦又次・羽咋の庄九郎といった頓智話やおどけ者話の主人公、愚人譚などは説教の場でもさかんに語られており、加賀地方でも「肉付面」「蓮如伝説」「永平寺の豆木の太鼓」などは真宗寺院で好んで語られた。

　主な民話として加賀地方では「蛇聟入」「鳥呑爺」「食わず女房」「舌切雀」「継子話」などの本格昔話のほか、「時鳥と兄弟」「雀孝行」「雨蛙不孝」などの動物昔話、「団子聟」「馬の尻に札」といった笑話が多く、教訓性の強いものもみられる。一方、能登地方は本格昔話よりも笑話や愚人譚、世間話などが多いようである。呼称は「昔」「昔話」が一般的で、語りの形式のうち発端句は、能登地方は「とんと昔」「とんと昔あったとい」、加賀地方は「まん昔」「まんまん昔」が多く、結末句についても能登地方は「それきりぶっつりなんばみそあえて食ったら辛かった」「それきりそうらいなんばみそ」といった「なんばみそ」系に対し、加賀地方は「そうろうべったり貝の糞」「そうろんべったりがんなますがんのなますはうまかった」といった「候」系が主流で、それぞれの地域における成熟がうかがえる。

おもな民話（昔話）

時鳥と兄弟　二人暮らしの兄弟がおり、兄は目が見えない。弟は毎日山芋を掘って兄に美味しいところを食べさせ、自分は芋の筋を食べていた。兄は、弟がもっといいところを食べているだろうと邪推して腹を割ると目が開き、見ると芋の筋ばかりであった。兄は悔やんで時鳥となり「弟恋し」と鳴くようになった。時鳥の鳴き声を、弟殺しを懺悔して泣く兄の声に聞き做した小鳥前世譚で、南加賀から白山麓地方では「弟恋し、掘って煮て食わしょ」、金沢地方では「父っつぁ起きさっしゃい、掘って煮て食わしょ」などと鳴く。金沢の例は父子になっていて全国的にも珍しい。山芋を掘る時期がちょうど時鳥の鳴く頃に重なり、その声の響きに、人々は死出の田長と呼ばれ、冥界とこの世を往来すると信じられた時鳥の前世の姿を思い描いたのであろう（『白山麓・手取川流域昔話集』）。

桃太郎

絵本などで知られる最も一般的な民話であるが、それとは異なり、地域に特有な桃太郎もある。山下久男が南加賀から報告した「桃太郎異譚」(『加賀江沼郡昔話集』)は、婆が川へ洗濯に行って大きな桃を拾い、家へ持ち帰ると中から大きな男の子が生まれる。桃太郎と名付けた子は大力と知恵があり、隣の親父の難題を次々に解決する。鬼が島へ行って鬼の牙を取って来いと言われて出かける。途中、山から転がり落ちる岩の中から出て来た柿太郎とからすけ太郎の二人と一緒に、鬼が島へ向かう。桃太郎は鉄の棒を振り回して鬼に呑まれた二人を助け、降参した鬼の牙を取る。帰る途中で山姥に鬼の牙を奪われ、三人で山・川・海を捜し、見つからなければ海に入って死ぬ相談をする。山中町の中島すぎの語る「桃太郎」も同内容であるが、黍団子(きびだんご)のモチーフを備え、最後は三人とも海に入って死んでしまう。「力太郎」の昔話に近く、一般の型とは大きくかけ離れているが、これを桃太郎の古態とする見方もある。

蛇聟入(へびむこいり)（水乞型）

「蛇聟入」の話型には苧環(おだまき)型と水乞(みずこい)型があり、山中町の中島すぎの40分を超える語りは水乞型である。百日日照りが続いて長者の田が干上がり、水を入れた者に三人娘の一人を嫁にやると長者が独り言を言うと、猿沢(さるさわ)という大蛇が田に水を入れ、嫁を貰いに来る。姉二人は断るが末娘が承諾、末娘は瓢箪(ひょうたん)や針千本などを持って山奥へ行く。大きな池があり、娘は瓢箪を池に投げ込み、沈めば池に入ると言う。瓢箪を沈めようと池に入った大蛇に、千本の針と胡椒(こしょう)を撒くと針が体中に刺さる。大蛇は「死する命は欲しもない、姫が泣くこそ可哀けれ」と歌いながら死ぬ。帰り道で日が暮れ、娘は山中の婆の家に泊まるが、そこは次郎坊・太郎坊という人食いの棲家であった。婆は娘の頭に鉢を被(かぶ)せて縁の下に隠す。難を逃れた娘は翌朝、婆から貰ったおんばの衣(きぬ)を着て婆の姿になり、米のとぎ汁を辿って川を下ると長者の家の前まで来る。そこで飯炊きとなって働き、夜に衣を脱ぎ、美しい娘の姿で勉強している。長者の息子がそれを覗き見て、竈(かまど)の前の婆を嫁にすると言う。長者は村の娘たちを集めて嫁選びをする。①雀の止まった木の枝を畳に挿す、②草鞋(わらじ)のまま真綿の上を綿を付けずに歩く、③大きな箕に糠を入れていい音色を出すという三つの難題を課す。飯炊きの婆だけがやり遂げ、おんばの衣(きぬ)を脱いで息子の嫁になる。娘が里帰りすると三年の法事の準備中だったがそのまま嫁取りの祝いになった。

この話は水乞型からさらに姥皮型に展開していくところに特徴がある。大蛇を猿沢と呼ぶことや、死ぬ時の歌は他に例がなく、「猿聟入」との関係も類推される（『南加賀の昔話』）。

食わず女房

　欲な男が、器量が良く飯を食わない嫁を欲しがると、女が嫁に来る。飯を食べないのに米が減るので不思議に思った男が天井から様子をうかがうと、嫁は大鍋にいっぱいご飯を炊いてお握りをつくり、頭の大きな口に次々と放り込む。男が女房に暇を出すと桶をくれと言い、その桶に男を突き込んで山へ担いで行く。途中、女が休んだ隙に男は木の枝につかまって抜け出し、後をつける。山奥の穴の中で蜘蛛の子に餌をやろうと桶を下ろすと空だった。今晩蜘蛛になって男を取って来ると言うのを聞き、嫁の正体は蜘蛛であるとわかる。男は急いで家へ戻り、鉤づるから下がって来た大きな蜘蛛を焼き火箸で刺し殺した（『南加賀の昔話』）。最後に人間の欲を戒める言葉や、「夜なべの蜘蛛は殺せ、朝の蜘蛛は福蜘蛛だから大事にせよ」といった民俗知識を言うものもある。

子育て幽霊

　死んで埋葬された妊婦が墓中で出産し、子を育てるために幽霊となって夜中に飴を買いに来るという内容で、寺院や著名な僧侶の伝説として語られる場合が多い。金沢市では「飴買い幽霊」「幽霊の飴買い」の名で知られ、寺町の日蓮宗立像寺、天台宗西芳寺、金石西の天台宗道入寺、山の上町の浄土宗光覚寺などに伝承されている。

　光覚寺の話は、飴屋坂の飴屋へ若い女が真夜中に一文銭を持って飴を買いに来るので後をつけると、寺の墓場にころころ太った男の子がいる。その子を育てると後に壺上人になった。道入寺に伝わる話は、江戸中期に板屋という飴屋に女が毎日飴を買いに来るので、相談を受けた寺の和尚が新しい卒塔婆を掘ると飴をしゃぶって泣く赤ん坊がいる。その子は7代目境応和尚となって寺を継いだ。この寺は金石港に出入りする人々の宿もしており、境応和尚が客に先代の住職から聞いた自らの墓中誕生のことを話すと、母親の幽霊の姿を絵に描いてくれた。それが円山応挙で、幽霊の掛け軸は寺の秘宝として現存するという（『金沢の昔話と伝説』）。

女房の首

　中島すぎの語った「女房の口」という話は、一般的に「女房の首」と題される。機織りをしている女房のもとに山姥が毎日手伝いに来る。山仕事から帰った夫が糸の捻り目に付いた血を見て危険を察知し、女房を長持に入れ天井から吊るして隠すが、山姥の櫛が隠

場所を発見する。山姥は女房の尻べた（陰部）だけを残して食い殺し、それを囲炉裏の灰に埋めておく。山仕事から戻った夫の顔にそれがくっ付き、途方に暮れた夫は旅に出る。飲食をすると尻べたも欲しいと言うので夫は気が動転して死んでしまう（『南加賀の昔話』）。

全国的には女房の首が夫の顔にくっ付くとするものが多く、旅に出た後半では女房の首から逃れるための夫のさまざまな葛藤が語られる。東北の山形県・秋田県・宮城県、九州の長崎県に報告例がある。山下久男の報告「尻がこうべに」（『加賀江沼郡昔話集』）もこれと似た話である。和尚の女房が死に、その尻を掘り取って箱に入れ、仏壇に置くと小僧が不思議に思い、開けると小僧の頭(こうべ)に尻が引っ付く。この話では山姥は登場せず、和尚と女房相互の執着心を物語っているのであるが、いずれも女房の体の一部（陰部）が食いつくという怪異譚である。他県にも5月5日節供の由来を説くものや、陰部が海に入って貝（鮑）になるといったバリエーションがある。

引砂(ひきすな)の三右衛門(さんにょもん)話

能登地方で大変人気のある頓知話(とんちばなし)の主人公で、珠洲市三崎町引砂に実在した人物とされる。よく知られる「ならぬ鐘」は、京都の仏具屋で磬子(けいす)をわざと飯椀と間違え、店の者が馬鹿にして三文と言うと汁椀なども合わせて三文置いて逃げ、「ならん」と言って追いかけて来ると磬子を打ち鳴らし、「鳴(な)る、なる」と言ってそのまま能登へ持ち帰ったといい、その磬子が珠洲の寺院にあると伝えている。また三右衛門が死んだ時、閻魔大王を樽酒で酔わせておいて自分が閻魔になり澄まし、「爺様婆様、死ぬなら今や、閻魔大王の留守の間(あざま)や」と歌ったり、大王を欺いて着物を交換して地獄へ送ってしまい、今の閻魔大王は三右衛門なので能登の者は皆極楽へ行けるといった話もある。都人や閻魔大王を手玉に取り、また肝煎(きもいり)や天狗などを向こうに回して大活躍する三右衛門話は大いなる快感であったろう（『三右衛門話』）。能登には富来の千ノ浦又次話、志賀の庄九郎話なども人気を博しているが、こちらはおどけ者の要素が強い。彼らもまたそれぞれの地元で実在の人物と信じられ、彦市・彦八・吉四六(きっちょむ)などと肩を並べる存在である。

おもな民話（伝説）

山の背比べ

白山と富士山の神が、出雲で大山(だいせん)の神にどちらが高いかと聞かれ、互いに自分の方だと言い争う。立山の神が仲裁

に入り、長い樋を架けて水を流すと白山の方に流れて来る。石を積み上げてもまだ足りず、片方の草鞋を下へ入れると流れが変わり、偽装の末に勝つことができた。白山の神はせめて草鞋片方分高ければ本当の日本一になれるのにと悔しがり、それ以後白山に登る人は片方の草鞋を頂上に置いてくるようになった。白山と立山にも同様の背比べ話があり、負けた立山では登山者が頂上まで石を持参するとか、石1個たりとも持ち出さないという。土地の神々の国土創世神話の一つである（『河内村史　下』）。

芋掘り藤五郎

金沢市の地名由来として知られ、「炭焼長者」型の昔話が伝説化したものである。『金沢の昔話と伝説』には種々の伝承の報告がある。芋掘り藤五郎は藤原家の五男であったが、京都の山科から当地へ移り住み、いつも山芋を掘って貧しく暮らしていたのでその名がある。そこへ大和の長谷の方信という富豪の娘が長谷の観音のお告げだといって嫁に来る。藤五郎は嫁から貰った金銀・小判を雁に投げつけるので嫁が嘆くが、沢で洗う山芋の根に砂金がいくらでも付いてくるという。その場所が金洗い沢で金沢の地名の発祥と伝え、今は金城霊沢といってそこから湧き水が出ている。藤五郎はその砂金で阿弥陀如来像をつくったともいう。また、故郷を偲んで山科・伏見などの地名を付けたといい、この伝説は当地の地名由来と深くかかわるものである。なお、作者や成立は不詳だが、文献として『藤五物語』があり、芋掘り藤五郎譚の典型とされて大きな影響を与えている。寺町の伏見寺には江戸時代初期の縁起があり、藤五郎夫妻の言い伝えが詳細に記されている。

おもな民話（世間話）

長太の貉退治

輪島の長太という木挽きが山に籠って仕事をしていると、毎晩貉が「長太おるかい」と言って相撲を取りに来るが、しまいに鉞で切り殺される。夫婦の貉で、もう一方が敵討ちに来る。鉞で切ろうとすると全く手応えがない。化身に違いないと前へ切り付けるふりをして、不意に後ろへ鉞を振り下ろすとギャーッと叫んで大きな貉が倒れていた。能登地方を中心に「長太ムジナ」の名称で知られる話である（『能登・志賀町の昔話・伝説集』）。

18 福井県

地域の特徴

　福井県は北東部の越前地方と西部の若狭地方に分けられるが、今日では山中峠・木ノ芽峠・栃ノ木峠を境に嶺北・嶺南に区分するのが一般的である。嶺北地方は石川県・岐阜県・滋賀県に接し、両白山地から連なる山間地帯から九頭竜川、日野川といった大河が広大な福井平野を形成しながら日本海に流れ込む。その河口に位置する三国港は古くより良港として北前航路で栄え、福井市は政治・経済・文化の中心である。嶺南地方は敦賀市より西へ、リアス式海岸の若狭湾に沿って東へ細長く延び、滋賀県・京都府と接する。中心は小浜市で、古刹も多く若狭の小京都とも呼ばれる。

　若狭は山や川・湖・海の幸に恵まれ、古代から大陸とも通じていた。また、若狭はその名の如く、遠敷明神に象徴される永遠の生命を与えられる地と信じられ、毎年3月、奈良の東大寺へ若狭の水を届けるための御水送りの行事が今も続けられている。畿内と近く、特に京都とは強い繋がりがあり、小浜からの若狭街道は水揚げされた鯖を急ぎ京都へ運んだので別名を鯖街道とも呼ばれ、人々のさまざまな生活を支える往還でもあった。

伝承と特徴

　福井県の民話資料は戦前の1936（昭和11）年、河合千秋の指導する鯖江女子師範学校・鯖江高等女学校郷土研究部によって県下全域の伝説を網羅した『福井県の伝説』が刊行された。また、1939（昭和14）年には中塩清之助の指導する福井市立実科高等女学校の手で『福井県郷土誌第二輯民間伝承篇』が出される。戦後は地元の研究者を中心に、1966（昭和41）年に中道太左衛門の『泉村民話集―妙春夜話―』、杉原丈夫の『越前の民話』、1967（昭和42）年に山口久三の『ふるさとの民話と伝説』、1968（昭和43）年には杉原丈夫・石崎直義による『若狭・越前の民話』が出る。それらに続いて県外の大学による調査も実施され、1972（昭和47）年には國

學院大學民俗文学研究会の『奥越地方昔話集』、および京都女子大学説話文学研究会による『若狭の昔話』などが出る。さらに、2008（平成20）年には田中文雅指導のもと、就実大学の学生たちの手で三方郡における10年越しの調査が実施され、『若狭路の民話―福井県三方郡編―』にまとめられた。同書には、それ以前の昭和50年代に実施された地元の三方民話の会の調査活動の成果も収載されている。

　伝承の特徴は、家族伝承を中心にしながら、寺院における説教も盛んで、「肉付面」「子育て幽霊」「八百比丘尼」「永平寺の豆太鼓」「弘法大師」などは説教話として語られてきたものである。小浜と京都を結ぶ若狭街道を通って「八百比丘尼（びくに）」の話を持ち運んだのは比丘尼と呼ばれる民間宗教者であった。民話の呼称は「昔」「昔話」が一般的で、語り始めは、越前地方は「昔々」「昔あったといや」「まんまん昔があって」、若狭地方では「まんまん昔」がよく知られ、結末句として越前地方には「そうらいべったり貝の糞」「しゃもしゃっきりかっちんこ」などがあり、加賀地方の「候」系や奥飛騨地方の「しゃみしゃっきり」圏と共有している。若狭地方は「そろけんはいだわら」「そうらけっちりはいだわら、猿の尻はまっかっか」といった「候」系が主流である。結末句は特に成熟していて多様である。

おもな民話（昔話）

熊と兎と川獺（かわうそ）　熊と兎と川獺の3匹が月夜の晩に人を脅して荷物を奪い、入っていた茣蓙（ござ）と塩と豆を山分けする。熊は茣蓙、兎は豆を取り、川獺は残った塩で魚を獲れと言われて川に塩を撒くと、水に全部溶けてしまう。腹を立て兎と熊のところへ行くと、熊は木の枝に茣蓙を敷いたまま下へ滑り落ちて死んでいる。そこで兎と川獺は熊を食べる相談をし、村の入口の家に行く。子どもに親はと聞くと、父親は赤木の山が倒れるので麻木の幹（から）3本持って支えに行き、母親は天竺（てんじく）が破れたので蚤（のみ）の皮3枚と虱の皮3枚持って継（つぎ）をしに行った、と答える。熊を料理して3人で食べ、熊の皮と腸（はらわた）だけを子どもの親の分として桶に入れておく。父親が帰って来て桶を見ると熊の肉がないので怒り、子どもに兎を取り押えさせる。兎は子どもに「おっ父の金玉どんなもんじゃい」と聞き、手で示そうと両手を離した隙に「けつふりかんのん」と言いながら逃げて行った。この話では、「テンポ比べ」のモチーフが入り込んでいるが、「かちかち山」

「兎と熊」などと同様、結局は狡猾な兎の悪知恵が勝った話である（「奥越地方昔話集」）。石川県加賀地方には、兎が山を下るのが下手なのは「観音尻食らえ」と言いながら登った罰だといった、動物の習性を説明する話もある。伝承における双方のかかわりの可能性もあろう。

蛇女房 山で危うく焼け死ぬところを男に助けられた蛇が奇麗な女になって嫁に来る。物をあまり食べずによく働く。子どもが出来たが、乳を飲ませる姿を見せないので屋根裏からこっそり見ると蛇の姿であった。正体を知られた嫁は自分の眼の玉を一つ抜き、子どもに舐めさせるように告げて川へ去る。在所で眼の玉が宝珠として評判なので殿様が取り上げる。子どもが泣くので蛇はもう一つの眼を与え、それも取られたら変事を起こすと予告する。案の定取られると、その夜のうちに川が氾濫し、父と子は逃げたが在所はみな流されてしまったという（「奥越地方昔話集」）。

若狭地方に伝わる話もほぼ同様で、医者が目の治療に来た娘に惚れて嫁にし、男の子が出来るが、やはり乳を飲ませるところを見せない。夜の往診から戻ってこっそり覗くと、八畳間で大蛇になって子どもを抱き、眼の玉を舐らせている。正体を見られた女は山奥の池に去るが、子どもが泣くと眼の玉をくれ、子どもは丸々と育つ。蛇体の玉が殿様に知られて取り上げられ、もう一つも取られる。女は男に大嵐を起こして玉を取り戻すので子どもと逃げるように言う。その後大嵐が襲い、大水が出て殿様は屋敷とともに流されて死に、男は代わりに城主になったという（『若狭の昔話』）。

蛇は水を支配する霊的存在として、異類の親子の恩愛を語るとともに、人間の傲慢さへの怒りを大洪水という自然の変異に託した伝承といえる。

太郎次郎三郎 爺と婆がいて、婆が川へ洗濯に行くと桃と梨と柿が流れて来たので家へ持ち帰る。箱に入れて置くと夜中に箱が動き出し、中から男の子が出て来たので太郎・次郎・三郎と名付ける。3人は大飯を食らって大力を発揮するが、爺の仕事の手伝いで背負った荷を下ろすと振動で山が崩れ、家を出される。

旅に出た3人はその大力で行く手の笹藪を切り開き、川の水を飲み干し、大岩を小便で流したりしながら進み、山中の一軒家に泊まる。女の子が化物に取られると泣いているので、大飯を食べて化物を待ち伏せし、捕えて柿の木に括り付ける。翌朝、化物は縄を切って逃げ、血の跡を辿ると大きな池で消えており、女の子の親の骨が落ちていたという（『越前の民話』）。

別の伝承では女の子を襲う鬼を退治して金歯を奪い見ていると足が滑って池の中へ落ち、太郎は鯰、次郎は雉、三郎は烏になる。太郎は2人に、地震が起こったらここへ来て鳴けという（『奥越地方昔話集』）。他に例をみない不思議な結末である。この話は「力太郎」と近く、南加賀の「桃太郎異譚」の桃太郎・柿太郎・からすけ太郎の話に近似している。

山田白滝

　酒屋の3人の使用人が口々に、主人の娘の給仕でご馳走を食べてみたい、お膳にいっぱいのお金が欲しい、ここの聟になってみたいと言っているのを主人が耳にする。ご馳走とお金の望みを叶えてやった主人は、娘を着飾らせて座敷を歩かせ、聟になりたいと言ったあんだ坊に歌をつくらせる。主人が「ちらりぱらりといま咲ぐ娘に心懸けるなあんだ坊」と詠むと、「ちらりぱらりといま咲ぐ花もちればあんだのしたとなる」と詠み返し、そこの養子になったという（『奥越地方昔話集』）。
　あんだとは編板のこと。美しい花も散ってしまえば粗末な編板の下になるという意味で、全国的にはゴモク、モクゾなどといった名前が多い。身分の低い使用人が歌の功徳で長者の跡取りになるという話である。この話は太鼓踊り、花笠踊り、盆踊りなどでも唄われており、敦賀市にも「しらたけ踊り」がある。昔話と歌謡・芸能との関連がうかがえる話である。

飛び立ったはったい粉

　爺と婆が屋根葺きをしていて穂を1本見つけ、爺は鳥にやろうと言い、婆ははったい粉にして食べると言う。ねばり臼で粉にすると爺の屁で全部飛び立ってしまったという笑話（『若狭の昔話』）。ほかにも、爺と婆が屋根葺きで見つけた稲穂ではったい粉をつくり、二人で食べようとすると隣の爺が来たので慌てて爺の尻の下に隠すが、爺の大きい屁で吹き飛び、みんなの顔にかかったという（『若狭路の民話』）。美浜町を中心に多く報告されているが、石川県加賀地方にも同じく「おちらし話」がある。この話は東北地方から新潟地方では、最初に語る「豆こ話」との類似が注目される。わずかな稲穂からたくさんの粉を挽き出すといった豊饒への願望が、屁で粉をふき散らす行為の醸し出す性的な笑いの中に込められている。

常宮の善坊

　敦賀の常宮のおどけ者の話。「道は十三里」は、敦賀から小浜まで重い荷を持って使いに行く途中、どこまで行っても「敦賀から小浜まで何里あるか」と尋ねるので、出会う人は「十三里ある」と答える。疲れ果てて寝入り、目が覚めて尋ねると、「ここは小浜や」

と言われ、寝ている間に小浜に着いたと思い、帰りに同じ場所で寝てみたが、起きるとまだ小浜だったというもの。距離が縮まらないのに業を煮やして、小浜近くまで行ったのに引き返したという話もある。

「尻あぶり」は、敦賀湾の対岸の火事に、暖かいかと思って尻をあぶっていると松葉が落ちて来て「アチチ」と言ったというもの。また、遠くに見える気比(けひ)神宮の灯明に背中あぶりするのを「善坊の背中あぶり」という。「樽の栓」は、醤油樽を買って背負って帰る途中、小便をすると楽になったので、樽にも小便させてやると言って栓を抜いたというもの。「晴れ着は船の櫂(かい)」は、正月の晴れ着を買いに船を漕いで敦賀まで行くが、漕ぐうちに暑くなってきたので着物を買わずに櫂を買って来たという。能登の千ノ浦又次(うらまたじ)に近い内容である。江差の繁次郎や彦市、吉四六などとも似ているが、善坊には狡猾者のイメージはなく、愚か者に近い。善坊はジェン坊という坊さんだったともいわれ、自らをおどけ者話の主人公として面白おかしく語っていた人物のようである(『若狭路の民話』)。

おもな民話(伝説)

弁慶の大力 美浜町の小倉山と洪水山(こうずやま)は、弁慶が土を天秤に担いでいった時、一服しようと下に降ろし、ポイと投げてできた山で、天秤棒を放って引っ込んだのが耳川だと伝える。また、弁慶が天秤棒に担(にな)って来て置いたのが小倉山で、下駄に挟まった物から出来たのが洪水山であるともいう。天王山と洪水山とするものもある。そのほかに、大男が桶を担いで来て座ったら、その足跡に水が漏れて溜まり湖になったとか、天秤棒を投げた跡が耳川になったという話も伝わる(『若狭路の民話』)。弁慶に名を借りてはいるが、全国にある大男による国土創世譚といえる。

肉付面 「吉崎の嫁おどし」とも呼ばれる。姑が嫁の信心を嫌い、嫁が毎日夜なべ仕事を済ませて吉崎へお参りに行くのを憎む。そこで、くず米を碾(ひ)いて団子にする仕事を2升、3升と増やすが嫁はそれをこなして出かけていく。婆は白無垢を着て氏神のお堂の鬼面をかぶり、嫁の帰り道に待ち伏せて脅すが、嫁は「はもばはめ、かもばかめ。よもや金剛の信心は、はまれもしょうめえ」(食わば食え、噛めば噛め)と唱えながら家へ帰って来る。帰ると婆がいない。村々を捜し回り、面が取れずに動けなくなっている婆を見つける。吉崎の蓮如上人に懺悔(ざんげ)しに行こうと言うと足が動くので、嫁と息子が

婆を連れて上人の許へ連れて行き、嫁に謝ると顔の肉が付いたまま面が取れた(「奥越地方昔話集」)。この伝説には2種類の型があり、一つは吉崎の本願寺派西念寺の縁起、今一つは大谷派願慶寺の縁起として知られ、肉付きの面が残されている。吉崎御坊にいた蓮如上人の念仏の功徳を説く話として北陸地方の寺院において盛んに語られてきたものである。

八百比丘尼(やおびくに)

白比丘尼とも呼ばれる。若狭には多くの話が伝えられている。小浜市青井の八百姫(やおひめ)神社に伝わる縁起は次のようなものである。高橋長者の娘は幼い時に人魚を食べ、仙術を学んで若さを保ち、誰にも嫁がず尼になって諸国を廻り、壊れた堂舎を修造したり橋を架けたり木を植えたりした。人々に正直順和の道を教え、後に若狭の国に戻って山中に庵を結ぶ。そこに多くの椿を植えたので玉椿(たまつばき)の社(やしろ)という。800歳の齢を保ち、後背山麓の岩穴に入定(にゅうじょう)したので八百比丘尼と称された。また、後背山の西にある勢村(せいむら)の高橋長者が竜宮城を訪問し、土産に貰った人魚の肉を食べた娘が長命を得たという話も伝わる。ほかにも八百比丘尼を小松原の漁師の娘とするものや、遠敷(おにゅう)川の上流の鵜の瀬の下根来(しもねごり)にいた道満(どうまん)という人の娘とするものなどもある。多くの伝承は終焉の地を小浜の空印寺とし、最後に入定したという洞穴もある(『福井県の伝説』)。

長命ゆえに八百比丘尼には源平の盛衰を目にしたとか、山伏姿の義経一行と北陸路で出会ったといった話も伝わっている。この伝説は全国的にも洞穴・山中・海の彼方といった異界との交渉によって永遠の生命や若さを獲得したとされ、若狭をその出自や終焉の地とすることと深くかかわる。

おもな民話(世間話)

おはる狐

三国の商人の目の前を一匹の狐が横切り草むらへ入る。眉に唾をつけて見ると多くの狐が殿様行列に化ける。やがてやって来た行列の前に立ちふさがると本物の行列であった。奉行所で打ち首になるところを檀那寺の滝谷寺の住職がとりなし、頭を剃って坊主になることで助かるが、平身低頭して謝っているところを付近の百姓に発見され、狐に騙されたことを知る。またある人が、木の葉で娘に化けた狐が馬の糞を重箱に詰め、家に入って奨(すす)めるのを戸の節穴から覗き、「馬の糞だ」と言った途端、何かに蹴飛ばされる。覗いていたのは馬の尻の穴であった。三国町の灌頂寺(かんちょうじ)に棲むおはる狐の話として伝わる(『越前の民話』)。

19 山梨県

地域の特徴

　山梨県は周囲を高山に囲まれ、海と接していない内陸の地である。面積の大部分を占める山地が、近年まで食料の調達や資材の確保など、生活の中心となっていた。特産品として有名になったブドウに代表される果樹栽培が活発に行われている。江戸時代後期から盛んとなった水晶加工も、山岳地域における採掘を基盤とするものだった。山間部に源を発した釜無川、笛吹川などの河川は合流して富士川となり、やがて駿河湾へ流れ込む。

　富士山や八ヶ岳の美しい山容を朝夕に望めることができる恵まれた環境である反面、気候は寒冷であり、近年までは河川の激しい氾濫に苦しめられるなど、生きていくために人々は厳しい自然環境と闘わなければならなかった。

　県内全域の道端に丸石を神体として祀られる多数の道祖神は独特であり、初めて見る人は驚かれるに違いない。交通や旅の安全を祈る対象であると同時に、安産や養蚕の守護神とも考えられている。道祖神信仰に関連する小正月行事は現在でも盛んに行われている。

伝承と特徴

　民話が記録された早い例としては、江戸時代の『裏見寒話』（野田成方）、『ひとりね』（柳沢淇園）、『甲州噺』（村上某）などが挙げられる。これらの書物には、寺院や祭礼の由来ほか、現在まで伝わる民話も多く含まれていて貴重である。日本における民俗学研究の先駆者のひとり、山中共古（1850〜1928）が1887（明治20）年から約8年間生活した山梨の民俗記録『甲斐の落葉』にも「西行峠ト西行法師ノ閉口セシ歌」「甲府湖水ノ古伝説」などの民話が書きとめられている。

　『甲斐昔話集』や『山梨県の民話と伝説―ふるさとの民話研究―』を残した民俗学者の土橋里木（1905〜98）は山梨の民話研究を語るうえで欠

かすことができない重要な存在。土橋とともに山梨の民俗学を牽引した大森義憲（1907～82）の『甲州年中行事』にも伝統行事にまつわる多数の民話の断片が収録された。昭和30年代以降は市町村誌の刊行が盛んに行われるようになり、それぞれの地域の民話が記録されている。近年ではホームページ「甲府市」の「おはなし小槌」のように、県内各地の市町村が、ウェブ上で親しみやすい形の民話の情報を公開している。

　伝説には、歴史上の人物が登場するものがみられ、特に郷土の英雄である武田信玄にまつわる話は数多い。歴史学者・笹本正治（1951～）の『山梨県の武田氏伝説』は、信玄に代表される武門の一族・武田氏やその家臣たちに関する県内の伝説を、先行する文献資料から抽出し集大成したものである。合戦など歴史的な出来事にかかわる内容にとどまらず、植物の由来などについても信玄たちの行動に原因があるように説明される場合が少なくない。

　世間話については、山田厳子を中心に昭和50年代から調査と研究が行われるようになった。面積の大部分を山間地域が占め、身近であることから、山を背景とした狼や狐などとの接触に関する話題が目立つ。自然災害や怪異に関するものも多く、山伏など民間宗教者や博徒たちの逸話も残されている。

おもな民話（昔話）

猿蟹合戦　『山梨県の民話と伝説―ふるさとの民話研究―』には、やや特色のある例が紹介されている。

　蟹が猿に柿の実を投げつけられて死に、蟹の子が栗、蜂、針、牛の糞、臼と敵討ちを計画するところまでは一般的なものとほぼ同じように語られる。そのあと蟹の子たちが猿の家に行くと、猿の婆がいて「きょうは俺家の猿は山い燃木（薪）取りに行って、もう帰って来る頃ドォ」という。一同は上へあがって各自の役割を決め、それぞれ持ち場に就く。猿が山から戻り「寒い寒い」といいながら立ったまま囲炉裏にあたると、火の中から栗がはじけとんで猿の股間にあたる。熱い熱いと泣く猿に婆は「味噌でもつけろ」と教える。猿が味噌桶のふたを取ると、蜂が飛び出して刺す。痛さに猿が泣くと婆は「夜着の中へ入って寝ろ」という。夜着にもぐりこんだ猿を針が刺す。痛くて泣く猿に婆が「川へ行って水でも浴びろ」という。

猿が川へ行こうと走り出すが、土間の牛の糞にすべってあおむけに転ぶ。そこに屋根の上から臼が落ちてきて、猿は押しつぶされ死んでしまう。

土橋里木は「甲州の猿蟹合戦で珍しいのは、猿のお婆という、よけいな人物が現れることである。この老婆は特に重要な役割を演じてはいないが、猿の家族として何か親しい、家庭的なものを感ぜしめる」と述べた。婆との掛け合いは、猿が報いを受けるようすに滑稽味を加え、語りの豊かさを増す効果を生み出している。

蛇息子

ある老夫婦が子供を授けてくれるように神様に祈ると、願いが叶って男の子が産まれたので、竜吉と名づけて大切に育てた。ところが成長するにつれて身体がだんだん長くなり、手も足もない蛇のような姿になってしまった。家に置くことができなくなり、老夫婦は「何か又用があればここへ来て呼ばアるからそん時にや出て来う」と声をかけて竜吉を山へ放す。そのあと何年もの間にわたる日照りがおきた。作物が収穫できなくなってしまい、祈禱をしても効果がない。お代官様は雨を降らせることができた者に褒美を与えると触れを出す。竜吉のことを思い出した老夫婦が山へ行って「竜吉やアい」と呼ぶと、成長して大蛇となった竜吉が現れた。日照りのこと、雨を降らせたら褒美が出ることを聞いた竜吉は「ほんぢやア俺ン降らかいてやる。風も吹かせず、荒れもさせぬ様にして、七日の間静かに雨を降らかいてやる」と約束して姿を消す。息子の竜吉は約束を実行し、たくさんの褒美をもらった老夫婦は一生安楽に暮らしたという（『甲斐昔話集』）。

柳田國男は「田螺の長者」の中で「蛇息子」に触れて、長野県でみられる小泉小太郎の伝承との関連を指摘し、「蛇の小さ子」が水を統御する神と考えられていた痕跡を辿っている。

ピピンピヨドリ

語りの中に面白いことばがでてきて、口に出して伝えられるのにふさわしい話が『甲州昔話集』に収められている。

山小屋に住む爺が川へ顔を洗いに行くと、切株にいるヒヨドリが冬の寒さに震えている。息を吹きかけて暖めてやろうとしたら、ヒヨドリが爺の口の中へ飛び込み、腹へ入ってしまう。爺のへそから出た尻尾を突くと「ピピンピヨドリ、ゴヨノオタカラ、ピッサーヨー」と鳴いた。爺は「俺がヘソァヒヨドリのぐに（ように）良い声で鳴けーるだい」と法螺をふき、鳴

き声を披露して人々を驚かせる。評判は殿様の耳に入り、呼び出された爺は殿様の前でいつも以上に良い声を聞かせた。爺は殿様からたくさんの褒美をもらい、大金持ちになったという。

「鳥吞爺」「屁ひり爺」という題名でも伝えられており、東北から九州まで広く分布している。地域ごとに鳥の鳴き声のバリエーションがあるので、各地の話例を探してその違いを比較するのも楽しい。

どっこいしょ買い

山梨県北巨摩郡江草村（現在の北杜市）出身の中田千畝（1895～1947）は新聞記者として勤めるかたわら、民話研究を熱心に行った人物である。その著書『和尚と小僧』は早い時期に笑話を考察した本として、南方熊楠、柳田國男に高く評価された。冒頭には、幼い日の中田が祖父母に聞いた話が置かれている。

山寺に物覚えが悪い小僧がいた。和尚が小僧に「豆腐を買ってこい」といいつけたので、小僧は忘れないように「豆腐、豆腐」と言いながら歩いていく。途中で小川を飛び越えた時「どっこいしょ」と口に出したため、豆腐を忘れて「どっこいしょ、どっこいしょ」を繰り返す。店について「どっこいしょを買いたい」というが要領を得ず、寺へ引き返す。小僧がいきさつを伝えると和尚は怒り「誰がどっこいしょなんてものを買ってこいと言った。豆腐、豆腐と言いながら行けと言ったじゃねえか、もう一度行ってこい」と頭をたたく。小僧は豆腐を買うため、再び里へ下っていった。

和尚を小僧がやりこめる形式を基本とする笑話は、「和尚と小僧譚」と呼ばれている。落語や狂言にも通じる内容であり、室町時代には広い階層にわたって親しまれていたという（『日本昔話事典』）。

おもな民話（伝説）

山の背くらべ

日本一の高さを誇る富士山。しかし、もともとは八ヶ岳の方が高かったという。

ある時、富士山の女神と八ヶ岳の男神が高さを争い、阿弥陀如来に判定を頼む。如来は二つの山の頂上へ樋をかけ、水を流した。すると水は富士山の方に流れたので、富士山よりも八ヶ岳が高いことが証明されて、八ヶ岳が争いに勝った。気の強い富士山の女神は、負けたくやしさで八ヶ岳の男神を棍棒で殴りつける。そのために山の頭部が八つに割れて、八ヶ岳は現在の山容になった（『甲斐の伝説』）。

『日本伝奇伝説大事典』では、「山の背くらべは、峠道で伝承される場合、平野部の両端の山々を望見して伝承される場合、さらにある霊山についてその土地の者の間で他国の名山を強く意識して伝承される場合と三つある」と説明されている。富士山と八ヶ岳の場合は、平野部の両端を望見した例といえよう。地誌『甲斐国志』は八ヶ岳の峰々の名称を「権現ガ岳・小岳・赤岳・麻姑岩・風ノ三郎ガ岳・編笠山・三ツ頭」と記録しているが、それぞれの名がどの峰に対応するのか、残念ながら不明確である。

夢見山

　武田信虎(のぶとら)は、駿河の軍勢に攻められたとき視察のため山に登るが、戦いの疲れで眠ってしまう。すると夢に、源平時代の武将で曽我兄弟の兄にあたる十郎祐成(すけなり)が現れて、弟の五郎時致(ときむね)が信虎の子として生まれ変わることを伝える。ほどなく元気な男子が誕生し、勢いを得た武田軍は強敵である駿河軍に大勝した。この男子がのちの武田信玄であり、戦国時代を代表する英雄のひとりとなった。この出来事にちなんで、信虎が眠った山を「夢見山」と呼ぶようになった(『山梨県の武田氏伝説』)。

　この話は『裏見寒話(うらみかんわ)』に、甲府市の寺院である大泉寺の縁起として書きとめられている。郷土の英雄として有名な武田信玄の出生にまつわる伝説であるためか、『山梨県の民話』など、多くの児童向けの民話集でも紹介されており、幅広く人気を集めている伝説である。

疫病神の帳面

　県内の道祖神行事は、小正月と呼ばれる1月15日前後に行われてきた。行事の内容は各地でさまざまだが、正月の飾りや門松などを集めて大規模に火を燃やす「ドンドン焼き」をするところが多い。この火を焚く行事の意味を説く話がある。

　12月8日に疫病神が一軒ずつ家庭を見てまわり、それぞれにどんな災いを与えるか決めて、それを帳面に記録した。年が明けて、疫病神は帳面を道祖神へ預けた。道祖神はドンドン焼きの火で帳面を燃やしてしまう。そのため記録は無効となり、人々は一年間無事に暮らせるのだという(『富士吉田市史　民俗編2』)。

　これは12月8日、2月8日に災厄をもたらす神がやってくるとする、いわゆる「コト八日」と道祖神祭礼が一緒になって生まれた話と考えられる(『コト八日―二月八日と十二月八日―』)。若尾勤之助『甲州年中行事』(稿本)によると、大月市真木では伝説にちなんで、実際に帳面をつくり、ドンドン焼きの火の中で燃やしていたという。

おもな民話（世間話）

自然災害の話　昔から山梨は、度重なる風水害に苦しめられてきた。つらい経験は人々のこころに深い傷跡を残し、その記憶は世間話として語り伝えられている。

1920（大正9）年にアレコト（台風）があり、父が亡くなった。土手が崩れてきて生き埋めになった。神地だけで5人ほどが亡くなったのではないか（『山梨県史民俗調査報告書第六集　道志の民俗―南都留郡道志村―』）。

「神地」は地名。語り手の男性は当時生後8か月で、父親の顔を知らずに育った。山梨市日川では「水害の際には、地元の寺院である海島寺へ逃げれば助かる」（『山梨市史　民俗編』）と言われている。災害の実体験から得た教訓が、生きた知識として後世へ残された実例である。

狼の話　かつては県内の山地にも狼が生息しており、山を生活の場としている人たちは、否応なく狼と接触する機会があった。狼と人の交流を示す話が、いろいろと残されている。

直次やんは小室山妙法寺のお会式や、あちこちの祭りへ仕事に行ったが、その先々に一匹の山犬（狼）がついて行った。これは直やんが妙法寺のお会式の帰りの山道で、空腹そうな山犬に出会った時、残りものを与えたことがあった。それ以来この山犬は直次やんの仕事先へ出て来ては、その帰り道、後になり先になりして直次やんを送ってくれるのだった（『富士川谷物語』）。

全国にみられる「送り狼」の伝承は、油断すると人間が襲われ犠牲になってしまう可能性をはらんでいるが、この話では両者の距離が近づいており、興味深い。

20 長野県

地域の特徴

　長野県は「日本の屋根」とも呼ばれる山岳地帯である。飛騨山脈や赤石山脈、木曽山脈といった海抜2,000～3,000m級の山脈をはじめとして、県内各地に山地、連峰が聳える。そうした山々を水源として千曲川、犀川、天竜川、木曽川などが流れる。善光寺平、松本平、上田平、佐久平、伊那谷などの盆地は「米どころ」としても知られる。海抜1,000mを超える高原も多く、軽井沢や志賀高原、上高地、蓼科などは観光地として著名である。

　中世以来、信濃では盆地や谷ごとに小豪族が割拠してきた。甲斐の武田氏や越後の上杉氏のような国持ちの大名は現れず、江戸時代になっても盆地や谷ごとに小藩や天領が散在した。各藩・領を核としてそれぞれの地域への帰属意識が強く、近現代にいたるまでそれが根深く残っている。

　山々に隔てられ、やや閉鎖的な風土に培われた郷土意識は、一方で堅固な地域アイデンティティを育みもした。近世には各地で地誌の編纂・刊行が相次ぎ、例えば佐久平では、吉沢好謙（『信濃地名考』）、瀬下敬忠（『千曲之真砂』）、井出道貞（『信濃奇勝録』）といった優れた郷土史家たちを輩出している。郷土学の隆盛は近世から近代にかけての信州の特徴の一つであり、その好学の風土こそ長野が「教育県」と称されてきた所以でもある。

伝承と特徴

　長野県下における民話の収集と編纂は、藤澤衛彦の『日本伝説叢書』全12巻のうちの『信濃の巻』が最も早い時期のものであろう。在地人による収集・編纂としては、『小谷口碑集』『信州の口碑と伝説』『小県郡民譚集』『信濃昔話集』『信濃の伝説』などが戦前の代表的な成果として挙げられる。

　戦後、特に1970年代から80年代にかけては県や市町村の教育委員会が主体となって県内各地で民話の収集と刊行が相次いだ。県内には柳田國男

の薫陶(くんとう)を受けた箱山貴太郎をはじめとして民俗学における先達的な人材も多かったが、特に浅川欽一(『信濃の昔話』1～4、『奥信濃昔話集』)は県内の小・中学校の教員たちをオーガナイズして、この時期の民話の採集に指導的役割を担っている。

長野における民話収集事業では信濃教育会の存在も特筆しなければならない。信濃教育会は1884年の発足以来、「信州教育」を提唱してきた教員の職能団体である。県内各地に下部組織を持ち、研修や研究、教材開発、出版事業などによって県下における教育の充実を推し進めてきた。その活動の一環として戦前では北安曇部会による『北安曇郡郷土史稿』(1～8)、諏訪部会『諏訪湖畔の口碑伝説』、北佐久教育会『北佐久郡口碑伝説集』、南佐久教育会『南佐久郡口碑伝説集』などが刊行され、戦後も信濃教育会出版部として信州児童文学会『信濃の民話』(1～13)、平林治康『塩の道の民話』、あずみ野児童文学会『白馬の民話』、宮島清『真田郷の民話』、竹村良信『諏訪の民話』など数多くの民話集を刊行している。そうした活動の成果が特に初等教育の現場で積極的に取り入れられたことは、信州における民話の伝承環境として興味深い。信濃教育会とは組織が異なるが、長野県国語教育学会の『長野のむかし話』も改訂と再版を重ね、学校教育のなかで活用されてきた。浅川欽一は長野県の昔話について「伝承の豊富な語り手は少ない」(『日本昔話事典』p.670)と評するが、それは本県における民話の伝承が、早くに家庭や地域での"生きた口承"を離れ、学校における郷土学習の一環として"習う"ものになっていたことが大きく影響しているのかもしれない。

近年でも『信州の民話伝説集成』(北信編、南信編、中信編、東信編)などをはじめとして民話集の刊行は続いている。

おもな民話(昔話)

牛方と山姥

信州の松本と越後の糸魚川(いといがわ)を結ぶ千国(ちくに)街道は、越後の塩や海産物を信州へ運ぶ「塩の道」とも呼ばれていた。

ある日、一人の牛方が牛に越後の干鱈(ひだら)を積んで峠に差しかかる。そこに山姥が現れて、牛方に干鱈をねだる。牛方は恐ろしさのあまり山姥に干鱈をやって逃げるが、干鱈を食い尽くした山姥が追いかけてきて今度は牛をねだる。山姥が牛を食っているあいだに牛方は一軒家へ逃げる。そこは山

姥の家。牛方は屋根裏に隠れていたが、帰宅した山姥が石櫃（いしびつ）の中に入って寝てしまうと、石櫃に熱湯を注いで山姥を煮殺す（『信州の民話伝説集成・中信編』）。

松本と糸魚川のあいだは約120km。いくつもの峠を越えなければならないので、峠道に強い牛が重用された。煙草や麻を積んだ松本からの下り荷は6日で糸魚川へ運ばれたが、糸魚川からの海産物は「一日追い」といって、夕方に糸魚川を出発すると翌々日の朝には松本の市に並んだという。北安曇郡小谷村（おたりむら）の千国宿には「牛方宿」が残り、大網峠の麓の大網宿から移築された「塩倉」と並んで往時の交易を偲ぶことができる。

猫絵とねずみ

昔、あるところに猫の絵ばかり描いている少年がいた。働きもせず猫の絵ばかり描いているので、とうとう家を出されてしまう。行くあてのない少年は1軒の空き家を見つけ、一夜の宿とする。空き家には米も味噌も釜も鍋も揃っていた。少年は喜んで飯を炊き、釜から溢れた米の糊でそのあたりの紙に猫絵を描いた。夜、少年が寝ていると猫絵から猫が抜け出て、この家に巣食う化けねずみを嚙み殺す。少年は村の衆に喜ばれ、この空き家に住んで一生楽に暮らした（『長野のむかし話』）。

岩松氏は江戸幕府から新田氏一門の宗家（そうけ）として「交代寄合」の格式を与えられていたが、実情は上野国新田郡下田島村（群馬県太田市下田島）にわずか120石の知行地をもつ零細領主にすぎなかった。そこで江戸時代後期から幕末にかけての4代の当主たちは「猫絵」を描いて売り出した。120石とはいえ旗本の殿様である。殿様直筆の猫絵は「ねずみ除け」の霊験があると信じられ、上州や信州の養蚕農家ではおおいに買い求められた。

信州の養蚕農家では蚕小屋に殿様の猫絵を掲げていた家も少なくないらしい。猫絵を描いて福徳を手に入れた少年の話も、そうした環境の中に受け入れられ、語り継がれたものと考えられる。

愚か村話（代官と村人）

代官所から検地のお達しがあった。「女竹（おんなだけ）を葉竹のまま立てておけ」とのお達しに、何を勘違いしたか村人たちは女だけを裸のまま立たせておいた。代官がやってきたので昼餉（ひるげ）に蕎麦を出した。代官は薬味に「ねぎ」を所望する。村人は神社の禰宜（ねぎ）を連れてきたが、代官はすでに蕎麦を食い終わっていた。村人が「このねぎをどうしますか？」と尋ねると、代官は「また土に埋め

ておけ」と。夜になって代官は眠くなったので「床をとれ」と言う。村人は大工を呼んできて座敷の床の間をはずしてしまう。朝、代官が「顔を洗うので手水をまわせ」というと、「ちょうず」の意味がわからない村人たちは和尚に相談する。和尚は「ちょうずとは長い頭と書く」と教える。村人たちは村で一番の頭の長い男を連れてきて代官の前でくるくると回してみせた（『信州の民話伝説集成・東信編』）。

山深い信州には町場から遠く隔絶した集落も少なくない。秋山郷（下水内郡栄村）の若者が飯山平を見渡して「これが日本か‼」と感嘆すると物知りの爺さまが「日本はこの3倍も広い」と諭したとか、ロシアに出征するはずが汽車に乗って屋代で降りたとか、田舎ぶりを笑う話に事欠かない。しかも、そうした話が語られるのが、どちらかというと町場ではなく、似たりよったりの田舎であるところに実はこの話の笑いの妙味がある。

姨捨山　昔、ある領主が「年寄りは山へ捨てる」という触れを出した。ある孝行息子は母親を捨てることができず、家の縁の下に匿っていた。息子は母親の教えで領主の難題を解き明かす。年寄りの知恵に感心した領主は自らの非を認めて姨捨の法を取り消す。

信濃国更級郡の姨捨伝説は『大和物語』第156段や『古今和歌集』巻第17、『今昔物語集』巻第30などに記されて平安時代から都人にもよく知られていた。信濃を代表する歌枕でもあり、多くの歌人たちが姨捨山を月の名所として和歌に詠み、また風流人士たちがこの地を訪れてきた。

更級の姨捨山は、現在では千曲市の冠着山のこととされている。麓の棚田の水面に映る月は「田毎の月」と呼ばれる美観である。しかし、江戸時代には姨捨山は冠着山とは別にあったらしい。姨捨山が冠着山の別名として定着したのは、明治20年代に更級村の村長を務めた塚田雅丈らの運動によるところが大きい（『公民館報ちくま』平成23年4月1日号など）。

更級の姨捨山が信州では具体的かつ身近な地名であるため、とかく「伝説」として位置づけられることが多い。しかし、例えば浅川欽一が採録した下水内郡栄村の中沢さとの語る「親捨て山」（『長野のむかし話』）のように、必ずしもそれを更級の姨捨山に特定せず、「昔話」の時空のなかで語られるケースも少なくないようである。

おもな民話（伝説）

戸隠山の鬼女紅葉

六天魔王の申し子・呉羽は紅葉と名を変え、源経基の愛妾となる。経基の正室への呪詛が露見して戸隠山へ流された紅葉は、都恋しさのあまり鬼賊となり果てる。勅命を奉じた平惟茂は神仏の加護と降魔の利剣によって鬼女紅葉を討伐する。

戸隠や鬼無里では伝説にまつわる地名や遺跡・遺物が数多く伝えられている。『和漢三才図会』に「昔、当山に妖賊の隠棲ありて人を惑わす。平惟茂、これを殺す」と見えるが、ここでは妖賊が鬼女であるとも、その名が紅葉であるとも記されていない。『信府統記』では、ようやく鬼女の名を紅葉といい、鬼を討ち滅ぼしたことが「鬼無里」の地名由来として記されている。謡曲「紅葉狩」の本説ともいわれるが、むしろ在来の鬼退治伝説に謡曲や浄瑠璃「柗狩剣本地」などが入り込んだと考えるほうが妥当であろう。井出道貞の『信濃奇勝録』では伝説の舞台が戸隠山ではなく、その南の荒倉山とされている。江戸時代後期頃から明治にかけて、在地的なリアリティの後付けが繰り返されたと考えられる。

寝覚の床の浦島太郎

木曽郡上松町に「寝覚の床」と呼ばれる景勝地がある。木曽川の急流に浸食された花崗岩が白亜の壁のようにそそり立ち、直下の翡翠色に澄んだ水面に映える。

龍宮から帰った浦島太郎が諸国を旅した後、この地に落ち着き、日がな一日、岩の上に座って魚釣りをして過ごした。村人に昔話を語ったついでに玉手箱を開けてしまったとも、まるで夢から覚めたような気持ちだったので「寝覚の床」というようになったともいう。河畔の臨川寺では浦島が龍宮から持ち帰ったという弁財天を祀り、浦島の釣竿が寺宝として伝わる。

沢庵宗彭が著した『木曽路紀行』には「浦島がつり石」、貝原益軒の『木曽路之記』にも「浦島がつりせし寝覚の床」とある。寝覚の床の浦島伝説は、江戸時代には木曽路の名所として知られていた。

謡曲「寝覚」（作者・成立期ともに不詳、1594年の上演記録がある）では、信濃国寝覚の里を舞台として不老長寿の霊薬によって三度の若返りをしたという「三返りの翁」が登場する。江戸時代後期になると「三返りの翁」＝浦島太郎とする巷説が広まった。

おもな民話（世間話）

皆神山（みなかみやま）ピラミッド

長野市松代の皆神山（みなかみやま）は超古代文明によって築かれた世界最大最古のピラミッドであるという。

皆神山は約30万年前の火山活動によって隆起した溶岩円頂丘（ドーム）である。したがって「内部が空洞」という俗説も、まったくの見当違いというわけではない。それほど高い山ではないが、端正な台形をした独特の山容は人目を惹き、中世以来、修験の山として信仰されてきた。第2次世界大戦末期には松代大本営の地下施設が掘削されたことでも知られている。

1980年代になって、その異様に整った円墳のような姿から「人工の山ではないか？」とする説が沸き起こった。1984年には『サンデー毎日』が「日本のピラミッド」として特集したことで注目を集めるようになった。当時は信州大学や富山大学、名古屋大学の研究者たちも『サンデー毎日』の調査団に参加している。地元ではこれを契機として「皆神山ピラミッド祭」が開催され、現在も地元自治会などの主催によって盛大に催されている。

人肉館

松本市の郊外に「人肉館」と呼ばれる廃墟がある。長野県下でも特に有名な心霊スポットの一つである※。

かつては焼肉店であったが、経営難に陥った店主がひそかに客を殺害して、その肉を提供していたと噂される。店主が殺人を犯し、証拠隠滅のために人肉を店で出したとも、妻子を殺害してその肉を客に食べさせていたともいう。店主一家が心中したとか、強盗に殺害されたという話もある。

こうした噂はすべてでまかせである。長野県では郷土料理としてジンギスカンが好まれ、焼肉店でもジンギスカンの看板を掲げている店が少なくない。実は、この店は焼肉店ではなく、手打ちそばや山菜料理、鯉料理などを提供するレストランであった。野外バーベキューが名物で、ジンギスカンはその看板メニューになっていた。そこでジンギスカン→ジンニクカン→人肉館と、いわば語呂合わせ的に広まったと考えられる。

もともとユニークなデザインの建造物であり、その廃墟がインターネット上のオカルト系サイトで「人肉館」として話題になった。

（※当該施設跡は私有地です。無断での立ち入りは絶対にしないでください）

21 岐阜県

地域の特徴

　岐阜県は、中部地方の内陸県で、県北部には山岳地帯の飛騨地方と高山盆地、県南部には伊勢湾沿岸から続く濃尾平野が広がる美濃地方がある。美濃地方には、木曽三川が流れることから「飛山濃水」と呼ばれる。各地方の生活圏は、主な河川の流域に形成されている。飛騨地方には北部から日本海に流れる神通川、庄川、郡上市には、福井県を流れる九頭竜川の支流がある。飛騨地方南部からは、美濃地方を通って太平洋に注ぐ、東濃の木曽川、中濃の長良川、西濃の揖斐川の木曽三川があり、合流域と支流には水害から身を守る輪中と呼ばれる堤防で囲まれた集落がある。また、飛騨地方の白川村は、特別豪雪地帯で合掌造りという独特な家屋が生み出され、合掌造り集落は世界遺産に登録されている。

　岐阜県の伝統産業としては、県北部の飛騨地方は林業が盛んで、「飛騨の匠」の伝承があるように木材を利用した木工、工芸品がある。西濃地方では、不破郡垂井町から始まった美濃和紙づくりが有名である。また、和紙を使った「岐阜提灯」「岐阜和傘」「岐阜うちわ」などの製品もある。中濃地方の関市では、室町時代後期から刀剣の生産が行われ「関の孫六」の名で知られる。東濃地方の土岐市周辺では、「志野」「織部」といった美濃焼きと呼ばれる陶磁器の生産が行われてきた。

　国指定有形無形民俗文化財として、岐阜市・関市の長良川の鵜飼漁法と鵜飼道具や、郡上踊り、高山祭の屋台行事、大垣祭の軕行事などがある。

伝承と特徴

　岐阜県の昔話調査は、飛騨地方において、林魁一「飛騨の昔話」(『郷土研究』1933 (昭和8) 年) に始まり、1936 (昭和11) 年には、鈴木棠三による吉城郡上宝村 (現・高山市) の調査と、1938 (昭和13) 年の沢田四郎作による大野郡丹生川村 (現・高山市) の調査があった。前者は、雑誌

『ひだびと』や『昔話研究』に、「飛騨昔話」「続飛騨昔話」として発表され、後に『しゃみしゃっきり』の書名で出版された。後者は、私家版『五倍子雑筆』に「丹生川昔話」「続丹生川昔話」として自費出版された。戦後、1968年には、國學院大學民俗文学研究会が上記、鈴木、沢田の採訪地を再び採訪して「奥飛騨地方昔話集」（『傳承文藝』7号）を出版している。1990年には、大野郡荘川村を荘川村口承文芸学術調査団によって採訪が行われ、『荘川村の民話』昔話編、伝説・世間話編の全2冊が刊行された。

一方、美濃地方では、1937（昭和12）年に牧田茂が『昔話研究』に発表した「郡上郡昔話集」以降、目立った昔話調査は行われなかった。その後、『恵那昔話集』『美濃の昔話』、揖斐郡徳山村の昔話、『まっ黒けの話』が出版されている。また、國學院大學説話研究会編「揖斐の昔話」が『民話と文学』33号に掲載されている。

岐阜県の昔話の伝承形式に目を移すと、発端句は、飛騨地方は「昔々あったてな」、西濃の谷汲村（現・揖斐川町）では「とんと昔」、東濃の白川町では「昔々さる昔」と異なり、結末句は、飛騨地方は、「しゃみしゃっきり」、美濃地方は、「そればっかり」に大別され、それぞれの伝承圏を形成している。

特徴ある話としては、飛騨地方では、外国昔話を翻案したとされる「味噌買橋」や、伝承地の限られる昔話「椿の花一つ」（人影花）がある。世間話としては「口裂け女」や、古くは室町後期の文献『実暁記』にもみられる「泡子の話」がある。美濃地方では、東濃の揖斐川流域では、夜叉ヶ池伝説、蛇婿入り水乞型などの伝承が濃く、中濃の長良川水系では、椀貸し淵伝説など、水神とかかわる伝説の事例が報告されている。

おもな民話（昔話）

味噌買橋（夢の夢）

丹生川村澤上という所に、長吉という正直な炭焼がいた。ある夜、枕元に仙人のような老人があらわれて、高山町に行って味噌買橋の上に立って見よ、たいそうよい事を聞くからと言ったかと思うと目がさめた。夢の告げ通りに高山の味噌買橋に行って丸一日立っていた。五日目に味噌買橋の側の豆腐屋の主人が、そのことを不思議に思って長吉に尋ねた。長吉は、夢の告げの話をすると、豆腐屋の主人は私もこの間、老人の夢を見て、老人が乗鞍の麓の澤上に長

東海地方

吉という男がいる。その男の家の側の杉の木の根を掘れ、宝物が出ると言ったが信じなかったと言った。それを聞いた長吉は、早速、自分の村に帰り杉の木の根を掘ると、金銀財宝がざくざく出た。そのおかげで長者になり、村の人々は福とく長者と言った（「丹生川昔話集」『飛騨採訪日誌続』）。

この話に出てくる味噌買橋は、高山市の街の中央を流れる宮川に架かる筏(いかだ)橋の通称である。この橋のたもとに角屋藤兵ェという味噌・醬油屋があり、味噌を買うために人々が渡った橋なので味噌買橋と呼ばれた。この味噌買橋の昔話は、神話学者松村武雄が翻訳したイギリスのロンドン橋を舞台とした昔話「スワファムの行商人」（『世界童話大系』）を、飛騨西小学校の教師の小林幹が翻案して昔話に仕立てた。その後この昔話は、教え子たち、また沢田四郎作、柳田國男といった研究者を介して各地に広がったと、櫻井美紀が『口承文芸研究』15号で論じている。

人影花（椿の花一つ）

昔、旅の薬屋が、山の中を歩いているうちに、道に迷ってしまった。向こうに灯が見えたので、その灯を頼りにたずねて行った。若い娘が一人、小屋の中で火にあたっていた。薬屋が「泊めてほしい」と頼むと、「ここは人間の来るところではないので、早く帰れ」と断られたが、無理に頼んで、縁の下に隠れた。そこに鬼が帰って来て「今日ここへ人間が来たな」と聞いた。娘は「来なかった」と言うが、鬼は「隠しても駄目だ。その証拠に椿の花が咲いている」と言った。すると娘は「私のお腹に子供ができて花が咲いた」という。鬼は喜んで仲間を呼んで酒盛りをして酔いつぶれる。薬屋は、娘に毒薬を渡して鬼に飲ませて殺す。娘を里に連れ帰り夫婦となって幸せに暮らした。しゃみしゃっきり（『しゃみしゃっきり』）。

この話のように、人がいると花が咲いて知らせる場面は、昔話「鬼の子小綱」などにもみられるが、人影花の場面が独立した話は、広島県芸備、新潟県佐渡、青森県八戸など採集例が限られている。この話では、旅の薬屋が主人公になっていて、鈴木棠三は、この話を薬売りが運んだことを推測している。一方、稲田浩二は、優曇華(うどんげ)の花を人影花とする話の原典を、『法苑珠林(ほうおんじゅりん)』などの経典からの引用ではないかと述べている。

西行さんと大井川

昔々、西行さんという大変歌の上手なお坊さんがあって、大井川の七瀬の石を跳び越えて浅瀬を渡った。西行が瀬の石に腰掛けて、麦こがしを食べていると、殿様が通り

かかって、「大井川七瀬渡ると聞きしかど　かれなる僧は嘘せ（六瀬）わたる」と西行に歌を詠んだ。西行は殿様の馬が痩せていたので「僧は嘘せ（六瀬）殿のお馬は痩せ（八瀬）わたる　とかく七瀬は渡らざりけれ」と返歌して、大井川の七瀬は渡らなかった（『恵那昔話集』）。

　この話は、「西行問答歌」の一つであるが、「西行戻し」の話のように西行が歌で問答相手にやり込められて退散する話になっていない数少ない話である。継子話「皿皿山」の殿様と娘の問答の場面を、殿様と西行に置き換えた話になっている。丸山久子は、歌の応酬と機智が、話の中心である昔話は、昔話の聞き手の間に、文字とか歌とかいうものが異常な興味と尊敬をもたれた時代の伝播であったと思われると指摘している。

博労と閻魔（ばくろう と えんま）

むかしあるところに病気で死にそうな博労がいた。博労は、「死んだら可愛がっていた馬に乗せてくれ」と遺言して死ぬ。遺言どおりに馬に乗せてからあの世に送った。それで博労はその馬に乗って賽の河原にたどり着いた。着いた時は昼時分だったので家来の鬼は昼飯を食いに行って、閻魔様しかいなかった。閻魔は博労に騙されて博労と入れ替わる。鬼たちが昼飯から帰って来て、博労の格好をして馬に乗っている閻魔を川に放り込む。それから博労が閻魔様になったので、死人たちの罪は軽くしてもらえるようになった。しゃもしゃっきり、きのほせぶっつりや（『荘川村の民話　昔話編』）。

　この話は、職人たちが特技を生かして閻魔をやり込める「閻魔の失敗」の話を改作したものと思われる。本話でも博労は口が達者なので閻魔様がころりと騙されている。これとまったく同じ場面をもつ話が『中国民話集』の中で、湖北省に「俵薬師」の話として報告されている。

おもな民話（伝説）

夜叉ヶ池（やしゃがいけ）

神戸（安八郡神戸）の安次の伝兵衛は資産家だった。ある年、旱魃（かんばつ）で困っていた時、あずき蛇に田に水を入れてくれたら三人娘の一人を嫁にやると言う。蛇は雨を降らせ、約束通り娘を貰いに来る。中の娘が蛇のところに嫁ぐ。娘が里帰りするが寝姿を見るなと言う。親がこっそり覗くと娘と男は大蛇になっている。揖斐川（いびがわ）の坂口村の夜叉ヶ池まで蛇の跡がついていた。田に水の当たらない時は、代々、伝兵衛が先頭に立って、夜叉ヶ池に雨乞いに行く。化粧品をお盆に載せて池に浮かべると

池の真ん中に渦巻いて流れていって沈む（『美濃の昔話』）。

　夜叉ヶ池は、福井・岐阜・滋賀三県の分水界にある池で、三県にそれぞれに水乞と異類婚姻の伝説が伝承されている。『美濃国諸旧記』では、主人公は安八郡の長者、安八太夫の長女で、安八郡の雨乞いの由来伝説になっている。1913（大正2）年には、この伝説を踏まえながら泉鏡花が戯曲「夜叉ヶ池」を発表しているが、ドイツの劇作家ハウプトマンの『沈鐘』からも影響を受けている。

貸し椀淵　大野口という所があってそこによえもんという昔からの家があった。大間見という川のすぐそばに、大きな岩があって法事、祝儀がある時に膳と椀を岩に行って頼むと、貸してくれた。よえもんの家では膳椀を不自由せずに使っていた。ある時、膳椀を傷めて返したら、もう頼んでも岩の上に膳椀は出てこなくなった。淵には竜宮の乙姫様のような人がいて貸してくれていたという（『美濃の昔話』）。

　椀貸し伝説は、日本全国に分布している伝説である。特に中部地方は伝承が濃い。川筋の旧家に伝わる話になっている事例が多くあり、本話も同様である。『美濃の昔話』に掲載された類話には、椀を傷つけて返した家には、足の不自由な子どもが生まれるという事例もある。話の伝播者として、膳椀を山中で製作する木地師や山伏が指摘されている。

おもな民話（世間話）

物食う魚（飯食う魚）　大滝に大助という大きな岩魚が住んでいた。時々大助は、坊さんになって村にやって来た。村では春と秋の彼岸に団子を作って仏さんに供える習慣があり、坊さんにも渡した。村人が「魚を取りに行く」と言うと、坊さんは「大きな魚を取るな」と言った。村人が、岩魚の大助を捕まえて腹を裂くと、団子が出て来た（『傳承文藝』7号）。

　同様の話は、江戸時代の随筆『耳囊（みみふくろ）』『老媼茶話（ろうおうさわ）』にもみられる。柳田國男は『一目小僧その他』「魚王行乞譚（ぎょおうぎょうこつたん）」の中で、この世間話の伝播者としてボサマ（盲僧）を推定しているが、山椒の樹皮からとった樹液で行う毒流し漁が本話の背景にあると思われる。

茶の泡　和尚さんが托鉢に歩いていると、ある家で娘が茶を出した。娘は和尚に惚れてしまって、和尚さんが飲み残した茶かすを自

分で飲んだ。すると懐妊して女の子が生まれた。それから何年もたって、また和尚さんが行くと、その女がまた茶を出した。その女について来た女の子を抱いて茶を飲んでいたが、そのお茶が子供にかかると、急にその子は消えてしまった。女が泣くと、和尚さんは「これは茶の泡で生まれたので、どうにもならん泣くな」と言った。だから女は男の褌でも跨ぐものではない（『しゃみしゃっきり』）。

　この話を鈴木棠三は、「女の嗜みに関する教訓譚」と記している。しかし、茶の残りを飲んだ女が妊娠する話は、室町後期の文献『実暁記』にもみられ、さらに女の生んだ子どもが、泡のように消える本話と同様の話は、江戸初期の仮名草子「宜應文物語」にもある。また、主人公を西行とする醒ヶ井の泡子塚は、伝説化している。泡子地蔵の類話もあり、間引き、水子供養との関連も指摘されている。

地獄谷から鬼淵への伝言

　鬼淵という家があって富山の薬屋が泊まっていた。その夜に伝言を伝える人がやって来た。伝言の人は、「ここは鬼淵ですか」と聞くので、そうですと言った。伝言の人は、「地獄谷からの伝言ですが、今晩遅くなるがまた来ますのでよろしく」と言った。それを聞いていた薬屋は、「ここは鬼淵であって地獄谷から何か魔物が来る」と、びっくりして、家の人に何も言わずに夜逃げした（『荘川村の民話　伝説・世間話編』）。

　山奥の村に一人で泊まっている富山の薬屋の男の心細さが、この話に緊張感をつくり、「鬼」「地獄」といった言葉によって「魔物」を連想した男が逃げ出すというもので、昔話「本殺し半殺し」と共通する内容である。類型性（話型）のある「噂話」という世間話の特徴がわかる話である。

22 静岡県

地域の特徴

　静岡県は、富士川、安倍川、大井川、天竜川など大きな川をもち、地域差はあるが、温暖な気候に恵まれている。北に富士山、南に駿河湾と遠州灘、西に浜名湖を擁しながら海岸線が長い。江戸と大坂、京都を結んだ東海道が、東西を貫いており街道筋も長い。東海道五十三次の4割を超える22宿、東海道新幹線の駅も6駅あることからもわかる。

　東の文化が色濃い伊豆、やや東寄りの駿河、関西寄りの遠州（遠江）の三つの文化圏がある。気質も異なり、伊豆は半島で、五十三次のうち三島宿しかない。偉人が出ないと評される、おっとりした県民性の中でも、一番人がいいといわれる。駿河と遠州は大井川で分かれ、「遠州の人の下駄は前がすり減るが、駿河の人は後ろがすり減る」という言葉で対比される。遠州の人は働き者で前のめりにせかせか歩くが、駿河の人は踵をすってのんびり歩くという意である。遠州は、HONDAやYAMAHA、KAWAIなど世界的な企業が生まれた地であり、文化の先取りや、やってみようという「やらまいか」精神にあふれている。駿河は、清水の次郎長に代表されるような義理人情を大切にする気風といわれる。

伝承と特徴

　静岡県は東西を結ぶ東海道だけではなく、南北を結ぶ街道ももつ。遠州と信濃は、信州（秋葉）街道（塩の道）、駿河と甲州は富士川街道がある。そのため長野や山梨との文化や話の交流もみられ、共通話型も多い。

　発句は、「昔ね」「昔なぁ」「そうだない」など。結句は、「だそうな」「せえだけ（それだけ）」「こんな話さ」など。伊豆の方では、「それでいちがさかえた」「歯がなゃあからはなし」や「長崎から長いふんどしが下がってきた」「すずめ捕ったけどはなすと逃げる。逃げるからやめる」などさまざまである（『伊豆昔話集』）。

1934（昭和9）年に、静岡県女子師範学校の生徒たちの聞き取り調査をまとめた『静岡県伝説昔話集』が出版された。民俗学者である鎌田久子（1925〜2011）はこの本を郷土の誇りとして紹介する。静岡県は非常に昔話が少なく、一般的に昔話として語られる話も、地名など事物と結びつき伝説となっていることが多い（「民話の手帖」）。

　県立図書館に勤めた清水達也（1933〜2011）は、「温暖な気候ゆえに年中戸外で働けてしまい、囲炉裏端でじっくり語る機会が少ない。宿場が多く旅人にもたらされた話を、いつのまにか自分たちの土地の話として受け入れたのではないか」（『静岡県の民話』）と指摘した。

　一方、伊豆は半島という孤立した地理的条件からも伝承が残りやすかった。鈴木 棠（のぼる）らによる昔話集や伝説集が比較的多く出されている。最近では、静岡市清水区で生まれ育った劔持（けんもち）正一氏が祖父から聞いた狐狸話をまとめた『民話集 殿さま狐』がある。また、静岡文化芸術大学二本松康宏ゼミの学生たちが、2014（平成26）年から聞き取り調査を行い、浜松市天竜区水窪町の『みさくぼの民話』をはじめ、龍山町、春野町での調査報告書を出版している。昔話が少ないとされても、丁寧な調査を行えば聞けるという好例である。

おもな民話（昔話）

羽衣（天人女房）

　三保の松原（静岡市清水区）は、海沿いに松原が広がり富士山が望める名勝である。古くは『駿河国風土記』逸文に、神女が松にかけた羽衣を男にとられ、仕方なく男と夫婦になる話がある。のちに羽衣を見つけた神女は天に戻り、残された男は仙人になったという。世阿弥による能の「羽衣」の舞台にもなっている。室町時代から現在に至るまでの人気演目だが、夫婦にはならない。男は羽衣を返す代わりに、舞を望む。天女は舞いながら天に帰る。昔話として語られる際は、羽衣をみつけた男と天女は夫婦になり、子どもも生まれる。子どもの子守唄などにより、羽衣を見つけ、天女は天に帰るという形が一般的である。この天人女房の話は東北から沖縄にとどまらず、東アジアに類話が見られる。ヨーロッパにおいても白鳥が羽を脱いで乙女に変わる白鳥処女説話といわれる世界的な話型でもある。

しっぺい太郎（猿神退治）

毎年白羽の矢がささった家の娘を、見附天神（磐田市）に差し出さねばならず、人々は嘆き悲しんでいた。旅人が、「このことばかりは、信州信濃の光前寺、しっぺい太郎にゃ知らせるな」という歌を聞き、長野県駒ケ根市の光前寺でしっぺい太郎という名の犬を見つける。娘の入る櫃にしっぺい太郎を入れて待っていると狒々ひひが出てきて、しっぺい太郎は狒々を退治した。信州と遠州をつなぐのは街道だけではなく、天竜川という川筋もあるのではないかと鎌田久子は指摘している（鎌田久子「民話の手帳」）。昔話では「猿神退治」という話で、全国的に分布している。

猫檀家（だんか）

「浜松市天竜区水窪町の善住寺に長く飼われた猫がいた。死ぬ直前に「どっかでお礼しますよ」と和尚に言って消えたそうだ。和尚が信州に行く途中に葬式があり、糸が上から垂れて遺体をするすると持っていくのが見えた。小坊主に「お前さんとこ、空っぽの仏さん拝んで何やってるだ」と声をかけさせると、確かに空っぽである。みなも困り果てて、長野の和尚さんが「それならあの人に何とかしてもらやいい」と言ったので、善住寺の和尚が拝んだら、コトンという音がして戻った。それで信州のその寺が末寺になったという。」（『みさくぼの民話』）

猫は、時に「火車」という葬式や墓地から亡骸を盗み喰らう妖怪になるといわれる。猫が遺体を飛び越えると起き上がるといわれ、葬儀の際に猫を近づけず遺体の上に刃物を置くという習俗が静岡県にもみられる。猫が遺体を隠して葬儀を中断させ、恩のある和尚が拝むと遺体が戻り、お礼をもらい檀家が増えるという昔話は全国的にみられる。

大きい歌・小さい歌

「大きな歌、歌ってみろ」って言ったら、「海を蒲団に、世界を夜具に、富士を枕に寝てみたい」って。「小っこい歌、歌ってみろ」って言ったら、「蚊が流す、涙の川に浮く舟の、さおさす人の、すねの細さよ」って（『伊豆昔話集』）。歌を詠んで求婚に成功したり、幽霊を成仏させたりする「歌の功徳」というモティーフがある。歌の力は、静岡県に多い笑い話や世間話からも感じられる。

おもな民話（伝説）

浄蓮の滝の女郎蜘蛛（じょうれん）（賢淵 かしこぶち）

岩手県から熊本県まで広域にみられる「賢淵」と呼ばれる伝説であるが、

滝の主を女郎蜘蛛とするのは、伊豆と高知県の伝承だけで珍しい。浄蓮の滝の湧水はわさび田を作る美しい水で、また景勝地でもある。

　むかし、この滝のそばで畑を耕す男がいた。男が腰をおろすと女郎蜘蛛が、男の足に糸をひいては去り、ひいては去りを繰り返していた。男は、立ち上がろうと、足からはずして近くの切り株に糸を巻き付けた。すると切り株がめりめりと抜け、引きずられ滝つぼに飲み込まれた。男は、逃げ帰る。これ以降、浄蓮の滝の主は、女郎蜘蛛だと言われるようになった。数年後、滝のそばである木こりが木を切っているときに、誤って斧を滝壺に落としてしまった。男は滝に飛び込んで斧を探すと、水底で美しい女が木こりの斧を返してくれた。ただし、「私のことを人に話したら命はありません。」と言われる。ある冬の夜に村人が集まって話している時に浄蓮の滝の話になり、つい木こりは口止めされていた滝の美しい女のことを話してしまった。するとその夜、木こりは突然死んだ。村人たちは、ますます浄蓮の滝の主をおそれた(『伊豆傳説集』)。

かぐや姫　姫名から転訛したという地名由来をもつ富士市比奈には竹採公園がある。そこは、おじいさんが竹を切ってかぐや姫を見つけ育てたとされる場所で、竹採塚がある。『皇国地誌編輯』(1884)には富士市独特のかぐや姫が以下のように紹介されている。

　美しく成長したかぐや姫は、国司に求婚されるが断る。諦めきれない国司はかぐや姫のもとに来て、ともに数年暮らした。ある時、姫は国司に富士山に帰らねばと暇乞いをした。国司は許さなかったが、姫は箱を残して去ってしまう。富士山の山頂まで追いかけた国司は、山頂の大池の宮殿に住むかぐや姫と再会する。しかし姫はもう姿が人ではなく、天女に変わってしまっていた。絶望した国司は箱を抱えて池に入水したという。姫が富士山に帰る際に振り返ったとされる見返り坂などが残っている。姫が月に帰らず、富士山に帰るのが独特であり、富士山縁起などでは、かぐや姫が富士山の祭神とされることもある(『静岡県の歴史散歩』)。

嫁田　掛川市の日阪峠の近くに、嫁の田という所がある。千代蔵という若者が、隣村の美しい娘と結婚の約束をした。千代蔵は母に、その娘が一町余りの田(1ヘクタール)を一日のうちに植えられたらと答える。娘は、朝早くから月が出るまで植え続け、植え終わることができた。父は、田の畔に二子石という石があるがそれを傾けてみよと言い、娘は神

仏に祈って一心に傾けた。それで2人は結ばれ、その石を「縁定めの石」といい、植えた田を嫁田という(『靜岡縣傳説昔話集』)。

この話は結婚が成就した珍しい例である。一般的には、もう日が暮れるのに植え終わらず、夕日に沈むなと願ったり、日を招いたりして、日を戻して田を植え終わるが引き換えに娘は命を落とす。富士市比奈の一町六反の田、清水市の嫁田などがそうである。若い女の子どもを産む力を豊作に結び付ける伝承ではないかと鎌田久子は指摘している(「民話の手帖」)。この伝承は長野県にもあり、駿河と遠州とのつながりを思わせる。

遠州七不思議

越後、信州の七不思議と並んで、日本三大七不思議といわれる。挙げたもの以外の組み合わせで七つ以上の不思議があるが、代表的なものを取り上げる。

「浪の音」が西から聞こえるときは晴れ、東に聞こえるときは雨という。これは、助けられた小さな浪小僧が音で天気を知らせるからだとも、弘法大師が作った藁人形が知らせているからだとも伝えられる。「片葉の芦」は、本来互い違いに茎の両側についているはずの葉が、芦の生まれ故郷の方角の北側に向いているなど、何らかの理由で片葉になったと語る。「三度栗(みたびぐり)」は、一年に一度ではなく、三度実るという。通りかかった弘法大師に栗をあげたお礼だという。また戦いに負けた家康が通りかかり「もし自分が天下をとったなら、三度実を結べ」と言ったからともいう。

「桜ヶ池」は、御前崎市佐倉の池宮神社のそばの池。地元の武士が佐倉姫を伴って宴を催していると、大きな牛が佐倉姫をさらって池に飛び込んだため佐倉が桜に転じて池の名になったという由来がある。この池には弥勒菩薩が現れるのを待つため、法然の師匠の阿闍梨が大蛇に化身し水底に住んでいるという。その大蛇に毎年備えるお櫃(ひつ)納めという、赤飯を入れた櫃を桜ヶ池に沈める神事がある。信州諏訪湖とつながっていて、お櫃がそちらに浮かぶこともあるという伝説もある。

掛川市の「小夜の中山夜泣き石」は、夜に妊婦が通りかかり、山賊に殺されて石が泣いたと言われている。妊婦は産み月であったので、そばの寺の僧が腹の赤子を取り出し育てる。その子は大きくなり母の仇をとった。僧が育てるときに飴を与えたので、それにちなんで江戸時代「子育て飴」として東海道で売る店が繁盛したといわれる。

鐘をつくと莫大な金が手に入るが無間地獄に落ちるという淡ヶ嶽(無間

山)の「無間の鐘」。浜松市天竜区春野町の長者の娘がよその村の男と許されない恋に落ち、身を投げて二人の魂が牡丹になったという「京丸牡丹」。山の峰や、里の木の上に怪火がともって空を飛ぶという「天狗の火」などがある(「遠州七不思議」)。

おもな民話(世間話)

狸寺 明治の初め、富士宮市杉田の安養寺に大きい狸が住んでいた。葬られた死人を食べたりしていたが、しまいに住職を食べて住職になりすました。犬が怖いので、お経や葬式に出なくてはならない時は、寺の南にある塚に登って犬が居ないかを確認して出かけた。寺には狸の書いた書き物が残っているという(『静岡縣傳説昔話集』)。また、安養寺の案内板には『駿河国新風土記』(1934)からの次のような話が紹介されている。鎌倉の建長寺から和尚が来住した際に、たくさんの修行僧が集まった。しかし犬を飼うようになると、一人の修行僧が犬を恐れて寺を出てゆき、その犬が病死すると、また戻ってきた。8、9年経っているのに、姿も変わらず、犬を恐れるので狸ではないかと噂された。ついにその僧は、書状をしたためて寺を出たという。

一方、伊豆にも、建長寺から来た僧を泊めた話が伝わっている。その僧は、犬を恐れ、食べ方が汚く茶碗に口を突っ込んで食べ、帰りに書き物を残す。途中犬に襲われ狸であったことがわかる。建長寺とのかかわりや狸が書状を残すのが特徴といえる。口承文芸研究者の野村純一(1935〜2007)は、街道伝いの伝播と、筆に狸の毛が使われていたことも一因ではないかと指摘している。

生きていた平賀源内 江戸時代のレオナルド・ダ・ヴィンチと評される平賀源内(1728〜80)は、晩年江戸で、人を殺めた罪で投獄され獄中で病死している。しかし、懇意にしていた田沼意次の計らいで密かに領地であった遠州の牧之原市相良に移り住んだという説があり、墓も伝わる。ある時、意次の三女が嫁ぎ先で、頑強な望楼をなかなか取り壊せず難儀していた。その際に、源内とされる「知恵貸し爺」と呼ばれていた老人が、魚網を高櫓にかけて轆轤で引けと助言した。すると、ほかの藩が一か月以上かかっても出来なかったのに、すぐに取り壊せたという(『平賀源内と相良凧 凧あげの歴史』)。

23 愛知県

地域の特徴

　尾張や三河の国と呼ばれてきた愛知県は、鎌倉街道や東海道が通り、また飯田街道や足助街道にも繋がる交通の要所として古くから発展してきた。本州の中央近くに位置し、北部には木曽山脈に連なる山地がある。庄内川、矢作川、豊川などの河川は、南に接する伊勢湾や三河湾へ注いでいる。西には濃尾平野が広がり、中央寄りには岡崎平野もある。海岸地域の温暖な気候に対して、内陸は気温差が大きい。そのような東海式気候の中で、農業や醸造業、窯業、林業、漁業、養蚕・製糸業、車などの製造業が発展してきた。

　愛知県はまた、信長、秀吉、家康の三英傑をはじめとする著名な戦国武将を輩出した地であり、それに伴って桶狭間や長篠の戦い、小牧・長久手の戦いといった歴史上重要な戦の舞台となってきた。戦にかかわる伝承や、武将の生誕や幼少時にかかわる伝承もある。信長が桶狭間の戦いの前に必勝祈願に訪れたという熱田神宮は、三種の神器である草薙剣が祀られ、地域の篤い信仰を集めている。

伝承と特徴

　全国的に知られている民話が多い中で、先に触れたような戦にかかわる伝説や、著名な武将にまつわる伝説があるのが、本県の民話の特徴の一つである。三英傑の出身地であるのを誇り高く感じる一方で、人々は戦の悲哀や壮絶さも語り継いでいる。また、語り物の浄瑠璃の源となった浄瑠璃姫の伝説や、江戸時代に歌舞伎で人気を博した化け猫譚の舞台があるのは、本県に東海道の宿場がいくつもあったことが関係しているだろう。自然豊かな三河に大蛇の話が多く伝わっているのは、人々が蛇の執念や魔性を恐れていたからだとの指摘もある（『三河の民話』）。

　早川孝太郎が大正期に著した『三洲横山話』や『猪・鹿・狸』をはじめ

として、県内の民話関係の本の刊行は奥三河のものから始まっている。昭和になると、ほかにも『東栄町の民話』や鈴木隆一による『鳳来町むかしばなし』など各地で調査と刊行が進められるが、その内容の多くは伝説が占めていた。これは、昔話よりも伝説が多く語られていたためだろう。名古屋タイムズ社会部が出した『愛知の民話』は、それまでとは違って全県を網羅したものであり、その後未來社からは小島勝彦の『尾張の民話』や寺沢正美の『三河の民話』が刊行され、昔話も広く紹介されている。これらの本が出された頃にはすでに伝承者の数は少なくなっていたが、奥三河の嫗の語る13話などを収めた杉浦邦子の『奥三河あんねぇおかっさんの語り』は、その数少ない伝承者との出会いによって生まれている。

　近年のユニークな活動では、東三河民話保存会が豊橋市や田原市の300の民話の話名を民話地図と一覧にまとめて制作したものや、豊橋市内の妖怪をまとめた『豊橋妖怪百物語』などがある。ほかにも、自治体の民話集の刊行や、ホームページでの民話の紹介など、地域の歴史を知る財産として民話を後世へ伝えていこうという動きが活発になっている。

おもな民話（昔話）

もろぞ恐ろしや　ある村に一人暮らしのお婆さんがいた。とても立派な駒（馬）を自分の子どものように可愛がり、博労にいくら頼まれても売らんと断っとった。駒を盗もうと考えた博労は、ある夕方お婆さんが寝静まるのを待っとった。すると、山から肥えた馬を狙った狼がやってきて、同じようにお婆さんが寝静まるのを待っとった。

　夜更けに雨がザーッと降ってポトポト雨漏りがした。お婆さんは急いで鉢を当てながら、「虎おおかみより、もろぞ恐ろしや」と呟いていた。それを聞いた狼は、自分より恐ろしい怪物がいるのかと驚いて、雨が止むと納屋の前をパーッと走って逃げてった。博労はこれを馬だと思って追いかけ、狼は化け物のもろぞに追われてると勘違いして必死に逃げた。博労は途中で古井戸に落ち、狼の話を聞いた猿が井戸に長い尻尾を垂らして中を探る。博労は救いの綱だと思って摑んで助けを求めると、それが反響して恐ろしい声が上まで届く。二匹が逃げようとすると、博労に摑まれていた猿の尾が切れてしまう。それ以来猿の尾は短くなり、顔と尻も赤くなった（『愛知県北設楽地方の生活文化昔話集資料編』）。

「古屋の漏り」とも呼ばれ、動物の葛藤を描いた動物昔話として、全国に広く知られている昔話である。冒頭に「立派な駒」とあるように、かつては農耕や輸送のための良馬を産出していた設楽町の歴史を窺わせる内容になっている。登場人物の博労も、設楽の馬産地に出入りしていた彼らの存在を思わせる。なお、本話には二つの型が認められ、一つは動物の逃亡で終わるもの、もう一つは猿の尾の短い理由を説くもので、本話は後者にあたる。

竜宮でもらった玉手箱

昔々、大塚の浜に太郎という漁師がいた。ある春の日、太郎は岩場で一匹の海亀がぐったりとしているのを見つけ、漁には出ずに家に戻り、じじ様に相談した。すると、酒と一緒に飲ませれば良いと言って、くこで作った不老長寿の霊薬をくれた。薬を飲むとやがて亀は動き出したので、海へ放してやった。

数日後の夕暮れ、太郎が漁から帰ると助けた海亀が現れて、お礼に竜宮城へ連れていくと言う。亀の背に乗って竜宮城に行った太郎は、三日三晩ご馳走になる。じじ様を心配して帰りたがる太郎に、竜宮の主は玉手箱と巻物を土産に渡す。戻ると浜はすっかり変わっていて、すでに三年の月日が過ぎていることを知る。途方に暮れた太郎が玉手箱を開くと、中には塩が詰まり、巻物には塩の作り方が書かれている。太郎がその通りに塩を作るとそれが評判となり、あちこちから塩を買いにやってくるようになる。特に信州の人は「太郎塩」と呼んで、たくさん買いに来たという(『三河の民話』)。

亀の報恩で異郷を訪れる「浦島太郎」の類話とみられる。全国に分布し、絵本などでも知られる昔話の「浦島太郎」は、『万葉集』や『丹後国風土記』逸文などに同じ趣旨の歌や説話が確認され、その多くに乙姫が登場する。一方本話では竜宮城については多く語られず、玉手箱を開けるなという約束もない。塩と製塩法を記した巻物がただ授けられるなどの違いがみられる。

伝承地の蒲郡市や三河湾の沿岸では、古代から塩づくりが盛んに行われてきた。そのような塩づくりの由来を説く本話は、土地の歴史が昔話に影響を与えた結果生まれたものと考えられる。

おもな民話（伝説）

大石さま

須佐の刈藻浦（かるもうら）の海中に、一個の大きな石があった。人が寝静まった真夜中にこの石に灯がともると、浜の漁師達は神様が石の上でお休みになっていると、手を合わせて拝んでいた。

この神は近くに祀る土御前（つちごぜん）の神で、村中の安全を守るために真夜中に村を一巡し、途中この石で一休みなさるのだ。休息中は自然に灯がともるこの石を、村人は「大石さま」と呼んでとても大切に守ってきた。どうしたわけか、明治頃にはもう灯はつかなかった。石は高さが1メートルの幡豆石（はずいし）で、周囲は4.3メートルあった。何のために運ばれてきたのか、なぜ海中にあるのかはわからなかった。

豊浜も漁業が発達するにつれて港は次第に埋め立てられ、大石さまの海も無くなってしまった。だが、石は少し南の道路脇に移され、今は注連縄もかけられている（『南知多の昔ばなし』）。

豊浜は、知多半島南部にある伊勢湾に面した漁港である。奈良時代から沿岸航路の要地であり、愛知県下でも有数の漁業地域として知られている。その豊浜の村の安全を祈願する、土御前の神への人々の信仰心がよく伝わってくる話である。

犬頭の白糸

昔、矢作（やはぎ）の里はずれの平田の村人達は、蚕を飼って暮らしを立てていた。ある5月、蚕が繭を作る程に育った頃、近くの寺の白い犬が、村中の蚕を食べてしまった。村人達が怒って寺に押し寄せたので、和尚はなだめて考える時間を求めた。

困り果てた和尚が空を見つめていると、犬がいつの間にかそばに座っている。和尚が犬の白に問いかけて頭に手をやろうとした時、白の口から白く光った蜘蛛の糸のようなものが二本、風にのって舞うように出てきた。不思議に思ってその糸を引いてみると、見たこともないような絹糸だった。糸は絶え間なく出てきて、どのくらい時間がたったのか、村人達も集まってこの不思議な様子を眺めていた。やがて夕闇と共に白の口が静かに閉じると、絹糸はポツンと切れて、白の体は堅い石に変わってしまった（『矢作の里』）。

寺の白い犬は、長者の飼い犬や黒い犬だったとも伝えられている。人々が大切にしていた蚕を食らう犬の行動は、人間にはまったく理解ができな

い。しかしそれは、実は見事な絹糸を人々にもたらすためだったのだと語られている。糸は鼻から出てきたという話もあり、いずれも最後に犬は命を落としている。なお、本話は詳細こそ異なるが、平安時代の説話集『今昔物語集』にも「参河国に犬頭糸を始めし語」として載せられている。三河国から献上されていた、良質な生糸の由来を説く伝説が広く知られていたことがわかる。豊川市には、蚕の神として信仰を集めた犬頭神社が今も祀られ、岡崎市にも同名の神社がある。

浄瑠璃姫

1174（承安4）年の春頃、源九郎義経は鞍馬の山を下り、金売橘次の案内で奥州の秀衡の館へ向かう途中、矢作の里の長者兼高の家に滞在した。兼高の屋敷には、鳳来寺の薬師如来に祈願の末授かった浄瑠璃という一人娘がいて、二人は契りを結ぶことになる。しかし、義経は源氏再興のために旅立つ日が迫り、薄墨の笛を形見として姫に渡して旅立って行った。一人残された姫は義経を慕って奥州まで行こうとするが、菅生川のほとりで疲れと悲しみのあまり川へ身を投じて命を落としたという（『愛知県伝説集（増補）』）。

鳳来寺薬師如来の申し子という、三河国矢作の長者の娘の浄瑠璃姫と、奥州下りの道中にある義経との悲恋を語る伝説である。義経にはこのような伝説が他にもいくつかあるが、岡崎市には浄瑠璃姫の史跡や薄墨の笛なども伝わっている。本話は後に古浄瑠璃の「十二段草子」に脚色され、語り物の起源となっている。

五月の節句にのぼりは立てぬ

昔、豊臣方の軍勢3万が、長久手で1万8,000の徳川勢に背後から攻められて、惨めな負け方をした。この戦は長久手のあたりの池がすべて血に染まったといわれる程すごい戦だった。

破れた軍勢はばらばらになって逃げ、何人かが瀬戸の宮脇のあたりまでやっとの思いで逃れてきた。そして一軒の農家に助けを求めたが、敵方の報復を恐れた家人は戸を固く閉めた。侍が怒って戸を突き破ってきそうだったので、裏から逃げ出して家人が村人に救いを求めると、ちょうど五月の節句に用意してあった竹竿を手に村人達が駆けつけ、皆で侍を突いて殺してしまった。それ以後、宮脇のあたりで五月の節句の幟を立てると、家の子どもが死んでしまうことが続き、殺された侍の祟りと恐れて幟を立てる家はなくなった（『尾張の民話』）。

瀬戸にある十三塚も、本話と似たような13人の落ち武者にまつわるものであり、百姓たちの複雑な思いとその悲劇がこのように語られている。隣接する長久手市にも戦にかかわる地名がいたるところに散見され、その凄まじさを今に伝えている。

おもな民話（世間話）

庄七と小狐

　昔、朝倉の村に庄七という若者がいた。海沿いの小さな村で、村人達は丘を耕したわずかな畑と漁とで暮らしを立てていた。畑作りの前には浜辺に打ち上げられた藻を採る習いだったが、老母と二人暮らしの気だてのよい庄七は、いつも争わずに少しの藻だけを採って畑の肥やしにしていた。

　ある日庄七が畑で鎌を研いでいると、畑のすみの肥溜めから奇妙な声が聞こえてきた。そっと見るとかわいらしい小狐が苦しそうにもがいていた。救い出して近くの小川で洗って放してやると、その夜、浜から吹く潮風にまじって「ショウシチ、砥。ショウシチ、砥」と呼ぶ声が聞こえてきた。あくる朝戸を開けると、誰が届けたのか畑に忘れてきた砥石が戸口に置いてあった。

　その後畑の肥やしを整える時期になったある夜、また潮風にまじって「ショウシチ、藻」と幾度も呼ぶ声が聞こえた。朝庄七が戸を開けると、小山ほどの藻が置いてあった。誰かと思いながら、庄七はその藻で肥やし作りをし、畑の作物は豊かに実った。それからも、藻採りの季節になるたびにあの声が聞こえ、闇にまぎれて姿を消そうとする狐の後ろ姿を見かけたこともあったが、庄七は少し不思議に思っただけだったそうな（『尾張の民話』）。

　伝承地のある知多半島には、このような狐にかかわる話がいくつか伝わる。童話作家の新美南吉が生まれ育った半田も半島にあり、有名な童話「ごんぎつね」は、南吉が幼少期に聞いた話が題材になったと考えられている。恩に報いたい小狐の思いは、人間である庄七には届かないと話は語る。海沿いの人々の暮らしの様子と、潮風にのって聞こえてくる庄七を呼ぶ声の切なさが、余韻を引く内容である。

24 三重県

地域の特徴

　三重県は南北に長く、東は海、西は山と、山と海に囲まれている。海・山・平地をあわせもち、変化に富んだ自然に恵まれた土地である。三重県域はかつて伊勢・伊賀・志摩・紀伊の一部と四つに分かれており、生活・風俗・慣習にそれぞれ特性をもった地域であった。廃藩置県で当初は11県となったが統合し、今の三重県を形づくったという経緯から、三重県とひとまとめにするのは難しい。

　三重県で最も注目されるのは伊勢神宮である。おかげ参りや「ええじゃないか」といった歴史に残る爆発的な伊勢参りには、御師たちの日常の活動が奏効し、多くの人々が伊勢参りをした。伊勢およびそこへ向かう道は、2004（平成16）年に「紀伊山地の霊場と参詣道」としてユネスコの世界遺産に登録された。その熊野古道は、伊勢と熊野を結ぶ道である。また、伊賀は忍者、志摩は海女というように、他県にない特徴的な文化がある。

　県の産業はかつては林業と農業であり、新天地を求めて北海道開拓者も多かった。畿内に近く、海上交通の盛んな伊勢からは多くの大商人が生まれ、伊勢商人として活躍した。近代以降、地場産業である鋳物工業や窯業に加え、紡績業などの繊維工業も発達し、戦後は石油コンビナートを中心にした石油化学工業地域として発展する方面、四日市ぜんそくといった公害問題も抱えた。

伝承と特徴

　三重県の民話の伝承について、これまで「昔話資料は大変少ない」「昔話の未調査地域が多いが、総じて他県よりも伝承状態はよくない」（『日本昔話事典』）というように、昔話の報告例が少なく、未調査地も多く、そして、伝承状態が良くないことが指摘されてきた。ところが、『三重県南昔話集　上』に目を通すと、三重県南部だけで300を超える昔話が採録さ

れている。決して昔話が少なく、伝承状態が悪いのではなく、未調査のために報告例が少なかったのだということがわかる。

　報告例が少なかったのはやはり三重県という土地柄によるものではないだろうか。三重県には伊勢神宮があり、伊勢参りの人々の行き来が盛んであったし、熊野詣での人々も多かった。古くからこうした信仰の道があり、そこに伊勢参りや熊野詣での人々が行き来することで伝説が運ばれ、伝承されてきた。伊勢参りに関するもの、都の人とかかわるもの、神のことなど数多くが伝説となった。それだけではない。山には忍者、海には海女といった特徴的な文化もあった。人々が海から山へ、山から海へと行き交うことでさまざまな伝説を育んできたのである。

　また、三重県には18世紀後期にロシアに漂着し日本に帰った大黒屋光太夫や、北海道の名付け親となった松浦武四郎など、この地を離れ、海の向こうに出ていった人の伝説がある。また徐福のように、海の向こうから渡来する人などの異色な伝説もある。こうした伝説への強い関心が、逆に昔話採録を鈍らせる原因の一つなのではなかったろうか。

おもな民話(昔話)

三井寺の鐘

　志摩の昔話である。むかし魚屋が魚を売りにいくと、子どもたちが蛇をいじめていた。そこでその蛇をくれと言うと、殺すからやらないと言うので、魚を売った金で蛇を買って逃してやった。するとその蛇が女になり、夜になって魚屋の男のところに泊めてくれと来た。男はことわったが、どうしても泊めてほしいと言われ、ふたりは夫婦になり、子どもができた。出産のとき、女は決して見るなと言ったが、音がするので男が覗くと蛇体が見えた。女は見られたのを知り暇をくれと言ったが、男はお前に暇をやったら娘を育てられないと許さなかった。女は娘は育つようにすると言って、目をくり抜き、置いて去った。それから娘が泣くと、その目を舐めさせて育てた。娘は大きくなり、その目を持って外に出るようになると、美しいものを持っていると評判になった。評判を知ったお上が持ってこいと言い、持って行くと、これは対だから2つ持ってこい、持って来ないと親子で殺すと言った。娘は困ったが、母が会いたいときは湖のそばに来て叫べと言ったことを思い出し、近江の湖に行って「かあさん」と泣き叫ぶと、蛇の母が出てきた。母に話すと、母は泣き

ながら2つあげたら見えなくなり、暮れたか明けたかもわからなくなる。これから先は鐘をついて知らせてくれと言って、もう一つの目もくり抜いてくれた。お上に両目をやると、堂を建ててくれて娘は鐘をつくようになった。三井寺の鐘とはこのことで、今も鐘をついている(『鳥羽志摩の民俗』)。

異類婚姻譚(いるいこんいんたん)の一つで、全国的に分布する目の玉型の蛇女房の昔話である。黄地百合子は「わが国では蛇は水の神と関連して霊的な動物とされるが、本話型は水を支配する存在としての蛇をよく表現している」としている。信仰から伝説として語られていくかたちになることも多く、三井寺霊験譚(れいげんたん)と結びついていることがわかる(『日本昔話事典』)。

取っつく引っつく

桑名の昔話である。むかしあるところに情け深い正直爺さんと、欲の深い意地悪爺さんが住んでいた。ある日正直爺さんが山へ木を切りに行くと「とっつこか、ひっつこか」と大声が聞こえる。気のせいかと思っているとまた聞こえる。正直爺さんは我慢できず、「とっつくなら取っつけ、ひっつくなら引っつけ」と怒鳴った。すると頭上の松の木から大判小判がじゃらじゃらと落ちてきて、着物に小判がたくさんひっついた。大喜びで家に帰り、婆さんに事情を話し、着物についた大判小判をはがした。それを見聞いた隣の意地悪爺さんは、さっそく自分も山へ行って木を切ることにした。案の定「とっつこか、ひっつこか」と聞こえてきたので、喜んで「とっつくなら取っつけ、ひっつくなら引っつけ」と怒鳴った。すると松やにが落ちてきて体中に引っついて、どうにもならなくなった。着物についた松やにを取るのに三日三晩かかったという(『伊勢・志摩の民話』)。

財宝発見の昔話で、全国に広く分布している。良い爺が財宝を得て、真似をした隣の爺が失敗するという型のほかに、三人兄弟譚の形をとり、末弟が恐れずに声に立ち向かい富を得るものや、化物が出て背負って帰ると金だったという話もある。奇妙な声が隣人の失敗譚とともに笑話的な要素となり、怪談・伝説化の傾向もみられるという(『日本昔話通観15』)。

おもな民話(伝説)

徐福伝説

熊野には徐福伝説がある。中国が秦の時代、始皇帝という人がいて、死ぬのが嫌だから死なない薬を探してこいと言って、徐福様は冬の寒い日、船で来て遭難した。船はこわれてしまったが、

徐福らは助かって、矢賀の磯に浮きあがった。徐福が上陸した時、波田須はまだ藁葺の東家・仲家・西家の3軒のみだった。徐福は、自分たちを助けた褒美にと、巻物・剣・すり鉢を授けた。ところが巻物は火の玉で焼けてしまい、剣は子どもが鮫にさらわれたときに母親が鮫を刺すのに使ったが、そのまま鮫は海のむこうに行ってしまった。すり鉢も割れたとか盗まれたと言われていた。1919年、すり鉢の在り処がわかり、地域の人々が四日市まで行き、それを取り戻した。現在もすり鉢は波田須で保管している。また、中国の古銭・半両銭が徐福神社周辺の道普請の際に出土し、これも大切に保管している。

　出航地の中国、経由地の韓国、到着地の日本でそれぞれ地域の特性にあった徐福伝説を形成している。日本に伝わる徐福伝説は全国で20ほど数えることができる。柳田國男は徐福を流され王とし、折口信夫は貴種流離譚とした。徐福は中韓日の政治的影響を大きく受けながら、内なる神としていまも地域の人々に祀られている（『徐福論—いまを生きる伝説—』）。

だんだらぼっち

　むかし波切の大王島にだんだらぼっちが住んでいた。一跨ぎすれば重みで岩が海底に沈むほどの大男で、波切の村に出てきてはいたずらしたり、盗みをはたらき、家を踏みにじることもあった。村の人たちは退治しようと計画をたてた。ある晴れた春の日、だんだらぼっちが海岸を散歩し、生簀を指して「これは何に使うか」と村人に尋ねると、村人は「これはこの村にいる千人力の男の煙草入れだ」と答えた。だんだらぼっちは驚き、次に網の干してあるところで尋ねると、村人は「これは千人力の男の着物だ」と答えた。だんだらぼっちは顔色を変え、太さ一抱え半、長さ四間もある魚の餌を入れる袋をみつけてまた尋ねた。村人は「これは千人力の男の股引だ」と答えた。最後に村人たちは、造っておいた畳一枚ほどの大きいわらじを見せ、「これはこの村に住む千人力の男のわらじだ」と言った。だいだらぼっちは大王島に逃げ帰り、二度と姿をあらわさなかった（『伊勢・志摩の民話』）。

　漁村の人々が竜神祭を行うのは漁業の繁昌につながると信じたからである。わらじ曳き祭も竜神祭と考えたほうがよいという。大王町の大王も沖の竜神を意味する。大わらじを流すことで竜王の威力を誇示しているのだ。流す前には神社拝殿で盛装した男児が大わらじを曳く神態を演じる。曳くことで、八大竜王の恩頼を波切の人々がいただくのだという。竜王が少童

の姿に身をやつした海神少童という古代信仰がそこに隠されていると堀田吉雄は述べている（『生きている民俗探訪　三重』）。

蘇民将来（そみんしょうらい）と巨旦将来（こたんしょうらい）

素盞嗚命（すさのおのみこと）が嫁探しに旅を続けていた。伊勢についたとき、日は暮れて月影だけがたよりだった。もう歩くことができなくなり、一晩泊めてもらおうと瀬古一番の巨旦将来という長者の家に行った。するとこんな汚れた着物の人を泊めることはできないと断られてしまった。素盞嗚命は数町離れた弟の蘇民将来の家へ行った。貧乏暮らしだったが、蘇民将来は親切にもてなした。翌朝、素盞嗚命は伊勢には美しい女がたくさんいると聞いたので、私も伊勢で嫁を探そうと言って去っていった。何年か経ち、素盞嗚命は伊勢から嫁をもらい、8人の子が育った。ある年、8人の子と伊勢に住む悪者をやっつけようとやって来た。そして蘇民将来の家を訪ねた。蘇民将来は死んで、娘一人だけだった。娘は巨旦将来は兄弟の家の面倒を見てくれないと言った。兄弟睦まじくないとは不届きだと素盞嗚命は巨旦将来を殺し、娘に「私は素盞嗚命だ。今後この地方に疫病が流行ったら、蘇民将来の子孫だと言って茅の輪を腰につけなさい。きっと疫病にはかからない」と言って帰っていった。以来、伊勢では家々の門口に「蘇民将来子孫繁昌の家」という木札をかかげるようになった（『伊勢・志摩の民話』）。

広く伝承した常世神歓待説話の典型で、茅の輪型を象（とこよがみ）って災厄を免れる呪いとする神事は茅の輪の由来譚といえる。渡辺昭五は、もともとは農耕とかかわる信仰が京都の祇園牛頭天王（ごずてんのう）への信仰と習合して、全国に散見する除災の信仰に広がったものだと述べている（『日本昔話事典』）。

おもな民話（世間話）

三次郎話・ミナヌカ

熊野の三次郎話と名付けられる笑話、そのなかの「ミナヌカ」を紹介する。三次郎さんの親が亡くなった。「三次郎は、親が亡くなったのに、お経もあげてやろうとしない」と言って、みんながうわさをしていた。すると「参りにきておくれ」と言って、みんなにふれまわって来た。そこでみんなは出かけていって、お経をあげると、自分で紙に包んで、親戚の人みんなに、お経読むときに渡してくれた。「どうも今日はありがとう」と言って、お茶を飲んだ。みんなは中には何が入っているんだろうと思って、包みを開けてしまった。

するとその中には米の糠が入っていたんだそうだ。「あ、これ糠だ」と言って、こっちの人も「あっ、これも糠だ」ってみんなそう言った。「三次郎、これ、みな糠だぞ。どうしたんだい」と言って、聞いたところ、「きょうはお父さんのミナヌカ（三七日）だからね、ミナ、ヌカ（皆、糠）にしたんだよ」と言ったんだそうだ（『三重県南昔話集　上』）。

　梶晴美が採録した須崎満子媼の語る笑話である。野村純一はこの三四郎話の流布と伝播を「明らかに海岸部から内陸部、つまりは道路沿いに山里に向かって延びている」としながら、それが一方向のものではなく「その両者を往復した者の介入と存在を想定しなければなるまい」としている（同上）。梶は後に『奥熊野のはなし―須崎満子媼の語る三〇〇話―』）をまとめた。

岩一升、米一升・西村彦左衛門

　多気郡の用水開削にまつわる世間話である。江戸時代後期、丹生村の農地は櫛田川よりも高いところにあったため、水利がなく米がとれず、村人たちの暮らしはたいへん苦しいものだった。日ごろから村内で生計に困っている者があれば、ひそかに米や銭を投げ入れたという地士の西村彦左衛門という人がいた。貧しい村人たちを見兼ねた西村彦左衛門は、開田のために庄屋を説得し、紀州藩を説得し、15年をかけて立梅用水を完成させた。百姓たちが開削工事が大変で投げ出しそうになったときには、「岩一升、米一升」といって、開削した際の岩を一升枡に入れてきたら、同じ分を米一升で返すと言って、私財を投げ出して開削を促した。そのおかげで立梅用水ができ、村に新田ができ、米がとれるようになった。その米で勢州一の銘酒が生まれたという（『国「登録記念物」・世界「かんがい施設遺産」登録記念誌　立梅用水』）。

　全国に用水開削の話は多く、小学校の社会科教育のなかでも多く取り入れられている。1823（文政6）年に竣工したこの立梅用水は、国の登録記念物であり、世界かんがい施設遺産にも登録されている農業用水である。立梅用水の管理運営については農業土木の世界では全国的に注目されており、視察に訪れる人も多い。そこで立梅用水土地改良区では紙芝居をつくり、国内外の人々に用水開削の苦労話を外国語も対応させながら伝えている。現代の伝承を考えるうえで注目していきたい。

25 滋賀県

地域の特徴

古くは「近江」と呼ばれた滋賀県は、真ん中に県の6分の1の面積をもつ日本一の淡水湖・琵琶湖を擁し、周囲を西に比良・野坂、東は鈴鹿・伊吹の山地が取り囲む。気候は南部と北部で違いがあり、特に冬、湖南は内陸性気候で比較的温暖だが、湖西・湖東の北部や湖北は積雪が多い。

古代には朝鮮半島や大陸と深いつながりをもち、多くの渡来人が訪れた。また、天智天皇が大津に都を置くなど、古くから開発が進み中央の政治ともかかわりが強かった。経済・文化の面でも日本の東西をつなぐ重要な役割を果たし、仏教の聖地・比叡山延暦寺や多賀大社をはじめ、長い歴史と伝統をもつ神社仏閣は枚挙にいとまがない。戦国時代には信長・秀吉など名立たる武将たちが近江の各地に城を築き、そして何度も戦の場となった。さらに琵琶湖とその周辺は早くから交通・流通の要とされ、江戸時代には東海道・中山道が整備された。近江商人は全国に影響力を及ぼし、近代になると近江商人気質は活躍の舞台を世界にまで広げたのである。

農業や漁業を主とした庶民の間では、湖南・湖西・湖東・湖北それぞれに独特の生活文化を保ち、戦後多くの工場がつくられ生活様態が大きく変化してからも、民俗行事や祭など伝統的文化の数々が生き続けている。

伝承と特徴

滋賀県の民話の歴史は古い。余呉の天女や日本武尊の話は古代から現代にまで伝わり、『三国伝記』など中世の説話集に載る話も多い。物語草子になった俵藤太の百足退治や甲賀三郎伝説は今も在地の伝承に受け継がれ、『近江輿地志略』など近世の地誌類にはさまざまな口碑が記されている。

ただ近代以降は庶民の間で語られる民話の記録は少なく、戦前は1936（昭和11）年に三田村耕治が編んだ『滋賀県長浜昔話集』のみであった。昭和40年代になって、『近江むかし話』『余呉村の民俗』『近江竜王町の昔話』

や『近江愛知川町の昔話』など、貴重な資料集が相次いだ。その後、1980（昭和55）年頃に県内の市町村がそれぞれ昔話集を刊行し、滋賀県の民話伝承の全体像が見渡せることとなった。それらは再話を基本にしたが『西浅井むかし話』は語りのままを編集、また『伊吹町の民話』『滋賀県湖北昔話集』など、湖北の伝承の丁寧な報告が続いた。これらの資料により、かつては非常に豊かな口承世界が花開いていたと想像できる。

昔話の呼称は「昔話」が一般的で、相槌は「ふんふん」、語り始めは「むかし」「昔々」が多い。結末句は、旧愛知川町で「そうらいごんぼ」を含む語がいくつか報告されている。話の内容としては、本格昔話や動物昔話は少なく笑話が数・種類ともに多い。中でも「和尚と小僧」や「愚か息子」の話がよく語られた。また、伝説は非常に多彩で、「蛇女房」や「蛇婿入」「天人女房」「千疋狼」等々、本格昔話のストーリーが県内各地で伝説として伝えられてきた。ほかにも琵琶湖や川・池に関係する話、特に湖や池と竜女の話、そして地域の寺社の信仰につながる話、武将伝説などが多い。豊かな自然（特に水）とかかわった生活、厚みのある歴史や民俗を反映しているといえる。世間話は、笑話や伝説のモチーフと重なるものも多く、狐や狸、河童、妖怪、各地域の有名人など、実に話題が豊富である。

なお最近は、ほとんどの公立図書館や幼稚園・小学校を中心に、お話ボランティアによる「お話し会」が開かれ、県内の民話をはじめ、日本・外国の様々な話が絵本や紙芝居などを通して伝えられている。

おもな民話（昔話）

姥捨山　県内で伝承例の多い昔話で、長浜市に伝わる話は、昔、山に母親を捨てに行く途中、親が木の枝を折るので息子が不審に思うと、親は息子が帰り道を間違えないようにと言う。息子は翌日親を迎えに行き、床下に隠して養う。ある時、殿さんから灰で縄をなえという難題が出て、母親に縄をなってから燃やせば良いと教えられ、息子が殿さんから褒美を貰う。次に馬の親子を調べる問題が出るが、やはり母親の知恵で切り抜け、どうして知ったのかと問われ、息子はお婆さんに教えられたと言う。それ以来、姥捨は止めになったのである（『西浅井むかし話』）。

「枝折」や「難題」モチーフを語る話や他のタイプも含め、長浜市各地、米原市、甲賀市、高島市、愛荘町、竜王町などに広く伝わる。米原市では

「枝折」という地名の由来伝説としても知られる（『米原町むかし話』）。

蛇女房　『近江むかし話』に、近江八幡市に伝わる次のような話が載る。
昔、湖岸で一人の若者が暮らしていたが、ある娘が漁に出る若者を見送るようになり、やがて二人は夫婦になる。だが、子どもまで産まれたある日、女房が自分は琵琶湖の龍神の化身だと告げて湖に帰ってしまう。赤ん坊のために女房は自分の右の目玉を乳代わりにと渡し、子どもは目玉をなめて育つ。なめつくしたので今度は左の目玉をもらってやるが、女房は、両目がなくなって方角もわからないので毎晩三井寺の鐘をついてくれ、それで二人の無事が確かめられる……と頼む。それから三井寺では毎晩鐘をつくようになったという。その他、県内各地に伝わる「蛇女房」はすべて三井寺の鐘の由来を語る。米原市の話では、蛇の目玉を取り上げた殿様が三井寺の鐘をつくるようお触れを出し、男は鍛冶屋なので一生懸命つくる。その鐘は殿様がついても鳴らず、男と蛇女房の息子がつくと初めて鳴る。蛇の母の一心だという（『伊吹町の民話』）。全国に分布する「蛇女房」にも三井寺の鐘と結びつくものが結構あり、三井寺の信仰を広げた座頭などの宗教者が各地に話を持ち歩いたものとされる。

千疋狼（せんびきおおかみ）　昔、お坊さんが木の上で野宿をしていると、狼が背中梯子をして木に登って来た。しかし、坊さんに届くのにもう一匹足りず、「柳ヶ瀬の太郎が母を呼んでこい」と言う声がする。やって来たものが届きそうになった時坊さんが錫杖で叩いたので、そのものは眉間に傷を負い落ちる。夜が明けて坊さんが柳ヶ瀬まで行き「太郎が母」について聞いたところ、そういう婆さんがいるが布団を被って寝ている。「正体現せ」と言うと狼であった。縁の下から白骨が見つかり、狼が婆さんを食べてなりすましていたのだ（『滋賀県湖北昔話集』）。この長浜市余呉町に伝わる話では正体は狼だが、長浜市の塩津浜や高島市では猫がお婆さんを殺して化けていたと語る。柳田國男が注目した柳ヶ瀬の狼神社の伝説としても伝わり、「オコナイ」行事の由来伝説ともなっている（『余呉の伝説』）。また、高島市マキノ町では海津の池田屋（宿屋）のこととして語られてきたという（『マキノのむかしばなし』）。いずれも福井県から滋賀県に通じる交通の要所に伝承されており、話の伝わった道筋が想像される。

猿婿入り　昔、三人の娘を持つお爺さんが、畑で牛蒡（ごぼう）が抜けず困っていると猿が来たので、娘を一人やる約束をして手伝ってもら

う。爺は猿との約束が気になりご飯も食べられない。娘にわけを話すと、上の二人はいやがるが末の娘が承知し、嫁入り道具に米一袋と臼と杵を頼む。猿が来ると娘は毎日お餅を食べさせると言って、猿に米と臼と杵を背負わせて行く。途中、娘が川べりの桜を欲しがり猿は木に登るが、娘は「もっと上もっと上」と登らせたので、猿は背負った物の重みで川に落ちてしまう。娘は家に帰り親や姉と喜び合ったという(『滋賀県長浜昔話集』)。

　この話は1936 (昭和11) 年に長浜女学校の学生が報告したもので、同集には計55話が載っている。語りのままの記録ではないが整った話が多く、昭和の初めの豊かな伝承の姿が想像できる。「猿婿入り」の別のタイプは、嫁入りして里帰りの途中、猿が娘に頼まれ桜の枝を取ろうとして川に落ちる。この里帰り型の話は主に関東・中部以北に多く近畿地方ではまれなので、嫁入り型と里帰り型の両方が伝承されていた貴重な例である。

団子爺

笑話で、滋賀県で最も報告例の多い昔話。隣村の家で団子をご馳走になった爺が、あまりに美味しかったので「団子、団子」と言いながら帰る途中、溝をポイと跳ぶと「ポイトコセ」になってしまう。家に帰り婆に「ポイトコセしてんかい」と言うが伝わらず、怒った爺が婆を殴ると「団子ほどはれた」と言うので団子のことを思い出すというもの(『近江竜王町の昔話』)。全国的に広く伝承される話で、主人公を「愚か聟(なこ)」や「愚か息子」とする地方が多いが、滋賀県では「爺」の話が過半数である。溝を跳ぶ時の言葉は「ポイトコショ」「ドッコイショ」などもある。また、買い物や使いを頼まれた男が溝を跳んだ際に「ポイトコセ」と言い、その拍子に買い物の内容を忘れるというものも多数伝わる。県内各地で語られるが、甲賀市、竜王町、愛荘町で特に多く伝承されている。世間話的に話される傾向がみられ、「ポイトコセーや」がもの忘れをした時に使う言葉になっている所もある(『近江愛知川町の昔話』)。

おもな民話(伝説)

琵琶湖と富士山

昔、「だだほし」という大男がいて、日の光が当たると体が溶けるので夜だけ仕事をしていた。近江の国の真ん中に穴を掘り、その土をモッコに入れて天秤棒でかついで駿河の国に運んでいたところ、ある夜、中山(日野町)辺りで天秤棒が折れたため村人達を起こし、代わりを探せと怒鳴った。しかし、天秤棒は芋茎(ずいき)で作

ってあったので丁度良いのが見つからず夜が明けてきた。だだほしは慌ててモッコの土を捨てて逃げて行ったが、村人は大男がまたいつ来るか知れないので長い芋茎を探そうと、芋茎の長さを比べ合う「芋比べ祭」が始まった。だだほしの掘った穴は琵琶湖になり、駿河に運んだ土の山は富士山になったということだ(『続近江むかし話』)。琵琶湖の始まりを語る伝説は県内各地にさまざまな形で伝承され、大男が土を運ぶ途中少し落としたのが野洲市の三上山になったという話が広く知られている。また、湖北の各地では、大男を「伊吹弥三郎」と伝え、琵琶湖を掘った土でできたのは伊吹山で、途中で落とした土が岡山やみそごし山だという。

阿曽津婆

むかし琵琶湖の北に「阿曽津千軒」と呼ばれた大きな村があった。阿曽津婆という大金持ちがいて村人は皆その婆から借金をしていた。婆は強欲で無茶な取り立てをしたので村人達は婆を恨み、ついに婆を竹簣子に巻いて湖に投げ込んだ。その時たまたま堅田の漁師の船が来て婆を助け介抱したところ、婆は漁師達が自分の竹林の竹を使うことを許し、船を守る約束をして亡くなる。以来、堅田の漁師は阿曽津の竹で竿を作り守り神にしたという。まもなく婆の恨みが大津波となって村を襲い、阿曽津は一夜の内に消えてしまった。村人達は命からがら山を越えて逃げ、やがて七つの村を作ったのである(『高月町のむかし話』)。

この伝説は長浜市の琵琶湖畔の地域でよく知られている。他にも、むかし琵琶湖近くにあった大きな村が地震などの影響で水没したという話が随所に残る。最近の湖底調査によって、その水没村伝承の多くが江戸時代以前に実際に起こったことを伝えているとわかり、琵琶湖周辺の災害伝承として見直されている(『地震で沈んだ湖底の村』)。

愛知川の竜

湖東地域を鈴鹿の山から琵琶湖に向かって流れる愛知川の流域に残る伝説。毎年洪水が出る頃、湖から山へ竜が愛知川をのぼる。竜は人の姿になって、いつも五個荘にある決まった宿に泊まっていたが、奥の間で蛇体になっているところを女中が覗き、それ以来その家はバタバタとだめになったという。竜は上流の萱尾の滝近くの枇杷の実を食べると言われていた(『近江愛知川町の昔話』)。

この伝説にかかわる話は愛知川が流れるすべての市や町に伝承され、江戸時代の地誌にも記録がある。宿に泊まる際には美しい姫姿であったともいい、定宿にしていた所もさまざまに伝えられる(『八日市市のむかし話』

『湖國夜話』など)。竜蛇が川を上る目的は7月1日に行われた萱尾(東近江市)の滝祭りだという。萱尾の滝はかつて愛知川の水源とされ、永源寺ダムに沈む前は美しい大滝で知られた。その滝を祀る大滝神社は、古くから愛知川の水の恩恵を受ける流域の村々の信仰を集めており、この伝説は大切な愛知川の主(川の神)の話として言い伝えられてきたといえる。

おもな民話(世間話)

雷封じ　昔、守山市金森にはよく雷が落ちた。蓮如上人が金森に滞在の時にも雷が落ち、蓮如さんが杖で押さえつけ蓋をした。雷が謝ったので許して蓋を開けてやると雷は礼を言って天に帰り、それ以来金森には落ちないという(『續守山往来』)。同市では他に大日さんや一休さんが雷を封じたとも伝え(『守山往来』)、栗東市では神様や天神様のおかげという(『栗東の民話』)。野洲市、近江八幡市、豊郷町、愛荘町、旧伊吹町、旧近江町など各地に同様の話が伝わり、雷はなぜか村の神社や寺に落ちたという例が多い。雷封じの話は全国に残るが、雷は怖いものとされる反面、水神として、また雷光を神の降臨と見て崇拝された。雷を捕えた神様や僧は水神を祀る祭主を表すと考えられ、かつて滋賀県の人々が農耕に不可欠な雨を強く祈願し、雷を渇望したことが想像される話である。

狐のお産　県内には多くの狐に化かされた話があるが、狐のお産を助けた人が実在したという話。高島市の産科医に、ある夜難産だからと頼みに来る者があった。三人の男の子が産まれ、医者は帰りに今のは狐だったと気づく。翌日母親がお礼に来て、医者はどうせ木の葉だろうと思うが本当のお札であった。話が伝わってその産科医は有名になったという(『旅と傳説13』3号)。湖南市や近江八幡市の類話では産婆がとりあげた話として、愛荘町には産科医の実話として伝わる。高島市には、寺の奥さんがお産の世話のお礼に狐から薬の製法を教わって売り、「米善」と呼ばれたという話もあり(『旅と傳説』同上)、助けた狐に貰った薬の話は米原市にも実話として残る(『近江町むかし話』)。昔、狐は身近な動物であるとともに、稲荷の使者とされるように本来神の使いと見なされた。その信仰が衰退し、霊的な力が化かす・化けるなどと受け取られるようになったといわれる。狐のお産の話は報恩譚でもあり、人間が狐に親近感をもっていた滋賀の村里の生活の名残を感じさせる。

26 京都府

地域の特徴

　京都府は北から丹後、丹波（東部）、山城の三つの旧国からなる。丹後地方は府内で唯一海に面しているが、平地は少なく、山地が日本海に迫る。リアス式海岸に良港が発達し、舞鶴・宮津・久美浜など、江戸時代から明治期に、西廻航路の寄港地として栄えた。丹波地方は小盆地と山地からなり、北に由良川、南に保津川が流れる。この保津川を下り、材木などの物資が京の都に運ばれた。また、鯖（さば）で知られる福井県若狭地方の海産物が山地の街道を通り、都に向かった。

　山城地方には京都盆地が広がり、淀川水系で大阪方面とつながる。奈良の平城京にも近く、8世紀末から1,000年の間、平安京が置かれた。その市中・郊外を洛中・洛外と呼び、公家、武家、町衆、寺社が軒を連ねた。旅文化の発達につれ、都の名所旧跡が評判になり、多くの案内書が編まれた。その伝統を受け継ぎ、観光は現在も京都の産業であり文化である。

伝承と特徴

　京都府は長く都に接し、古代以来の史書、地誌、縁起、説話、物語、紀行、随筆などに民話関係の記事が残される。近代の民俗学・民話研究を意識した記録としては、1925（大正14）年の『口丹波口碑集』が早い。続いて1933（昭和8）年の『京都民俗志』、1941（昭和16）年の『丹波の伝承』、1954（昭和29）年の『何鹿（いかるが）の伝承』があり、伝説・世間話を中心に民話を集める。同様の民話集は以後も多い。昭和30年代（1955～64）には『京の怪談』『町町の伝説』などを含む緑紅叢書が刊行された。1968（昭和43）年、京都府立総合資料館が船井郡和知（わち）町で昔話調査を行った。以来、丹波・丹後地方、京都市域を除く山城地方で昔話が調査され、大学の研究者や学生、郷土研究者らが精力的に携わった。ほかにも地元新聞社や出版社が関連書籍を出版している。これらの報告書や図書は、府立総合資料館

が収蔵し、その後身の府立京都学・歴彩館で閲覧できる。

　伝承の特徴としては、政治・文化の中心地に近い土地柄のため、民話に歴史的事件の影響が目立つ。さらに、事件の記録も話と相互に影響し、それらの複雑な交渉の跡がうかがえる。これは特に伝説に著しく、多くの歴史上の人物が主人公にされている。また、物語の伝承・改作・伝播にかかわった宗教者の痕跡が寺社に残る。昔話については、北陸地方の「そうろう」系の結末句が丹波地方で聞かれ、若狭方面からの影響を示す。また、新潟県の「いちごさけた」系の結末句が丹後地方の一部に伝わり、西廻航路による伝播を思わせる。一方、同地方の「これでむかしのたねくさり」は、他地方では聞かれない独特の結末句である。

おもな民話（昔話）

蟹満寺縁起（かにまんじえんぎ）　木津川市山城町綺田（かばた）の蟹満寺（かにまんじ）について、12世紀初頭の説話集『今昔物語集　巻16』にこんな話が記されている。

　昔、山城国久世郡（くぜ）に住む父娘があった。あるとき、娘は人に捕まっていた蟹（かに）を助けた。一方、父は田を作っている時、蛙（かえる）を呑もうとする毒蛇を見て、婿にするから蛙を放すよう言った。その夜、立派な身なりの男が現れ、約束を果たせと迫る。父は三日後の再来を願い、その間に丈夫な倉を作った。娘は倉に籠（こも）り観音を念じた。男は怒り、蛇になって倉を巻き、尾で戸を叩いた。音が収まり、蛇の鳴き声がして、夜が明けると、大きな蟹と数千の蟹が蛇を殺していた。その蛇の遺骸を埋め、蛇と蟹の供養のために寺を建立し「蟹満多寺（かにまたでら）」と名付けた。人々はこれを「紙幡寺（かみはたでら）」とも呼んだ（『京都の伝説　乙訓・南山城を歩く』）。

　特定の寺院の由来を説く縁起だが、類似した昔話「蟹報恩」が全国に分布する。田の水不足に困った父が、娘を与える代わりに蛇に水を願い、そのために生じた娘の災厄を、知恵や援助者の働きで解決する。こうした物語は古くから伝わっていたらしく、これが蟹の恩返しの形をとり、蟹満寺に結びつき、縁起になったと考えられている。古来、蛇は山野や水界の主（ぬし）とされてきた。一方、蟹も滝・淵・池などの主で、それらが争う話も各地に伝わる。

舌切り雀　よく知られた昔話だが、北陸と北近畿地方には、糊（のり）を舐めた人間が舌を切られ、雀に変身する話が伝わる（『日本昔話

近畿地方　171

通観28　昔話タイプ・インデックス』)。京丹後市丹後町尾和の「舌切り雀」は、お婆さんが障子を貼るために炊いた糊を、「娘か子供だかがちょっと糊食べてみよう思って、ひとつねぶったらあんまりうまかったで、炊いたったもんみんな食べてしまって」という具合に話が始まる。

　お婆さんはその娘に障子の穴から舌を出すよう命じ、舌を切ると、娘は雀になって藪に飛んでいく。お爺さんが藪に訪ねていくと、雀が機織りをしている。表から入るよう言われたお爺さんはご馳走され、宝の入った小さい葛籠を貰って帰る。これを真似したお婆さんは裏から入り、大きな葛籠を貰う。その中からガマや虫が現れ、お婆さんは気絶した(『ふるさとの民話―丹後町の昔話―』)。

竹切り爺　　竹を切っていた爺が殿様に名を問われ、「日本一の屁こき爺」と名乗って面白い屁をひり、褒美を貰う。隣の爺が真似をして糞をひり、尻を切られる。西日本では、爺の名乗りが「丹後但馬の屁こき爺」になる例があり、旧丹後国の府北部ではその傾向が強い(『日本昔話通観14　京都』)。

　与謝郡伊根町本坂の話は「昔、ある所に屁こき爺さんがありました」と語り出される。殿様の藪で竹を切って咎められた爺は「丹後但馬の屁こき爺」と名乗り、「丹後但馬のたんたら屁、備後備中びり備中、四十雀ひゅひゅうひゅう」と屁をこく。隣の爺は、豆を食べすぎて失敗する。話の結末句は「これも昔のたねぐっさり」である(『丹後伊根の昔話　京都府与謝郡伊根町』)。

愚か村話　　特定の村の人々の愚行を笑う一連の笑話。具体的な村名が伝わり、全国で40近い愚か村話が知られている(「愚か村話」付図『日本昔話事典』)。村が違っても内容は似ていて、事実談とは考えられないが、時代に即した趣向も追加される。中心の町から離れた村で、文化的には隔たりつつも、経済的に交流のある村が「愚か村」にされるようである。京都府にも例があり、綾部市黒谷の「黒谷話」は話数も多い。同地は平家の落人伝承をもつ有名な和紙生産地で、山村ながら、原料や製品の交易を通じて他村や町と交流があった。船井郡和知町中で話された黒谷の男の「暖簾知らず」の笑話は次のような内容である。黒谷の男が夏に伊勢参りをし、宿屋で蚊帳に入って寝ることにした。ところが暖簾を知らず、これを蚊帳と間違えて潜り、大丈夫だと思って寝た。すると蚊に食われ、

文句を言うと、暖簾を潜って、次に蚊帳を潜るよう教えられる。次の宿でそうすると、また蚊に食われる。この宿には暖簾がなく、蚊帳の端を潜って入った後、次に反対側の端を潜り、外に出てしまっていたのだった（『丹波和知の昔話―京都府船井郡和知町―』）。

　また、西瓜の皮を食べ、種があるからといって果肉を捨ててしまう「西瓜知らず」の話もあるが、同じ趣向の話が黒谷話や野間（京丹後市弥栄町）の話、切畑（同市網野町）の話としても話され、その類型性をよく示している（『日本昔話通観14　京都』）。

おもな民話（伝説）

丹波の始まり

保津川下りやトロッコ列車で有名な保津川の峡谷は、大昔、湖だった丹波地方の水を流すため、神々が切り裂いた所といわれている。その水が赤かったので、丹（赤）の波、つまり「丹波」の地名になったという伝説が亀岡市や南丹市に伝わる（『京都　丹波・丹後の伝説』『日本伝説大系8　北近畿編』『京都の伝説　丹波を歩く』）。『口丹波口碑集』が記す話では、大国主命が黒柄岳（京都府亀岡市・大阪府高槻市）に神々を集め、樫船明神（高槻市樫田）がつくった船に乗り、鍬山明神（亀岡市上矢田）がつくった鍬で山を切り裂いた。水が引いた土地に桑を植えたので「桑田」の名が起きた。峡谷の入口の両側にこれらの神々を祀ったのが桑田神社（同市篠町山本）と請田神社（同市保津町立岩）である。こうした伝説は日本各地の盆地にあり、「蹴裂伝説」と呼ばれている。

浦島太郎

与謝郡伊根町本庄浜の宇良神社（浦島神社）は平安時代の「延喜式神名帳」に見える古社で、浦嶋子または浦島太郎を祀ることで知られる。浦島の伝承は古く『万葉集　巻9』、『日本書紀』「雄略天皇22年条」、『丹後国風土記逸文』に記され、「書紀」「風土記」は丹後国の出来事とする。当初の主人公名は「浦嶋子」で水江浦の住人。島子は海で出会った不思議な女性と結ばれ、蓬莱を訪れる。これが後のさまざまな文芸に取材され、物語が発展した。室町時代の『御伽草子』から「浦島太郎」の名が現れ、著名な物語に近づく。江戸時代後期の丹後の地誌『丹哥府志』が引用する浦島明神の「社記」は、浦島太郎と浦嶋子の二人がいたという設定である。

　それによると、浦島明神は嶋子を祀る神社で、嶋子はいずこともなく現

近畿地方　173

れ、当地の長であった浦島太郎の養子になった。浦島太郎は月読尊の末裔で日下部氏の祖先。その弟に曽布谷次郎、今田三郎の二人があった。太郎には子供がなかったが、天帝から夢告を受け、海辺で出会った島子を息子にした。ある日、島子は海で五色の亀を釣った。亀は美しい女性になり、竜宮の乙姫と名乗り、島子を誘う。島子は竜宮で三年を過ごすが、あるとき、故郷を思い出し、玉手箱を貰って帰る。故郷は変わり果て、出会った107歳の老婆に尋ねると、老婆の祖母に聞いた話で、昔、島子という者が海で姿を消したそうだという。浦島太郎の墓を尋ねると、大木を指差し、その墓に植えた木だと答える。途方に暮れた島子が玉手箱を開けると、紫の煙が立ち上り、皺だらけになって死んだ。島子は雄略天皇22（483）年に海に出て、淳和天皇の天長2（825）年に帰った。その間、およそ342年である（『日本伝説大系8　北近畿編』『京都の伝説　丹後を歩く』）。

このほか、京丹後市網野町の浅茂川湖周辺にも浦島伝説が伝わる。

足跡池　昔、巨人が山を運んだ、その足跡が池や泉になったという伝説が日本各地にある。関東・中部地方の巨人ダイダラボッチが有名だが、ダイラボウ、ダダホシなどとも呼ばれる。名前のボッチ、ボウが「法師」「坊」と理解され、大太法師、大道法師のように怪力の僧の話にも変化した。これがさらに武蔵坊弁慶になった例もある（「ダイダラ坊の足跡」柳田國男）。京都府でも、乙訓郡の旧大谷新田村（京都市西京区大枝西長町）に大道法師の「足跡清水」があった。『都花月名所』によると、6尺（約1.8m）ほどの五つの指の跡が見分けられたという。また、『京城勝覧』や『都名所図会』によると、京都市右京区嵯峨の広沢池の東、鳴滝に向かう道の途中にも大道法師の「足形池」があった。面白いことに、この池は現在「弁慶」の足跡とされている。昭和初期、鳴滝から御室にかけて映画関係者が多く住んだ。その一人、映画監督の稲垣浩の思い出によると、当時の大スター片岡千恵蔵が、まだ珍しかった自動車を運転し、監督宅のすぐ上にある「弁慶の足跡池」に落ちた。その後、監督たちは「ここが千恵蔵遭難の池だ」と噂したという（『ひげとちょんまげ　生きている映画史』）。

蛸薬師　京都市中京区新京極東側町に「蛸薬師」として知られる永福寺の薬師堂がある。同寺は元、二条室町にあったが、豊臣秀吉の都市改造で現地に移転する。旧地の薬師堂は境内の池の島にあり「水上

薬師」「沢薬師」と呼ばれていた。これが蛸薬師になったという(『京都の伝説　洛中・洛外を歩く』)。ほかに諸説あるが(『蛸』)、『新京極今昔話その1』が紹介する「蛸薬師如来略縁起」によると、建長年間(1249～56)のこと。永福寺の僧、善光の母が病気になり、蛸を食べたがった。善光は殺生戒を破って蛸を求め、箱に入れて帰ったところ、怪しんだ人々に中を見せるよう迫られる。善光が薬師を念じて蓋を開けると、蛸は八軸の経典に変わり、その霊光で母の病も治った。経典は蛸に戻り、池に入ったので「蛸薬師」と呼んだという。

おもな民話(世間話)

狐話　狐に化かされる話は多いが、相楽郡和束町原山の「狐に騙された話〈わが家が火事〉」は、人も狐も智恵を競い、まるで落語を思わせる。話者の「お爺ちゃん」の頃という。仲間が集まって狐の騙し方を研究しようと、福司山の上に登り、狐が入って来ないよう蚊帳を吊り、狐の好物の鼠の油揚げを作った。狐・狸が、娘や老人や坊主に化けて現れたが、一行は面白がって見物する。すると、半鐘が鳴り、見ると我が家が火事である。蚊帳を飛び出して駆け付けると、何事もない。その間に、油揚げは狐らに食べられていた(『山城和束の昔話』)。

タクシー幽霊　京都盆地の北端、京都市北区の深泥池に、タクシー幽霊の話が伝わる。昭和40年代(1965～74)から市内で話題になっていたが、仏文学者・詩人で「お化けを守る会」を主宰していた平野威馬雄は、「ぼくも京都でタクシーに乗るとよく聞いている」と1976(昭和51)年の著書『日本怪奇名所案内』に記している。平野は自身が運転手から聞いたという話を紹介する。池近くのバス停で、黒い着物の痩せた女性を乗せ、目的地の京都大学に着いて後の席を振り返ると、女性はおらず、座席がぐっしょり濡れていた。「京都のタクシー運転手で、この人と同じ体験をした者が、ほかにも数人、いたという」ことだが、同様な怪談は各地・各時代にあり、外国にも例がある(『現代民話考3』『ピアスの白い糸』)。類型的な話が深泥池に結びついたもので、同地には大蛇や鬼の伝承もあり、近代以前から異界への通路だと人々に考えられていた所だった(『京都魔界案内』)。

27 大阪府

地域の特徴

　大阪平野は北を流れる淀川と南を流れる大和川とによって形成された沖積平野で、縄文後期以降の多くの遺跡が認められ、気候は温暖で早くから開発されていたことが知られる。常に治水と埋立てが課題とされてきた。歴史的にみると、近畿地方は、大和国における巻向の古代都市から始まり、飛鳥の宮都、藤原京、平城京を経て、山城国における長岡京、平安京という都城の形成と並んで、8世紀には難波京が置かれた時期もあり、長きにわたって宮都の集中した地域であった。

　そのような中で、古代において大坂は、難波津を介して瀬戸内海を通じ隋・唐・新羅など外国との交渉が行われただけでなく、商業的・経済的・軍事的にも重要な位置を占めてきた。特に大坂は、大きくいえば北部の摂津国、中央の河内国、南部の和泉国などから成り立ち、これらが畿内を形成して、それぞれ発展を遂げてきた。この三つの地域は、その後の歴史・文化・気質などの伝統に少なからず違いをみせてきた。近世に至っても大坂は経済・交通・軍事などの拠点であり、特に江戸時代は大坂に集積された商品が江戸に運ばれた。廃藩置県以後も、大阪は古代以来の歴史的な伝統が文化的特質として生き続けている地域である。

伝承と特徴

　歴史的にみると、奈良・京都・大阪は古代以来、都の置かれたことにともなって、人口が集中したので、早くから都市化の進んだ地域である。そのため、人の流入の少ない民話の豊かな雪深い山村と同列に、口承伝承の蓄積を期待することには無理がある。むしろ、都市部や都市付近の近郊社会の伝承は伝説化される傾向が強く、寺社と結びついた縁起や由緒として伝承される事例が多い。さらに、特定の遺物と結びつかずに世間話化される傾向も強い。

特に江戸時代における出版文化によって、民話と絵本や近世小説とが深く交渉しつつ展開し、関西の気質や気風ともかかわって、民話は説明化・ストーリー化される傾向が強かったとみられる。

　もともと民話の伝承状況が希薄であるとともに、民話調査が、農村や山村に出向いて行われる傾向が強かったこともあり、大阪府の民話収集は十分であったとはいえない。

　大阪府に限ると、現在手に取って見ることのできる昔話収集の代表的業績は『浪速の昔話』である。ここに採録されている話柄でみる限り、いわゆる本格昔話・派生昔話の主たるものがほぼ認められる。ただ、それぞれの語りが梗概化されたり、説明が加えられて読み物化されたりする事例が多い。

　伝承者の事例と解説については、前掲の笠井典子に詳しい報告がある。笠井は、大阪府の民話の語り口の特徴が「世間話風の語り口調」にあるという（『浪速の昔話』）。なお、『日本昔話通観』に大阪府の昔話や伝説の概説があり、参考になる。

　現代では図書館の社会教育活動や文庫活動、ボランティアによる絵本の読み聞かせの活動など、市民の参加によって、再話の語りや児童文学の普及が盛んに行われていることが特徴的である。

おもな民話（昔話）

藁しべ長者

　昔話「藁しべ長者」には、2種類がある。『浪速の昔話』掲載の事例は、いわゆる「三年味噌型」で、交換される物は藁1本・蓮の葉・味噌・剃刀・刀で典型的なものであるが、冒頭の設定に特徴がある。百姓の息子が長者の娘を獲得するに至る試練として、長者が最初に藁1本を与え金儲けしてきたら望みは叶えてやるという。つまり、金儲けが重要なモチーフになっている。

　これには採られていないが、もう一つのサブタイプは「観音祈請型」で、古代から中世に編纂された説話集『今昔物語集』『宇治拾遺物語』『古本説話集』などにみえる「藁しべ長者」の説話と同じである。このタイプは、長谷観音に富を祈り藁1本を授けてもらうという設定である。交換に至る動機について興味深い点は、困っている人に主人公が気の毒に思って持っているものを与えるところに特徴がある。

『浪速の昔話』の他の事例でも、例えば「笠地蔵」は、爺が笠をこしらえて町に売りに行く。六地蔵の前で、もし売れたら御供えをすると約束する。その結果、笠が売れたので、帰り路で六地蔵に御供えをすると、夜になって大金の包が届けられるという構成になっている。あくまでお金が、福や幸の基本となっている。

　これに対して、例えば新潟県の昔話採録集である『おばばの昔ばなし』の「笠地蔵」は、爺は売れなかった笠を地蔵の頭に掛けて帰宅する。笠が売れずお金のない爺と婆は、白湯(さゆ)を呑んで寝ると朝、米俵が置かれていた、というものである。この場合、爺と婆は無欲であり、金儲けは最初から問題になっていない。

　このように、大阪府の昔話は雪国の新潟と比べてお金を儲けたり、財をなすことが生活の目的、目標とされているところにあり、民話の基盤をなす精神風土が滲み出ている。

鳥呑爺　『浪速の昔話』掲載の「鳥呑爺」は、他の地域の採録に比べてストーリーだけが露わになっているが、屁の音である「シジューフィガラ、スットンピー」だけは保存されている。雪深い東北の昔話と比べると、繰り返しをいとわない語りの豊かさは失われ、梗概化・断片化が認められるといわなければならない。ただ、逆の見方をすると、昔話「竹伐爺」の事例でも屁こき爺の「アーズキドン、スンガラスンガラスットントン」という唱え言だけは語りのキーワードとして保存されていることに注目すべきである。

おもな民話(伝説)

蟻通明神(ありとおし)　泉南郡長滝村(現・泉佐野市長滝)の村社である蟻通明神社の由緒に棄老伝説が用いられている。その内容は、古い文献では平安時代の清少納言『枕草子』にあり、伝えるところは次のようである。

　昔、帝は40歳を超えた老人を捨てていた。孝心ある中将は両親を家に匿(かくま)った。唐の帝がこの国を略奪しようと難題(なんだい)を仕掛けてくる。木の本末を知る方法、蛇の雌雄を知る方法、七曲(ななまがり)の玉の中に穴があり左右の口に糸を通す方法などであった。中将は両親の知恵によってことごとく帝に答えを伝えると、帝は唐の帝に答えた。すると、日本が賢い国であると見直

したという。帝が中将に褒美を取らせようとすると、中将は両親を許してほしいと告げた。父は蟻通明神となったという。その後、紀貫之が神社前を横ぎろうとすると馬が倒れた。貫之は即座に和歌「かきくもり」を詠むと、馬はたちまち蘇生したという。

柳田國男は棄老伝説を四つの型に分けている（「親棄山」『村と学童』）。出典をみると、蟻通明神の伝説はインドの棄老国の伝承にまで遡れる古いもので、『法苑珠林』『雑宝蔵経』『祖庭事苑』などに見える。日本では『広益俗説弁』（井沢蟠竜）、『河社』（契冲）、『東湖随筆』（稲垣龍軒）などに認められる。あわせて世間話としても広く流布したものとみられる。

長良橋人柱

古い資料は、元禄年間に刊行された『摂陽群談』にあり、『摂津名所図絵』『河内名所図絵』などにも載る。1931年6月刊行の『上方』所収の「上方伝説行脚」の報告によると、豊能郡垂水村の垂水神社に残る伝説で、その内容は次のとおりである。

昔、垂水村では、長良川にかかる長良橋をつくろうとして、人柱となるべき者を探した。橋詰の関所で取り調べ、該当する垂水里の長者の岩氏を水に投げ入れた。すると、娘は悲しみのゆえに声が出なくなる。その後、娘を河内国の長者の子が嫁に求める。夫の長者が娘の垂水里近くで雉を射ると、娘は涙を流して「物いはじ父は長良の人柱啼かずば雉も射られざらまし」と和歌を詠んだという。

この伝説には異伝が多いが、ストーリーとしては長良橋をつくるにあたって、人柱となった者がいたという点が、変わらずに伝えられてきたといえる。

山蔭中納言

総持寺をめぐる伝説で、最も古い資料は院政期の『今昔物語集巻　第19』第29話であるが、『大阪の伝説』によると、内容は次のようである。

仁明天皇のころ藤原高房は、大宰府に赴任する途中、穂積村（現・高槻市）の辺で、猟師が亀を殺そうとしているのを見て、助けて逃がしてやる。その後、高房は同行の幼児が水中に落ち、長谷の観音に救いを求めると、亀が背中に子を乗せて現れる。大宰府に赴いて高房は、観音像をつくろうと唐の商人に依頼するが間にあわず、他界する。その後、子の山蔭中納言が任地の海辺で、父の名を刻んだ香木を発見する。香木を京に運ぶ途中、総持寺のあたりで香木は重くなり、運べなかった。そこで長谷寺に詣でて

良工を祈った。童児を得て連れ帰り、尊像をつくりえたという。

『今昔物語集』の説話は、大宰府帥山蔭中納言の子が継子苛(いじ)めに遭い、継母によって海に流される。子を探す山蔭中納言は、亀の背中に子が乗って現れるのを発見する。これは、かつて助けた亀の報恩のしわざだった。中納言は子を法師となし、総持寺を建造したという。『今昔物語集』の説話は、継子苛めの構成をもつが、伝説は亀の報恩が基本的な構成をなしている。

鉢かづき　「姥皮(うばかわ)」型の昔話は全国的に流布している。継母にいじめられた娘は、母からもらった鉢をもって舟で流される。助けられた娘は鉢をかぶっていた。娘は若旦那に見初められて幸せになる。ただし、室町時代に成立し江戸時代に流布した『御伽草子』の一つ「鉢かづき」は、河内国交野(かたの)の物語とする。御伽草子と昔話との間には複雑な交渉の歴史があると考えられる。

茨木童子(いばらぎ)　これにも異伝が多い。例えば、『摂陽群談』では、童子は生まれながらにして牙をもち髪長く眼光鋭く、凶暴だったために茨木村に捨てられたが、酒呑童子(しゅてん)に拾われ賊徒になったという。

あるいは、『茨木市史』では、幼くして捨てられるが床屋に拾われ、人の血の味を覚える。ある日、水に映る自分の顔が鬼の形相であることに気づく。やがて大江山の酒呑童子の家来となったという。出生地跡や茨木童子貌見橋(すがた)など、多くの記念物が残る。

茨木童子の物語は、『平家物語』の「剣巻」、『謡曲』の「羅生門」、『御伽草子』の「酒呑童子」や歌舞伎などにもみえる。一方、摂津国に伝わる茨木童子は、自分を捨てた親に尽くし看病したという伝承もある(『茨木市史』)。

なお、これらの他、宮本常一による大阪府取石村の調査では、昔話だけでなく世間話も採録されている(『夢のしらせ　大阪の伝説』)が、話柄は一般的なものにとどまっている。

28 兵庫県

地域の特徴

　兵庫県は北に日本海、南は瀬戸内海に面し、淡路島を入れて南北に長い広域県である。面積の80%を占める山地の中央部を中国山地が走り、県域を南北に二分する。その分水界から大小の河川が両方の海に注ぐ。気候的には、降雨量の多い県北の日本海気候に対し、県南は比較的日照時間が多く、降雨量の少ない瀬戸内海式気候と対照的である。

　兵庫県は明治の廃藩置県の際、古代の行政区分でいう畿内の摂津、山陰道の丹波・但馬、山陽道の播磨、南海道の淡路の5国が一つとなった。神戸の開港場の威信のため「大兵庫県」が必要だというエピソードがある。

　しかし、地勢や気候の違いに加えて、それぞれ固有の経済、文化、風俗をもつ国が複合するのには、さまざまな問題があった。当初の明治県政では、人口が県全体の6割近い神戸地区と、ほかの郡部との税の利用の不公平感の解消のため、財政の予算審議を神戸区会とほかの郡部会とで別々に行うなど、苦肉の策で急場をしのいだとされる。

伝承と特徴

　『日本昔話通観　兵庫』の凡例に「兵庫県昔話調査図」が出ている。調査の進捗度合いを地図に表したもので、神戸・阪神地区や姫路市などの県南沿岸部は調査が進んでいないのに対して、山間部や日本海側、淡路島は比較的調査が行われている実態が示されている。この調査の進捗度は、伝承密度と相関している。昔話などの伝承は農山村地に濃く、都市部は希薄という実態は日本全体の傾向でもあり、生活文化の違いといえる。

　但馬に生まれ、『但馬昔話集』を編んだ谷垣桂蔵は、農繁期が終わった冬場の日待ちや天神講、山の神が昔話を聞く機会で、「狐狩」や「子ども会食」などの子ども行事は「昔話練習の場でもあった」と述べている。農山村特有の生活や行事が、昔話を温存する役割を果たしてきた。

『但馬昔話集』が昔話を中心に集めたのに対し、『民話のろばた―彦八ばなしなど―』(後に増補した『西播磨昔話集』)に収められる268話のほとんどは、笑い話や世間話風の話である。同書の解説のあんざこいわお「昔話のふるさと」によると、「この土地では、一般に滑稽な一口噺(ひとくちばなし)のことをヒコハチバナシと呼んだ」といい、彦八話は落語の祖・米沢彦八の系統にあると縷々(るる)説明する。その通りであるとしても、昔話が落語にネタを提供したことも忘れてはなるまい。

播磨の伝承風土は、『播磨国風土記』から連綿しているようである。排便を我慢するのと重い荷物を背負って歩くのと、どちらが遠くまで行けるかを競い、排便派の大汝命(おおなむちのみこと)が負けるという、小比古尼命(すくなひこなのみこと)とのコンビの話は、農耕の基盤なしには考えられない。アメノヒボコの話なども、神話の系統というより、農耕の日常に基づいて構想されていることが、『民話のろばた』を読むとよく理解できる。

初期の民話研究者としては谷垣桂蔵、井口宗平以外に、西谷勝也も挙げなければならない。高校教師だった西谷は柳田國男の依頼を受けて、淡路島や県北の城崎郡や美方郡の昔話調査を続け、資料を柳田に送っている。近年、野村純一が『柳田國男未採択聚稿』でそれらを紹介したことでようやく日の目を見ることになった。西谷は、1961(昭和36)年に『伝説の兵庫県』を出版する。兵庫県の伝説を地域別に分け紹介と解説を加えている。兵庫県の昔話の報告数に対し、伝説の報告はその倍を超えており、その先鞭(せんだつ)の役割を西谷は果たした。

おもな民話(昔話)

舌切雀

『但馬昔話集』の「舌切雀」は、形の整った昔話である。

昔あった時ぃ、爺さんと婆さんがあってぇ、雀ぅ飼うとったって。ある日ぃ爺さんは山へ木ぃこりぃ行くし、婆さんは、「雀ぇやぁ、私が洗濯(せんたく)して来る迄ぇ、糊ぅ煮とけぇや」言うて川ぇ洗濯しぃ行てぇ、雀ぁ、言われた通りぃ糊煮よって"まぁー煮えただか?"ちょっとねぶって(舐めて)みたら、余(あんま)りうまうて"まぁー一口"また一口、とうとうみんななめてしもうて、そなぇしとる所ぇ婆さんが戻って来てぇ。

このあと糊の所在の問答が続く。のらりくらりと言い逃れるが、ついに雀は食べたことを白状すると婆は鋏で舌を切る。爺が戻り、糊を舐めたか

ら舌を切ったと言うと、爺は捜しに出かける。途中、馬追いどんに雀の行方を尋ねると、「馬の盥に小便三杯飲みゃぁ言って聞かせる」と言うので、爺は飲む。この先にいる牛追いどんに聞けと言う。牛追いどんも、「牛の盥に牛の小便三杯飲んだら、言って聞かせる」と言うのでこれも飲むと、この先の竹藪にいると言う。行くと、「ギッコンバッタン十六反、機ぁ織りゃぁキーコタン、管がにゃぇー婆ぁさん」と機織りしている。訪ねると爺にご馳走し、「大うけなツヅラと小さぇツヅラ」を持ち出してくるので小さい方をもらってくる。持ち帰ってみると銭や宝物が入っている。

羨ましがる婆も爺さん同様に、馬の小便や牛の小便を飲み、竹藪を尋ねる。婆には不味いものを食わして、大きいツヅラと小さいツヅラを出す。欲深い婆は大きいツヅラを貰い、途中で開けると「中から化物や一つ目小僧や、蛇がでて来て」婆さんを咬み殺したという。「せぇで、人の真似ぅしたり、欲張りするだぁなぇ、いう話だどいや」（美方町新屋　田野なか）。

長い話なので、途中から要約したが、原典で読み味わってもらいたい。方言と起伏のあるストーリーが魅力的である。舌を切られた雀が、婆に意趣返しをするところが、一般の子ども向け用とは違うが、厳格な生活論理に貫かれていると言えようか。本書では続いて大屋町若杉の秋山富雄による舌切雀が参考に供されている。これも味わいのある昔話である。

隣の寝太郎

食っては寝てばかりの寝太郎に、母が小言を言うと、正月銭儲けすると答える。正月の朝、寝太郎は隣の金持ちの家に忍び込んで井戸に隠れている。そこの親父が娘にいい聟が授かるようにと祈る。寝太郎は「隣の寝太郎を聟に取れ」と言う。水神のお告げと親父は喜び、聟貰いに行く。渋って聟に出すが、聟入り後も相変わらず寝たっきりの聟に、親父は愛想をつかして追い出すので、多額の慰謝料を貰って帰ってくる。その後、寝太郎はまじめに働き、身上持ちになる。

これは1927（昭和12）年の雑誌『旅と傳説』に「氷上郡昔話集」として掲載されたものである。報告者の天野眞弓は、1862（文久2）年氷上郡柏原生まれの母方の祖母から聞いたという。怠け者の寝太郎が神を装い、「隣の寝太郎を聟に取れ」といって聟入りする。しかし、相変わらずの怠け癖に、追い出されるが、その際に法外の慰謝料を手にする。したたかな現代版の寝太郎といえる。

横行の爺
よこいき

全国でも有名な「団子聟」の昔話が、但馬地方では愚か村の「横行話」として伝承されている。『但馬昔話集』に載る話を紹介する。昔、横行の爺があつてな、秋休みに嫁の里へ遊びに行つて、丸いだんごをこしらへて貰ふてよばれたが、でえーろおいしかつた。「これ、なんちうもんだ」「だんごだ」「いんで嬶にこしらへさう」と言つて帰つてゐる中に、其の名を忘れてしまふた。思ひ出さうとしても思ひ出せなんだ。其の中に溝があつたので、「ひよこ」ととんだ。「あゝひよこだつた」と言つて思ひ出した。家に着くなり、嫁に「ひよこ食はせ」と言つたが、嫁は何のことかわからぬ。「そら、うまいもんだつた。ひよこ食はせ」と言つたが嫁は未だ合点がいかぬ。爺はやけて（怒つて）来て、ひうけん竹（火吹竹）で嬶の頭を殴つた。嬶は其処を抑へて、「だんごのやうな瘤が出た」と言つたので、爺は始めて気が附いて、「だんごだつた、だんごだつた」と言つた。

編者の谷垣桂蔵によると、横行とは養父郡大屋町横行のことである。但馬では鳥取県に近い地域は佐治谷話、その隣接地域から横行話が伝えられているという。神崎の生まれの柳田國男は『故郷七十年』の「播州人のユーモア」で「大屋の横行話」を子どもの頃によく聞いたと述べている。但馬から神崎まで広く分布していた笑い話であったことがわかる。

おもな民話（伝説）

飾磨のかちん染め
しかま

「飾磨のかちん染め」は播磨の藍染として有名で、「血しお染」とも言うが、次のような物騒な話がある。西本勝也の『伝説の兵庫県』から引く。

姫路の増位山の麓に小鷹の長者屋敷というのがあった。熊太郎という乱暴者が、白国の人見塚に小鷹と名乗って住んでいた。熊のような大男で妻はなく、多くの女を侍らせていた。屋敷に旅人を泊めては石の枕をさせ、それに重石を落として殺した。その血で染めた染物をしかまのかちん染めとも、血しお染めともいった。

ある時、坂田長年という美しい男が泊まった。長者の娘は男が殺されることを不憫に思い、「旅の人、石の枕はせぬものじゃ」と、子守唄を口ずさんだので、男は覚って娘と外に逃げた。男は男山に、女は姫山に逃げたのを長者は追いかけて、二人とも殺した。それぞれの姫山の名の由来だと

伝える。

　人血を染物の材料に用いたというショッキングな話であるが、西谷は江戸後期の平野庸脩の地誌『播磨鑑』の「飾磨褐地染之由来(カチヂ)」を、現代語に改めて載せた。かち染は飾磨の名産として、歌枕として歌われてきた。

　西谷はこの話を「安達ヶ原の伝説と山姥の昔話が結び」ついた「大盗の説話」と述べ、山姥の昔話「食わず女房」を想定している。しかし、肝腎の「かちん染め」のことが抜けている。人血を用いて染める「纐纈染め(こうけつぞめ)」の話は、今昔物語集や宇治拾遺物語「慈覚大師纐纈城に入給ふ事(じかくだいしこうけつじょう)」にある。

　民間でも宿に泊めた旅人を殺害する「安達か原の鬼婆」（能の「黒塚」）や浅草「浅茅ヶ原の鬼婆」の姥ヶ池の伝説がある。昔話にも人の脂を絞る「油取り」という話があり、「飾磨のかちん染め」伝説は、纐纈染めなどの説話の影響を受けて形成されたものと考えられる。

件(くだん)の話

　人間の頭をした牛の子が生後1週間しか生きられず、その間に予言をし、それが恐ろしく的中するという噂話が、井口宗平『民話の炉ばた』に載る。井口によると、わたしが未だ青年のころのこと、この件の遺骸だというものを風呂敷に包んで負うて、赤インキで木版刷りにした紙片を配って米や銭を貰いあるいて来た男があった。その紙片には「件の一言は彼の女に七年以下の豊作と申立にて弊死(へいし)せり」と記してその下に人面獣身の件の絵がかいてあった。この男はわたしの留守宅へ来て紙片をおいていったのであったが、家人はその男の背負うている風呂敷の中の乾物の件を実見したそうで、ネコの子ほどのおおきさのものだったと語った。印刷物の文面から推せば、その件は、人間の母親から誕生したものの如くであるが、これ以外何も見たことも聞いたこともないので、いっさいわからんじまいである。（『民話の炉ばた』）。

　「件」の漢字を分解すると「人」と「牛」になり、「人面獣身」の件となる。もともと「件」が音便化して「くだん」となり、証文や書状などで「仍(よ)って件(くだん)の如し(ごと)（前に述べたとおりである）」と形式的に使われる。その「件(くだん)」が、「7年以下の豊作」の予言を残し斃死したと、その文句と件の絵を書いた赤インキの紙片を配り、米や銭を貰い歩く男がいた。わざわざ1週間前に死んだ遺骸を見せて信用させるなど手が込んでいる。昭和の初めの頃の話である。

　件は江戸の初め頃からたびたび噂に登場し、龍宮からの使いで「人面魚

体」のものもあったという。その絵を持っていれば赤痢やコレラに罹らないとされた。第2次世界大戦末期頃に、「日本は戦争に負ける」という件の予言が出て、戦後それが的中したといった噂も流れた。危機意識や社会不安に乗じて噂話は語られるが、件はその最たるものといえる。

おもな民話（世間話）

燕の恩返し　根宇野の嘉吉さんは優しい人で、毎年、燕が家に巣を作るのを暖かく見守っていました。ある年の夏、連日の雨で野良仕事ができない嘉吉さんが、藁仕事をしていると、燕は家の出入りや軒先を忙しく飛び回わっていました。挙げ句には嘉吉さんの髪の毛を加えてひっぱりするのでした。嘉吉さんが変に思いながら外に出ると、雨でズエが抜け（山が崩れ）て、土砂や水が押し寄せようとしていました。嘉吉さんはそのまま一目散に逃げて一命を取りとめたのでした。燕が危険を教えて、命を救われたのでした。嘉吉さんはこれまで以上に燕を大事にしました（『ふるさとの民話史話　綜合版』）。

足立誠太郎『ふるさとの民話史話　綜合版』に載る話で、長井作次さんから直接伺ったとして地名や人名もあるので、実話であろう。

人間の住居に巣をつくるのは燕だけで、「巣をつくる家は縁起がいい」などと容認する人や地域は多い。一方で、「雀孝行」の話のように、親の死に目に雀はすぐに駆けつけるが、燕（啄木鳥とも）はお化粧して遅くなり死に目にあえなかった。そのため穀物は食えず虫を食うのだという。この「燕の恩返し」は、災害を告知したという意味でも貴重な話である。

29 奈良県

地域の特徴

 奈良県は紀伊半島の中央部に位置し、古代より「大和」と呼ばれた。南部には広大な紀伊山地が広がり、北部は西に生駒金剛山脈、東には笠置山地・宇陀山地などの大和高原がある。それらに取り囲まれた北西部の盆地は、古人が「国のまほろば」と讃えたように、古墳時代から奈良時代まで国の中心であった。無数に点在する大小の古墳、藤原・平城の宮跡をはじめとするさまざまな遺跡、そして法隆寺・東大寺・春日大社など、今も人々が信仰する神社仏閣の数々は、奈良県の歴史の厚みを物語る。一方、標高1,000mを超える山々が連なり全国有数の森林地帯である吉野は、林業が栄え、かつ清浄神秘の地とされた。南北朝時代には南朝が置かれ、古代から現代まで修験道の道場があり、山岳仏教の聖地でもある。

 また、奈良盆地から四方の峠を越える道が早くに通じ、近世には河内や伊勢などと通じるいくつもの街道が整備され、大和川を利用した水運業も発達し、多彩な情報やモノが行き交った。ただ、盆地は降水量や河川の水量が少ないため、古くから旱魃(かんばつ)に備えた農業用溜め池が多数つくられ、今もあちこちに残る。近現代は、大阪・京都に近いことから生活環境の変化が大きいが、民俗行事や祭など地域の伝統的文化の多くは、吉野山岳地帯、大和高原地帯、奈良盆地、各々の特徴を保ちつつ受け継がれている。

伝承と特徴

 かつて国の中心であり、1,000年以上勢力をもち続けた有名な神社仏閣が多数存在することから、奈良県にかかわる伝承は、神話や説話として古くから多くの書物に記されてきた。庶民の間に伝わる民話も、歴史的事物や歴史上の人物についての伝説が非常に多彩で、早くから注目されさまざまな形で集められた。中でも、1933(昭和8)年の『大和の伝説』には約450話、1959(昭和34)年に出た増補版では1,000話余りが掲載されている。

一方、昔話の本格的な採録・報告は遅れたが、『近畿民俗』36号（1965）で松本俊吉が広陵町の一人の語り手による18話を紹介したのを皮切りに、中上武二が同誌37号に野迫川村弓手原の昔話を報告。また、奈良教育大学の学生が採訪の成果を『大和民俗』に次々発表し、昭和50年代には立命館大学の岡節三が学生と共に吉野郡の村々を採訪して昔話集を編み、京都女子大学の学生は大和高原の話を報告するなど、貴重な資料が相次いだ。1985（昭和60）年頃からは比較民話研究会やそのメンバーが吉野郡の各町村、橿原市、奈良市などで採訪を実施、丁寧な報告を世に出し、さらに自治体発行の昔話集も続いた。こうして相当数の民話が記録され、県内の口頭伝承の豊かな実態が見渡せるようになった。

昔話の形式句は明確でなく、始まりは「むかし」「昔々」である。本格昔話は少なく笑話と動物昔話が多い。特に鳥の鳴き声や生態についての話、和尚と小僧の笑話などがよく聞かれた。伝説では、役行者、義経と静御前、後醍醐天皇といった奈良とかかわりの深い歴史上の人物の話、弘法伝説などが目立つ。また地域ごとに、独特の地形、信仰、その地の有名人など、豊富な伝説が残っている。世間話は狐・狸の話を筆頭に、狼、河童、妖怪などの話が多数伝わり、吉野では「ヒダル神」の話も各地で話されてきた。

現代は、各地のボランティアの語り手たちが、公立図書館や保育園・幼稚園、小学校などで頻繁に「お話し会」を開き、さまざまな民話を語っている。その中で、県内に伝わる民話を積極的に語る人たちも増えている。

おもな民話（昔話）

雀孝行　県内でかなり伝承例の多い動物昔話。五條市の話では、雀は親孝行で親の危篤の知らせを聞くと自分の身を構わず駆けつけた。つばくろ（燕）は紅やおしろいをつけてから行ったので親の死に目にあえなかった。それで燕は「土食て虫食て、口しぶい」と鳴く。雀は、雪が積もっても米3粒は落ちている（『紀伊半島の昔話』）。雀は姿が美しくないが親孝行なので穀類を食べられる、燕は綺麗だが親不孝だったので土や虫しか食べられないという。旧月ヶ瀬村、曽爾村、吉野郡の各地に濃厚に伝わるが、全国的にも広く分布し、燕以外にキツツキやホトトギスというものもある。ほかにも「時鳥の兄弟」「水乞鳥」など鳥の生態を擬人的に語る昔話が、数多く伝承されている（『東吉野の民話』『十津川村の昔話』

など)。こういう話は農山地では昔は誰もが知っていたことであろう。

山姥ぁの話

吉野郡野迫川村に伝わった話。昔、山の中で母親と三人の子どもが住んでいた。ある時母親が、山姥が来るから自分が帰るまで戸を開けてはいけないと言って出かける。やがて旅人が戸を叩くが子ども達は開けない。次に山姥は母親に化けて来たので戸を開ける。夜中にバリバリ音がするので上の二人が目を覚まし聞くと「コンコ(漬け物)食べとんのや」と言う。だが俎（まないた）に血が付いていて下の子がいない。二人は山姥だと思い逃げ出して柿の木に登るが、山姥も追ってくる。夢中で天の神様に助けを求めると、天から鎖が降りてきて二人は摑（つか）まって逃げる。柿の木は折れやすいので重い山姥は落ちて死ぬ。落ちた所は蕎麦（そば）畑で、山姥の血で蕎麦の軸は赤くなったのだという(『近畿民俗』37号)。

これは全国に伝承される「天道（てんとう）さん金（かね）の鎖（くさり）」という昔話で、1965（昭和40）年に中上武二が祖母の中谷むめのから聞いた話を報告した。また、同じ話を2011（平成23）年に中上氏の叔母・野尻とよ子も語っている(『昔話―研究と資料―』42号)。戦前には香芝町にも伝えられており、かつては県内各地に本格昔話の豊かな語りがあったと想像できる話である。

狼の玉

昔、ある若者が怠け者で仕事も無く生きていても仕方ないと思い、狼にでも食われてしまおうと山に入った。夜狼が次々来るが男の匂いだけかいで行ってしまい、最後に来た狼が咳をした拍子に金の玉を吐き出す。翌朝、男は金の玉を持って村の方へ行く。途中、玉を透かして向うから来る人を見ると、猿や犬、牛に見えたり人間に見えたりする。一人のお爺さんがその玉を手に取って、男に、お前の顔は人間に見える、それで狼に食われなかったのだ、と言う。男はお爺さんの娘の婿になり、金の玉は家の宝になった(『近畿民俗』36号)。

これは北葛城郡広陵町に伝わる話だが、「狼の眉毛」と呼ばれる昔話である。旧大塔村の例では、貧乏人が狼に自分を食わない理由を聞くと眉毛を1本くれる。その人が遍路に出た時、泊めてくれない婆を眉毛をつけて見ると牛に見えたという(『吉野西奥民俗採訪録』)。少数ながら全国に分布し、柳田國男が背景に狼を霊獣と見る思想があることを示唆した話である(『昔話覚書』)。ほかに、日本狼最後の生息地・吉野郡を中心に、狼の報恩譚や「送り狼」など、人間と狼との交流を語る話が多く報告されている。広陵町の話を語った松本イエは1899（明治32）年生まれで、1965（昭

和40)年『近畿民俗』に18話が紹介され、奈良県にも昔話の語り手が健在なことを示した。その話を継承した娘の松本智惠子(1920 (大正9)年生)も計35話を語る伝承の語り手であった(『九二歳の語り手松本智惠子』)。

鳥食い婆 吉野郡下北山村に伝わる笑話。むかし、爺と婆が畑仕事をしていると雀がきて鍬にとまったのでつかまえた。婆が家で雀汁をこしらえ、味見をして「一杯吸うやうまし、二杯吸うやうまし、三杯吸うやうまし」と言って全部飲んでしまった。爺の分がなくなったので、婆は仕方なく自分の女の隠し所を切って炊いた。爺は汁を飲んで「どうしたんや、これはしわ臭いんやないか」と言ったという(『奈良県吉野郡昔話集』)。『下北山村の昔話』や『紀伊半島の昔話』にも同村の伝承が紹介されている。全国的にも報告例は少なく、貴重な事例である。

稲田浩二は、この話が鹿児島県や東北地方で普請や田植えなどの後の祝いの席で最初に語られたことに注目している(『日本昔話事典』)。たあいない笑話だが、かつて吉野の村々でも皆が集まる席で、座の雰囲気を和ませるものとして語られたのではないだろうか。

おもな民話(伝説)

良弁杉 東大寺二月堂の下にある杉の木は「良弁杉」と呼ばれているが、良弁とは奈良時代に実在した東大寺の高僧である。近江志賀の里の生まれといわれ、良弁が幼少の頃、母が桑摘みをしていた隙に鷲が来てさらい、二月堂下の杉の木(場所には諸説あり)まで運んだ。子どもの泣く声に気づいた僧が助け養育したところ、良弁は成長して東大寺の建立に尽力する名僧となった。一方、母は30年間我が子を捜し続けて各地をさすらい、偶然淀川の舟の中で良弁僧正が幼時に鷲に連れてこられたとの噂を耳にし、奈良まで尋ねてきて再会を果たしたという(『大和の民話 奈良市編』など)。全国に昔話「鷲の育て児」として伝承され、古くから種々の説話集に載るが、特に良弁の話はよく知られ日本各地に良弁伝説が残る。物語草子などにも記されたほか、明治・大正期には義太夫で語られ人形浄瑠璃や歌舞伎でも上演され、さらに有名になった(『奈良伝説探訪』)。現在の良弁杉は、以前の大木が台風で倒れた後に枯れ、3代目だという。

天狗の石合戦 昔、山添村の神野山(こうのやま)には天狗がいて、生駒山の天狗と喧嘩をして石を投げあった。その石が落ちたのが鍋倉谷

の巨石、または一台山なのだという(『奈良市民間説話調査報告書』)。
　山添村や奈良市の東部で知られる話だが、神野山の天狗は伊賀の青葉山の天狗とも石を投げ合ったらしい。神野山はもとは禿げ山で青葉山は緑豊かな山だったが、天狗はわざと伊賀の天狗を怒らせたので盛んに草木や石を投げてきた。神野山は何も投げないでいたため、石が集まって鍋倉谷ができ草木が生い茂るようになったという(『やまぞえ双書2　村の語りべ』など)。山と山が争う伝説は全国にあるが、神野山や一台山・生駒山を見て暮らす人々には、以前から神野山周辺に多かった天狗伝説や、巨岩が並ぶ奇景で有名な鍋倉谷の強い印象もあり、長く語り伝えられたのだろう。

三輪山(みわやま)

　大神神社のご神体山、三輪山の伝説である。昔、三輪山の麓に住む姫のもとに、毎夜立派な若い男が来て姫と夫婦の契りを結ぶ。やがて姫は妊娠し父母が訳を聞くと、名も知らぬ麗しい男が毎夜来て夜明けには帰っていく、と答えた。親は、男が来たら寝床の辺りに赤土をまき、苧環の糸の端を針に通して男の着物の裾に刺すようにと教える。姫はそのとおりにするが、夜が明けて見ると赤土に足跡はなく、糸は戸の鍵穴から抜け出て三輪山の神の社に入り、苧環には三輪だけが残っていた。それ以来この地を「三輪」と呼ぶようになったという(『大和の伝説』)。
　男は実は蛇の姿をした三輪の神様だったのだが、これは『古事記』中巻に記された有名な神話でもある。全国に伝承される「蛇婿入(へびむこいり)」の昔話と同じ話で、このタイプの蛇婿入を「苧環型」というのは、『古事記』の神話に基づいている。県内ではほかにもさまざまな形で語られ、桜井市三輪では姫の名を緒環姫、残りの糸を埋めた所が緒環塚だという(『大和の伝説』)。また、正体を知られた神様が素麺のつくり方を教えたというもの(『野迫川村史』)や、菖蒲湯の由来になる話(『十津川村の昔話』「奈良県吉野郡大塔村の昔話」)なども伝わる。吉野郡では同じモチーフの話で娘の名を「お辰」とする伝説が知られている(『野迫川村の昔話』)。

伯母峯の一本足(おばみね)

　伯母峯は吉野川の上流、山上ヶ岳の東側にある大きな峠で、この話は吉野郡で最も有名な伝説である。さまざまな種類の話が伝わり、『大和の伝説』には6種類の話が記され、『奈良県吉野郡昔話集』では39話を採録して5種を紹介する。『川上村の昔話』には9話、その他吉野の民話を集めたほとんどの資料に見える。代表的なのは、一本足の怪物が大猪(おおいのしし)の姿で暴れているのを名のある武士(猟師)

近畿地方　191

が鉄砲で撃つ。やがて怪物は人間の姿になって湯の峰温泉などに湯治に現れ、覗くなと言ってこもるが、正体を知られ再び伯母峰で旅人を取るなどして暴れる。それで上人（村人）が塚（祠など）をつくり一本足を慰め鎮める。ただ12月20日だけは一本足の自由にまかすということで、その日は伯母峰の厄日とされ、誰も峠を越えないという。

「一本足」は実は古猫であったという話もある。鉄砲の名人が年の暮れに弾を鋳ると飼い猫が弾を数えるので、母親が隠しだまを持って行けと言う。果ての20日に伯母峰に行くと猫が大きな音とともに現れ、いくら撃っても倒れない。隠しだまでようやく当てると猫は逃げ去る。それ以来男は猟師をやめるが、残った鉄砲は12月20日には必ず汗をかいていたという。これは全国に伝わる昔話「猫と茶釜の蓋」と同話だが、吉野では「伯母峰」の伝説となる。また、「一本足」が美しい女の姿で現れる話や、怪物は元は義経の馬であったという話、化け物を倒した猟師がその後死んでしまうというものもある。かつて大変な難所とされた伯母峰峠という大自然への恐怖が生んだ妖怪であろうが、それゆえ人々の心に強く残り、語られ続けてきたのであろう。

おもな民話（世間話）

狐・狸化け　県内には狐や狸に関する話が非常に多い。橿原市耳成（みみなし）でも、実体験の話として多数聞かれている。例えば、お婆さんが実家に行く途中の夕方、橋の側で浴衣に帯を締めた若い衆を二人見かけた。日が暮れ自分の家に戻る時には若い衆が真っ黒な背の高い坊主になっていたので、狸が化けたのだと思い、恐る恐る見るとまだ立っていたという話。子どもが幼い頃、祭を見に行った帰りに藪から高坊主が出てきたのに出会い、それ以来怖がりになって大変だったという話もあり、狸はよく坊主に化けたといわれる。「風呂は野壺」や「ご馳走盗られ」といった全国にあるものの他に、狐が娘や産婆・牛などに化けた話も多く、夜に見える不思議な火は狐のしわざだという（『奈良県橿原市・耳成の民話』）。吉野の各地や奈良市の山間部でも、昔の世間話の主人公は狐や狸が一番だったようだ。そして、河童、狼や蛇、ツチノコ、村の英雄的な人物などの話も、盛んに人々の口に上ったのである（『奈良県吉野町・国栖（くず）の昔話』『奈良県吉野町民間説話報告書』『奈良市民間説話調査報告書』など）。

30 和歌山県

地域の特徴

　紀伊半島の南西部に位置する和歌山県は、面積の7割以上を森林が占めている。古くから「紀の国」と表記されるが、「木の国」でもある。また、長く入り組んだ海岸線には天然の良港が多く、豊かな幸に恵まれた「海の国」でもある。海上交通が盛んだった頃、交通の要衝として賑わった。

　紀北地域は大阪の商業圏に近く、人口もこのエリアに集中している。東に高野山を拝し、紀の川が西に向かってほぼ直線的に流れる。流域には僧兵軍団で知られる根来寺や観音信仰の聖地である紀三井寺、徳川御三家の面影を残す和歌山城があり、仏教説話や伝説が多く残されている。

　紀中地域は、有田川や日高川下流のやや開けた平野に豊かな自然の恵みを利用して人びとが暮らしを営んできた。熊野信仰が盛んだった時代には、熊野古道の街道沿いの町や村は参詣の人々で賑わった。

　紀南地域は熊野と呼ばれ、神々が鎮まる特別な場所と考えられてきた。その歴史は古く、『日本書紀「神代巻」』には、伊弉冉尊(いざなみのみこと)が火の神の出産によって命を落とし、熊野に葬られたとある（イザナミの墓所については、ほかにも比婆山や出雲など各地に伝承がある）。また、世界遺産にも登録された補陀洛山寺(ふだらくさんじ)は、インドから漂着した裸形上人によって開かれたと伝えられている。熊野は南の果ての辺境の地であると同時に、広く海に向かって開かれた海洋民の地でもあった。

伝承と特徴

　和歌山県の民話は、伝説や世間話に比べて本格的な昔話が非常に少ない。昭和の初め頃までの資料には、200話を超える語り手の記録もあるが、今ではその継承を確認することは困難である。

　北東端には弘法大師が開いた高野山、南部には熊野信仰の聖地である熊野三山があり、参詣の街道筋には数多くの伝説が残る。歌舞伎や浄瑠璃で

近畿地方　193

演じられる「刈萱」や「道成寺」「小栗判官と照手姫」の物語をはじめ、「弘法伝説」など信仰にまつわる話には事を欠かない。また、1年を通して温暖で、囲炉裏を囲んで昔話を聞くという習慣がないため、むしろ夏の夕暮れに語られるお化け話のように、狸や狐、鬼、天狗、河童などが身近な世間話として語られてきた。こうした伝説や世間話の中には、本格昔話のモチーフが含まれる例がしばしば見受けられる。もともと昔話であったものが、地域の伝説に化したと考えられるものも少なくない。

和歌山県における昔話の採集の歴史については、『日本昔話事典』や『日本昔話通観 15』などに記載がある。『紀伊半島の昔話』には、すさみ町大谷在住の男性（1902年生）が数多くの話を残している。また、南方熊楠の『南方随筆』には、昔話や伝説のほか南方自身が聞き集めた俗信などの資料があり、当時の人々の暮らしぶりが垣間見える。ただし、こうした資料はあくまでも限られた地域の定点調査によるもので、和歌山の民話を全県的に把握することは難しい。『きのくに民話叢書（1〜7巻）』には、20年以上にわたる県内各地の民話調査の記録が地域ごとにまとめられ、年中行事や俗信などの生活譚も丁寧に記録されている。

おもな民話（昔話）

鴨取り権兵衛　猟師が池にカモを撃ちに出かけた。数十羽のカモの群れに向かって銃を撃つと、一発で二・三羽に命中し、残りのカモはみな気絶してしまった。腰ひもに数十羽のカモをぶら下げて帰ろうとすると、カモがいっせいに飛び立ち、猟師も一緒に空にまい上がった。高野山の大門の上まで来ると、下で小坊主が飛び降りろと叫んでいるのが聞こえた。猟師が決心して下を向いたが、あまりの高さに驚いて目から火が出て、その火が飛び移って大門が焼けてしまった（『桃山の民話』）。

話者（1916年生、男）は、この話を「高野山大門の焼失のいわれ」として語っている。和歌山県の民話には、このように昔話の体裁をもちながらも、地域の伝説として語られている例が多くみられる。

すさみ町の類話によると、「カモを一度に沢山捕ろうとした男が、一切れの魚に長い紐をつけて池に置く。飛んできたカモがそれを食べ、尻からひった魚を別のカモが食べる。そのカモが尻からひった魚をまた別のカモが飛んできて食べ、次々にカモが紐で繋がる。男が紐をつかまえるとカモ

がいっせいに飛び立ち、男は空にまい上がる。高野山まで飛んでくると、和尚たちがみなでふとんを広げて持ち、ここに飛び下りろと言う。男はカモの首を一羽ずつ絞めて落下する。男がふとんの真ん中へ落ち、周りの和尚たちが互いに頭をぶつけ、頭から火が出て高野山が焼ける」と語る(『紀伊半島の昔話』)。

話者の戸谷誉雄(すさみ町大谷、1902〜75)は、100話クラスの語り手として『日本昔話事典』の巻末に出ている。

高野山は、開創以来千二百年の歴史の中でたびたび大火に見舞われてきた。994(正暦5)年、大塔に落雷、伽藍御影堂を残して全焼し、壊滅的な被害を受ける。やがて再興した後も、焼失と再建を何度も繰り返してきた。古くは落雷が原因で火事になることも多く、天から降ってくる男の話が、火事のいわれと結びついて語られる点がおもしろい。

芋掘り長者

有田の岩淵に住む男が、山芋を掘って町に持って行き、いろいろな物と交換して暮らしを立てていた。この男の所に鴻池から縁付きの薄い娘が嫁いで来た。ある日、男が日用品を仕入れに町に出掛けるというので、嫁が小判を出すと、男は、こんなものは芋を掘りに行く所でいくらでも出る、と言う。嫁は驚き、小判があれば何でも買えると教え、一緒に行ってみると、男が芋を掘った辺りにたくさんの小判が散らばっていた。それを集めて持ち帰ったのが、後に鴻池家が大財産家になったもとだという(『日本昔話通観15』)。

この話は、日高郡中津村に伝わる。財閥の起源にまつわる話として半ば伝説のように語られている。有田郡広川町に類話がある。

有田郡の長者峰の長者が湯浅の町へ買物に行き、川に浮かぶカモに銭を投げた。人々が石を投げればよいと言うと、自分の芋畑には鍬でかき寄せるほど金がある、と言う。それから、芋掘り長者と呼ばれるようになる。京の隅櫓長者から衣装持ちの嫁が来る。土用干しをすると淡路島まで輝いたので、漁の妨げになると言われる(『南紀土俗資料』)。

水ひょろ

病気の母親が、幼い娘に赤い綺麗な着物を着せ、これを着て水を汲みに行ってくれるようにと頼んだ。娘は水を汲みに出かけたが、水面に映る自分の姿に見とれ、ときの経つのを忘れてしまった。気がついて急いで水を汲んで帰ったが、家に戻ると母親はすでに死んでいた。母親に水を飲ませずに死なせてしまったことを嘆き悲しんで、娘

は鳥になって鳴いている。雨が降りそうになると、木の上でヒョウロヒョロと鳴くのだ(『熊野・中辺路の民話』)。

「水乞鳥」という昔話である。水ひょろは妖怪の類とされているが、実はアカショウビンという鳥のことである。カワセミ科の真っ赤な色をした美しい鳥で、ヒョロヒョローと鳴くそうだ。夏の雨が降りそうな薄暗い日に木の上で鳴く姿は、切なく悲しげだという。山奥の水辺に生息するが、今ではめったに見られなくなり、自治体によっては絶滅危惧種に指定されている。

おもな民話(伝説)

鯨のお礼　有田稲村の米吉という子どもが、命を助けてやった鯨の背に乗ってアメリカへ渡り、そこの森の神さまから巨木をもらって帰った。「以前、お米をもらったお礼です」。少年はそう言って、ちょうど家を建てる木を探していた庄屋にその巨木を贈った。

これは串本町にある「稲村亭(とうそんてい)」の起源にまつわる話という(『紀州　民話の旅』)。

明治の初め、海岸に流れ着いた巨木を地元の漁師が拾い、先年の飢饉の折に救われたお礼にと、神田家に贈った。木は、幹回りが1丈5・6尺(約5m)、長さも同じくらいあったという。稲村亭はこの1本の木で建てられた現存する家屋である。流木の出所については調査がなされたものの、結局はわからなかったそうである。

串本町は本州の最南端にあたり、ここにペリー来航を62年も遡る1791年、2隻のアメリカ商船が開港を求めて訪れている。かつては捕鯨で栄え、海外移住も多いこの地ならではの話である。

狼報恩　昔、大附に小さなほこらがあり、堂守りの婆が住んでいた。ある晩、床下でうなり声がして、狼がのどに何かをひっかけて苦しんでいた。お婆さんがそれを取ってやったら、その狼が、毎晩いのしし持ってきてお堂に置いていくようになった。お婆さんは、その皮や肉を売ってお金をため、りっぱなお堂を建てた(『紀伊半島の昔話』)。

これは、すさみ町大附にある弥勒山福田寺の話として伝わる。狼の届け物は何年も続き、ついには1,000頭にもなったといわれ、この寺は、千枚山または狼山とも呼ばれたという。狼は大神に通じるといわれ、かつて狩

猟が盛んだったころ、山に暮らす者たちにとっては、恐れ敬う神のような存在であったのだろう。

南方熊楠は、『南方随筆』の中で、「紀州の山神に猴と狼とあり、猴は森林、狼は狩猟を司ると信じたらしい」と述べている。また『紀州俗伝』には、「西牟婁郡二川村五村等で、狩人の山詞に、狼をお客さま、また山の神、兎を神子供と言う。狼罠に捕わるると、殺すどころではなく扶けて去らしむ」という記述もある。

おもな民話（世間話）

炭焼きと狼

炭焼きが山で炭を焼いていると、毎日傍に狼が来て寝ている。炭焼きは怖くて仕方がないので狼に退いてくれと頼むが、狼はかまわず毎日炭焼きの傍で寝ている。いくら頼んでも狼が退かないので、ある時、炭焼きは、「明日の朝も来るようなら鉄砲で撃つ」と言う。翌朝、やはり狼が寝ているので、約束だと狼を鉄砲で撃ち殺す。その晩、炭焼きが小屋で寝ていると、小屋の壁を破って大きな化け猫が襲い掛かってきた。炭焼きが鉄砲を撃つと、化け猫は逃げ去る。炭焼きは、狼が自分を化け猫から守ってくれていたことに気がつき、知らずに撃ち殺したことを悔いて手厚く狼を葬った。撃たれた化け猫は、それ以来姿を見せなくなる。何年もたって、六里がうねの山の洞穴に体長が六尺もある大山猫の骨が残っていたという（『紀伊半島の昔話』）。

話者は前述の戸谷誉雄翁である。県下には、ほかにも狼にまつわる話が多く残る。夜の山で道に迷うと、狼が道を先導して連れ帰ってくれることがあり、これを送り狼と呼ぶ。無事に山を抜けると狼は姿を消してしまうが、途中で転ぶとたちまち襲いかかってくる。だから、山道では決して転んではならないと言われている。もしも転んだときは、「痛い」とは言わず、「どう、一服しよう」と言って、しゃがんで誤魔化すとよいという。また、夜の山道で送り雀の鳴き声を聞くと送り狼が現れる、という言い伝えもある。

三体月

中辺路の高尾山で修行をしていた修験者が、「十一月二十三日の夜に三体の月を見て法力を得た」と村人に告げた。翌年、幾人かの村人が真偽を確かめようと山に登り、もし三体の月が見えたらのろしをあげることにした。月が出て、里からは一体の月しか見えなかったが、

山では三体の月が出て、のろしが上った(『熊野・中辺路の民話』)。

『長寛勘文』の中の「熊野権現御垂跡縁起」には、「壬午の年、本宮大湯原(大斎原)の一位木の三本のこずえに三枚の月形にて天降給」とあり、庚寅の年、石多河の南河内の漁師が見つけたと記されている。三体月を見ると願いが叶うという言い伝えもあり、熊野では、今でも毎年旧暦11月23日には三体月を見るために人々が集まり、観月会が開かれている。

コンニャクの貰い風呂

あるとき、見知らぬ男が来て、「灰汁風呂ではないか(灰は入っていないか)」と聞き、「灰汁風呂でない」と言うと、風呂に入っていった。それから毎晩来ては「灰汁風呂ではないか」と確かめるので、家の者は不思議に思い、こっそり灰を入れてみた。いつものように男が来て風呂に入ったが、なかなか出てこない。見にいくと、風呂の中に大きなコンニャクが浮かんでいた(『熊野・中辺路の民話』)。

昔は風呂のない家も多かったので、近所の人が風呂のある家にもらい湯に来ることがよくあった。類話が美山村(現・日高川町)の民話として「和歌山県ふるさとアーカイブ」に紹介されている。(https://wave.pref.wakayama.lg.jp/bunka-archive/index.html)

31 鳥取県

地域の特徴

　鳥取県は、大山（1,729m）を代表とする中国山地の日本海側に位置し、東を兵庫県に、西を島根県、南は岡山県、そして南西部にわずかではあるが道後山を境にして広島県の4県と隣接している。その中国山地と日本海との距離がないため大河はなく、約80kmの日野川（米子市）が最長であるが、関東平野を流れる利根川の4分の1しかない。

　鳥取の呼び名であるが、日本最初の歴史書『古事記』に大和朝廷が諸国に鳥を捕らえさせ、これを税として納めるように命じたという。当時の鳥取平野は沼や沢が多い湿地帯だったため、水辺に集まる鳥などを捕らえて暮らす人々が住んでいた。それが大和朝廷の支配に組み込まれ「鳥取部」として従属したため、「鳥取」の地名が生まれたという。

　また、特産品としては、松葉ガニ・二十世紀梨・砂丘らっきょうなどが有名であるが、第一次産業従事者は県人口の約10.9%である。

　現在の鳥取県は、面積は全国で7番目に小さく3507km²、人口は国内で最も少なく55万6,549人（2019年4月1日現在、鳥取県統計課）である。

伝承と特徴

　『古事記』に登場する「因幡の白兎」は、鳥取市白兎海岸近くの白兎神社に兎神として祀られているとされる。この話は、「大きな袋を肩にかけ♪」が歌い出しの「大黒様」の話として、1905（明治38）年「尋常小学唱歌 第二学年　上」に掲載の文部省唱歌でも知られている。

　一方で、村独自の文化や民話を伝承してきた話も多く残っている。例えば、鳥取市佐治町（旧・佐治村）には、愚か村の話の一つとして「佐治谷話」がある。「さじ民話会」が村の古老から方言豊かな78話を編集し、2004（平成16）年に佐治村が、「さじ民話会」と共に村の「無形民俗文化財」に指定している。現在、行政が民話を「無形民俗文化財」に指定している

中国地方　199

のは、全国で鳥取市だけである。

その鳥取市では毎年、文化発展に寄与した市民を表彰する文化賞を授与してきたが、2018年は民話研究や伝承に寄与した鳥取県民話サークル連合会会長を表彰した。なお、民話伝承活動団体の主な地域は、東部の鳥取市、中部の倉吉市、西部の米子市などであり、その連合体として「鳥取県民話サークル連合会」が存在する。

そこで、鳥取県における口承文芸史を見ると、かなり古い文献として『因伯昔話』(横山啓次郎) があり、戦前には『因伯民団』『因伯童話』、戦後になると『因伯伝説集』『大山北鹿の昔話』(聞き書き)、『因伯昔ばなし』『鳥取の民話 日本の民話61』などが編集されてきた。昔語りでは、家庭内の囲炉裏や寝床での縦の伝承(祖父母・親から孫や子への伝承)や寄合いによる横の伝承が多かったが、平成になる頃から民話サークル活動による一般や子どもへの語りが多くなり、縦の伝承が激減した。

なお、鳥取県の昔話の発端句には、「むかし」「さて昔」「とんとん昔があったげな」「さてむかしのう」などがある。結末句には、「むかしこっぱり」「そればっちり」などが多い。

おもな民話(昔話)

旅人馬　昔、仲良しの金持ちの家の子と貧乏な家の子が一緒に旅に出て、ある宿に泊った。夜中に女の人が部屋の囲炉裏の灰をきれいにすると、出てきた穂を摘み取り、翌朝団子にして部屋に持ってきた。貧乏な家の子は食べなかったが、金持ちの家の子は食べたとたん馬になった。貧乏な家の子は、何とか助けなければと外を歩き回るとお爺さんに出会い、「茄子を七つ食べれば直に人間に戻る」と教えてもらった。茄子畑を探し茄子を七つ持って宿に戻り金持ちの家の子に食べさせると人間に戻った。金持ちのお父さんは財産の半分を貧乏な子にあげたので、どちらも安楽に暮らせたとや。そればっちり(『山陰の民話とわらべ歌』)。

この類話は東北各県に多いが、中国地方では岡山県に1話しかなく、鳥取県では智頭町の大原寿美子(1907年生)が語る貴重な1話となる。

蟹のふんどし　昔々、さじの若者が浜の嫁の実家に婿入りすることになった。ところが、ふだん他家に行ったこともないし、お客の礼儀作法がさっぱりわからんので、その日の朝になって親たちが心

配していろいろ作法を教えた。その時、浜の方ではご馳走に蟹が出るから先にふんどしを外せと教えた。やっぱり蟹が出たので、「これだ、これだ」と言って婿は自分のふんどしを脱いで小さくたたんで脇に置き蟹に箸を付けたという（『復刻　佐治谷のむかしばなし』）。

　蟹のふんどしとは、蟹の腹部にある三角形状の副甲のことである。蟹を食べる時は、この副甲を外せということである。つまり、山奥の村に蟹がいないために婿はよく知らなかったという。なお、この話は、浜の方では「佐治谷の愚か婿」と言われている。

鳩と蟻

　昔ある時、大雨の降ったあげくのことでござんす。道端で遊んでいた蟻が、川に押し流されて雨水と一緒に溺れ寸前になっておるところを、空飛ぶ鳩が見て、「おお蟻さんは可哀そうに、今助けてやらなんだら死んでしまうとこじゃ」。木の葉を銜えて蟻の傍に落としてやりました。それを見て蟻は喜んで、木の葉へ取り付いて、「ああ、鳩さんがこれを落としてくださったからこそ岸へ着くことができる。鳩さんのお陰で命拾いをした。ご恩は一生忘れず、いつかご恩返しをせにゃならん」と、日頃から思い続けて機会が来るのを待っておった。ある日のこと、その鳩さんが木で止まっていると、鉄砲打ちが来てその鳩を狙うて、今にもぶっぱなそうとしておるところを蟻さんが見つけて、「この時に助けにゃ、鳩さんは鉄砲打ちに取られてしまう」。急いで蟻は鉄砲打ちの身体にさばりついて、腕へ這い上がってひどく噛み付いた。鉄砲打ちは狙いが狂うてしまうところへドンと一発なって、鳩はそれとは知らずに翔って行きました。これを見ていた蟻は喜んで、「これで、わしも恩返しができた。鳩さんは無事に逃げて行ってござれた」。蟻も大変喜び、それとは知らん鳩もなお喜んで逃げたことと思います。話はこればっちり（『因幡智頭の昔話』）。

　これは、イソップ物語の類話と思われるが、鳩と蟻による報恩譚である。

おもな民話（伝説）

湖山長者

　鳥取に湖山長者というたいそうお金持ちがおった。この長者は大勢の村人を雇いみんなで歌をうたいながら田植えをしていた。大変広すぎて日が沈むまで終わりそうもなかったので、長者が「太陽さま、まだ沈まないでください」と何回も何回もお願いをして、扇子で太陽さまを扇いだ。すると、半分ぐらいしか見えなかった太陽が少しずつ

上がって来て明るくなったので、何とか田植えが済んだ。翌朝、田圃を見ると一面水がいっぱいで池になっていた。長者は、お日様に無理をさせたことを反省し、田植えを手伝ってくれた村人に謝ったという。その後、この田圃は「湖山池」となった(『ふるさとの民話6　鳥取県西部編』)。

これは、現在の湖山池が舞台となった鳥取市湖山町に伝わる話である。驕り高ぶった長者が、餅を的にして矢を射ると、餅が白鳥になって飛んで行き、やがて長者は滅んだという「餅の的」(『豊後国風土記』)にある話と通底するもので、長者没落型の伝説である。

打吹山(うつぶき)の天女

昔、ある百姓が天女の衣を取って隠した。天女は天へ帰れなくなり、そのままそこについて百姓と結婚し、二人の子どもが生まれた。ある日のこと、二人の子どもは、父親から「だまっとれ」と言われていたが、つい、「これはお母さんの着物だ」とお櫃を開けて見せた。母親は、その羽衣を着て朝顔の蔓を伝わって天に上がってしまった。二人の姉妹は嘆き悲しんで山に登って、母に届けとばかりに鼓や太鼓を打ったり笛を吹いたりしたというので、その山に打吹山(204m)という名が付いたという(『ふるさとの民話5　鳥取県中部編』)。

この伝説は、昔話「天人女房」の伝説化で、羽衣を隠すのは漁師や百姓が多い。倉吉市の話は、二人の子どもの姉「お倉」と妹「お吉」の名をとったといわれている。特定の山や地名の由来につながるところに地域の特徴がみられる。また、天女が近くの羽衣石山(うえし)(372m)に降りたという話があることから、「羽衣石の天女」という話も残っている。

大山の背比べ

大山を大陸から見ていた韓の国の神様が、自分の国の韓山(からやま)と背比べをさせようと船に乗せて運んできたが、雲間から高い峰をのぞかす大山の雄姿に驚いて、「これはかなわない」と韓山を置き去りにして慌てて逃げ帰ってしまった。この韓山は誇り高い山で、評判の高い大山と背比べをしたくなり、実際背比べをしてみると、韓山の方がわずかに高かった。怒った大山が蹴飛ばしたので、頭が欠けた姿で大山のそばに横たわっているという。負けた韓山は、大山の西北8kmにある孝霊山(こうれい)(751m)で、高麗山とも呼ばれている(『日本の伝説47　鳥取の伝説』)。

山の背比べの話は、他に「鷲峰山(じゅうほう)と大山」「三徳山(みとく)と大山」などがあるが、いずれも争い事が起きている。三徳山には、修験道の祖、役行者が法力で、

三徳山の崖に投げ入れたとされる国宝「投入堂(なげいれどう)」がある。

おもな民話(世間話)

七尋女(ななひろおんな) 　部落内にある御堂の辺りに墓地が多く、御堂より100mほど離れた処に桜の古木がある。昔、部落のある男が、雨のそぼ降る夜、御堂と墓所の間の道を男が通っていると、背中に「ぞっ」と寒気を感じ恐ろしくなったが、必ずの用事があるので、気を持ち直して歩いていると、後ろから後をつけてくる気配がする。やっと桜の木のところまで来ると女が立っている。男はびっくりして動けなくなり、「よたよた」とその場に座り込んでしまった。ところが何と、女は見る間に背丈が伸びて、七尋(約13m)もある様になった。男は声も出ず、這いながらやっと逃げ帰った。以来、深夜の人通りはぷっつり途絶えたという。

その頃、武道の心得のある旅人が出かけると、案の定、高くなる女が現れたので、切りつけると消えた。翌朝、血が点々と尾を引いて日野川縁(べり)で消えている。人々は、七色樫の蛇身ではないかと言って恐れていたという(『洲河崎むらの歴史』)。

この「七尋女」の話は、中西部の伯耆地方に残っているが、島根県では出雲や隠岐などに「七尋女房」として多く聞かれる。

野つぼ風呂 　白谷ちゅう部落に野つぼがあったそうな。ある人が法事に呼ばれて行ってご馳走を沢山よばれ、ようけい残したご馳走をスボ(つと)に入れてひもで腰にぶらさげて、酒に酔うてフラフラ夜風に吹かれながら山道を帰ったそうな。そしたら、キツネが「あのスボが欲しいなあ。何とか手に入れたいもんだ」と思って、後をつけて来ておったそうな。ところが、その人は、歌でもうたって帰りょって、白谷の野つぼの所に差し掛かった時、「いい按配に風呂がわいとうけども、ひと風呂あびて帰りなはらんかいや?」言うてキツネが人に化けて誘うたそうな。すると、その人は裸になって風呂のつもりで野つぼに入って、ゴシゴシ体を洗い始めた。キツネは「うまい具合に化かしたわい」とスボを持って退散した。夜が明ける頃に本物の人が通りかかって「何ちゅうかっこうしとるのや」と聞かれ、その人は「風呂に入って帰れと言われたんや」言うて野つぼの中でバシャバシャやっとったそうな。昔こっぽり(『新鳥取県史民俗1 民俗編』)。この話は、世間話的笑話に属する。

32 島根県

地域の特徴

 島根県は中国地方の日本海側に位置し、年間降水量は比較的多く、冬季には東部や山間部を中心に降雪も多い。河川では東部の斐伊川、西部の江の川が日本海に注ぎ、県東部では日本海に続く汽水湖である中海と宍道湖が豊富な魚介を育んできた。東の安来市と西の津和野町との間は約230kmの距離をもつ東西に長い県である。

 稲作中心で神道文化の色濃い出雲地方、平野が少なく畑作や漁業もあわせて行い、すぐれた左官職人を輩出した浄土真宗文化の石見地方、漁業に加え、遠流の地としての京文化や北前船による文化交流の影響を受けた隠岐地方と、それぞれに産業や文化の個性は異なる。また、奥出雲地方では伝統的にたたら製鉄が営まれ、上質の玉鋼が生産された。現代の特産品である出雲そば、島根和牛、仁多米、ヤスキ鋼なども、たたら製鉄の歴史との深いかかわりの中で派生したものである。

 民俗信仰にともなう伝承文化は豊富で、なかでも旧暦10月に諸国の神々が出雲へ集うとする伝承は平安時代まで遡り、出雲大社、佐太神社などで神在祭が行われる。地荒神の信仰が根強く、ご神木は今も集落で大切に祭祀される。能の影響を受け、芸能的色彩の強い出雲流神楽は、むしろ石見地方で発展し、社中の数も次第に増え、石見神楽は現代の観光・文化資源ともなっている。

伝承と特徴

 島根県には豊富な民話が伝承され、すでに多くが記録されている。神話まで範囲を拡大して考えれば、8世紀の『古事記』や『出雲国風土記』にみえる出雲地方を舞台とする神話群があり、1717年に成立した出雲国の地誌『雲陽誌』にも、発生伝説などがみられる。

 明治時代に松江に滞在したラフカディオ・ハーン（小泉八雲、1850～

1904）は、主に松江地方の超自然的な伝説や世間話を採集・再話し、著書『知られぬ日本の面影（*Glimpses of Unfamiliar Japan*）』で世界へ発信した。大正時代には清水兵三が『郷土研究』『日本伝説集』などに民話の発表を開始した。昭和に入ると、森脇太一、さらに大庭良美が石見地方の民話の収集と刊行を手掛け、出雲や隠岐では、石村春荘が『松江の昔話』を出版した後、田中螢一、酒井董美らが精力的に民話を収集、刊行してきた経緯がある。1978年時点で、すでに約580種類、2,900話に及ぶ民話が県内で集められている。1994年には松江市大庭町に出雲かんべの里がオープンし、「民話館」では県内の特徴的な民話の展示や、「とんと昔のお話会」のメンバーによる来館者への語りが行われている。また2008年から2010年にかけて、酒井董美の尽力により、「いずも民話の会」「民話の会〈石見〉」「おき民話の会」が誕生し、地域の民話の継承と普及活動に取り組んでいる。

　島根県でよく話される昔話としては、「竹切り爺」「鼠の浄土」「桃太郎」「瓜姫」「猿婿入り」「和尚と小僧」「古屋の漏り」などが挙げられる。昔話のことを「とんと昔」（出雲）「げなげな話」（石見）などと呼び、発端句は「とんと昔があったげな」、結句は「これでこっぽり」が一般的だ。昔話は夜語るという意識がみられ、正月や庚申の晩などは特によく語られた。雲南市吉田では語り婆さんがいて、「とんじん話」という死者の口寄せをした後、子どもたちに昔話を語ったという。

　伝説では、弁慶、菅原道真、後醍醐天皇、柿本人麻呂、和泉式部などにまつわる歴史伝説が目立ち、七尋女房（出雲・隠岐）、牛鬼（石見）、河童（全域）など妖怪をモチーフとする伝説や世間話も豊富である。

おもな民話（昔話）

竹切り爺　仁多郡奥出雲町竹崎に伝わる昔話。むかしがあったげな。殿さんに山で竹を切るやつは誰だといわれ、爺は「日本一の屁こきじいでございます」と答えると、「屁をひとつこいてみい」と命じられる。錦の上で、「ニシキゾロゾロ、黄金サラサラ、浜の松風スッポラポンノポーン」とこくと、殿さんは面白かったと褒美をたくさんくれた。隣の爺さんが自分も褒美をもらおうと、竹山で殿さんの帰りを待った。殿さんが通り、竹を切るやつは誰だときかれ、「日本一の屁こきじいでございます」と答える。こいてみいといわれるので、「ニシキ、ウーン」とい

って一生懸命へばったら、うんこがでて、「無礼者めえ」と尻を切られて死んでしまう（『日本昔話通観18　島根』）。

　『日本昔話通観　島根』によれば、竹切り爺は島根で最も多く語られる昔話で91話が採話されている。上記は「隣の爺型」といわれる話で50話ほど類話がある。ほかにも、隣の爺が登場せずに、褒美をもらって幸せになる「成功型」や、最初から屁がうまくでなくて褒美をもらいそこねたり、糞を出して殺されてしまう「失敗型」の話も伝承されている。

鼠の浄土

　隠岐郡知夫村薄毛にはこんな話が伝わる。爺と婆が山へ仕事へ行き、昼に焼飯を3つ出して食べた。ひとつ余ったものを譲り合ううちに、穴にころげこみ、それを追いかけていくと地蔵が座っている。訊くと、一口食べてまたころがしたという。さらに先へ行くと、鼠が「ここのお国は、猫さらおらねば、国ゃわがもんじゃえ、ストトンストトン」と米を搗いている。「ニャオーン」と猫の鳴きまねをして、鼠たちが逃げたところで米を持ち帰る。隣の爺が真似をし、同じように鼠の国へ行くが、「ニャオーン」と言うと、鼠が「さあ、こないだの爺が来た」と言って爺を食い殺してしまう（『日本昔話通観18　島根』）。

　一般に「おむすびころりん」などと呼ばれる話で、島根県全域から90話近く採集されている。特に隠岐地方に顕著に伝承され、にぎりめしが隠岐の郷土料理の焼飯（味噌を塗って焼いたおにぎり）になり、それを相手に食べさせようと譲り合う場面がある。穴の中に地蔵がいるなど、「地蔵浄土」の昔話との交錯がみられ、離島である隠岐地方独自の発達を遂げて伝承されている（『山陰の口承文芸論』）。

桃太郎

　とんとん昔があったげな。爺さんは山へ柴刈りに、婆さんは川へ洗濯へ行ったところ、川上から大きな桃が流れてくる。婆さんが食べると、もうひとつ流れてきたので、爺さんに持ち帰り戸棚に入れておいた。爺さんが帰ってきて、中を割ったところ、赤ちゃんが出てきて「まあ、こりゃ男の子だわ」と言って大事に育てる。隣の子が「桃太郎、桃太郎、山へ行かだねか」と誘うが、3回目の誘いでようやく山へ行く。桃太郎は大きな松の根っこを取って戻り、便所の前におろすと、夜中に便所に行った婆さんがひっかかって転んで、腰を痛めて起きられなくなる。腰の痛みには鬼の生き肝が一番ということで鬼退治に行くことになる。婆さんが黍団子をこしらえて桃太郎は腰につけて出かける。最初に犬が、続

いて雉、猿が「桃太郎さん、どこ行くか」と尋ね、黍団子を一つくれたら、お供をすると約束する。それからみんなで連れ立って鬼退治をして、鬼の生き肝をとって婆さんに食わせ、腰を治してあげた（『山陰の口承文芸論』）。

「桃太郎」も島根県では40話以上採集されている。上記は松江市八束町に伝承される話で、桃が二つ流れてくることと、桃太郎が山仕事の誘いを引き延ばすなど、ものぐさである特色をもつ。前者には古代信仰を踏まえた古い語りが、後者には、土臭く横着さも含みもつ親しみやすい英雄像が浮かび上がる。

古屋の漏（も）り

雨漏りする藁屋根の家に爺さんと婆さんが住んでいた。そこに牛泥棒が来て、続いて狼も来てねらっていると、爺婆が「猪やら狼はおぞい（怖い）ことないが、あの漏りが一番おぞい」と言うので、狼は自分よりこわいのがいると思って逃げる。一緒にいた牛泥棒も狼が逃げたのをみて、たまげて牛をとらずに逃げてしまった（『日本昔話通観18　島根』）。

「古屋の漏り」は、島根県で最も多く語られる動物昔話で30話近く採集されている。上記は大田市静間町に伝承される話で、結末は狼と泥棒の両者の逃走で終わる話型だが、ほかに、動物たちが逃げて穴に入り、盗人たちも穴へ向かい、猿が出したしっぽを引き合って、猿の顔が赤くなったり、尻尾が切れて短くなったという由来を説く、「騒動型」と呼ばれる話型も県内に伝承されている。

おもな民話（伝説）

弁慶森と弁慶島

松江市長海町（ながみちょう）にはこんな伝説が伝わっている。

紀州の田辺に生まれた弁慶の母、弁吉は生まれつき器量が悪かったので、父母が心配して出雲の神へ縁結びの願をかけることにし、出雲の国へ旅立たせた。弁吉は縁結びの神に七日七夜、願をかけ、神の声に従って枕木山麓の長海村にやってきて3年を過ごした。ある日、若い山伏が来て、弁吉と契りを交わして空高く舞い上がっていった。弁吉はつわりとなり、鉄が欲しくなって、百姓家からとってきた鍬（くわ）を9枚と半分食べる。生まれた弁慶は、髪が長く一部を除いて全身鉄だった。

弁慶のいたずらは激しく、手を焼き、野原町の沖の弁慶島に捨てられた。そこへ一人の山伏が来て弁慶に兵法を教える。10歳になった時、砂を海

中に落として道を作り、対岸の長海へ自力で帰った。それから、枕木山、清水寺、鰐淵寺と巨刹を歩いて学問をし、新庄の鍛冶で優れた長刀をあつらえた。ところが、弁慶はこんな優れた刀鍛冶を生かしておいてはまた名刀を打つと考え、刀鍛冶を切り、母の生国、紀州をめざした。なお、弁慶森には明治初期まで、弁吉を祀る弁吉霊社があった（『出雲隠岐の伝説』）。

県内の弁慶の伝承遺跡は20か所を優に超える。伝説中に山伏が登場することや、弁慶修業の場と伝承される場所が、主に天台宗の古刹であるところから、修験者によって運ばれた伝説だと考えられている。

菅原道真 松江市宍道町上来待の菅原天満宮には、菅公が出雲生まれだとする伝説が伝わる。出雲国司となった菅公の父、是善は、地元の娘とねんごろとなり、子が生まれる。母は3歳まで出雲で育てたが、是善の言葉通り京に上り、醍醐の花園に捨て帰る。母は不憫に思い、子が穴をあけて遊んでいた梅の実を庭に植える。やがて大木となり、種に穴がある鼻繰梅を実らせた。京都に残した子は菅原家に引き取られ、道真となる。右大臣にまで出世するが、藤原時平の中傷にあい、大宰府へ流される。菅公はその際、出雲を通り生母と会い、梅の木で自像を刻んだが、これが菅原天満宮のご神体である（『島根県口碑伝説集』）。

その他、出雲市斐川町下直江には菅公お腰かけの松、出雲市天神町には菅公姿見の池の伝説が残る。

おもな民話（世間話）

七尋女房 松江市島根町加賀の小学校にまだ体育館がないころのこと、毎日、宵の刻に小学校の中庭にお化けが出るという噂がたった。浜の子どもたちが小学校の前の川のほとりへホタルとりに出ると、1mくらいの背丈の女によく出会った。その女は「あははは」と笑いながら、たちまち7尋（≒約13m）もある大女になってみせたという。

そんな話を覚えていた村の人たちは、その七尋女がまた出始めたと噂した。佐波や別所の大人も、麦焼きをした帰り道に小学校の前を通りかかると、その女が立っているのをよく見かけたという（『島根町誌　資料編』）。

七尋女房の妖怪譚は、隠岐や県東部で、伝説や世間話として伝承されている。柳田國男が『妖怪談義』で言及したノブスマ、タカボウズ、ノビアガリ、ミアゲニュウドウなどに似た、大入道系の道の怪である。

33　岡山県

地域の特徴

　岡山県は中国地方の東部に位置し、山間地帯（中国山地）、県北盆地地帯（津山、勝山、新見など）、中部丘陵地帯（吉備高原）、南部平野地帯に大きく分けることができる。県内には吉井川、旭川、高梁川の三大河川が中国山地から瀬戸内海に注いでいる。南部は温暖で晴天の日が多いが、北部山地はやや寒冷で積雪をみる（複数のスキー場がある）。

　古代には広島県東部の備後とともに全県域は吉備国とよばれたが、備前国、備中、備後国に分かれ、さらに備前北部が美作国とされた。古くから瀬戸内航路、河川交通、陸上交通が発達して栄え、南部の山陽道と北部の出雲往来は古代からの幹線道路であった。

　古代には吉備真備、和気清麻呂などの有力者も出て、古代末から中世にかけては鹿田荘、大安寺荘、新見荘など多くの荘園が置かれた。岡山県北部を含め中国山地は古代から日本における代表的な和鉄の産地であった。中世には備前焼、備前刀、備中刀、備中の鉄製農具などの工業が発達した。近世には美作国に津山藩、勝山藩、備前国に岡山藩、備中国に岡田藩、浅尾藩、足守藩、庭瀬藩、松山藩、新見藩などが置かれた。農産物としては桃、ブドウなどが知られている。

伝承と特徴

　岡山県の昔話の学術的採集は、『ばばさまのおはなし』『御津郡昔話集』など、昭和10年代に始まった。戦後は昭和30年代から岡山民話の会や大学研究会の組織などが採集を開始し、ほぼ全県各地で採集が行われ、『なんと昔があったげな　上・下』『岡山の民話』『奥備中の昔話』『中国山地の昔話』をはじめ、多数の昔話集が刊行されている。岡山県の昔話の伝承状況については『日本昔話通観19　岡山』が詳しい。昔話の発端句としては「なんと昔があったげな（そうな）」、結末句としては「むかしこっぷ

り」などの形式が保存されている。

　昔話の採集者としては、稲田浩二、稲田和子、立石憲利などがいる。稲田浩二たちのグループが1967年から78年にかけて29道府県で行った現地調査の録音テープは1982年3月国立民族学博物館に寄贈され、現在、「日本昔話資料：稲田浩二コレクションデータベース」として3,668件のデジタル音声データが公開されている（このうち、岡山県の音声データは228件。聴取は館内のみ可能）。また、立石憲利の現地調査の録音テープの一部が「東アジア民話データベース」（科学研究費補助金研究成果公開促進費により運営）で公開されており、460話を語った賀島飛左（旧哲西町、現新見市）などの音声の一部をホームページから聞くことができる。民話をめぐる語り手たちの動向としては、立石憲利が語りの学校を岡山県各地で開催し、修了生を中心にグループ化が行われ、多くの語り手たちのグループが県内で活動を行っている。

おもな民話（昔話）

桃太郎　　桃太郎の昔話は全国各地で語り継がれているが、中国地方には「鬼退治型」と「山行き型」の二つの話型がある。「鬼退治型」は一般に知られている桃太郎話で、「山行き型」は成長して近所の人に山へ行こうと誘われても物臭で断り、後日山へ行くが大木を引き抜いて戻ってきて投げるなどのモチーフが鬼退治の前に入る。岡山では、お供が犬、猿、キジではなく、キジ、カニ、から臼、どんぐりで、みんなで力をあわせて鬼退治をするという語りもある（『なんと昔があったげな　上』）。

　岡山は桃太郎の伝説地として全国的に知られている（伝説地は高松市や愛知県犬山市にもある）。岡山には、吉備津神社（岡山市）に伝わる吉備津彦命が温羅という鬼を退治したという伝説があり、この温羅退治伝説が桃太郎話の原形という伝えもある。吉備津神社周辺には、温羅の居城だったといわれる鬼ノ城、戦いの際にかみ合った矢が落ちた場所という矢喰宮、矢が刺さった温羅から出た血が流れたという血吸川など、温羅伝説ゆかりの伝承がある。岡山県では、名産の桃、銘菓の吉備団子のほか、岡山桃太郎空港（岡山空港）、桃太郎線（JR吉備線）などの愛称付与にみられるように、県をあげて桃太郎のアピールに努めている。岡山の桃太郎話は「昔話」と「伝説」の両面から伝承されている点が興味深い。

取っ付く引っ付く

全国に広く分布する昔話で、登場人物により、隣の爺型、3人兄弟型、化け物型の三つに分けられる。中国地方には隣の爺型が濃厚に分布している。岡山で語られている隣の爺型は次のような話である。

おじいさんが山に木こりに行き、おばあさんが昼に弁当を持って行く途中、「ひっつこうかとっつこうか」という声が聞こえた。おじいさんにその話をすると、「ひっつくならひっついてみい、とっつくならとっついてみい」と言いなさいと言われたのでそうすると、身体中に小判がいっぱい付いて金持ちになった。それを聞いた隣のおばあさんが同じようにすると、身体中に松やに（杉やに、虫、ハエ）が付いたので火で落とそうとすると焼け死んだ（『なんと昔があったげな 上』）。

また、岡山では、おばあさんが焼け死んだというのでおじいさんが行くとお尻だけが焼け残っていたので、その尻を持って家々で宿泊を頼むと「何人ですか」と聞かれ、自分とばあさんのお尻だけと答えると宿泊を断られるというモチーフを持つ「何人か型」が報告されている（『奥備中の昔話』）。不思議な声については、「ひっつこうかとっつこうか」のほか、「ひっつこうか吸いつこうか」「とりつこうかひっつこうか」などと語られる。声の主は語られないが、カラス、猿のようなきょうてえ（恐ろしい）ものが言ったと語られることがある。

鼠浄土

この話は「おむすびころりん」の話として広く日本全土に広がっており、岡山でもよく語られる。おじいさんが山へ木を切りに行き、昼に弁当を開くと、握り飯がころころ転んで穴に落ちた。穴の中でねずみたちが「猫がおりゃあで、ねずみの世の中」と言って落ちてきた握り飯を杵でついていたので猫の鳴き声をすると逃げた。おじいさんは穴にある御馳走やお金を持って帰った。隣の欲ばりばあさんが同じようにしたが、ばれて殺される（『なんと昔があったげな 上』）。ねずみたちが杵でつきながら言う言葉は「猫がおらねば、ねずみの世の中。エットンバッポン」「猫さえ来ねば、ねずみの世の中、スットン、スットン」「猫さえござらにゃ、ねずみ世盛り、すっとこすっとこ」など多様で面白い。

狼報恩

おじいさんが山で木を切っていると、狼が大きな口を開けて近くへ来た。口を開けているのでよく見ると口の中に骨が刺さっているので、手を突っこんで骨を取ってやると喜んで去った。翌日、家

の雨戸をたたく音がしたので開けてみると、狼が山鳥（兎）を置いていったという（『なんと昔があったげな　上』『奥備中の昔話』）。

動物報恩譚の一つで、全国的に分布している。昔は岡山でも狼が身近な存在だったようで、県内各地に狼様を祀る祠がある。

佐治谷話　岡山県で最もよく知られている愚か村話の総称で、県北地域に分布している。ある日シャジ（佐治谷）の九助という若者が、猟師からカラスを多数もらってかごに入れ、その上にキジを1羽載せて「からすやからす」と呼んで売り、町の衆はカラスなら安くしろと言って負けさせて次々に買ったが、かごから出したのは本当にカラスだったという話がある（『岡山の民話』）。

岡山県以外では、鳥取県、兵庫県西部にも分布しており、当の佐治谷（鳥取県佐治村、現・鳥取市）地域でも笑い話として語られているが、佐治谷内部の伝承ではわざと愚者を装っているが実は賢いのだとする。佐治谷話は、愚か村、愚か婿、愚か男、愚か嫁、狡猾者譚などにわたり、約60の話型が認められる。

おもな民話（伝説）

猿神退治　人身御供を求める神を旅の男が退治するという話で、全国的に分布する。平安時代末期成立の『今昔物語集』巻26第7話に美作国中参（中山）神社の猿神に毎年娘を生け贄に供えていたが、東国からきた男が猿神を退治して平和になったという説話がある。岡山県では中山神社（津山市）の伝説として伝えられており、中山神社には現在も猿神を祀る猿神社がある。

玄賓僧都　岡山県各地には奈良時代から平安時代にかけて活躍した玄賓僧都（734〜818）の伝説が多数伝えられている。特に玄賓が開基したとされる湯川寺（新見市）周辺には、「茶がよく育つわけ」「カワニナに尻が無いわけ」「桓武天皇に薬石を献上」「俊足の玄賓さん」「埋められた黄金千駄と朱千駄」ほか、多数の興味深い伝説が伝えられている（『隠徳のひじり玄賓僧都の伝説』）。

犬島　大宰権帥に左遷された菅原道真（845〜903）が船で大宰府に向かうため瀬戸内海を通っている時、大渦巻きに吸い込まれて遭難しそうになった。その時、聞き覚えのある犬の鳴き声がしたためその声を

目指すと小島が見えたので上陸した。そして、むかし道真が人に預けて見失った犬が石になっているのを見つけた。それからは、その島を犬島（岡山市）と呼ぶようになり、その石は道真公の命を助けた犬石様として祀られている（『岡山の伝説』）。

後醍醐天皇　元弘の変の失敗により隠岐に流されることになった後醍醐天皇（1288〜1339）は、元弘2（1332）年3月7日京都を出発し、美作国院庄を経て、4月上旬頃隠岐に着いたという。このため、岡山県北部地方一帯には後醍醐天皇にまつわる伝説が非常に多く伝承されている。後醍醐天皇が腰掛けて休んだという美作市作東や真庭市蒜山の休石(やすみいし)、天皇が姿を映して嘆いたという勝央町の姿見橋(みさき)、天皇の脱いだ衣だという美咲町柵原(たなはら)の衣石、天皇が手を洗ったという津山市の御手洗(みたらい)の湯、天皇がこの石の上で御飯を食べたという新見市大佐(おおさ)大井野(おおい の)の御飯石(ごはんせき)ほか、枚挙にいとまがない（「岡山県大佐町の後醍醐天皇伝説」）。

おもな民話（世間話）

ゴンゴ（河童）　岡山県では河童のことをゴンゴ、ゴーゴ、イエンコウ、カーコウなどと呼んでおり、各地で河童の話が語られている。津山市久米地区には、一学というおじいさんがけがをした河童を助けたところ、お礼に秘伝の骨つぎ術や打ち身薬を教えてくれたという話が伝えられている（『岡山の民話』）。

化け狐　県内では狐に化かされたという話が各地で語られている。那岐山(なぎさん)（奈義町）のふもとにかいころ狐と呼ばれる狐の群れが住んでおり、ぞうり、かぶりもの、着物など、手当たりしだい山のねぐらに持って帰り、それを身に着けて人をだましていたという（『岡山の民話』）。

化け狸　ある男が小川で魚を釣っていると、見知らぬ男が毎日やってきて「釣れますか」と言うのでうるさく思っていた。その男の様子が変で狸だとわかったので、「世の中で一番こわいものは何か」と聞くと「犬」と答えた。反対に聞かれたので「大札（紙幣）」と答えて別れた。翌日犬をけしかけるとその男は逃げたが、次の日籠(かご)一杯の大札を見せてきた。魚釣男がわざと困った風をすると男が勝ち誇ったように近付いてきたので犬をけしかけて殺し、大金を手に入れた（『御津郡昔話集』）。

34 広島県

地域の特徴

　広島県は中国山地を境に南の山陽と北の山陰とに分かれ、かつては東が備後国、西が安芸国に属していた。水域は沼田川を境とし備後には芦田川、安芸には太田川が流れて下流の平野を形成し、山間部には江川水系の浸食で形成された三次盆地がある。温暖で降水量も少ないとされてきたが、山間部の寒気は厳しく積雪も多いうえに、近年は猛暑と豪雨災害も増えている。

　文化的には吉備文化圏と九州文化圏との中間で、大陸からの出雲文化とも融合している。広島藩の地誌『芸藩通志』(1825) に、県内の地理や文化、歴史の詳細な記録がある。また、世界文化遺産の厳島神社、原爆ドーム、そのほか港町の歴史を伝える文化財も残っている。

　県南部の瀬戸内海には多数の島が浮かぶ。尾道市を起点とする「しまなみ海道」、呉市を起点とする「安芸灘とびしま海道」などと称され、いずれも愛媛県今治市との間を結ぶ。近年は「やまなみ街道」が開通し、山陰道を含め近隣県へのアクセスも充実している。

伝承と特徴

　県内の調査の早い成果として礒貝勇『安芸国昔話集』や、同年の及川儀右衛門『芸備今昔話』がある。続いて『昔話の研究 芸備叢書 第一輯』(広島師範学校郷土研究室、1939)、『安芸・備後の民話 第1集』(垣内稔、1959) が刊行された。県下で採集された民話は『広島県民俗資料』(村岡浅夫、1968) に分類される。県北には本格昔話、県南と島嶼部には笑話化や短編化の多い点が、山陽に共通すると報告された。その後も再調査が進められ、『高野郷昔話集』(親和女子大学説話文学研究会、1969)、『下高野昔話集』『口和町昔話集』(大谷女子大学説話文学研究会、1974)、『芸備昔話集』(村岡浅夫、1975)、『備後の昔話』(稲田和子、1977)、『芸北地方昔

話集』(國學院大學説話研究会、1977)、『西瀬戸内の昔話』(柴口成浩、1979)、『広島県上下町昔話集』(広島女子大学国語国文学研究室、1983)など、次々に刊行された。また、中国放送による民話採集とラジオ放送の成果が『採訪記録 ひろしまの民話(昔話編)1～3』(1981、1982、1984)にまとめられ、朗読放送も近年始まった。

　伝承内容には出雲系神話をめぐるものもあるが、厳島神社の女神市杵島姫命に関する固有信仰も伝えられる。また、真宗安芸門徒のほか修験道や密教的呪術信仰、遊行する人々の語りが影響を及ぼして、さまざまな話が生み出された。多い話に「瓜子姫」「取っ付く引っ付く」「鼠浄土」「竹伐り爺」「和尚と小僧」「大歳の客」「餅争い」、愚か村話「越原話」などがある。近年は歴史遺産をめぐり村上海賊の伝承も注目されている。

おもな民話(昔話)

浦島太郎　浦島伝承は海をロケーションに語られる印象が強いが、尾道では沿岸部から離れた山陰への入口・三成地区に同話が伝承されている。玉手箱を開けて死んだ場所や、当地に祀られる浦島神社には由来書が存在したことも伝えられている。江戸時代末期の備後地誌『西備名区』に記される浦島太郎の話は、昔話よりも伝説に近い。周辺には神仙思想をうかがわせる地名「仙入峠」「長者が原」「養老」があり、学校教育や地域行事にも取り上げられる。ただ、浦島太郎が山間部に伝承されるのは当地と福山市の松永湾を結ぶ藤井川が原因で物資にとどまらない話の流通があったと推測されている。本話が山間部に定着したことの謎解きとして、川を通じて海が身近であった頃の歴史探訪から出発するのも興味深い(『尾道の民話・伝説』)。

猫と南瓜　冬至に南瓜を食べる風習があるが、本話は「植えた覚えのない南瓜は食べるな」という俗信のいわれを説く。金持ち夫婦の家に商人が宿を求めた。夫婦の留守中に猫が魚を盗んだことを商人が伝えると、夜中に猫が商人の体を麻幹で計っており、それを知った夫婦は翌朝猫を殺した。やがて六部が来て、猫を埋めた場所に生える南瓜を切るよう教えた。実りの時期、予言通りに生えた南瓜を切ったところ毒南瓜だった(山県郡豊平町川迫)。ほかにも自然生えの胡瓜を掘ると、猫の死骸の目から蔓が出ていた話(三原市沼田東)もある(『芸備昔話集』)。

猫が恨みを晴らそうする化物譚は全国的に分布しており現場は船宿が多い。食べて死ぬ話は少ないが、猫を手厚く葬る類話からは六部や薬売りによる伝播が推測される。俗信では「年越しの南瓜は蛇に変わる」と伝えられ、蔓植物の不気味さは、死体を盗むとされる猫の魔力と結びつく。外来植物に対する警戒心が背景にあるとされる。

ほら比べ—三次(みよし)が商売の町として繁盛したわけ

三次市は県東部の山間地域で、説話集『日本霊異記(にほんりょういき)』の亀報恩譚とも関係し、浅野内匠頭正室(あさのたくみのかみ)の出身地として、また平田篤胤の研究で知られる『稲生物怪録(いのうものけろく)』の舞台でもあり、妖怪をテーマに地域振興も進められている。その三次の繁栄が昔話「ほら比べ」(大もの比べ)で語られている。本話は知恵比べの内容が大話となる巧智譚で、ほらや結末も数種類あるが、三次には次のような話がある。

県境の赤名峠(あかなとうげ)で、三次と出雲と甲府の呉服屋が荷を賭けてほら吹き勝負をした。甲府の呉服屋は富士山に七巻半の藤の花が咲くのを自慢した。出雲の呉服屋は三瓶山(さんべさん)を跨(また)いで日本海の水を飲む出雲牛を自慢した。最後に三次の呉服屋は町全体を覆う松で作る太鼓の皮は出雲牛で作り、牛を追う綱は富士山の藤で作り、太鼓の棒は三次の照林坊(しょうりんぼう)(棒)で叩くとし、スケールの大きさで三次の呉服屋が荷を持ち帰り町を繁盛させた(『採訪記録 ひろしまの民話 第1集』)。

県境にふさわしい話で、その筋は国際的昔話の話型カタログであるアールネ・トンプソン『The types of the folktale』の「The Great Animal or Great Object」(大きい動物または物)とも共通する。

竹伐り爺(たけきりじい)

中国地方では竹伐りの爺が、屁の音芸で幸福になるという致富譚(ちふたん)が、バラエティ豊かに語られてきた。木樵(きこり)の爺が殿様に「日本一の屁ひり爺」と名乗り妙音で褒美をもらい、それを真似た隣の爺が失敗する。神石郡(じんせきぐん)では妙音が「びこびこびぜんびっちゅう(備後備後備前備中)ぴんぴろぴんのぴん」と語られるほか、県下では「錦だらだら黄金だらだらあわの調子ですっぱいぽん」「丹後但馬のタンタラタン、備後備中ビーチビチ」のように、屁の擬声部分が笑いの要素を増しながら伝承されてきた。

尾籠(びろう)な内容でありながら、結末を蕎麦(そば)の茎が赤い由来にまとめたり(佐伯郡大柿町)、殿様を山の神として語る(福山市鞆町)ような民間信仰へ

の広がりも報告されており、背景には「めでたし」と語り伝えられた中世以降の招福文芸の介在も推測される（『芸備昔話集』）。西日本では山仕事の「竹伐り爺」の要素が『竹取物語』とも通じるが、東日本では「鳥呑み爺」が多く語られ、御伽草子『福富長者物語』との類似も注目される。

大歳の客

歳神を迎える昔話「大歳の客」が、広島経済を支えた商家と結びつく話がある。

大晦日に老人が尾道の一軒家を訪ね、門の「はんや（灰屋）」でも良いからと宿を乞うと、主人は寒くないように莚を吊って寝かせた。翌朝、雑煮を食べさせようと茶碗に餅を三つ入れて持っていくと老人は死んでいた。主人は餅つきの音でやかましくても家で寝かせてやれば良かったと言って供養し、埋葬の鍬を打ち込むと金塊が出てきて、以後家は栄え屋号を「はんや」と称した。これが今の橋本家と伝える（『芸備昔話集』）。同家は第六十六国立銀行（後の広島銀行）の初代頭取でもあり、広島経済界を支えた旧家である。本話につながる江戸中期以降の分家「加登灰屋」の隆盛は、文人墨客との交流や慈善事業でも知られる。

「大歳の客」は1年で最も重要な時期に語られる話で、乞食や老人を拒絶する隣の爺型も多いが、本話は旧家にゆかりのある話にまとめられている。橋本家が歴史資料だけでなく口承文芸の世界にも登場し、隣接する旧御調郡久井町（現・三原市）で採集された点でも稀少な伝承である。

おもな民話（伝説）

清盛の日招き

日本三景の一つ宮島の厳島神社は平家の歴史と深くかかわり、清盛の信仰は呉市と向かい合う倉橋島にも伝えられている。この辺りの海流は後世の「音戸の舟歌」に「船頭可愛いや音戸の瀬戸で　一丈五尺の櫓がしわる」と歌われたほどの激しさで、舟を遠回りせざるを得なかった。清盛が一門の権勢を見せつけるように、沈む太陽を金扇で招き返し、1日で切り開いた海峡が「音戸の瀬戸」と伝えられる。

類話には、想いを寄せた市杵島姫命のために堀割工事を完成させると、姫が火焔を吐く蛇体に化身した話や、「清盛のにらみ潮」で流れを変えて逃げた話もある。当地の五つの岬は竜の爪にもたとえられ、工事にかかわった武士の警固所も、「けごや」の地名で伝えられた（『日本伝説大系10 山陽』）。

清盛の心を捉えた祭神が鎮座場所を探したことは「安芸の宮島廻れば七里、浦は七浦七恵比寿」と伝えられ、現在も当社では「御島廻り式」や「御鳥喰神事」の祭祀により神への信仰が継承されている。

松虫鈴虫
　生口島には遠く離れた都の歴史とかかわる伝説がある。
　後鳥羽上皇の侍女・松虫鈴虫姉妹は、清水寺で聞いた法然上人の説法が忘れられず、出家を志すが上人は許さなかった。その後二人は鹿ヶ谷の安楽上人と住連上人のもとで出家し、松虫は妙智、鈴虫は妙貞の法名を得た。これを知った上皇は悲しみ、二人の出家を知らせなかった法然は讃岐に流され、安楽と住連は死罪となった。和歌山県粉河の隠れ家でそれを聞いた姉妹は、加太の浦から船で生口島の光明坊へ移り、念仏三昧の日々を過ごし、松虫は36歳、鈴虫は45歳で往生したとされる。同話は京都の住連山安楽寺にも伝えられている（『瀬戸内海の十字路せとだ』）。
　生口島は後白河法皇の荘園で、式子内親王が法然を慕い讃岐に渡る途中に光明坊に入寺する。流罪地から駆けつけた法然が内親王を出家させ、如念尼公の法名を与えたとも伝えられる。また、法然が差した白檀の杖が大樹となる霊験譚も伝えられ、境内には法然・如念尼公・松虫・鈴虫の供養塔もある。防風避難の寄港地であったこの島では、歴史上の人物とのつながりが実感をもって語り継がれている。

御袖天満宮の由来
　瀬戸内海には学問の神、菅原道真が大宰府配流時に寄港した伝説が点在する。尾道市の入江近くの岩に腰掛けた道真を、金屋家が麦と甘酒でもてなし、褒美に衣の袖が与えられた。後に家は栄え、御袖天満宮を建てたと伝えられている。腰掛け岩や献上の麦畑は現在も天満宮下の一角にあり、長江通りの片隅には「磯の弁天」が祀られ、かつての入江の様子をうかがわせる。対岸の向島「歌の置帆」の地には冠を脱いだ冠岩の話や「冠」の字を含む家名が知られている（『尾道の民話・伝説』）。
　御袖天満宮の石段は、大林宣彦監督の尾道三部作の映画『転校生』のロケ地でも知られる。また、延宝・天保年間頃からの習慣とされる暑気払いの菓子「ふなやき」は、道真寄港時に献上されたという説もあり、市内の菓子店では旧暦6月1日を前後する期間に限定販売されている。行事・食・伝説の三要素が重なる地域文化の一例である。

おもな民話（世間話）

おさん狐

広島県内には「おさん狐」の話が多く、特に江波のいたずら狐が知られる。

宮島の勤めを終えた能役者が帰宅途中、余りの寒さに能面を被ると藪から美しい娘が現れた。有名なおさん狐と気づいた役者は、逆にからかってやろうと振り向きざまに鬼の面を被ると、狐は鬼に化けた。役者が翁の面を被ると、狐は白髪の老人に化けるなどの化け比べが続き、ついに狐は降参して化け方の教えを乞う。役者は能面を入れる黄色い袋を渡し、これを被り一回まわると思い通りだと教えると、狐は礼を言い去った。その後、船の中で黄色い頭巾を被り寝ている狐が取り押さえられたが、伏見稲荷へ修行に行く途中であったらしいと噂された（『日本伝説大系10 山陽』）。

類話の多い江波のおさん狐は、通り名や地域振興にも結びつき、人々に愛されてきた伝説的妖怪である。広島電鉄江波車庫前の銅像「おさん狐」は前足を差し出し、今にも飛びかかりそうな姿で立ち続けている。寄せられた多くの体験談や伝承の未来は、今やこの狐像に託されている。

ヒバゴン

ヒバゴンは1970年代に比婆郡西城町（現・庄原市）を中心に目撃された獣人話で、アメリカの未確認生物（UMA）「ビッグフット」の日本版ともいわれた。相次いだ目撃譚によると、二足歩行の類人猿で、雪原の足跡だけでなく、夏にもダム付近で頻繁に目撃されて大きさもさまざまである（庄原市HP、庄原市観光協会HP）。1971年には西城町役場に類人猿係も創設されたが、1975年に廃止され、「ヒバゴン騒動終息宣言」が出された。『黄色い泉』（小松左京、1984）には在地神との結びつきが描かれ、『いとしのヒナゴン』（重松清、2004）は渡邊孝好監督によって映画化（『ヒナゴン』2005）された。

目撃情報に支えられる世間話は、口承文芸や映像文化の世界にとどまらず、観光を含む地域活性化の一翼を担う。一過性の話題であったとしても、日本では稀有な獣人話である。

35 山口県

地域の特徴

　山口県は本州の西端に位置し、西は関門海峡をはさんで福岡県に、東は広島県に、北東は島根県にそれぞれ接している。北は日本海、西は響灘南は瀬戸内海と三方を海に囲まれる。中央部を東西に中国山地が走り、瀬戸内海沿岸地域、内陸山間地域、日本海沿岸地域の3つの地域に分けられる。南西部は北九州とともに大陸への門戸的位置を占め、西日本における海陸交通の要衝として重要な地域的機能を果たしてきた。

　周防・長門の2国からなり、中世は大内氏、近世は毛利氏によって統治され、明治以降もその領域は変わっていない。長く農漁業を中心としたが大正時代以降、下関や宇部、小野田の工業化が進んだ瀬戸内海側は、現在重化学コンビナートと高速道路網の整備にともなう流通業が発展し、瀬戸内工業地域の一角をなしている。一方、日本海側は農漁業などの第一次産業と、明治日本の産業革命遺産として、世界遺産に登録された萩市の松下村塾など、文化資源を活用した観光業などが主たる産業となっている。

　大内氏の時代から続くとされる鷺の舞を奉納する山口八坂神社の祇園祭や、神功皇后の故事にちなむ数方庭祭は有名である。また、藩主御座船を模した山車や神輿が出る萩住吉神社のお船謡祭もある。浜出祭や蓋井島の山の神神事、相撲に似ていることから占手相撲とも呼ばれる玉祖神社占手神事、岩国南条踊や岩国行波の神舞など、地域ごとに特色ある民俗が伝承されている。

伝承と特徴

　山口県の民話と関係があるものに、『防長風土注進案』などの地誌類がある。萩藩主毛利敬親が藩政の資料とするために提出させた明細書を集成したもので、民話にかかわるものとして、地名や寺社の由来などが載っている。

大正から昭和初年にかけて刊行された郡町村誌には民話が載る場合もあったが、山口県における民話のまとまったものは1956（昭和31）年、宮本常一によって出された『周防大島昔話集』が嚆矢といえる。これは昭和初年に雑誌『旅と傳説』誌上で、柳田國男が呼びかけた昔話調査に応えたもので、宮本の故郷周防大島で祖父などから聞いた昔話をまとめたものがもととなっている。前掲書は、周防大島という一地域の民話を扱ったものだったが、その後、1960（昭和35）年に松岡利夫による『周防・長門の民話』が出された。ほぼ同時期に内田伸が「防長の昔話」を鋳銭司郷土研究会誌に発表するなど、県内在住者によって調査が進められ、市町村史などで民話が取り上げられるようになる。また、各地域の郷土研究会誌などが相次いで刊行され、県内の民話の調査が進んだ。1970年代までに採集された資料の動向は、『日本昔話大成』の各巻および『日本昔話通観　第20巻　広島　山口』に掲載されている。

　山口県は歴史豊かな土地柄のためか、大内氏や平家にかかわるもの、維新志士や毛利氏にかかわるものなど多くの伝説が伝承されている。また、近世期の捕鯨基地であった長門市域海浜部と、流通基地や南氷洋の近代捕鯨地として栄えた下関がある関係から、鯨にかかわる民話も伝承されている。近代に入るまで、周防・長門に分かれていたためか、民話の分布にも地域的な偏りがみられるなど、歴史的、地理的な在り方が反映された民話があるところに特徴がある。

おもな民話（昔話）

三年寝太郎　昔、厚狭に庄屋があった。その一人息子の太郎は寝ることが好きで、村人は寝太郎と馬鹿にしていた。3年3か月の間寝て暮らした寝太郎は、父親に頼んで千石船を作ってもらい、積めるだけの草鞋を買い込み出発した。20日ばかりかけて佐渡島へ到着すると、金山で働いている人を呼び集め、履き古した草鞋と積んできた草鞋を交換した。古い草鞋で船がいっぱいになると、寝太郎は厚狭へと帰った。帰り着くと大きな桶を作り、積んで帰ってきた草鞋を洗った。桶の水を汲みだし、桶の底に溜まった泥を汲みあげると、そこに黄金があった。得た金を使って、寝太郎は難事業であった厚狭一帯の開作を完成させた（『ながとの民話』）。

寝太郎の伝承地である厚狭の千町ヶ原には、寝太郎を祀った寝太郎権現がある。この権現社から少し離れた円応寺には寝太郎稲荷木像が祀ってあり、その台裏には「寛永四年再彩色」とある。また、『風土注進案』「吉田宰判末益村」の条に寝太郎の話が出ている。その他、寝太郎にかかわる古文書も所蔵されている。三年寝太郎は全国にみられる民話だが、山口県ではかつて厚狭に実在し、千町ヶ原の開発を成し遂げた人物の話として伝承され、それを示す歴史史料も残されているところに独自性がある。

耳なし芳一

阿弥陀寺（現・赤間神宮）に芳一という盲目の琵琶法師がいた。ある夜、芳一の枕元に侍が来て、身分の高い人に平家物語を聞かせてくれと頼む。芳一は侍についていき、壇の浦の合戦を弾いた。厚いもてなしを受け、侍からもう6日間来てほしいが、それを誰にも口外しないようにと命じられる。侍は毎夜芳一を連れ出した。寺の僧が怪しんであとをつけ、山中の七盛塚の前で琵琶を弾いているのをみつけ、和尚に知らせる。和尚は平家の怨霊のせいと考え、芳一の全身に般若心経を書きつけたが、耳にだけ書くのを忘れてしまう。やがて、侍が迎えに来たが、芳一の姿がみえない。侍は諦めて、闇夜に浮かぶ芳一の耳だけを持ち帰った。以後、侍は現れず、芳一は耳なし芳一と呼ばれ、琵琶の名手として有名になった（『ふるさと叢書Ⅱ　周防長門の伝説』）。

小泉八雲（1850～1904）による『怪談』で有名だが、民話として語られるものの他にも、八雲が参考にしたと考えられている『臥遊奇談』や『御伽物語』など江戸時代に書かれたものがある。和尚が山姥から逃げてきた小僧の耳にお経を書き忘れたため耳を取られた「耳切り団一」という民話も徳島県などにあるが、これと同様の話は山口県では採集されていない。

まぁだまだわからん

昔、あるところに爺と孫がいた。その年はひどい日照りで、蕎麦を播く時期になったが、雨は一向降らなかった。それでも時期が遅れるというので、蕎麦を播いた。何日か経って、孫が畑へ行ってみると蕎麦の芽が出ていた。孫はそのことを爺に伝えたが、爺は「まだまだわからん」と答えた。それからまた何日か経って、蕎麦の花が咲いた。蕎麦が食えると孫が爺に言うと、爺は「まだまだわからん」と答えた。それからまた何日か経って、蕎麦に実がついた。これで蕎麦が食えると孫は爺に言ったが、爺は「最後の土壇場まで分からんもんじゃて」と答えた。できた蕎麦の実を収穫して、かき蕎麦を作

った。孫はこれでようやく蕎麦が食えると言ったが、爺は「まだまだわからん」と答えた。孫は爺の用心深さを笑ったが、その瞬間、持っていた茶わんを落としてしまう。それをみて爺は「そうらみいいの、ものちゅうのは、いよいよしまいまぁじゃぁ、わからんちゅうんじゃい、いまかたまで笑うたが、どうかぁの」と言った（『周防・長門の民話　第1集』）。

物事は最後までわからないという教訓を伝える話である。この話を語る後藤柳助（ごとうりゅうすけ）は熊毛町勝間の生まれで、70話ほどの話を記憶していた。

なまこにまけた鯨

昔、鯨が自分に勝てるものはいないと自慢している様子を見て、なまこが笑った。鯨は怒り、なまこと競争をすることになった。なまこは仲間を集め、鯨と競争で泳ぐ先の浦という浦に待たせた。競争の日になって、鯨となまこは競争したが、何度やろうとなまこが先に着いた。とうとう鯨は負けを認めて、日ごろの自慢を謝った（『周防・長門の民話　第1集』）。

山口県西部、下関市北部から長門、萩市にかけての響灘および日本海に面した地域は、北浦と呼ばれた。北浦沿岸地域では、北極洋の鯨が南下し、寄り鯨や流れ鯨として、古代より食用などに供された。北浦では捕鯨や流通を通して鯨が身近であったため、鯨はエビス神の使いだとか、鯨1頭で7浦にぎわうなどともいわれる。鯨が夢枕に立ち、親子で通るので捕獲しないでくれと懇願した話や鯨の胎児や一部を埋葬した鯨墓など、鯨をめぐる信仰や民話が多く確認できる。北浦の人たちの暮らしてきた環境や歴史が、民話にも反映されていることを教えてくれる。

吉吾ばなし

『ふるさと豊北の伝説と昔話　第2集浜出祭特集』にこんな話がある。昔、吉吾というとても頓智の才のある子どもがいた。ある日、浦の者たちが戸を閉めてフク汁（フグ汁）を炊いていると、吉吾がやってきて、戸の外から「こぼれる、こぼれる」と叫んだ。吉吾がうまいものを持ってきたのだろうと思い、戸を開けると、吉吾は何も持っていない。そこで先ほど「こぼれる」といった理由を尋ねると「みんなが隠れてフク汁を食べていたので、（悔しくて）涙がこぼれる、涙がこぼれるといったのだ」と答えた。吉吾はフク汁を一杯食べると急に横になった。もしやフクの毒にあたったかと心配になり、みんな食べるのを止めて、その場を後にした。みんながいなくなると、吉吾は起き上がり、一人、残されたフク汁を平らげた。

吉吾は豊前中津の住人とされ、中津吉吾とも通称される。大分県中津市を中心に北九州で広く聞く民話である。山口県では長門地方に多く伝承されており、長門地方が九州と関係の深かったことを教えてくれる民話である。

おもな民話（伝説）

白狐の湯

寺のほとりに小池があった。そこに白狐が夜毎訪れ足を浸し、傷を治しているのを見た和尚は池の近くを掘らせた。すると温泉が湧いたという（『山口の伝説』）。

白狐が見つけた湯として有名な山口市湯田にある湯田温泉に伝わる伝説である。現在、この伝説にちなみ毎年4月、白狐に扮した松明行列などが出る「湯田温泉白狐まつり」が行われている。

湯田温泉の由来伝説にもう一つある。大内義興（おおうちよしおき）が築山館（つきやまやかた）で酒宴中、急病で倒れた。老僧がやってきて、持っていた壺の水を注ぎかけ回復させた。義興は老僧が残した温湯竜泉の地という言葉を頼りに探させた。すると、湯田に霞がかった小堂がみつかった。小堂のほとりを掘らせると温泉が湧き出した（『山口の伝説』）。

湯田温泉の起源は明らかではないが、1200（正治2）年の国衙（こくが）文書に湯田の地名があることから、少なくともそれ以前にはあったと考えられている。近世中ごろの湯田温泉は、近郷近在の老人などが時折湯治に来る程度で、家もまばらな片田舎といった風景であった。幕末になり、文久の政変で長州藩を頼って落ちてきた尊王攘夷派の三条実美（さんじょうさねとみ）など七卿がしばらく滞在したことで一躍有名になった。その後、山口町に県庁が設置されると各官衙（かんが）や学校などが設けられ、それにともない湯田温泉も発展し、現在へと至っている。

般若姫物語

昔、豊後国に炭焼きを生業とする小五郎という男がいた。縁あって都から訪ねて来た身分の高い婦人と結婚し、その内助で富貴の身となり、真野（まの）長者と呼ばれるほどになった。長者に般若姫（はんにゃひめ）という美しい娘が生まれた。橘 豊日皇子（たちばなのとよひ）は、この姫を慕い、牛飼いに身をやつして長者の館に住み込んだが、数々の奇瑞（きずい）によって皇子であることが知られ、姫と契りを結んだ。皇子が都へ帰った後、姫も上洛することになった。その途次、柳井に立ち寄ったが、その後大畠瀬戸（おおばたけのせと）で嵐に遭い、

姫は嵐を鎮めるために身を投げた。姫の死を悲しんだ豊日皇子は真野長者に命じ、般若姫のために神峰山般若寺を建てた。

　般若姫の伝説は、炭焼長者、炭焼小五郎、草刈山路、真野長者などの名前でも知られる。山口県だけでなく、関西や九州、東北など広く聞くことのできる民話である。話に出てくる柳井市平生町にある般若寺には『満野長者旧記』という縁起が伝わるほか、毎年12月の大晦日の晩には、般若寺と姫が身を投げた大畠瀬戸の明神様、周防大島町東三蒲の松尾寺に火の玉が飛ぶといった話もある。

おもな民話（世間話）

山代の馬鹿話　『周防大島昔話集』にこんな話がある。山代の馬鹿が、岩国へ出て海をみた。海に波の打っているのをみて、びっくりして、この水は動いている。持って帰ろうと思ってつぼへ入れた。さて村へ帰って動く水を持って来たとふれると村人が続々集まって来た。そこで馬鹿がつぼのふたをとってみると水は動いていなかった。

　同書には山代の馬鹿話がほかに12話載っている。そのどれもが山代の馬鹿の無知や愚かさを笑うものだが、海を知らない、蛸を知らない、鯛を知らないなど海に関する無知を笑うというところに、この話の一つの特徴がある。山代の馬鹿の山代は、周防の旧山代宰判（宰判とは、長州藩の郷村支配の単位）に属した玖珂郡本郷村、美和町、錦町と玖珂町の一部のことを指している。それらの町や村は話を伝える周防大島とは対照的に山村が多くあった。そのため、この山代の馬鹿話は海に囲まれた島の住人が、山村を無知な人たちが住む村とみなしているといえる。このような背景が、海のものに対する無知を笑う内容が多いことに繋がっていると考えられる。

36 徳島県

地域の特徴

　徳島県は四国の東端に位置し、沿岸や河川域は平地が多いが、県の中央から西の高知県にかけては山地が続く。瀬戸内海の淡路島との境の鳴門海峡は、干満時に20mもの渦潮が発生し、音を立てることから鳴門の地名が起こったという。明治の廃藩置県の際、幕末のもめ事が関係し、それまで徳島藩であった淡路島が兵庫県に配置されることになる。

　県北を流れる吉野川は、四国随一の川であるが、流域周辺は近代以前にしばしば洪水に襲われた。その流域は藍の栽培地として1897（明治30）年のピークまで地域の有力産業であった。一方、南部は林業を主とし、また那珂川流域では稲作や柑橘類の栽培が盛んである。

　阿波の中世は、土佐の長宗我部氏や細川、三好氏の勢力が鎬を削るが、秀吉に功を為した蜂須賀氏が治めて明治を迎える。近世には、四国霊場詣りや「阿波踊り」「人形浄瑠璃」などの大衆文化が成熟する。

伝承と特徴

　徳島県の昔話の幕開けは、県西の祖谷地方から始まる。祖谷川、松尾川の谷あいに点在する山村は、大正初めに交通が開けるまでは秘境の地で、平家落人の里といわれる。この祖谷地方を昭和10年代に二人の教員が昔話を求めて歩き、後に昔話資料集を刊行する。香川県境を越えて西祖谷山村を訪れた武田明と、東祖谷山村に生まれた細川頼重である。

　武田は1943（昭和18）年に『徳島県祖谷山地方昔話集』を、柳田國男の「日本昔話記録」の一冊として刊行し、細川は調査から30数年後の1972（昭和47）年に『あめご八の昔話』（3年後に増補し『東祖谷昔話集』に収める）を自刊で出版する。いずれも資料価値の高い昔話集であるが、両書は対照的で、武田の資料は西祖谷山村の女の語り手の昔話が中心なのに対し、細川のものは東祖谷山村の男の語り手の重厚な昔話が多い。東祖

谷では昔話を「囲炉裏端の回り話」といい、囲炉裏を囲む人が順番に語るという。「とんとむかしもあったそうな」で始まり、結末句は「こんでしまい」という。子どもが昔話をしつこくせがむと、「むかしはむけた」「話ははじけた」とか、「天から長い長いふんどし」の話を始めるという。

阿波は「狸王国」で、狐がおらずに狸がその代役を果たす。「阿波狸合戦」（金長狸合戦とも）は江戸末期頃に成立し、講談や映画化で人気を博し、近年ではアニメ「平成狸合戦ぽんぽこ」の素材にもなる。その徳島県の狸話を集めたのが、笠井新也『阿波の狸の話』である。学術的価値とともに、その後の狸の世間話の先駆的役割を果たす。

徳島県出身の人物に鳥居龍蔵、喜田貞吉がいる。二人とも明治初め生まれの研究者で、鳥居は人類学者、喜田は歴史学者である。鳥居は夫妻で蒙古、満州のフィールドワークを重ね、その功績は高く評価される。鳥居きみ子『土俗学上より観たる蒙古』では、徳島の民話と蒙古の民話の異同にも触れている。徳島県立博物館の「鳥居龍蔵記念館」に、鳥居の学問と生涯が展示されている。喜田貞吉は民俗学にも明るい歴史学者で、特に徳島の部落差別の問題にたびたび言及し、警鐘を鳴らした。

おもな民話（昔話）

あめご三貫目

とんとむかしもあったそうな。ある日のことなら、猟師が、矢負いの猪を追わえて、猪について走りよったそうな。そしたら途中で川があったそうな。先を急いどるきに、袴脱ぐまがない。はいたまま瀬渡りした。そして、向かいの岸にあがったら、腰から下ずぶ濡れになってしもうたけんど、なんと袴の中に、あめごがどっさり入っとったそうな。あんまり重たいきに脱いだら、あめご三貫目から入っとったそうな。そして、そこにおった、うさぎが三匹、人間が来たきに、おぶけて（驚いて）逃げだした。ところが、そこは、潰えんごで道がない。険しいくを逃げようとしたら泥が潰えて、転んだり、起きたり、すべったりしよるうちに、泥の下から山芋三貫目びゃあ掘り出した。そしてうさぎは、三匹とも弱りこんで猟師の目の前へ、どまくれて（転落して）来たきに、すぐつかまえた。猟師は、あめご三貫目に山芋三貫目に、うさぎ三匹手に入った。

「これは、もうけた。うまいことをした」と思うて喜んだ。猟師は、そ

のうち、雪隠（せんち）へ行きとうなった。もう抜けこんで、しんぼうがでけんようになった。はたを見たら、萱わらがあったきに、萱の中へ入って、つくなんだ（かがんだ）。用は済んだが、何ちゃ拭くもんがない。萱の穂ちぎって尻拭（つべふ）こうと思ってつかんだら、雉の鳥の羽だった。

「こりゃあ、うまいことした」と思うたら、目が覚めた。あめご三貫目も、山の芋三貫目も、うさぎ三匹も、雉の鳥も手に入ったみんな夢だったそうな。そんじゃけんど、ねぐそだけはほんけだったと（『あめご八の昔話』）。

「鴨取権兵衛」あるいは「まのよい猟師」で全国的に知られている。あめごと最後のどんでん返しの寝ぐそが、地域性を示している。引用した書名の「あめご八」とは語り手の後田八蔵の通称で、鯇（あめご）（鱒の一種）釣りの名人で、剣山のふもとの名頃（なごろ）（現在は廃村）に住んでいた。細川頼重によると、子どもたちがあめご八の小屋を訪ね、「「八おじよ、また昔話話てや」とせがむといやな顔一つしないで、すぐに手ぶり身ぶりおかしく語ってくれた」という。

『あめご八の昔話』には、後田八蔵の語る33話が収められている。そのうち「山の神とおこぜ」「福はうち」は、日本中世の古典との関連をうかがわせる。ほかにも「かざみの先生」「仙人の教え」など、スケールの大きな重厚な笑い話は、男の語り手が得意とする「大話」の系統といえる。

桃太郎

「とんとむかしもあったそうな。むかし、爺さんと婆さんが桃太郎さんと一緒に住んで、その日その日を何ごともなしに、気楽にすぎはいしよったそうな」で始まる徳島の「桃太郎」は、川を流れてきた桃から誕生するのでも、また、鬼の宝物を奪って親孝行するのでもなく、毎日遊んでばかりで、たまりかねた爺が、たまには家の足しになる事をしてと注意する。すると桃太郎は山に出かけ、木を引き抜き担いできて、「おじいさん、今戻んて来た」と言って、担いできた木をずしりと家にたてかけると、バリバリバリと家が潰（つぶ）れ「爺さんはめしぞうけに首突っ込んで、婆さんは雑炊鍋に首突っ込んで死んでしもうたと」（『あめご八の昔話』）。

これも後田八蔵の語った「桃太郎」である。「桃太郎」のパロディと思われるかもしれないが、事はそんな単純なことではない。この種の異色の桃太郎を集め紹介した野村純一『新・桃太郎の誕生』は、この寝太郎型の桃太郎は、西日本の所どころにみられるもので、桃太郎の原型、「山中の異童子、桃太郎力持ち」と位置づけている。

明治初めに徳島に生まれた喜田貞吉は、子どもの時分に「英雄桃太郎」の話を聞いたことがなく、その代わり「桃太郎話の中の筋は、猿蟹合戦の話と混同して語り傳へられて」(『郷土研究』大正2年7月号) いたと述べる。武田明『徳島県井内谷昔話集』の「桃太郎」も怠け者の桃太郎の「山行き型」で、多くの薪を背負ってきた力に驚いた爺が、「鬼征伐に行けるわ」と感心し、「お爺とお婆に弁当作ってもろて鬼が島へ鬼征伐に行たそうな」で終わる。結びの一文は、後からの知識による付け足しの印象が強い。

　全国の桃太郎には鬼退治のない話もあり、正統とされてきたものに対する疑問が生じてくる。翻って、私たちが思い描く桃太郎像はどこからくるのか。明治中ごろの国定教科書に鬼退治型の桃太郎が出ている。これを標準として全国の児童が学んだ結果と考えると、その謎が解けてくる。富国強兵の時代精神が、鬼退治の桃太郎を後押ししたと考えられる。

おもな民話(伝説)

鯖大師　文化8 (1811) 年に刊行された『阿波名所図会』の「行基菩薩古跡」に「鯖大師」の伝説が載る。海部郡牟岐町の牟岐浦から「八坂八浜」の海岸が続くが、その一つの鯖瀬坂で鯖を運んできた商人に、行基が鯖1匹を所望するが断られる。そこで行基が、「大坂や八坂坂中鯖一つ行基に呉れで馬の腹病む」と歌を詠む。すると、馬が腹を病んで動かなくなる。驚いた商人が、鯖を施すと、今度は「大坂や八坂坂中鯖一つ行基に呉れて馬の腹止む」と詠むと、馬の腹病みが治ったという。この地を行基庵の古跡といい、鯖瀬村の名を付けたという。

　歌詞の一部を変えて返歌することを「鸚鵡返し」といい、その歌を「鸚鵡返し歌」という。「呉れないで」を「呉れて」に、「腹病む」を「腹止む」と変えて、馬が元気になる。和歌の技法を取り入れた呪い歌として、鯖瀬以外の地でも用いられる。ただ、鯖瀬の地では「鯖大師本坊」という寺院が、鯖大師像を祀り、また、上記の話を10枚の絵に描き、詞書きを添えた「阿波国鯖大師本坊由来図」を発行し、参拝者に頒布している。「鯖大師本坊」は四国八十八ヶ所霊場には入っていないが、「四国別格二十霊場」第四番に入り、参拝客も多い。

鳴門の渦潮　これも『阿波名所図会』の記事から紹介したい。「鳴門」の項の渦潮の説明の後に「また撫養の里に人麻呂の社と清

少納言の塚と併存す」とあり、土人の説として、社は人麻呂が和歌を詠んだ記念に建立し、また、塚は漂泊してきた清少納言がここで亡くなったのだという。そのすぐ後に、「往昔上臈の女鳴門の辺に来り門の鳴をとめんとてゑのこ草の哥をよみたまふとなり」とある。身分の高い女性の名は不明であるが、「ゑのこ草の哥」については、直前の「鳴門真景」の図に、「ゑのこ草をのかたねてあるものをあはのなるとはたれかいふらん　読人未考」とある。「ゑのこ草」は、通称を「猫じゃらし」といい、粟に似た雑草である。歌意は、ゑのこ草は自らの種で生育したのに、粟が実ったとは誰が言うのか、迷惑なことだという。

　近世初めの狂歌咄を集めた『かさぬ草紙』に、昔、阿波の鳴門が四国、九州に鳴り響いたので、泉式部が前掲の「ゑのこ草」の歌を読んだら鳴り止んだという。「粟が成る」と「阿波の鳴門」とを掛けた「物名」の技法である。元禄11（1698）年刊行の『謡曲末百番』に収録される「鳴渡」の曲に、阿波の鳴門が鳴動し、困った領主古川貞時が高札で鎮静を呼び掛けた際、賤女に身をやつした和泉式部が、例の歌を詠んで鎮め、名を明かさず去ったという。鳴り響く瀬戸が、文人をはじめ、世に広く話題になっていたことが知られる。

　本来は鳴門とは関係がなかったものを、鳴門鎮めの話に仕立て、清少納言や和泉式部に仮託して構想されたものと思われる。各地を流浪、漂泊する女性宗教者の関与が想像される。

旗山の義経

『平家物語』巻11「逆櫓」によると、平家追討の軍勢を四国に向ける際、逆櫓を立てて進攻しようする梶原景時と、それに反対する源義経とが激しく言い争いをし、義経は強風を突破し、三時（6時間）ほどで阿波に着いた。着岸場所の名を聞き、「勝浦とは縁起がいい」と義経が答える。勝浦とは現在の小松島市芝生とされる。義経が上陸し、旗山の丘に源氏の白旗を立てたという伝えもあり、1991（平成3）年に市制40周年記念として「源義経公之像」が建立された。左手に弓を高くかかげた馬上の義経のブロンズ像は気迫に満ちている。

　吉野川市山川町の忌部神社に、屋島の戦いに向け義経が戦勝祈願に太刀を奉納されたという。この太刀を、狸に憑かれた人に見せると、その人は卒倒し、狸が退散し治ったという（『阿波のタヌキあれこれ!?』）。義経の威勢を語る話であるが、狸王国の地ならではといえる。

おもな民話（世間話）

化け袋

笠井新也の『阿波の狸の話』には数多くの狸話が、「狸火」から始まり、化ける・化かされる狸、戦う狸、人と交流する狸、騙す・騙される狸、憑く狸、祀られる狸など、十数種類に分けて掲載される。本州の狐話に勝るとも劣らない話種であるが、その一つを紹介する。

麻植郡川田村（現、吉野川市）の正右衛門は、狸を生け捕ることを考えて、狸が来る前に袋に入り、中からお前は尾が出ていて化け方が下手だと言う。今、俺が人に化けるからと言い、袋から出る。信じた狸に、この「化け袋」は上手に化けられる袋だと言い、中に入れて縛り、狸汁にして食ったという。

この話は、昔話「叺狐」「俵薬師」などからのモチーフの転用である。「俵薬師」では、嘘つきの男が袋に入れられ川に抛り込まれる際、通りがった按摩に、この袋は「目の養生」だと嘘をつき入れ替わる。昔話のモチーフを狸の世間話へとアレンジしたものといえる。

お玉杓子

もう一例、『阿波の狸の話』から紹介する。徳島の生駒豊後の妻は気丈夫な方で、便所で何者かにお玉杓子で尻を撫でられる。動じない妻は、その黒い毛むくじゃらの手を引っ張り上げると狸である。狸は、このお玉杓子で撫でると疱瘡が治ると言って命乞いをする。そのお玉杓子で天然痘に罹った子どもを多く治したという。生駒家では屋敷内に新居守と呼んで、この狸を祀ったという。全国的には「河童の秘伝薬」として伝えられている話が、狸王国では河童が狸に主役を奪われてしまったといえる。

37 香川県

地域の特徴

　香川県は四国の北東部に位置し、全国で面積が最も小さい県である。北は瀬戸内海に面し、小豆島をはじめとする塩飽諸島や直島諸島など100余りの島々を有する。対岸は岡山県で瀬戸大橋が架かり、本州と四国を道路と鉄道でつなぐ。架橋以前から海上交通の要として、近畿や九州だけでなく、朝鮮、中国を結ぶ役割を果たしてきた。

　南は徳島県との境に讃岐山脈がある。そこから扇型に広がる讃岐平野は、県面積のほぼ半分を占める。比較的大きい川の香東川、綾川、土器川も全長約33～38kmと短い。川の水量と降水量が乏しいため、渇水に苦しんできた歴史がある。その備えとして16,000余りのため池があり、その密度は全国一である。中でも満濃池は香川出身である空海（弘法大師）が修繕にかかわるなどの歴史をもち、規模もまた全国一である。

　瀬戸内海に面して日照時間に恵まれいることから、製塩業が古来より盛んで、同じく名産であった綿、砂糖とならび「讃岐三白」と称された。文化圏としては、県の東側は高松藩が治めた東讃、西側は丸亀藩が治めた西讃に大きく分かれる。うどん県と称されるが、だしつゆは各地域で異なる。

伝承と特徴

　香川県は島の方に、より豊かな昔話が残されていると評されるが、一方で谷原博信らによる高松市付近の採話もある。1945年7月4日の高松空襲を子どもの頃に聞き育った人が多く、次世代に語り継ごうという動きもある。

　香川の民話を精力的に採集した武田明は、話の運搬者は、話に登場するほうろく（素焼きの鍋）売りやいいだ（桶職人）ではないかと指摘する。語りの場は、都市部では、冬のこたつ、夏の夕涼みの縁側。島では、浜辺の夕涼みでも語られた。庚申講の夜も盛んに語られ、「今夜庚申さま、とりつれてお出で　とりが歌うたら寝て話せ」と歌われた（『讃岐の民話』）。

また、海運から家内安全まで全国の信仰を集めたこんぴら参りや、四国巡礼でも語られている。琴平町の金比羅参りは、伊勢参りと同じく「犬の代参」が伝えられるほど江戸時代から人気があった(『こんぴら狗』)。
　昔話の呼称は、ほぼ「むかしばなし」「はなし」であり、塩飽諸島や佐柳島(なぎしま)、志々島(ししじま)で「むかし」といったりする。発句は「とんと昔」が多い。そのほか西讃岐では「とんとん昔もあったそうな」など。島の地域では「昔(も)あったそうな」(本島、佐柳島、志々島)、「ざっと昔」(佐柳島)。結句は、「猿のつびはぎんがり」(まんのう町)、島の地域で「そうじゃそうな、そうらえばくばく」(志々島・佐柳島)、「昔まっこう、じょうまっこう」(直島)などがある。本島にも「昔まっこう、猿のけつはまっかっか」があり、まっこう系は徳島県南部、高知県、広島県備後地方、大分県国東半島、島根県出雲地方でも報告されている。瀬戸内海の海路による伝播が考えられる興味深い例である。
　以前TVで放映されていた『まんが日本昔ばなし』では、山がおわん型に描かれることがあるが、これは香川県特有の山のかたちである。作画で参加していた池原昭治(1939〜)が香川県の出身であるためという。

おもな民話(昔話)

ふぐとひらめ

「ふぐとひらめがな、死んだんやそうな」と始まるこの話は、「閻魔はん」が死んだものが極楽へ行けるかを決める。ヒラメは「うん、おまえはええ魚やけんに極楽にやってやる」と言われ、極楽へ行けた。ふぐも極楽を願うが「おまえは人が食べたら命をとるやつやけんに、おまえは極楽行けん、地獄や」と。ふぐは、せめて極楽を見たいと極楽の門を少し開けてもらうと、すっと中に入ってしまう。鬼が「おまえは地獄行きなのに極楽入ったらいかん、出てこい」と言うが、ふぐは「鬼は外、ふぐは内」と答えて極楽へ逃げてしまった。
　これは粟島に伝わる話(『日本の昔話12　東瀬戸内の昔話』)。大阪、京都、島根などに類話がみられる。他県では、おふく婆というずる賢いおばあさんの話として語られることもある。

桃太郎

変形の桃太郎が何話か採話されている。例えば佐柳島の話では、おばあさんは、川で洗濯をしていて流れて来た大きな桃をその場で食べる。美味しいので、おばあさんは「もう一つ、流れてこい。

じいさんの口へもとびこめ」と言うと、山で木をとっていたじいさんの口に桃が飛び込む。二人は若返り桃太郎が生まれる。鬼退治に行く際に、犬猿雉をつれて山の中で日が暮れて困っていると、家の明かりが見える。そこで会ったおじいさんに、鬼退治に行くと話すと、「それでは、酒一升と鬼の豆をやるけに、これで退治して来いや」と酒と豆をもらう。桃太郎が、鬼に酒を飲ませ動きを鈍らせて退治するくだりは、酒呑童子の話をほうふつさせる（「佐柳島志々島昔話集」『日本の民話5　讃岐の民話』）。

　また、岡山や広島など中国地方に多い山行き型も採話されている。以下に三豊市の話を紹介する（『西讃岐地方昔話集』）。桃から生まれるモチーフはなく、桃太郎は爺と婆と三人で住んでいる。友達が「山へ芝刈りに行かんか」と誘いに来るが「今日は草鞋の作りかけしよるけん明日にしてくれ」と言い訳をして、行かない。翌日も翌々日もと3回断わり、4日目に重い腰をあげる。友達と山へ行くが、昼寝をしている。友達が芝を束ねて帰ろうとすると、大木を引き抜いて家に帰り、家に立てかけた。家は崩れて爺と婆は下敷になって死ぬ。桃太郎は爺と婆を助けようと家の中を探し大きな盥を見つける。それに乗り川を下って島に流れ着いた。島では青鬼と赤鬼が相撲をとっており、赤鬼が負けたので桃太郎が「赤鬼ウワハイ」と囃したてると赤鬼は怒って「赤い豆やるきん黙っとれ」と言う。今度は青鬼が負けたので囃すと、青鬼は「青い豆やるきん黙っとれ」と言う。そして赤鬼と青鬼が一緒に転んだのを囃したてると、二匹は桃太郎に襲いかかってきた。桃太郎は鬼たちを海中へ投入れ鬼の住家の宝物を取って家に帰った。

　さらに高松市には鬼無という地名があり、鬼を退治して鬼がいなくなったからという由来がある。加えて、高松港からフェリーで20分ほどの女木島には、人工の洞窟がある。この鬼無と女木島を結びつけ、橋本仙太郎は1928（昭和3）年、『四国民報』に「桃太郎」の発祥の地は讃岐の鬼無であるとした記事を書いた。現在、女木島の洞窟は鬼の住処だったとされて、鬼ヶ島大洞窟という名で観光名所になっている。鬼無の熊野権現桃太郎神社の境内には、桃太郎、犬、猿、雉の墓とされる石がある。神社近くの鬼ヶ塚は、女木島で一度降参した鬼が桃太郎を追ってきたが退治され埋められた場とされる。また、本津川沿いにはおばあさんが桃を拾った洗濯場といわれる場所もある。

手なし娘

とんとんむかし。宿屋の娘に亡き先妻の子お杉と、後妻の子お玉の姉妹がいた。殿様が宿泊し、お杉を嫁に欲しいと言う。後妻はそれが気に入らない。殿様が江戸に行っている間に、下男にお杉の両手を切り落とさせ追い出した。殿様から手紙が来るが、後妻は偽の返事を出す。お杉は仏にすがり四国巡礼となり、途中で殿様の子を生む。後妻は、お杉を殺せば娘のお玉が殿様の嫁になれると考え、人を差し向ける。お杉は山道で殺されそうになり、子どもだけは助けてくれと懇願する。しかし、子どもは谷に落とされ、お杉が嘆き悲しむ。すると弘法大師が現れ両手を授けてくれた。子どもも助かり、お杉は殿様のお屋敷で子どもとともに暮らすことになった。後妻は、弘法大師に両手を奪われ、巡礼となって旅に出る（仲多度郡多度津町、および丸亀市で採話。『西讃岐地方昔話集』）。

グリム童話など世界的に類話がみられる話。断片化しているが、世界的にみられる「ウリヤの手紙」（手紙を書き換えて内容を偽る）のモチーフと共通する。香川県の場合、追い出された女が四国巡礼し、援助者として弘法大師が現れるのが特徴的である。

玉取姫

昔話としては、長崎県、徳島県、石川県、新潟県、秋田県など限られた地域に、ほぼ1話ずつ採話される程度である。さぬき市志度町の志度寺の縁起として下記のように語られる。能「海人（士）」の演目も内容は類似する。むかし、藤原鎌足には三人の子どもがあり、三人目は美しい姫であった。その美しさを聞いた唐の皇帝、高宗が妃に迎えた。妃は亡き父の孝養に帝から3つの宝をもらい、兄の不比等に贈る。船で都へ向かう途中、房前の浦（現・志度湾）で、海の中から現れた手に一つの宝玉を奪われる。不比等は房前の浦を訪れ、身分を隠して海女と結婚する。男子にも恵まれ三年経った時、不比等は身分を明かして宝玉を取り戻したいと海女に話す。海女は不比等のために玉を取りに行き命を落とすのはいとわないが、息子が心残りだと泣く。不比等は息子を立派に育てることを約束する。海女は体に縄を結びつけて海に潜り、竜宮から玉を取り戻る途中で龍神に追われる。そこで自分の乳房を切って中に玉を隠す。不比等は綱を必死で引き上げるが、海女は息絶えていた。取り戻した玉は奈良の興福寺の釈迦如来の眉間に入れられた。不比等は息子を都に連れ帰り、房前と名付けた。海女を弔うために志度寺が建てられる。房前は大臣にな

り、志度寺を訪れ、石塔を建てて海女の菩提を弔った(『寺院縁起と他界』)。

阿波と讃岐と大阪の人

阿波と讃岐と大阪の人が、宿屋で一緒になった。その宿の松の木に鳥の巣があった。阿波の人が「あれはにわとりの巣じゃ」、讃岐の人は「あれは小鳥の巣じゃ」、大阪の人が「あれはカラスの巣じゃ」と言いあいになった。三人は賭けをして、宿の番頭に聞くことにする。三人とも、番頭に袖の下を渡して自分が正しいと言ってくれと頼む。番頭は、「あれはにわとりの巣じゃったが、子を産んで小鳥の巣になった。それがおらんようになって今では空巣(カラス)になってしもうた」と言った。番頭は三人からの袖の下を全部もらったそうな(『西讃岐地方昔話集』)。

これは綾川町の話である。「鳥の巣」の話は報告例は多くないが、四国や九州、本州にもみられる。阿波と大阪の人が登場するのは、両地域との交流を物語るものであろうか。

おもな民話(伝説)

讃岐の狸

弘法大師が、いたずらばかりする狐を「四国へは渡ってはならぬ、ただ本土との間に鉄の橋が架かったら渡ってもいい」と追い出したので、四国には長らく狐はいなかったという(「讃岐丸亀地方の伝承」)。狸の説話は多く、特に屋島には狸の大学校があるという。狸たちはそこへ行き化かし方を学ぶ(『東讃岐昔話集』)。屋島の太三郎狸は、日本三大狸の1匹で、変化の技は日本一と評される。ジブリの長編アニメ『平成狸合戦ぽんぽこ』でも、四国の長老として登場した。現在も屋島寺に蓑山大明神として祀られている。屋島は、那須与一が扇の的を射抜いた源平合戦の舞台となった場所でもある。屋島寺の住職が代替わりすると、その夜に狸が袴姿で現れて、寺の庭を舞台に源平合戦の様子を物語って披露したという。

その弟分に、はげさんという狸がいる。はげさんは、源平合戦の時に物騒だと屋島から高松市番町の浄願寺へ移った。日露戦争へ行き、日本軍が大勢いるように見せかけてロシア軍をひどく悩ませたという。また坊さんに化けて病人に灸をすえ、何人もの病気を治した徳が称えられ、白禿大明神として祀られている(「讃岐伝説玩具」)。ある時、はげさんは、お灸に出た先で川を渡してもらうために男に金を約束する。はげさんは金の茶釜

に化け、男は高く売って金をもらう。売られた先で毎日磨かれたため、はげさんは頭がはげて逃げ帰る。痛くて泣いていると、浄願寺の住職が仏様のお供えの鏡餅を三つくれたので、泣き止んだ。それで「今泣いたのだあれ　浄願寺のはげだぬき　お鏡三つで泣きやんだ」というわらべ歌にうたわれる（「讚岐民俗稿本」武田明『讚岐の民話』）。このほか、「狸は40日先のことを知っとる」ともいう。佐柳島では、ある男が狸を助けると、狸は男の家に40日先に強盗が入ることを教えに来たという、話もある（『候えばくばく』）。

満濃池の竜

金刀比羅宮の南東約3kmに位置する満濃池には、池の主の竜が住むと昔からいわれている。平安時代末期の説話集『今昔物語集』巻20第11話「竜王、天狗の為に取らるる事」に、このような話が伝わっている。

満濃池に住む竜が、小蛇に姿を変えて堤の上でとぐろをまいて日向ぼっこをしていた。すると近江の天狗が鳶に姿を変えて池の上を飛んでいたのだが、小蛇を見つけて爪でつかんでさらってしまった。竜の方が力は強いとはいえ、小蛇の姿ではどうすることも出来ない。天狗は後で蛇を食べようと比良山の洞穴に投げ込んだ。竜は、水を体に振りかけないと元の姿に戻れない。4、5日そのままでもう死ぬばかりという時、そこへ今度は比叡山の僧が同じくさらわれて、穴に投げ込まれてきた。僧は手洗いの瓶を持っていた。そこで竜はその水を一滴かけてもらい、力を取り戻し本来の姿となって、雷鳴とともに僧を比叡山に送り届けた。その後、竜は天狗を見つけ出して蹴り殺したそうだ（『讚岐の伝説』）。

おもな民話（世間話）

大男おじょも

むかし、おじょもという大男がいた。瀬戸内海をまたいでやってきて、かがんで海を飲むような大男だった。ある時、飯野山（讚岐富士）と金刀比羅宮のある象頭山に足をかけて、小便して出来たのが土器川という。飯野山の山頂には、おじょもが足をかけたときの足跡と言われるくぼみが残されたという。そのため金刀比羅宮の参拝者にたびたび、「象頭山の方にもおじょもの足跡はありますか」と尋ねられるが、「足跡があれば面白いですが、象頭山にはございません」と答えているという（金刀比羅宮奥社厳魂神社神宮岡田正浩氏より筆者聞き書き）。

38 愛媛県

地域の特徴

愛媛県は四国地方の北西部で、北は瀬戸内海、西は宇和島湾に面して大小200以上の島があり、佐田岬以南は豊予海峡から太平洋に通じる。温暖な小雨地帯で穏やかな自然環境であるが、近年は台風や集中豪雨もある。

『古事記』の国生み神話では、淡路島に次いで2番目に生まれた島である。「伊予国謂愛比売（伊予国は愛比売と謂ひ）」の「愛比売（美しい女性）」が「愛媛」に転じたといい、神の名が県名に残る唯一の県とされる。また、古代の港「熟田津」は『万葉集』で額田王が「熟田津に船乗りせむと月待てば潮もかなひぬ今は漕ぎ出でな」と詠んだ歌でも知られ、今の道後温泉にあった舟着場とされる。江戸時代は「伊予八藩」に分かれていたが、現在でも今治市・西条市以東の東部「東予」、中央部「中予」、大洲市・内子町以西の南部「南予」の3地域に区分されて呼ばれることが多い。

四国の玄関口ともいわれ、近隣県とのネットワークは「しまなみ海道」「安芸灘とびしま海道」を通じて、東予・中予は瀬戸内海圏域と、南予は九州圏域との文化的・経済的結びつきが強い。県庁所在地の松山は道後温泉を含む観光施設で知られ、夏目漱石の『坊ちゃん』の舞台ともなった。俳人正岡子規などの文化人を輩出するなど、教育熱心な県としても知られる。

伝承と特徴

愛媛県の民話調査は『伊予の民話』に始まり、『愛媛の昔語り』『えひめの昔ばなし』『伊予の昔話』『伊予大三島の昔話』などが刊行された。組織的調査としては、1972年に京都女子大学説話文学研究会や大谷大学説話文学研究会により南予・東北部（北宇和郡）の一部が、1975年に日本口承文芸協会により伊予大三島の調査が進められた。

伝承の特徴としては南予の山間部に本格的な昔話が多く、なかでもトッポ話は頓智に富む豊かな話で有名である。地域的傾向としては東予、中予

に比べ南予のほうが話も多い。四国他県と同様に弘法大師伝承が多いほか、「子育て幽霊」「蛇婿入」「手無し娘」「食わず女房」「田野久」「蛸の足の八本目」「和尚と小僧」「狐退治の失敗」「団子聟」「愚か村話」「古屋の漏り」などが伝えられる。女性の語り手による温和な内容が特徴とされる。世間話では伊予狸やカワウソに化かされた話、海上に現れる妖怪・変異などが現在も伝承されている。近年は歴史遺産の点から、瀬戸内海の島嶼部（とうしょぶ）にわたる水軍伝説が注目され、広島県とともに三島村上氏（能島・来島・因島）の調査が進められている。

おもな民話（昔話）

トッポ話

とほうもない、あっと言わせる笑話を「トッポ話」として伝えてきた。「トッポ」とは方言で変わったこと、面白おかしいことを意味し、「とっぽさくなことを言うち」ともいわれた。

特に、京都青蓮院の荘園であった南宇和郡御荘町（みしょうちょう）の「黒おじトッポ話」は有名である。本名は尾川九郎治、褌姿（ふんどしすがた）で体は真っ黒に日焼けし「黒おじやん」と慕われ、一度に13羽の鴨を仕留めた頓智（とんち）話や、戦時下の笑い話を仕事の合間に語り伝え、以後のトッポ話にも影響を与えた。北宇和郡津島町の岩松トッポ、南宇和郡城辺町（じょうへんちょう）の山出トッポなど、多くのトッポ話があるが、潮風と南予の人々の気風により「御荘の人が3人寄ればトッポ話になる」ともいわれる。獅子文六の小説『てんやわんや』もこれらに基づき、一時期は大分の吉四六話（きっちょむ）と交替でラジオ放送されるほどの人気を博した。日常の一コマを素材とした機知に富んだ可笑しみは、娯楽と現実を行き来しながら、話を楽しむ人々を魅了した（『愛媛県史　民俗　下』）。

幽霊和尚（子育て幽霊）

「子育て幽霊」「飴買い幽霊」と呼ばれる話は全国に多く、高僧や名士にかかわる伝説的な語り方で知られる。西宇和郡保内町では、毎晩飴玉を買う女のあとを追うと6日目の晩に寺で姿を消す。泣き声のする墓場を掘ると飴玉をしゃぶる赤ん坊がいた。女は妊娠した遍路の行き倒れで葬られたばかりだったことがわかり、子どもは寺で立派に育ち「幽霊和尚」と呼ばれたという。今治市や松山市では学信（がくしん）和尚といい、京都の寺に預けられた話（南宇和郡城辺町太場）や弘法大師の話（南宇和郡城辺町西柳）として語られる。遍路の行き倒れや弘法大師誕生に結びつく点は、四国ならではといえる。

女の使った金は狐話の「銭は木の葉」的な要素で、今治市の話にも樒の葉が用いられる。これらは俗信「妊婦には六文銭」「妊婦は身二つにして埋める」などともかかわり、大三島では竹の節を棺桶の上まで出して耳に当てて、中の様子を聞く行為などが伝えられている。伝承の相違は各地の偉人伝だけでなく、葬儀をめぐる民間信仰とも深いかかわりをもつ（『日本伝説大系12』）。

犬の足

　犬の習性が愛媛県では弘法大師とともに語られる。昔、犬は3本足で不自由だったが、通りかかった大師が4本足をもつ五徳から1本を犬に付けてやった。以後、犬は大師からもらった足を汚さぬよう後ろ足を上げて小便をすると伝えられる。

　昔話としては東北から奄美大島まで広く分布し、西日本では弘法大師とする話が多い。岡山県・奈良県・岐阜県では大師が「笑」の字をつくろうとした時に、竹籠を頭に被り困っていた犬からヒントを得たとして、褒美に足を授けた複合型もあるが、愛媛県ではシンプルな形にまとめられている。大師を神様・殿様とする話（愛媛県上浮穴郡）もあるが、基本的には原題を「犬とお大師さま」と語る西宇和郡保内町の話に準じる。寺院縁起譚に限らず霊場巡りの途中の出来事として語る小話は、大師をいっそう身近な存在にしていった。

　日本の文献では17世紀後半の『初音草噺大鑑』「足一本は貰ひ物」に、3本足の犬が諏訪明神から五徳の足をもらったと記される。海外ではフランスやドイツにも類話が伝えられ、ベトナムでは1本足の鴨と3本足の犬の嘆きを、天の神たちが聞き机の足を1本ずつ与え、足を汚さぬように言われたので鴨は1本の足の上に眠り、犬は後ろ足を上げるとする。いずれにせよ本話は聖人と動物をめぐる話として語られている（『日本昔話通観22　愛媛・高知』）。

おもな民話（伝説）

衛門三郎と弘法大師

　道後温泉に近い石手寺には四国遍路の起源譚がある。昔、荏原郷に強欲長者の衛門三郎がいた。ある日、托鉢僧を疎ましく思って鉢を8つに割ると、8人の子どもたちが次々に死んだ。托鉢僧が弘法大師と知り後悔した三郎は、寺社に寄進し貧しい人にも施し、自分は大師に詫びるため四国巡拝に旅立った。しかし

20回巡っても大師に会えないので、逆回りをして徳島の焼山寺で倒れる。その時、枕元に大師が現れ彼を看取る。次の世では伊予の豪族に生まれ変わりたいと願った三郎に、大師は「玉の石」と書いた小石を手に握らせた。数年後、河野家に男子が生まれたが、右手を開かないので安養寺の僧が祈禱をして川の清流で洗ったところ手を開き、握られた石には「衛門三郎玉の石」と記され、以後安養寺は石手寺と呼ばれた。

　弘法清水型、石芋型、三度栗型など、大師をめぐる伝説はさまざまあるが、本話は四国遍路の起源に加え割られた鉢が降った鉢降山、落下した窪地の八窪、子供を供養する八塚などの地名由来に結びつく。石手寺の門を出て右手の小川沿いにある石段上には、番外札所の河野家ゆかりの義安寺もあり、この地ならではの弘法伝承といえる（『愛媛県史　民俗　下』）。

大森彦七と鬼女

　西条市から今治市あたりは南北朝の動乱にちなみ「太平記の里」とも呼ばれ、伊予郡砥部町には『太平記』巻23「大森彦七事」をめぐる怪異譚が伝承されている。

　彦七は建武3（1336）年の湊川の合戦で足利尊氏に従い、楠木正成軍を討伐し莫大な恩賞を受けることになった。祝賀の猿楽が催される松前の金蓮寺への道中、砥部の矢取川を渡ろうとした時に、一人の美女が困っているのを彦七が背負い渡っていると急に重くなり、川面に映る女を見ると鬼であった。それは楠木正成の怨霊で、彦七は必死で戦ったが恐怖でついに亡くなったとする話と、幕府に報告して戦った時の刀を献上した話がある。川の途中で異形に変身するエンターテインメント性に満ちた展開は謡曲・浄瑠璃・歌舞伎十八番にも取り入れられ、地域の人々だけでなく伝統芸能へと継承された。鬼が消えた「魔住ヶ窪」（現・茄子ヶ窪）には地蔵堂が建てられた。また、鬼と遭遇して祝賀が中止となった経緯から、思いがけず大慌てな状態になることを「大ごと、金蓮寺」と言うようになったとも伝えられる（『伊予路の伝説』）。

水軍の母・和気姫

　瀬戸内海は水軍の歴史でも注目され、松山市に属する興居島には伊予水軍河野家とゆかりの深い女性・和気姫の話がある。唐からうつぼ船で漂着した少女が漁師の和気五郎太夫に育てられ、後に河野家の祖先となる小千御子を生んだ和気姫の伝説である。伝承は中世期の『予章記』をはじめ、河野家関連文書や大三島の大山祇神社関連文書にも継承され、3人の子どものうち長子が伊豆、次

子が備前児島、末子が伊予国越智家の祖先となり、和気姫の住んだ「母居島」が後の興居島で、島内の船越和気比売神社の縁起にも結びつく。

水軍に限らず武家の信仰を集めた大三島の大山祇神社をめぐっては、「瀬戸内のジャンヌダルク」の異名をもつ鶴姫が有名で、和田竜の小説『村上海賊の娘』でも話題となった。瀬戸内に生きた女性たちが歴史上注目されることは少ないが、母として女として家を支えた存在を後世に伝えようとする動きは、文芸の中に現在も受け継がれている（「愛媛県松山市興居島の和気姫伝説と河野家」『尾道市立大学日本文学論叢』12号）。

おもな民話（世間話）

四国に狐が住まぬわけ

人を化かす動物昔話の中でも、狐と狸は親しみをもって語られてきた。しかし、四国では狐より狸が語られる傾向にあり、その理由が本話で明かされる。ある日、道後の殿様が部屋に行くと同じ姿の奥方が二人いた。部屋に閉じ込め様子を見ていると、一方の食事の仕方が不自然なので襟首をつかみねじ伏せると、狐が正体を現した。火あぶりにする直前、一人の僧侶が大勢の男女を引き連れ、「私たちは四国の狐だが、頭領狐が火あぶりにされると四国に祟りがある」と言う。そこで「今後は四国に住まない」という詫び証文を書かせて追いやり、その後は狸が幅をきかせたと伝えられる。本話は『本朝故事因縁集』や『伊予温故録』などにも記され、狐を追い出したのは河野道直と伝えるほか、ずる賢い狐より無邪気な狸を空海が好んだとも語られ、これにより四国は狐話よりも狸話が優勢となる。

なお、広島県豊田郡には、愛媛県大三島の狐と広島県大崎上島の狸を話題にした「狸と狐の海戦」があり、尾道の「海を渡った狐」では四国の狐は広島県福山市の鞆の浦に上陸して散らばったとする後日談が語られている。対岸でありながら狐と狸のキャラクター設定に大きな違いはなく、むしろ四国全土に広がる狸話を裏から支えた話として、こうした狐話は興味深い（『日本の民話18　讃岐・伊予編』）。

いたずらカワウソ

特別天然記念物ニホンカワウソは、愛媛県で遅くまで生息が確認され、人間との微笑ましい交流話も伝えられてきた。小さな足、毛がない、女に化ける、イタチや猫に似る、淵や穴に住む、川に入っても濡れない、そして何よりいたずら好きで

ある。東宇和郡宇和町では、橋の上で子供を抱けと言う女の願いどおりにすると、子どもが大石になったとか、宇和島市戸島では肩車をした千匹のカワウソの行列でひしめき合っていたなど、カワウソ話には事欠かない。

一方でこれを避けようとする方法も伝えられる。大島（越智郡宮窪町）では水辺に現れたとき「たまげた」と言えば化かされず、南宇和郡内海町ではずっと見ていると大きくなるカワウソに、「見越した」と言うと小さくなり去って行くなど。『続今治夜話』では獺威の一つに放屁で追い払う方法が子どもへの戒めに紹介され、また、鮎漁でカワウソを見ると川魚が居なくなり松明が消えるという話もある。

平安時代の『延喜式』から薬としても知られ、近世期の『御伽草子』「をこぜ」では山神と虎魚姫の仲介を果たすなど、海と山を結ぶ川の動物ならではの幅広い活躍ぶりと、河童に似た珍奇な姿で親しまれてきた。現在、外来カワウソはペットブームの中でも大人気である。愛媛県の県獣で絶滅種ニホンカワウソは、民話の世界では今も魅力的に生存している（『愛媛県史　民俗　下』）。

瀬戸の海坊主

鶏小島は瀬戸内海国立公園に含まれる無人島で、伯方島と大島との間にある。神功皇后の金鶏が島に住み着いたのが由来で、元旦に「トーテンコー」の鳴き声を聞くと幸運に恵まれると伝えられる。このあたりは特に潮流が速く「船折瀬戸」と呼ばれ、海坊主の話が多く伝えられる。近くを通ると船は進まず「杓をくれ、杓をくれ」と呼ばれるので、底のない杓を渡すと船に海水を入れようとする杓だけが見え、一番鶏が鳴くと水を汲まなくなり、船が動き出すという。また、漁の網が上がらず、一つの小島が二つの島に見えたりするとも伝えられる。宮窪瀬戸の鵜島には相撲を挑む入道話があり、取り組んだ男の体中に毛が付き3日後に死に、入道も出なくなったと伝えられる。宇和島あたりでは海坊主に遭遇すると「金比羅様」を念じたり、鰯をくすべたり、マッチの火を投げたりすると退散するとも伝えられる。

穏やかな印象で知られ「多島美」を誇る内海ではあるが、水軍の歴史や海に生きた船人の信仰を語る話も多い。航路を阻む怪異からは、瀬戸の海原に消えた人々に思いを馳せることもできよう（『愛媛県史　民俗　上』）。

39 高知県

地域の特徴

 高知県は、背後に急峻な四国山地、前方には黒潮寄せる太平洋が広がる、山と海の県といえる。自然に恵まれ、冬の日照時間が長く、「南国土佐」と歌われる気候温暖な地である。酒と政治の議論好きな、明るくおおらかな県民性は、南国の自然環境が影響しているかもしれない。

 古代の土佐国は、南溟(なんめい)（南方の大海)にある「遠流の地」と、都人に遇されてきた。この地に国司として赴任していた紀貫之(きのつらゆき)が、承平4（934）年に国府を離れてから都に帰るまでに記した『土佐日記』は、女性仮託(かたく)の日記文学として有名である。人々との交流や風俗、海賊への不安などといった、当時の土佐国の実情に触れた一級の歴史史料でもある。

 中世の土佐は守護大名の細川氏や長宗我部氏に続き、土佐藩主に着いたのは信長の家臣であった山内一豊である。その山内氏が近世の土佐を支配し、近代を迎えることになる。その明治維新の立役者として坂本龍馬や中岡慎太郎なとが活躍したことは、高知県人の大きな誇りである。

 現在の高知県は過疎と高知市の過密化に悩むが、民衆が育ててきた「よさこい踊り」の自由で開放的なリズムが若者の心をつかみ、全国によさこい祭りが展開したように、今の苦境も若い力が結集し、打開することを信じたい。

伝承と特徴

 高知県の昔話調査や研究の幕開けは、桂井和雄による。桂井は1937（昭和12）年頃から、昔話の収集のために県内を歩き始める。その成果を戦後まもなくの1947（昭和23）年に『土佐昔話集』として公表する。続いて1951（昭和26）年に『土佐の傳説』、翌1952（昭和27）年に『笑話と奇談』（土佐民俗叢書。後に合冊し『土佐昔話集』に収録される）を刊行する。1961（昭和36）年には土佐民俗学会を発足させ、機関誌「土佐民俗」に

民俗全般にわたる資料や論文を載せるなど精力的に研究にいそしむ。

桂井に続く研究者として坂本正夫、市原麟一郎が挙げられる。坂本は『猿の生肝』『土佐の昔話』を刊行する。また、市原は『土佐の民話』をはじめ、多くの民話集の刊行のほかに、1976（昭和51）年から『高知・伝説散歩』を皮切りに、県内の「伝説散歩」シリーズを都合7冊刊行する。他に『南国夜話』(1945)、『土佐奇談実話集』(1957)を著した小島徳治がいる。小島は高知新聞社の記者として、歴史記録や取材に基づいた世間話を著した。

ところで、高知県の民話における伝承の特質は笑話にある。本格昔話と比べて伝承が豊富ということもあるが、笑いの内容に特徴がある。分類でいえば「おどけ者」「狡猾者」に属する笑いで、滑稽やひょうきんなしぐさで笑わせるオドケや、ずるがしこく振る舞い相手をやりこめる、土地の言葉でいうテンクローと呼ばれる人物の言動による笑いである。その人物に中村の泰作や窪川の万六、広野の是一、白石の乙平などと、名前の前に地名を冠した愛称をもつ。他にもどくれ（ひねくれ）の半七とか米蔵などの話もある。彼らは行商や馬喰の駄賃持ち、作男など、村々を回る世間師に類される下層民という共通性がある。近世から近代にかけて、こうした人物を輩出する社会的構造や風土性が、笑いの背景にある。

おもな民話（昔話）

播磨糸長　　土佐の山分の男が、高野山の参詣の折、女中連れの娘と出会い、国を尋ねると「十六、七の国、腐らぬ橋の、南無阿弥陀仏、夏の風」と教えられる。土佐に戻って考え、その意味が解けた。そこで若狭の国を訪ね、石橋のある大きな門構えの軒先に、数珠と団扇のある家を見つけて、男は下男に雇われる。三か月後、娘が風呂焚きの男を見て、病気になる。博士（医者）の見立ては恋煩い。そこで、番頭を匹頭に男の雇い人が食事を持参するが、娘は床から起き上がらない。最後に、土佐の男が行くとにっこり笑い、食事を取る。男は婿入りする。

土佐市の坂本寿氏の語る「播磨糸長」の昔話で、『猿の生肝―土佐の昔話―』に拠った。同じ編者の『土佐の昔話』の吾川郡池川町の岡本力弥氏の話では、大坂の男が「遍路廻り」に行き、難題は「国は十七の国、腐らず橋を越えて、昨日干いて今日焼く町、五百浪の打ち合わせ」とある。通り掛かりの座頭に尋ねると、「若狭の国の石橋の土器町千浪、扇屋」と解

くなど変化がみられる。

この昔話は、参詣や遍路が可能となった時代に、それも旅先で出会った当人同士が結ばれる「自由恋愛」の走りといえる。ただ、実際は親の決める縁談に従いながらも、自由な恋愛を渇望しつつ聞いたのであろう。

山の神と乙姫さま

竜宮の乙姫が、浜辺で木の実を拾い食べると、とてもおいしかった。竜宮の神に尋ねると、栃の実と教えられる。乙姫は川を遡り、栃の実のある神の森に行き、存分に食べた。そこに山の神が現われ、夫婦の契りを結ぶ。その後、乙姫はたくさんの子どもを産み、それを目なし籠に入れて洗い、それが八百万の神々になった。ところが、お腹にはまだ四百四人の子どもが残っており、乙姫はその子たちを岬の先から海に流しながら、人間の心に住むようにしなさいと言ったので、人の心に四百四の病の神が住みつくことになったという（『土佐とんと昔―高知県の伝説と昔話―』）。

類話は『土佐昔話集』にあるのと、徳島県に一例（『東祖谷昔話集』）だけの稀少な昔話である。『土佐昔話集』では、おこぜの二郎が乙姫と山の神との結婚の仲介役を果たす。山鳥に姿を変えた山の神が、乙姫の胸に飛び込んで一緒になるが、「四百四病」に苦しめられることの由来は説かない。山の神や竜宮の神々、おこぜが登場するこの話には、四国の山間部に伝えられる「いざなぎ流」の独特な民間信仰の影響があるとされる。

この話は御伽草子「おこぜ」と共通する。ただ、御伽草子ではおこぜの役に川獺が扮し、乙姫役がおこぜ姫となる。海と山との交流を語る古い物語のモチーフの「山の神と乙姫さま」が、高知県にあるのか興味深い。

泰作話

泰作が足摺岬の金剛福寺の涅槃会に行く途中、ある百姓家に立ち寄った。その家は嫁姑の仲が悪く、家にいた姑に、もう嫁に我慢がならないから毒の薬を買って欲しいと頼まれる。泰作は買う約束をするが、ただ飲ますのが大変だから、五日後に戻るまでの間に、嫁を可愛がって手なずけておくようにと言う。家を出ると、畑から下りてきた嫁に会う。嫁も姑には辛抱できないから、毒薬を買ってきてくれと頼む。泰作は姑と同様に、薬を飲んでもらうために五日間は親孝行してくれと頼んで別れる。涅槃会から戻る途中で、泰作は藁を燃やして、その灰を二つの紙に包む。それから、家を訪ねて姑に紙包みを渡そうとすると、こんな優しい嫁をどうして殺せようかと薬は受け取らず、代金だけを払う。次に畑

に行き嫁に紙包みを渡すが、嫁もこんないい姑を殺すことはできないと言って受け取らず、薬代を払う。泰作は一度だけはいいことをしたという。

　幡多郡大月町の新谷福美媼の話で『土佐昔話集』から引いた。薬を飲んでもらう条件としての「優しさ」が、双方に愛情を芽生えさせたという、人情の機微に触れた話である。これは「姑の毒殺」の昔話で、一般には仲介する人物が医者や和尚であるが、ここでは泰作であることが意味深い。泰作話は、頓智の利く泰作が商売相手をへこませるというのが基調であるが、本話は多少逸脱した感がないわけではない。ただ、それほど多くの人に愛好されて、話を伝承する人々の多様な生き方が、泰作像に反映されているのであろう。

おもな民話（伝説）

七人みさき

　室町末期に幡多郡宿毛の土佐一条家の兼定が、伊予大洲の宇都宮家からきた奥方を離縁し、代わりに豊後の大友宗麟の娘を迎える。そのため宇都宮家との間が不仲になる。そのことが宇和島の西園寺氏・宇都宮氏と、豊後大友氏・土佐一条家とが対立し戦いとなる遠因にもなったという。その頃、宇都宮家の隠密7人が土佐に侵入し、宇須々木の一条家家臣の大脇越之介の家の近くに来る。その7人が、大脇の飼っていた猟犬を殺害したことで争いとなる。腕の達者な大脇は、七人を斬り殺した。遺体を放置したままにしておくと、7人の霊が「七人みさき」となって、畑や海で働く人に取り憑いて患うことが重なった。そこで7人を合祀し、霊を慰めたという（『土佐の傳説』）。

　本話が載る『土佐の傳説』には続いて、高岡郡久礼で遍路の行き倒れの「久礼の七人みさき」の話が載る。他にも「大川の七人みさき」「馬路の七人みさき」や7人の死者の「七人塚」の話もある。「みさき」は、変死者や祀られない霊が、人に祟り憑依したりする邪霊とされる。「7」の数字との関連性を、民俗世界では4と7はともに忌数字であるからと説明される。アメリカからきた野球では試合の7回を「ラッキーセブン」といって幸運の数とするのと対照的である。

横波三里の海坊主

　今から70年前の秋祭りが近づいたある日、土佐市宇佐の魚屋・川村正五郎が相棒の文治と、須崎の市場に買出しに出かけた。買った魚を天秤棒で担いで横波三里の西端の

船着き場まで運び、そこから宇佐行きの舟を借りることにした。日も暮れ風も出ていたので渋る船頭を、他の3人の魚屋と無理に頼み込んで出発した。しかし、風雨が強く海は荒れ、方角もわからなくなってしまった。その時、前方に怪火が見え、声をかけるとふっと消えた。そのあと葦の生える岸辺に近づくと、蛇の目傘に提灯を持ち、紺の筒袖に豆絞りの頬かむりした男の後姿が見えた。一同は、あっ海坊主だ、早く舟を岸から離せと言い、船頭は柄杓(ひしゃく)の底を抜いて海に投げこむ。舳先に白いものが二つ三つ見える。二人は助け給え金毘羅大明神と合掌し震えていた。やがて東の空が白み、舟は横波三里の中ほどの音無神社の辺りにいた。海坊主がいた所は、網掛けの松といって人々に怖れられている場所だった。午前六時過ぎに淀川の渡し場に着いたが川は増水しており、正五郎と文治はそこで舟を降りることにした。他の人々と舟は、そのあと濁流にのみ込まれてしまったという。二人は九死(きゅうし)に一生を得ることになった(『土佐奇談実話集』)。この話は、現実の出来事ではあるが、「海坊主」が現れるなど、伝説の形に彩られている。現在の時空に、心層にあるところの伝承が混入してくる現象を、評論家の吉本隆明は共同幻想と解釈し、「恐怖の共同性」が幻覚を呼び起こすものと説明した(『共同幻想論』)。横波三里は浦の内湾の中にあるが、海坊主が出現したとされる「網掛けの松」の辺りは、まさしく恐怖の共同性を喚起する場所なのであろう。その深層心理が海坊主の幻影を見せたと解釈したい。

おもな民話(世間話)

不老長寿の妙薬

ある薬売りが日暮れ方に、お寺で宿を求めるが、そこは男子禁制の尼寺であり、三人の尼は断るが、行く所もない薬売りゆえに無理して泊めさせることにした。風呂に入ると、若い尼が親切に背中を流してくれる。上気した男の、前の大きな一物を見て、それは何かと尋ねる。男は「これは不老長寿の妙薬だ」と答える。尼は、「その妙薬をわたしたちにも分けて下さい」と言うので、男は夜になるとそれぞれの部屋を訪れて妙薬を授けて回る。

翌朝、今日も逗留(とうりゅう)してくれと頼まれるが、仕事があるのでと断わる。そのあと、夕べの妙薬の秘伝を尋ねると、第一の尼さんは、「わたしには鶯の谷渡りでした」と答える。「鳴こうか鳴くまいか思いよりました」と

言う。次の尼さんは、「わたしは金山堀りのようでした」と答える。「まっと奥へまっと奥へと思いよりました」と言う。三番目の尼さんは、「わたしは侍の喧嘩のようでした」と答える。「もう抜きやすまいかもうこそ抜きやすまいか、冷や冷やしました」と言う（『土佐艶笑譚』）。

　罪のない大人の色話である。この話の主人公は薬売りであるが、一般に行商人や旅職人、山伏、座頭など、世間を渡り歩く旅人、すなわち世間師は、民話の伝播者として注目されてきた。初対面の緊張を和らげるのに、話（世間話）は格好のコミュニケーションツールであったからである。高知県におどけ者や狡猾者の笑話が多いのは、世間師が各地を移動する環境があったからと考えられる。宮本常一が紹介した「土佐源氏」の語り手は、艶笑譚（えんしょう）の現実版といえる。馬喰（ばくろう）を商売に各地を遍歴しながらの女性遍歴の語りは、鬼気迫るものがある。高知の近代を生きた庶民の逞（たくま）しさ、悲しさがともに込められている。

泰作話「間男の救済」

　山分（さんぶん）のある家で、女房が間男を家に連れ込んでいるところに、夫が帰ってきた。慌てて男を戸棚に隠すが、そのあと処置ができず、困り果てる。女房は泰作に助けを求める。事情を察した泰作は、亭主に向かい、この間ある間男をしている家に立ち寄ったら、ちょうどそこに夫も帰ってきたので、間男は戸棚から逃げられず困っている。わしはそこで、女房に一斗桶を用意させ、それを亭主に被せて、桶を叩きながら、この意味がわかるかと尋ねると、わからんと言う。さらに激しく叩きながら、なぜわからんのかと、やり取りしている間に間男を逃がしたのだと、実演しながら言って聞かせる。今度も、同様に間男を逃がし解決したという（『土佐昔話集』）。

　『猿の生肝―土佐の昔話―』の「愚かな亭主」も同じ話。こちらはゴンという亭主に、女房がお高さん。機転を利かすのは「近所の六さん」で、桶が綿入れに代わるなど、現実風な仕立てになっている。この話が現実をもとにしたのか不明であるが、人間関係の愛憎も陽気な笑いにする泰作や風土のおおらかさは共感できる。

40 福岡県

地域の特徴

日本の南西端、九州北部に位置する福岡県は北は玄界灘・響灘（ひびきなだ）・周防灘（すおうなだ）、西南は有明海に面し、関門海峡を隔て本州西端と隣接する。筑後川、遠賀川、矢部川などが流れる合間に福岡、筑紫などの4平野が広がり、筑後川以北には筑紫山地、以南には筑後山地が走る。森林は少なく、日本海型ながら年間を通して温暖な気候で、比較的なだらかな地形のため農用地や可住地の面積が広い。大分、佐賀、熊本に隣接し、九州と本州を結ぶ行政や交通の要衝でもある。また、国の中心から見れば辺境であるが、朝鮮半島や中国大陸に相対し先進文化が流入する地勢のため古来から外交・国防の要衝の地として地域や文化の形成に影響を与えてきた。地理的・歴史的・経済的特性から、4地域に分けられる。

北東部に位置する北九州（豊前）地域は、官営八幡製鉄所による重工業発展を背景に先端科学の教育・研究機関が集まる、九州最大の工業・技術集積地である。北西部の福岡（筑前）地域は、太宰府と外港博多を中心に発展した九州の中枢管理都市。アジアでの文化・情報の交流拠点・交通基盤を目指す。中央部の筑豊地域は、日本一の石炭産地として発展したが、エネルギー革命により新たな産業基盤整備を進める。南部の筑後地域は、豊かな自然や多様な産業・文化に基づき、農林水産業や地場産業を展開。三池炭鉱閉山後は環境・リサイクル産業を集積している。

伝承と特徴

福岡県での民話採集は明治末から始まり、文部省要請による調査をまとめ標準語で表記した『福岡昔話集（原題―福岡県童話）』『筑紫野民譚集』「浮羽郷土伝説集」などが刊行された。地域別では、408話の伝説昔話を収録する『筑前伝説集』、610話収録の『豊前地方昔話集』、児童への提供と再話化を目的に福岡教育大学の学生が320話を採集した『福岡の民話』など

がある。また、県内に多数伝わる愚か村話には、「寒田噺（さわだばなし）」が早期の資料として挙げられる。

　話型では、福岡の地理・地勢的要素や歴史的背景と深くかかわる伝承が色濃く残る。大陸的で多様性がみられる筑前では、海の信仰や政治的人物の伝説が、筑豊では宇佐神宮・修験道の影響や川気質が、筑後では有明海との関与が窺える。全体として愚か村話や笑話（筑前の「福間話」、豊前の「寒田噺」「文吾・文吾郎話」）が多い。筑後川の氾濫と豊穣の恵みは水神信仰や人柱、河童譚を生み、海外色が濃いものには神功皇后伝説をはじめ、徐福や仏教僧など朝鮮・中国・インドからの渡来伝説、貴人が流離する物語として菅原道真伝説、平家落人伝説などが伝わる。ほかに、長者譚、報恩譚、因縁話、智慧の働き、「竹の笛」などの継子譚、「和尚と小僧」「正直爺と慾爺」、猿の尻が赤い由来譚「猿と蟹」、「狐の怪」などが顕著である。

おもな民話（昔話）

歌い骸骨　殺された者の骸骨が肝心な時にあえて歌わず仇討ちを果たす因縁話。筑前に伝わるのは、ある節会踊の場で、人気者のイキは彼を憎む他村のカツに殺される。一年後、カツはイキを殺した場所で美しい歌声を聞く。それはイキのシャレコウベであった。金儲けを考えついたカツは庄屋の前に出るが、シャレコウベが歌わなったために首をはねられる。と、それまで黙っていたシャレコウベは「これで恨みは晴れた」と歌った（『福岡の民話』）。

　直接的内因「因」と間接的外因「縁」の超自然的原理により事柄は生起するという思想に基づく話である。

ツガニの恩返し　過去に救済した動物の恩返しで危機を脱する動物報恩譚の一つ「蟹報恩」で、筑後では禁忌や地名由来起源を伴う。三池山には山の神とされる一匹の大蛇が住み、秋には白羽の矢が刺さった家の娘が供えられた。ある年、名主の娘がいじめられていたツガニ（小蟹）を助ける。その後名主家に白羽の矢が刺さり、娘は供えられることになった。山の神が現れる時刻、娘は籠の外で荒れ狂う音を聞くが、やがて静まった。恐る恐る出てみると、大蛇は三つに寸断され三つの池は赤く濁り、周辺には無数のツガニがいた。以降、村人はツガニを食べず、山の池を三池と呼ぶようになった（『福岡の民話』）。

吉五の話／福間の又兵衛

滑稽な人物の言動に関する笑話。主人公は親しみやすさとずる賢さを併せもつケチで狡猾な場合もあるが、知恵によって他人を利用し企みの目的を達成する。例えば、ある年吉五が田植えをしようと思ったが牛がいないため田を耕せなかった。そこで一計を案じ、田の中に高い竿を立て村の者に「今日は天にのぼるので見てくれ」と触れまわる。集まった大勢が「危ない」と言うと、「それでは止める」と下りて来る。田は見事に踏まれていた（「吉五の話（天上り）」『福岡昔話集』）。

主人公名は吉吾・文五・福間の又兵衛など、豊前や筑前で濃厚な分布を示す。

寒田噺／野間話

全国的に分布する愚か村話の一つ。福岡県では築上郡築上町寒田を舞台にした「寒田噺（さわだばなし）」や宗像郡（むなかた）に「野間話」が伝わる。代表的な話例「チョウズを回せ」は、殿さまが宿泊することになり、庄屋が寒田の者たちを呼び集める。「手水（ちょうず）を回せ」という命令を「長頭（ちょうず）」と勘違いし、一番頭の長い長兵衛が力持ちの松吉に頭を振り回され気絶する、という話（「寒田のチョウズ」『福岡の民話』）。

物知らずや聞き間違い、誤解から起きる失敗や愚行を笑う滑稽談で、事実や経験談として語られることもある。

おもな民話（伝説）

神功皇后伝説

仲哀天皇の皇后で、身重ながら新羅に出兵した神功皇后は、八幡神（応神天皇）の母神としての信仰を集める。記紀神話の他にも、三韓征伐や羽白熊鷲討伐（はぐろくまわし）、鎮懐石伝承（ちんかいせき）、松浦川の鮎釣り伝承など、史話神話の伝説が多く、九州北部での分布が濃厚である。遊幸や貴子出生の内容に、地名起源伝承や産育習俗なども伴う。具体的には、三韓征伐に際し神に祈誓して「勝利を得るならばこの鎧（よろい）は緋色に染まれ」と白糸の鎧を井戸水に浸すと忽ち染まった染井〔糸島市〕、皇后の甲冑を埋めた鎧塚〔宗像市〕、鎧掛け松〔糸島市、甘木市〕、皇后休息の鞍掛け石〔朝倉市、糸島市〕、船つなぎ石〔築上郡、朝倉郡三輪町、糸島市〕などがある。他にも三韓征伐渡航を助けた阿曇磯良丸が出現時に乗っていた亀が石になった亀石〔福岡市〕、皇子誕生地〔宇美市〕、皇子の胞衣を納めた管松〔福岡市〕、那珂川中流域で開削し灌漑を成功させた裂田溝（さくたのみぞ）〔筑紫郡〕、

斎宮跡の聖母屋敷〔粕屋郡〕など『豊国筑紫路の伝説』に多数挙げられる。

菅原道真伝説

和歌にたけ政治家としても優れた平安時代の菅原道真は、讒言によって筑紫の大宰府（古代の政府機関）に左遷され、悲嘆のうちに没した。後に雷神になったと信じられ、天神ないし御霊として信仰された。道真の菩提寺の安楽寺の墓所に建てられた太宰府天満宮は、学業祈願、農耕神として崇められる。伝承では、道真が左遷時に歌った「東風吹かば　匂ひおこせよ　梅の花　主なしとて　春な忘れそ」にちなみ、道真を慕い追いかけてきたとされる「飛梅」や梅に名残を惜しむ「梅花石」〔北九州市〕などが多くみられる。また、旅の途上の腰掛石〔福岡市、築城町〕や水鏡伝説〔福岡市〕、天に我が身の無実を訴えた天拝山伝説〔筑紫野市〕などもある（『豊国筑紫野の伝説』）。

三池長者

富裕者の繁栄と没落を描く長者譚は、福岡県内では多彩に残る。筑前では満野・虎丸・千代島・千並、筑後では大間・三池・勝山・原などの名が挙げられる。内容は長者屋敷、神仏霊験、埋蔵金を主題にしたものが主で、社寺縁起や人身御供の付随もある。埋蔵金伝説は三池・千代島・千並・大間の各長者にあるが、中でも朝日長者と称される三池長者（藤吉種継）は代表といえる。

娘を宮中に召されることになった長者が迎えの使者に一計を巡らし、小魚を焼いた臭気で急死した娘の火葬を装い、「立ちいでて　池のほとりをながむれば　わがこのしろに　つなじ焼くらむ」という歌を詠んだ。その後平家武将と恋仲になった娘は、朝日を呑む夢を見て妊娠、男児を生むが、恐れからその子を捨てた。子は僧に拾われ、朝日寺〔久留米市〕を開基する。財宝隠しの所在を示すという歌「朝日さす　夕日輝く　その下に　七つならびが　七ならび　黄金千両　朱千両　だとうの杖の　つくかつかぬか」が謎めいて語られる（『筑紫野民譚集』）。

平安時代末期西国で勢力をもち九州も支配下に治めた平家は、源平合戦（壇ノ浦の戦い）で滅亡する。その平家一族の末路を語る落人伝説は、九州に多く分布する。福岡県内でも例外ではなく、落人の末裔を自認し語る平家谷・平家村が存在し、長者譚と関わるところに特徴がある。ほかに、切れそうな堤を味噌で補修して防いだ味噌堤の「八並長者」〔朝倉郡〕、炭焼長者譚の「満野長者」〔朝倉郡〕、妖怪退治譚の「原長者」〔三井郡〕などが伝わる。

おもな民話(世間話)

河童 水界の妖怪「河童」は当地では「筑後次郎」とも呼ばれ、筑後川、用水池や濠、山にも出没する。筑紫野中心に多く語られ、田主丸では観光資源として活用されている。福岡県内では久留米市瀬下町をはじめ安徳天皇や二位の尼を祀る水天宮が多く存在し、安産の神として信仰が篤い一方、水神の性格もあわせもつ。瓢箪型御守りは河童の難避けという俗信があり、現在でも子どもたちがこぞって購入する。馬と水神との信仰的つながりを窺わせる話では馬を水中に引き入れる「河童駒引」が有名だが、人間に捕らえられた河童の失敗譚は、福岡県内でも例外ではない。秘伝薬の由来譚「河童の接骨法伝授」(『筑紫野民譚集』)、河童退治の話を聞き子どもたちを川に引き込むことは止めると約束した「河童の約束状」(『福岡の民話』)や切り落とされた片腕を返してと懇願する話〔三瀦郡〕は多い。三月三日に高間堤を通ると河童に阻まれ相撲を挑まれる。何度も向かってくるので辟易し、河童が嫌うという手に唾して身構えると逃げて行ったという、相撲好きな河童の話(『筑紫野民譚集』)など多彩である。

人柱 長雨により氾濫が多発した筑後川をはじめ、水路・ため池築造に関して、水を鎮めるために人身御供となる人柱の話は福岡県内に多く残されている。他地域と同様に、女性が主人公の悲話であることが多い。筑後での採話では、筑後川とその枝川が集まるためおびただしい害を被るので、老爺の言葉で堰をつくることにする。しかし何度も流されるので、貧乏で正直な百姓の一人娘、9歳のおさよを人柱にし、六日後に堰は完成した。おさよの骸が発見され、撫でるとおさよは生き返った、という(「筑後川の人柱」『筑紫野民譚集』)。ほかに、北九州市「稗の粉の堤」、豊前市「池尾の池」、田川市「大浦の池」なども伝わる。

41 佐賀県

地域の特徴

　佐賀県は、南北を海にはさまれ、北には冬の波が荒い玄界灘、南には最大で6mという全国一の干満差をもつ有明海を有している。また、有明海に面した県中央部に広大な佐賀平野、その北になだらかな脊振山地、西部には肥前風土記の歌垣山で有名な杵島丘陵、その南には多良岳がそびえる。北部の唐津地域には上場台地が広がり島嶼も多い。

　古代においては、日本最古の水田跡が発見された唐津の菜畑遺跡や弥生時代の大規模環壕集落である佐賀平野の吉野ヶ里遺跡、各地に残る朝鮮式山城など、大陸との深い関係を物語っている。

　中世においては、南部では在地の武士たちが次第に力をつけ、戦国大名龍造寺隆信は一時「五州二島の太守」と呼ばれるほどになった。北部では海の武士団松浦党が勢力を広げたが、文禄・慶長の役の頃には主に地理的な理由から出兵の拠点となり、肥前名護屋城が築かれた。

　江戸時代においては、南部の佐賀藩では、龍造寺家から鍋島家への政権移譲が平和裏に行われ、藩主鍋島氏による安定した支配が長く続いた。北部の唐津藩では譜代大名の交替が続いたことにより、不安定な支配体制下で町人文化が栄えることとなった。なお、佐賀県東部の鳥栖市田代と基山町一帯は、対馬藩（宗氏）の飛び地として残った。

　こうした地理的、歴史的背景のもと、佐賀県を代表する伝統工芸品の「有田焼」や「唐津焼」が生まれた。また、2016年に「唐津くんち」が、2018年には「見島のカセドリ」が、ユネスコ無形文化遺産に登録された。

伝承と特徴

　佐賀県内における本格的な民話採集は、1968（昭和43）年の國學院大學による調査に始まる。その後、宮地武彦を中心に佐賀民話の会などの活動により、現在までに少なくとも2万話を超える話が採集されている。

伝承の形式は、語り収めに特徴があり、県南部の佐賀平野部（鍋島藩領）では「そいばっきゃ」や「そいまっきゃ」、県北部の唐津市周辺（唐津藩領）では「そいばっかり」が話の最後に付く。

語りの場は、寝床や囲炉裏端が多いが、佐賀市大和町名尾地区では正月用の干し柿をつくるための柿むきの場（柿むき話）、西松浦郡有田町では焼物を作る際の絵付け作業の場（絵描き座話）などがみられる。

100話以上の語り手は、843話を語られた嬉野市塩田町の蒲原タツエや、234話を語られた伊万里市橘町の松尾テイがいる。二人は県南部と北西部とに離れているが、同年齢であること、蒲原タツエが話を聞いた嫁ぎ先と松尾テイの育った土地が同じ嬉野市塩田町であること、両者の話の中に多数みられる語り収め「チャン、チャン」は県内ではこの二人だけであることなど共通する点が多く、語りの伝承経路がどこかで繋がっている可能性がある。

その他の特徴としては、昔話では、後述する「継子と尺八」「初歩き」などにみられるように習俗由来に結びつく話が多い。北部の唐津藩領では勘右衛門話などの笑話が多いが、南部の鍋島藩領では継子話などの本格昔話が多い。また、伝説では、県中央部では「徐福伝説」、北部では「松浦佐用姫伝説」、西部では「鎮西八郎為朝の黒髪山大蛇退治伝説」の話が広範囲な伝承圏を有している、ミソゴロウなどの巨人伝説が南部の多良岳、北部の島嶼部、東部の鳥栖地方など周辺部にみられる一方、中央部では楠の巨木伝説がみられる。世間話では、狐や河童に騙される話の中に、報恩譚のような昔話的要素をもつものもみられる。

おもな民話（昔話）

潮水鳥の親不孝

有明海沿岸部でのみ伝承されている動物昔話である。有明海の潮水鳥の子供が親の反対ばかりしていた。親は死ぬ間際に、山に埋めてもらいたいので「海に埋めてくれ」と言った。子供は後悔して「親が死んだ時だけでも親孝行しよう」と言って、海岸に埋めた。それで、潮が満ちてくると墓が沈んでしまうと心配し、飛び上がって鳴くという（『新佐賀市の民話』）。

この話は、県内ではほとんど、蛙が雨の降る前に鳴く由来として伝承されているが、有明海沿岸部（特に干拓地）だけは、潮が満ちてくると干潟

に生息する鳥が飛び上がって鳴く由来となっている。現在、佐賀市諸富町、川副町、東与賀町、久保田町、小城市芦刈町などの有明海沿岸部の干拓地を中心に伝承が確認されている。また、伝承地によって鳥の名前が異なっており、例えば、本話の東与賀町では「潮水鳥」であるが、隣の川副町では「チョウヒン鳥」などになっている。

継子と尺八

継子話の中でも特に伝承度が濃い話である。父親が仕事で京都に行っている間に、継母が継子に次々と難題を与え、最後には沸騰している釜で娘を茹で殺す。娘の死体の側に竹を植えたところりっぱな竹になった。通りかかった虚無僧がその竹で尺八を作り、京都に行って吹いたところ、「お母さん恋しやチンチロリン、お父さん恋しやチンチロリン」と鳴った。その音色を父親が聞き、急いで家に帰って継母に問いただし、継母を離縁した(『大和町の民話』)。

この話の釜茹での場面は、「味噌豆は七里立ち戻っても食べるもの」(意味は、味噌豆を炊いた時は他の人にふるまわないといけない)という佐賀の「諺」と深く結びついている。また、尺八の音色は、調査の際、この音を問いかけるだけでこの話が出てくるほど、語り手の記憶に深く刻まれている。他に県内でよく聞かれる継子話は、継子と実の子に歌詠みを競わせる「継子と皿々山」、継子に穴の空いた袋を持たせ椎拾いに行かせる「継子の椎の実拾い」がある。

初歩き

『日本昔話大成』の「蛇婿入り―水乞い型」に属するが、結末がハッピーエンドで終わる全国的にみても珍しい話である。
旱魃の時、長者が「雨を降らしてくれたら3人娘の1人をやる」と独り言を言うと、それを聞いた蛇がすぐに雨を降らして娘をもらいにくる。長者が長女と次女に話すと「人間でないなら嫁にはいかん」と言うが、末娘は「困っていたのを助けてくれたのだから蛇でも行く」と言う。迎えの馬車は飛ぶよりも早く暗闇の中を行き、大きな山の麓の立派な屋敷に着く。三日目の初歩き(初めての里帰り)の時、姉達は「一度は約束を果たしたのだから(嫁ぎ先に)帰らなくていい」と言うが、末娘は「嫁になった以上は帰る」と言い、その日のうちに帰る。すると、蛇がのたうち回り苦しんで脱皮しようとしていた。末娘はそれを見て可哀そうになり涙を流す。その涙が蛇にかかり、蛇は立派な若者になった。それから、初歩きの時は泊まってはいけない、と言うようになった(『蒲原タツヱ媼の語る843話』)。

語り手の蒲原タツエが「ハイカラな話」と言っているように、この話には日本の異類婚姻譚にはない新しさが感じられる。

子育て幽霊
　　　　　　出産にまつわる話として県内全域で伝承されている。
　女の人が飴を毎晩買いにくるので、店の人が後をつけると墓の中に消えた。墓を掘ってみたら、墓の中で赤ちゃんが飴を舐（な）めて生きていた。このため妊婦が死んだら赤ん坊は出して埋めないといけない、と言うようになった（『鳥栖の口承文芸』）。

　この話は県内では、「妊婦が死んだ時はお腹の子は出してから埋めなければならない」とする習俗由来として語られる。話の中に出てくる飴は、佐賀市周辺部では「飴（あめ）ガタ」といわれる産後の肥立ちに食べる滋養食（乳（ちち）飴（あめ））である。この飴ガタを売る店が今でもあり、数世代前に実際あった出来事として世間話風に語られることも多い。

泥鰌汁（どじょう）（勘右衛門話（カンネばなし））
　　　　　　　　　　　　　　　県北部の唐津市を中心に広範囲の伝承圏をもつ佐賀県を代表する笑話である。

　村の若者が集まって泥鰌汁をしていると、外からカンネさんの「こぼれそうだから早く戸を開けてくれ」と叫ぶ声がする。戸を開けると、「寒くて涙がこぼれそうだ。豆腐を持ってきたので俺も加えてくれ」と言う。豆腐を鍋の中に入れると豆腐の中に泥鰌が全部潜り込んでしまった。カンネさんは「用ができたので帰る。豆腐は俺が持ってきただから持って帰る」と言って帰ってしまい、残ったのは汁だけだった（『厳木の民話』）。

　勘右衛門話は頓智（とんち）話から愚か者話まで多種多様な話を内包するが、その中でもこの話は特に人気がある。唐津の旧市街地では、裏町の長屋に住んでいた実在の人の話として話されている。なお県内では、勘右衛門話と同様な話が、太良町の善衛門話（ぜんねんばなし）やみやき町の横道孫兵衛話（おうどうまごべえばなし）などにもみられる。

おもな民話（伝説）

三谷城の松
　　　　　　日本三大歌垣の一つである杵島山（きしま）を舞台にした松の精と三味線引きの娘の悲恋物語である。歌垣山の盆踊りで笛を吹く青年と、三弦を弾く娘が出会い恋に落ち、二人は毎晩、歌垣山の松の根元で逢瀬を重ねた。翌年の夏、大洪水で六角川にかかる馬田橋が流されると、その松の木で橋をかけることになり、ある夜青年は悲しげな声で、自分はこの松の木の精で、まもなく切り倒されると娘に告げる。切り倒さ

れた松の木は少しも動こうとしなかったが、娘の手が触れるとサラサラと山を下り、立派な橋になった（『蒲原タツエ媼の語る843話』）。

この話は異類婚姻譚として昔話（「木魂聟入（こだまこいり）」）にも分類されるが、本話では杵島山麓を舞台とした本格的な伝説になっている。また、ストーリーが京都の三十三間堂（蓮華王院本堂）のおりゅう柳の話とよく似ており、特に愛しい人の手により木が動く場面の一致は、偶然とは言い難い。杵島山が長嶋荘（ながしまのしょう）という蓮華王院領の荘園に近いことや、和泉式部の出生伝説が伝わる福泉禅寺（ふくせんぜんじ）、平重盛の供養塔のある水堂安福寺（みずどうあんぷくじ）が近くにあることなど、京都との繋がりを感じさせてくれる。

徐福伝説

県中央部の佐賀市を中心に広い伝承圏をもつ伝説である。

徐福さんは秦の始皇帝の命で日本に不老不死の薬を捜しに来た。有明海から浮盃（佐賀市諸富町）に上陸し、そこに茂っていた葦をかき分けて上陸したので、そこの葦の葉は今でも左右に分かれている。井戸を掘って手を洗った所は寺井（てらい）（手を洗った井戸）と言う。その後、金立山（きんりゅうざん）（佐賀市金立町）に登られた（『諸富の民話』）。

徐福の話は全国各地にあるが、県内では主に県中央部の佐賀市諸富町や同市金立町を中心に伝承されている。この話は有明海に近い諸富町の話であり、主に片葉の葦や地名の由来などを説明するだけであるが、内陸部の金立町では、悲恋話なども加わり物語風になっている。

松浦佐用姫（まつらさよひめ）伝説

万葉集にも歌われている全国的にも有名な話である。松浦佐用姫は、韓の国に向かう大伴狭手彦（おおとものさでひこ）と恋仲になったが、一緒に行けず、山の上から船が見えなくなるまで領巾（ひれ）を振って見送った。その領巾を掛けたのが領巾振松で、山の名は領巾振山（ひれふりやま）（鏡山）。その後、山から飛び降り松浦川を渡る時に、狭手彦から貰った鏡や短刀を落としてしまった。濡れた衣を干したのが衣干山（きぬぼしやま）。そして、呼子の加部島（かべしま）まで行くと、病気の体をおして天童岳に登り、頂上でとうとう石になってしまった。それが佐用姫石である（「Web版 佐賀の昔話」）。

県内では、この話のほかに、佐用姫は狭手彦を追って船出したが遭難し、遺体が伊万里湾に流れ着いたとする話や、狭手彦を見送った後、狭手彦に化けた鏡山の蛇が毎晩忍んできたとする話も伝承されている。前者は、伊万里市山代地区に伝承されており、地域を流れる川を佐用川というなど、地域に根付いた話となっている。また、後者は奈良時代の『肥前国風土記』

に出てくる話と同じ内容で、伝承の古さを感じさせる話である。

おもな民話(世間話)

野狐に化かされた話

「野狐」は狐の方言。県下全域で体験談としてよく聞かれる世間話の一つである。筑後川の近くにある川の土手を夕方通っていたら、川の中から大きな音がする。「ありゃぁ、魚が本当にいっぱいいる。ひとつ捕ってやる」と言って、川に入って捕まえようとしたら木の株や泥だった。土手に上がったら、そこに置いていた重箱の中の物は全部なくなっていた(『三根の民話』)。

佐賀平野部では、この話のように、川の中で魚が大きな音を立てていたとか、釣った魚がいつの間にかなくなっていたとする話をよく聞く。また、祝儀の帰りに重箱のおはぎが泥饅頭に変わっていたなどとする話も多い。一方、同じ狐に騙される話でも、難産の狐が人間に化けて産婆さんを呼びにくる話(「野狐の難産」)では、お産のお礼に貰ったお金が本物であったとするものも多く、世間話に報恩譚的要素が加わり昔話化しているようでもある。

河童と相撲

同じく、県内全域でよく聞かれる世間話の一つである。河童が人間に化けてきて、「相撲とろう」と言って近づいてきたが、近くまでくると、「お前は、仏さんブックウ(仏壇に上げた御飯)を食べているので、相撲は取れない」と言って逃げていった(『杵島山周辺の民話』)。

河童は、県南部の佐賀平野部ではカワソとかカワッソという。この話に似た話として、河童に礼をさせ頭の皿の水を落とさせて、相撲に勝ったという話もある。また、医者の奥さんが河童の手を引き抜き、返してやる代わりに骨接ぎの秘伝を教えてもらったという話も多い。後者は、県内では鳥栖市の田代地区を中心に広まった製薬や売薬業が、伝承の広がりに一役買っているのではないかと考えられる。

42 長崎県

地域の特徴

　長崎県は日本列島の最西端に位置する。北は対馬海峡西水道を隔てて韓国と対峙し、西側は五島列島が東シナ海をはさんで中国と相対している。この地理的特徴から、歴史的に海外との交流の窓口という役割を果たしてきた。日本と朝鮮半島、中国大陸とを結ぶ交通路となって、大陸文化の大半は、対馬、壱岐、平戸、五島の島々を経て伝来した。この地域に住む人々は海を隔てて存在する異民族、異文化と接触する機会が多く、それらを意識して生活してきた。こうした歴史的条件と海に囲まれた温暖な気候が重なって、住民の気風には排他性の少ない開放的な傾向が認められる。

　ヨーロッパの人々が渡来する時代にはキリスト教の布教があり、南蛮文化が展開される舞台となった。徳川幕府の鎖国政策後においても、西洋に開かれた日本唯一の貿易窓口となった。国宝大浦天主堂、二十六聖人殉教碑、浦上天主堂などといったキリスト教の史跡も多い。近世鎖国時代には、キリシタン禁令によって、多くのキリスト教信者が弾圧された凄惨な歴史ももっている。2018年に「長崎と天草地方の潜伏キリシタン関連遺産」が世界文化遺産に登録された。また、1945年に原子爆弾が投下された「長崎原爆遺跡」は2016年に国の史跡として登録されている。負の遺産を語り継ぎ、平和を発信する使命も担っている。

伝承と特徴

　長崎県の昔話記録として最も古いものは『吉野秀政説話集』で、『山口麻太郎著作集』に収録されている。吉野秀政（1711～86）は壱岐の神職の家に生まれ、説話や郷土誌に関心を寄せ、山口麻太郎によれば600話の話を残していたという。近代以前に記録されたこともあり、資料的価値は高く貴重なものである。山口はそのうち169話を選び、『吉野秀政説話集』に載せた。

山口麻太郎は長崎県壱岐の農家に生まれ、母親からと、作男として同居していた当時16か17歳くらいの忠やんから昔話を聞いたという。それを中心に、1943（昭和18）年に三省堂から『壱岐島昔話集』を刊行する。同名の『壱岐島昔話集』が1935（昭和10）年に郷土研究所から刊行されていたが、それにその後採集した100余話や『吉野秀政説話集』から選んだものを加えて再構成したものである。山口は他にも『西海の伝説』を残している。関敬吾は長崎県南高来郡小浜町富津海の出身であり、「民俗学的研究の門出として」『島原半島民話集』を出版した。「昔話の古典」の一つともいうべき同書は1942（昭和17）年に『島原半島昔話集』と名称を変え、編成して再度刊行された。この内容は主に少年時代に母親タダシから聞いた昔話と、同じ村の田中長三から聞き書きした昔話の二つの系統から成っている。鈴木棠三は対馬で採集を行い、くったんじじい（栗田仙吉）から聞いた昔話集として『くったんじじいの話』を刊行している。
　島原半島における関敬吾、壱岐島における山口麻太郎、対馬における鈴木棠三の昔話採集は貴重な業績であった。また、長崎県は古くから中国や西欧の文化と接触し、キリシタン殉教の歴史をもつ。この特異な歴史と風土から生まれた民話も伝承されている。

おもな民話（昔話）

難題婿　　ある所に長者があった。そこに「どもく」「ちびら」「ごもく」という三人の召使がいた。三人が集まって望み事をしていた。どもくは「小判ば皿一杯くれたら、俺は何もほか望まなか」、ちびらは「俺は米、米倉一杯くれたら、ほか望まなか」、ごもくは小さな声で「ここの娘の婿になれたら、もうその上望まなか」といった。
　翌日三人は主人に呼び出された。「どもく、おまえは小判ば皿いっぱい欲しかって言うたね」主人は小判を皿いっぱいくれた。次にちびらに「お前は米倉」と言って米倉をやった。最後にごもくの番になった。主人は「ごもく、お前は娘が望みだね」と言い、歌の下の句が詠めたら娘の婿にしてやろうといって短冊をくれた。短冊には「須弥山の山より高き桜花」と書いてあった。ごもくは一生懸命考えて、「散ればごもくの下となりけり」と詠んだ。ごもくは望み通り長者の一人婿になった（『島原半島昔話集』）。
　『日本昔話名彙』の「幸福なる婚姻」に収められる「山田白瀧」という

話型である。「大きな望みも智恵の力でかなえられる」というメッセージが、自由な商いで栄えていた長崎のイメージと重なる。

食わず女房　ある所に、大工があった。飯を食べない嫁をもらおうと神様に願をかけた。すると、「朝早くここに来たら、飯を食べない嫁を置いておく」という神様のお告げがあった。お告げ通り飯を食べない女がいて、家に連れて帰った。ある日大工は山に行くと嘘を言って家を出て、裏からのぞいてみた。女は大きな鍋に飯を炊いて、握り飯にして、肩の辺にある口の中に投げ込んで食べていた。大工は嫁を離縁した。すると嫁は醤油桶を作るように頼むので、大工は大きな醤油桶を作った。女は「漏らないかどうか見てくれ」という。大工が桶の中へ入ると、嫁は上から蓋をして、それを下げたまま天へ行った。大工は持っていた金槌で桶をたたいて壊し、外へ出た。そうして蓬(よもぎ)や萱(かや)の生えたところに落ちた。すると天から「人間くさい」という声が聞こえたが、大工は蓬や萱のおかげで命が助かって家に帰った(『くったんじじいの話』)。

　全国で伝承されている昔話「食わず女房」であるが、神様のお告げから始まり、終わりは「天に行く」というスケールの大きなところが特徴的といえる。

蛇女房　深江村(ふかえ)に母と二人暮らしの若い医者があった。娘が嫁にきて子供が生まれた。ある日、母が部屋を見ると、部屋の真ん中で子供を巻いた大きな白蛇が、鼾(いびき)をかいて昼寝をしていた。夫婦は離別することになる。女は普賢岳(ふげんだけ)の池に棲む蛇で、海辺で子供たちになぶられていたところを医者に助けられ、恩に報いるため女に化けて来たという。乳母も見つからずに困って、医者が普賢の池に子供を連れて行くと、女が出て来て眼の玉を一つくり抜いて渡した。この玉を子供にやると乳が出てきて喜んで舐めた。ところが帰る途中、大事な蛇の眼玉を奪い取られてしまう。子供が泣いて仕方ないので、再び普賢の池に行った。片目の女が現れて、もう片方の眼をやると私は盲目になってしまうが、子供のためなら仕方ないと、残りの片目をくり抜いて渡した。医者は帰る途中でまた玉を奪い取られてしまう。女の怒りは非常なものであった。それから普賢岳の地震があったのだそうである(『島原半島昔話集』)。

　蛇による洪水で語られる地域もあるが、この地域では、普賢岳の噴火、寛政の大地震、島原の大地震などと結合し伝説化し語られている。

「きんぷくりん」と「かんぷくりん」

名のわからない美しい魚が取れて殿様に献上された。名を知っている者はいないかと探すと、一人の物知りが現れて、「きんぷくりん」と答えた。殿様は「きんぷくりん」を乾して保存しておいた。その後、物知りはこの魚を「かんぷくりん」と呼んだ。それが殿様の耳に入って物知りは捕えられ、人を騙したといって打ち首の刑を言い渡される。

物知りは最後に息子に一目会わせてくれと頼み、息子に「命が惜しかったら、烏賊（いか）の干したのをスルメと言ってはならない」と言った。殿様はその意味を尋ねた。「私は『きんぷくりん』の干したのを『かんぷくりん』と申して打ち首になりました。スルメは烏賊の干したものでござる、烏賊の干したのをスルメと申しましても、やはり打ち首だと考えます」と言った。殿様は感心して打ち首は取りやめになった（『全国昔話資料集成21 島原半島昔話集』）。

青森から鹿児島まで広く分布し、「てれすこ」と「すてれこ」、「ぶくらくぐん」と「じぐらぐじん」など魚の名前はさまざまである。『醒睡笑』では魚の名が「ほほらほ」と「くくらく」と伝えられている。

おもな民話（伝説）

長崎の魚石

長崎の役人の話。紅毛人（こうもうじん）が一人訪ねて来て、厠（かわや）のあたりの石に目を留め、三年後また来る時にこれを買いたいと言って金五両を置いて行った。役人は不思議に思いながら、石を割って調べた。すると赤い色の魚が出てきた。ちょうどそこへ紅毛人が来て、割ってしまったことを嘆いた。わけを聞くと、この石を磨くと魚がいるのが透けて見えるようになり、魚が悠々と泳ぐ姿を眺めていると自然とのびやかな気持ちになり、不老長寿を得るということであった（『長安の春』）。

交易の地の長崎らしい話である。石田幹之助は『長安の春』で、この話が「胡商求宝譚」として中国で広い範囲に分布していることを示し、日本に伝わるものはこの換骨奪胎（かんこつだったい）であると指摘している。一方、柳田國男『日本昔話 上』（1930年）にも「長崎の魚石」がある。

水蜘蛛

箱崎村鱸淵（すずきぶち）の水上に赤淵という所があった。二人の男がまぐさを刈って、そのあと川辺の木陰に涼んでいた。一人の男が眠くなってまどろんだ。すると蜘蛛がやってきて、まどろんでいる男の足の

親指に糸を巻き付け、川の中へ這っていった。目を覚ましていたもう一人の男は不思議に思って、蜘蛛がかけた糸をまどろんでいる男の足からはずし、その糸を傍にあった木の根っこにかけて、様子を見ていた。蜘蛛は川の中に入った。すると、大きな音をたてて糸をかけた木の根っこが水の中に引き抜かれていった。その音に眠っていた男も目を覚まし、二人は大急ぎで逃げ去った（「吉野秀政説話集」『山口麻太郎著作集１　説話篇』）。

　皿川にもこのようなことがあったらしい。信じられないことであるが、古老から伝えられた話である。水蜘蛛の伝承は「賢こ淵」の名で広く伝承されているが、この話は吉野秀政の記録による。『今昔物語』（巻23-22）『宇治拾遺物語』（177　巻第14-3）の内容は、水蜘蛛ではなく蛇であるがほぼ同一である。

鯖腐れ石　浦上より時津に行く路の側にある巖。円筒形の巨巌が山腹に立ち、街道からこれを仰げば今にも落ちはしないかと思われる。昔、ある魚売りがここを通りかかり、巖を仰ぎ見て立ち止まり、「あの石は落ちるであろう。落下するのを待って通過しよう」と、今か今かとひねもす待っていたが、そのうちに荷っていた鯖は腐れてしまったという。異名を「鯖くさらかし」という。蜀山人こと大田南畝の詠んだ歌「岩かどに立ちぬる石を見つつをれば　になへる魚もさはくちぬべし」（『長崎県郷土誌』）。

　この話は「鯖大師」の伝説として、他の県にもある。現在時津町では「どがんしても落ちない岩」を「合格祈岩」として町おこしに活用しようという取り組みが行われている。

おもな民話（世間話）

幽霊井戸　長崎市麴屋町に飴屋があった。ある夜、女が「飴を一文ください」と言って一文銭を差し出した。その後も毎夜のようにきまった時刻になると女はやってきた。不思議に思ってあとをつけると、女は伊良林町光源寺の門前で姿を消した。あたりを見回すと墓場から赤ん坊の泣き声が聞こえてきた。寺に駆け込み、墓を掘り起こしたところ、埋葬したばかりの亡くなった女から赤ん坊が生まれていたという。

　そのころ麴屋町は水に不自由していたが、ある夜飴屋の主人の枕辺に幽霊が立ち現れ「お礼に水を出してあげましょう」と約束した。こうして湧

き出たのが麹屋町の幽霊井戸だと伝えている(『長崎市制六十五年史後編』)。

　取り出された赤子が成長して名僧となり、通玄(通幻)和尚、あるいは頭白上人(ずはく)と語られるものもあり、この伝播には仏教や飴屋の関与が関わるといわれる。

南蛮幽霊井戸

　キリシタン禁令で、サン・ジュアン・バプチタ寺も焼き払われた。神父や信者は寺の井戸に身を投げた。その跡に建てられたのが今の本蓮寺である。その後井戸の傍の部屋では、眠っている間に向きが変えられる不思議が起こり、「寝返りの間」と呼ばれた。部屋の入り口には杉の板戸があり、キリシタンの老人の絵が描かれていて、南蛮杉戸と呼ばれていた。

　ある日、日親という僧侶が「寝返りの間」の評判を聞いてやってきた。短刀を懐に忍ばせて寝ていると、人の足音が聞こえる。起き上がって見ると、南蛮杉戸に描かれている老人が抜け出してこちらに歩いてくる。目が異様に光っているので、日親はおどりかかって短刀でその目をくり抜いた。その場で老人は歩みを止めたが、日親もその場に倒れた。翌日から日親はうなされ、やがて亡くなった(『西海の伝説』)。

　南蛮杉戸は原爆で焼失してしまったが、南蛮井戸は復元されている。

中江ノ島の御水

　平戸の生月島ではほとんど全島がキリシタンになったが、秀吉の禁令後、信者たちは次々に捕らえられた。生月島の東側に浮かぶ無人の小島・中江ノ島には殉教した3名を祀るといわれている祠がある。ジュワンという洗礼名の殉教者が出たことから中江ノ島は「サンジュワン様」と呼ばれる。

　島には御水を取る場所があり、どんな日照りの時にもオラショを唱えると、岩の間から水が涙のようににじみ出てくるという。この御水はいつまで置いても腐らぬ、とか知らぬ間に徳利の中でその量が増していたなど、数々の不思議な話がまといついている(『長崎県のカクレキリシタン』)。

　キリシタン禁令下で、教会も宣教師も不在の中において隠された信仰と共に伝わる話である。

43 熊本県

地域の特徴

 「肥後国風土記」逸文「肥後国号」によると、崇神天皇の世に土蜘蛛という不服従の勢力を征服した夜、空から火が降りてきたので朝廷に報告すると、「火の国と名づくべし」と詔があったという。肥国の始まりを伝える説話である。熊本県は東部に「火の国」のシンボルでもある阿蘇山をはじめとした九州脊梁の連峰が続き、そこを源流とする白川や緑川が有明海に、また南部の人吉盆地を流れてくる球磨川が西海の八代湾へと注ぐ。気候は阿蘇や球磨の高原台地は寒暖差の激しい山地型気候、熊本市や菊池市などの内陸型気候、天草や葦北の西海型気候の三つに分かれる。

 古代の肥後は「大国」の等級が与えられるほど、経済力や政治力の強い国であった。中世には勢力を握る菊池氏や阿蘇氏、木原氏などの武士団がいて争闘を繰り返すが、秀吉の九州統一後は加藤清正が肥後国を支配する。その後、一族の内紛の末、加藤氏に代わって細川忠利が治めることになる。近世には熊本藩と人吉藩、天草藩（天領）とに分かれて近代をむかえる。天草が天領となったのは、近世の初めに起こったキリシタンの反乱「天草・島原の乱」にもとづく判断とされる。

 近代の熊本県における最大の汚点は、日本窒素株式会社による「水俣病」の発生である。海への排水に含まれる有機水銀が魚を通して人体に摂取され、甚大な被害を受けた。「公害」と認定された水俣病は、人命を軽視し営利追求する資本主義の企業論理が厳しく問われた社会問題であった。

民話の伝承と特徴

 熊本県の昔話、伝説研究の淵源は、菊池市生まれで第五高等学校（後の熊本大学）でも教鞭を執った高木敏雄にあるといえる。高木は直接に熊本と関わる研究、資料等の公刊はないが、1913年に『日本伝説集』、16年に『童

話の研究』を出版し、また13年には柳田國男と協力編集の『郷土研究』を創刊する。日本の口承文芸研究の黎明期に、高木は重要な位置にいてその役割を果たしている。また、1935年に柳田が刊行した雑誌『昔話研究』には、熊本県から多くの投稿がある。こうした投稿の背景には昔話と関係の深い土壌があったことを示している。

『昔話研究』に資料を提供した人物に丸山學(まなぶ)(球磨・鹿本郡、天草島などの資料投稿)や能田太郎(のうだ)(玉名郡)、八木三二(阿蘇郡)、坂本久之進(葦北郡)、野口正義(飽託郡)らがいて、その報告は県内全域にまたがる。このうち丸山は資料報告の他に、昔話にかかわる論文も載せるなど、研究への積極的な姿勢を示す。なお、『昔話研究』に投稿はしなかったが、文化活動の推進にかかわる荒木精之は『肥後民話集』『続・肥後民話集』『肥後の民話』の昔話集を出版し、また、放送作家の木村祐章も『肥後昔話集』を出す。木村の没後、遺された資料を『肥後の笑話』として子息の木村史彦が発刊した。

この他に、早く『天草島民俗誌』を著した浜田隆一がおり、その浜田には『天草島昔噺五十扁』(むかしばなし)があるというが、筆者は管見にして見ていない。また、天草に生まれた浜名志松は『天草の民話』の他、『肥後の昔話』を共編で出版する。このように、熊本県の昔話や伝説、世間話の調査は早くから多くの手によって進められ、貴重な伝承資料が後世に残されることとなった。

『肥後の昔話』の「解説」によると昔話の呼称は「むかし話」、発句は「むかしむかし、その昔」、結句は「そってしまい」「そるばっかり」など、地域により多少の違いがみられる。また、阿蘇では大話を「ぞうたん話」と言うと述べる。これは中世の無住が著した『雑談集』を「ぞうたん」と発音するのと一緒であり、興味深い。丸山學、木村祐章は熊本県の昔話は笑話化、破壊が目立つと指摘するが、全国的に見ればそうとも言いきれない。南国的な風土の影響もあり、楽天的で明るい内容が特徴といえる。

おもな民話(昔話)

猿とがにゃの餅争い

あっ所え、猿さんとがにゃ(蟹)さんとおらしたですたい。で、今日どま(たまたま今日)、二人あ連れで出よよち(出かけて)、「お前と、餅ちいち(搗いて)食おう

じゃにゃあか」て言わしたですたい。そいから、「そらあよかろう」て、賛成さしたでじょん。ほいから猿さんが、「ほらなあ、お前がはさみば持っとるけんでそのはさみ足で山さん行って、木ば切って来んのい。そすと、おる（おれ）が米ばこけう（ここで）むしゅるけん（蒸すから）行ってきなはい」。

　その間に猿は餅を搗いて袋に入れ、小さい餅だけ蟹の分として竈（かまど）に置き、袋を持って木に登る。戻った蟹が、竈の鼻を引っ掛けた餅ではないものを欲しがるが、猿は上げない。すると蟹は、袋の餅を枯れ枝に引っ掛け振ると美味しくなると言う。猿が枯れ枝に袋を掛けると折れて落ちる。蟹はその袋を穴に運び、猿が餅をねだるが上げない。腹を立てた猿が穴に糞を垂れるが、蟹はその尻を挟み、血が出て猿の尻が赤くなったという。

　「猿と蟹の寄合餅」の話型である。東日本では臼の餅を山から転がす「餅競争」のタイプとなるが、九州では「枯枝の餅」タイプのものが多い。「猿蟹柿合戦」でも、猿が柿を袋に入れ枯枝に掛けて落とすタイプのものが、熊本県はじめ九州に見られる。中国や台湾の「猿蟹合戦」のうち、集団で猿に制裁を加えるのではなく、単独で蟹が猿に挑むものと、このタイプは共通する。大陸と隣接する九州の地域性の問題として興味深い。

彦一のがらっぱ釣り

　八代の殿さまは彦一がお気に入りで、城に呼ばれた彦一ががらっぱ（河童）釣りのことを話すと、殿さまは興味を示す。そこで二人は餌の塩鯨（しおくじら）5斤（3kg）ずつ持って釣りに出かけ、餌を川に入れるが食いつかない。殿さまがなかなか食いつかないなあ、と声を掛けると、しもた、餌を取られたと言って、塩鯨を袋に隠し込む。そして、河童釣りは声を出しちゃならぬと殿さまを叱る。

　しばらくすると、また殿さんが声を掛けると、また餌を取られたとたしなめ、すばやく塩鯨を袋に入れる。この繰り返しに退屈した殿さまが城に戻ると言うので、殿さまの餌も貰い、彦一は10斤近くの塩鯨をお土産に持ち帰る。今日は「殿さんを騙して、殿さんを釣ってきた」と言って塩鯨を渡すと、嫁ごは大喜びであった。

　『肥後の昔話』に載る「河童釣」である。八代市出町（でまち）は彦一の住んでいた場所とされ、市内の真宗本願寺派の光徳寺に彦一の位牌があるという。この彦一の「がらっぱ釣り」を、木下順二が民話劇「彦市ばなし」に仕立てた。木下は熊本市出身で、実家は祖父の代まで惣庄屋を務めた名家で、

第五高等学校(後の熊本大学)を出て、帝国大学に進んでいる。戦後まもなく劇作家として出発する際に、子どもの頃から馴染んでいた熊本の昔話を題材としたことは、熊本と民話の関係を考える上で興味深い問題である。

子を殺してその胃袋を割いて見せた武士の話

細川氏が転封で肥後に来た頃、それまで加藤家の重臣として仕えていた武士が辞め、貧乏浪人となり娘一人とひっそりと暮していた。その頃、浪人の住む地域で、たびたび百姓の米や麦が盗まれることが起こった。村人たちは浪人を怪しみ、竹槍などを手に浪人のもとへ押し掛ける。村人たちの追及に浪人は真摯(しんし)に説明するが、誰も耳を傾けようとしない。意を決した浪人は、娘の腹を裂いて見せると、そこには一粒の米や麦もなかった。村人たちは自分たちの軽はずみな行動を反省し、その後はこの高潔な浪人を手厚く世話をしたという。

荒木精之『肥後民話集』に載る話で、「赤米の悲劇」という昔話である。小豆盗みの話題のさなか、娘が「赤い飯」を食べたという言葉がきっかけで、その親に嫌疑が掛けられる。追い詰められた親が子の腹を裂くと小豆は出てこない。赤い飯とは小豆飯ではなく、海老飯や焦げ飯、かて飯(混ぜ飯)などさまざまである。言葉の齟齬(そご)が引き起こす悲劇である。

熊本の昔話では、県民に今も人気の高い加藤清正の家臣の話となっているが、歴史的事実とはいえない。テーマ性の濃い昔話で、全国的に分布するからである。ただ落ちぶれた武士の悲劇という設定では、江戸の18世紀初めの『本朝諸子百家記』に、君塚三郎左衛門の武士の出来事とする話があるので、そうした影響によるのかもしれない。

昔話の中に、子を殺した親が西国巡礼に出かける道すがら、「五つの罪はよもあらず六波羅堂へ参る身なれば」と唱えて回ったという例がある(「小県郡昔話集」「伊豆昔話集」)。これは西国三十三所第十七番札所「六波羅蜜寺」の御詠歌(ごえいか)であり、庶民の札所(ふだしょ)巡りの旅や説経僧の関与が考えられる。

おもな民話(伝説)

木原山に何故(なぜ)九十九も谷があるかの話

昔、鎮西八郎為朝(ためとも)という豪勇無双の武士が、木原山に本拠地を置いていた。為朝は弓の名人で、この山を飛ぶ雁をことごとく

射落としたので、雁がこの山を避けて飛ぶようになった。そのために木原山を別名雁回山（がんかいさん）と呼ぶようになったという。

その為朝が木原山に城を築いた時、一匹の鬼が献身的に働いた。為朝はその労をねぎらい褒美を与えることにした。すると、鬼は人が食いたいと言うので、あわてた為朝は一計を案じ、一夜で百谷を造るなら叶えてあげると言った。喜んだ鬼は百谷造成に取りかかり、夜明け近くに九十九谷まで完了した。驚いた為朝は、「バッチョ傘（向きが逆に開いた傘）を手に取ると、鶏の羽ばたきの真似をしてコケコッコオー」と鳴くと、鬼は夜が明けた思い、谷造りをやめたという。木原山九十九谷のいわれである。

『肥後民話集』に載る為朝伝説である。豊後の為朝は乱暴者と恐れられ、父の為義によって鎮西へ追下され、「十三の時より豊後国に居住して、阿蘇平四郎忠景（むこ）が聟になって「九国の惣追捕使（そうついぶし）」を号したと『保元物語』にあるが、木原山に居たという歴史的事実はない。雁回山の為朝伝説は、当時ここを拠点にして争乱を起こした木原広実（ひろざね）が背景になっているとされる（『熊本県の歴史』）。

「木原山九十九谷」伝説は、全国各地に伝承される「九十九（つくも）伝説」のタイプで、もう一つ足りず未完成に終ったとするもので、地形の形状や遺跡にまつわる例が多い。弘法大師などの偉人と、土着の勢力である鬼やアマノジャクといった抵抗勢力との対立の構図で展開する内容が多い。

尾藤金じゃあどん（びとうきん）

昔、肥後ん細川さんの家来に、尾藤金左エ門ちう器量人のおらしたげな。ところが、この人が江戸詰の時、切腹してお詫びせにゃんごたる事ば仕出来した。どこかの藩の者に「肥後は五十四万石」て、うっかり口をば滑らせちしもた。はっと思ったが間に合わん。昔ゃ、家来の身分で、殿さんの禄高ば口に出す事はご法度だったげもんな。

そっで金じゃあどんな切腹せにゃんごつにったが、殿さんの「金じゃあは惜しか人物。生かせちゃれ」て言いなはった。鶴の一声、金じゃあどんな助かったが、犯した罪は消えん。金じゃあどんな、ポンと膝ば叩いたが最後、気違いになってしもうた。なんの、ニセ気違いたい。そぎゃんせんと、罪の消えんもん。そして金じゃあどんな、そのあと何十年、死ぬるまじ、気違いのふりばしとらした。

『肥後の笑話』に載る話で、このあと気違いの振りの金左エ門の素行を

伝えて、歌詠みの例が取り上げられる。ある歌詠みの会で、「冬の日に、障子のホゲ（穴）から小便すれば提灯の如く、チンポ縮みにけり」と金左エ門が詠むと、字数が多すぎると言われる。そこで「冬の日に、しょじのホゲからショベすればチョチの如くに、チポ縮みけり」と改める。他にも俳句に「野雪隠、めめじょこそぐる、ふうぞ花」「ああ寒さ、早く出て失せ、ゲタ五郎奴」などがあるという。

死線を越えて生きた金左エ門の半生がどのようなものであったのか。気違いの振りを通したのか、本当の気違いであったのか、生きるに値したのかなどなど、想像するに余りある。しかし、「鶴の一声」で命を左右される、身分社会とはいったい何なのか、深く考えてみる必要がある。

おもな民話（世間話）

河童の話

河童は春分から秋分までは水の中に居て、秋分から春分までは寒い間山に行く。春分から秋分までの暑い間は河の中に居て、盛んに活動するので、河の水が濁る。山に居る時には「クロキの木」の根にいる（迫頭才次郎氏）。

昔、ある所に郵便配達が海水浴をしている所へ、河童が現れて、「この小包を送ってくれ、そうするとお前の尻はとらないから」と言うので、その小包を受け取った。そして受け取り人の名前をよく見ると、「島原の河童の大将」とあり、「人の尻を干した数が九十九、配達人の尻で百」と記してあった。配達人はそれを先方に届けず、自分の家に持って帰った。それからまた四、五日経って海水浴をしていると、先日の河童が来て、その尻を取ってしまった（本田円作君談話）。

浜田隆一『天草島民俗誌』から引用した。同書の「河童雑記」「河童記事」には、河童の悪戯（いたずら）や生態、防御策など六十数話収録されている。著者が関心を持って集めたものらしく、海辺の河童伝承がおもしろい。

前者は季節により海と山とを移動する河童の話。クロキはハイノキ科の常緑高木で、南関東以南の暖地に生える。後者は昔話「沼神の手紙」の話型で、配達者の命を取れと書いてあるのを、宝物を与えよと書き替えるといった内容で伝承されている。河童が水の主に近い存在として信じられる文化的環境においては、沼神が河童に移行して語られる。旧約聖書にある「ウリヤの手紙」と同じモチーフ。

44 大分県

地域の特徴

　大分県は九州東部に位置し、東は九重連山、祖母傾山を背に、西は国東半島が周防灘、瀬戸内海に向かっている。南は海部郡というかつての地名が物語るように、海人の住んでいた地域があり、また、北は中津市を中心とした平野地域が広がっている。気候は内陸部の日田、玖珠など寒暖の差が激しい地域を除いて比較的温暖である。

　大分は別名「豊の国」とも呼ばれ、『古事記』『豊後国風土記』にその地名の由来が伝えられている。その豊国は7世紀末に二つに分けられ、豊前、豊後となった。江戸時代には七つの藩と幕府の天領、他藩の飛び地が村落ごとに散在していた。その小藩分立を逆手にとって地域の活性化につなげたのが一村一品運動である。

　豊前地域は、江戸時代は小倉藩に属しており、現在でも大分より北九州を近くに感じている。また、豊後地域には熊本肥後藩の飛び地がある。

　農業、林業、畜産業、漁業などの第一次産業が盛んであり、豊後牛、関アジ・関サバ、とよのか苺、日田杉など、多くの産品がある。また、東南アジアに近い地の利を生かして、大分臨海工業地帯の造成を行い、日本製鉄などの企業を誘致している。また、大分県の自然エネルギー自給率は、30.1％で全国の都道府県で最も高い。それは温泉を利用した地熱発電所があることが要因である。その温泉を利用した観光地としては、日本一の温泉湧出量を誇る別府、湯布院などが知られている。

伝承と特徴

　大分は瀬戸内海を通じて瀬戸内海沿岸地域との交流があり、また、福岡県との県境にある英彦山、求菩提、国東半島などの修験道山伏、宇佐八幡宮関連の宗教者によって芸能などの伝播が行われていた。宇佐八幡の楽人として国東半島一帯に住んでいた人々は、後に芸能者となって田舎歌舞伎

や人形浄瑠璃の一座を組んで、遠くは佐賀まで巡業した。中津市北原には人形浄瑠璃芝居の村が今でもある。また、その隣村の伊藤田には、国重要文化財の古要神社「傀儡の舞」がある。この人形遣いの人々も歌舞伎一座と同様に、広い地域を巡業した。また、県南の臼杵には海に住む人々がいた。家船に住む人々で、『臼杵博識史』によると蜑人の集落があった。それと並んで別府には、湯治船が江戸時代から昭和初期まであった。湯治のために各地（主に瀬戸内海沿岸）から船がやってきて、湯治をし、船で寝泊りする旅行である。

　大分は「豊後干し椎茸」で有名であるが、その椎茸栽培にかかわったのが「豊後なば山師」である。なばは、椎茸のことであるが、豊後なば山師は遠く奄美、沖縄にも行っている。椎茸栽培は本来自然栽培であったが、植えつけ方が考え出され、各地に広がった。その椎の木に打ち込む駒打ちを教えに行ったのが、豊後なば山師である。

　大分の昔話研究は、笑い話の「吉四六話」から始まった。中央では柳田國男の主宰できっちょむ研究会ができ、宮本清、土屋北彦、中田千畝、安部蓼などが参加した。しかし、地元では吉四六顕彰会を作り、史実に基づいて調査し、再話するという形が多かった。そのような中で『大分県の民話』『杵築の話　重安アサヱの語り』などを出版した土屋北彦の存在は貴重であった。郷土史的、教育的な手法を排除し、徹底的に民俗学的な方法で民話を調査・採集している。

　また玖珠には、日本のアンデルセンといわれた久留島武彦がおり、明治・大正・昭和にわたって童話の語り（口演）を指導し、大いに広まった。伝承された昔語りよりも、童話そのものを暗唱して語るという手法である。今でも公共の施設での口演の勉強会は、間の取り方や呼吸法、滑舌などの練習が中心となっている。

おもな民話（昔話）

吉四六話　大分県の民話の伝承の特徴は、多くの伝承が土地や歴史上の人物と結びついて伝説として語られることである。「吉四六話」の主人公は、臼杵市野津の広田吉右衛門という実在の人物であるとされている。同様のとんち話は同じく大分県内で「吉吾話」「寒田話」「高千穂話」「座頭話」としても伝承されている。「吉四六話」については、万

延年間(1860〜61)、広田左馬太が参勤交代の途次に書き留めた覚書がある。さらに1897(明治30)年には地元の新聞に掲載され、その後各地に広まっていった。その後1926(大正15)年、東京で柳田國男によって「きっちょむ研究会」がつくられ、1977(昭和52)年には教科書にも採用され、全国的に知れ渡った。

「豊後で吉よむ(ママ)、豊前で吉吾話」といわれているが、現在は吉四六話は野津を中心とした地域に、吉吾話は国東半島を中心に伝承されている。寒田話は福岡県築上郡築城町の寒田(さわだ)に伝えられ、黒田長政に対しての反抗を示した笑話である。その後、中津を中心に国東半島一帯に流布した。これは黒田氏が中津を治めた時期であり、その影響と考えられる。1975(昭和50)年に出版された『全国昔話資料集成17　大分昔話集』には「源五郎の天昇り」とあり、教科書で有名な「吉四六さんの天昇り」は「吉吾さんの天昇り」としても伝承されている。

吉四六話は、新聞に「吉右衛門譚」をはじめ、読み物として大分方言ではなく共通語で著されていることが多い。教科書に載せられ有名になった「吉四六さんの天昇り」の内容は、「ある日、吉四六は家を建てるための土地固めに(田んぼの代掻きのために)一計を案じた。吉四六があす天に昇る、と触れ回ったのだ。村人はそれを見るために田んぼに集まって来た。そして「ワシが昇るのを踊って励ましてくれ」、と集まった村人に頼んだ。村人人は「危ないもんじゃ、危ないもんじゃ」と歌いながら踊ったので、梯子の上まで上った吉四六は、「そうじゃのう、危ないけ止めちょく」と言って上るのを止めてしまった。土地は固まっ(田んぼはよく代掻きができ)たそうである。」

また、次のような話もある。ある時、村の人が馬に重い荷物を積んで歩いていた。すると、それを見ていた吉四六は、「それじゃぁ馬が気の毒きい」と言って、荷物を降ろした。「わしが持っちゃるけん」と言ってその荷物を持つと、馬の背中に乗ったそうだ。

蛇婿入り(へびむこい)(苧環(おだまき))

県央大野市緒方には、『平家物語』巻8にある「畏ろしき者の末裔」の緒方三郎惟栄の話が伝承されている。これは「蛇婿入り」の苧環型の民話である。緒方三郎惟栄の始祖譚となっており、伝説として伝承されている。この話は臼杵市深田にもあり、緒方惟基と伝えている。話の内容は、「美しい娘のところに、夜な夜な男

が通ってくる。娘は身重になったが、男は正体を明かさない。居所を突き止めようと、男の着物の裾に糸のついた針をつけた。夜明けになって帰っていく男についていた糸を手繰っていくと、糸は岩穴に続いていた。覗き込むとそこには大蛇がおり、「吾は祖母嶽の神なり。娘の孕む子は男子。姓を大神、名を惟基と命ぜよ」とある。

この話は三輪山神話として、各地に伝承されている。この始祖伝説の蛇婿入りは、宇佐八幡宮と関連がある。緒方氏が大神一族であり、大神一族は宇佐氏によって宇佐八幡宮を追われた結果、大野郡に定着したとの説が有力視されているからである。大和三輪氏の下向土着という説もある。

亀の報恩　大分の昔話は、吉四六さんか、真名野長者伝説か、緒方の蛇婿入りかというように伝承が固定化しているが、1975年に出版された『大分昔話集』、1980年に出版された『日本昔話通観23』をみると、「物言う亀」「亀の報恩」などが載っている。その話は、「昔々その昔、ある所に一人の若者があったとこな。その若者は子どもがいじめている亀を買い、河へ逃がしてやった。その若者が聟さんに行くことになったが、裏山の松の数を数えられなければ、聟に行けないと言われる。すると助けた亀が現れ、松の数を数え始めた。さらに蜂が助けてくれたので松の本数を数えることができた。しかし帰るとき、川を渡れずに困っていると、また亀が現れて川を渡ることができた。そして家に帰って松の数を言うとちょうど合ったのんじ。それで聟になることが出けたということや。」となっている。話の要素として、浦島太郎譚との関連が指摘できる。

おもな民話（伝説）

浮島伝説　周防灘に浮かぶ姫島には、浮島伝説がある。こんな話である。姫島は大昔は浮島で、海上を流れ動いてゐたそうだ。処が何処からか一人の姫神が現れなさって、矛千本を以て此の島を縫い止められた。そしてその矛を埋められた塚を千本塚といひ、今でもこの塚を発いて矛を掘り出すと、又この島が浮いて流れだすと伝へる（『豊後伝説集増補』）。浮島伝説は福岡、奄美にもあり、韓国の『三国遺事』にもある。

炭焼き長者　炭焼き小五郎伝説は、真名野長者伝説ともいわれ、臼杵市深田にまつわる話として伝承されているが、三重町にある蓮城寺（内山観音）に伝わる話もある。臼杵市深田は国宝臼杵石仏のあ

るところで、周りには満月寺、室町時代につくられた真名野長者夫妻像、蓮城寺がある。話の内容は、「京から顔に痣のある玉津姫が、神のお告げで三重の炭焼小五郎に嫁げと言われる。それに従い、山を踏み分けやっとのことで炭焼き小五郎に出会う。そして、玉津姫はお告げのとおり、小五郎と結婚したいと小五郎に告げる。しかし、あまりの貧乏暮らしゆえに結婚を断った小五郎に、玉津姫は小判を差し出した。それを見ても、小五郎はちっとも喜ばない。そして「こんな物は炭焼きの釜にいくらでも転がっている」と言い、玉津姫を驚かせる。それで釜の周りを見ると金の塊が山のように転がっているではないか。これによって炭焼き小五郎は金山の所有者になり、真名の長者と呼ばれるようになった。その後、神のお告げにより、淵で顔を洗うと痣も取れ、美しい娘も生まれた。その娘は成長して美しい娘となったが、その般若姫を貰い受けたいと、京のさる尊いお方が草刈男となって長者の家で働いた。それを知った長者は、娘を差し上げることにした。しかし、京に上るために舟に乗った姫は大風に遭い、海の藻屑となってしまった。

この話は大分県東南地域には広く伝承され、盆踊りの口説きとして今でも踊られている。江戸時代の『臼杵博識史』にも載せられている。

朝日長者

別府から湯布院に向かう道に、小さな木でつくった看板がある。「朝日長者原」と書いてある。ドライブインができているが、近くの人に聞いてもほとんどの人が、なぜここに朝日長者の名が付いているのかを知らない。その由来は次のような話による。「その日は、一日で終わる田植えが夕暮れまでに終わりそうになかった。そこで朝日長者は扇山に登り、金の扇をひらいて夕日を招き返した。日は中天に昇り、田植えを一日で終えることができた。」

この話は九重一帯に伝承されている話である。しかし、『大分県郷土伝説及民謡』にある「朝日長者」は、いくつかの話が混在している。まず、①玖珠の由来、②真名野長者説話の中に、用明天皇が草刈に身をやつした山路がここでは絵師になっている。その絵師が書いた姫の絵を風に飛ばされ、その絵に描かれた姫は殿様に見初められる（絵姿女房）。③真名野長者伝説、④山路を皇子と気づいた浅井長治がその功により朝日長者という称号をもらった。⑤その後起こった大洪水に際して、朝日長者の三人娘の末娘が、男池の守り神大蛇の口に躍り込む。⑥大蛇は消え、末娘は助かり、

玖珠八幡多久見長者の三男と結婚する。⑦朝日長者からの贈り物が、今の野上村奥双石にある餅の化石となった鏡石である。⑧嗣子のいなかった朝日長者は、養子を迎えた。驕り高ぶっていた長者は、百姓の宝の鏡餅を射らせた。すると、矢は一羽の白鳥と化して、空に飛び去った。⑨そして栄華を誇った長者の家も没落する。このようにさまざまな要素が混在している。ここでは朝日を沈ませないという要素は消えている。

瓜生島伝説　この瓜生島伝説は、今でも「これは本当にあったことなんですか」と県庁の文化課に問い合わせがあるという。それは、1977年に加藤知弘氏によって実地調査が行われているからである。

その島には恵比須の社があり、その神像の顔が赤くなると島が沈むといわれていた。島の若い衆がいたずらでその象の顔に朱を塗って赤くした。すると、海が騒がしくなり、島は一瞬にして沈んでしまったという。この話は『大分の伝説』によるが、この瓜生島については、土屋北彦の『母の昔話』に詳しい。以前、地元の「大分合同新聞」に、一般の読者にも読みやすく掲載された。土屋は日本の各地にも同様の伝承があることを指摘しているが、類話は日本だけでなく韓国にも伝承されており、研究が待たれる。

おもな民話（世間話）

姫糞（ひめくそ）　豊後高田市の西叡山に土蜘蛛がいて、盆の16日に高田の円福寺に、三人の姫に化けてお参りに来るという。会った人は死ぬか、病気をするかと恐れられている。ある時、高田の金兵衛が夜遊びの帰りに、遠くから来る三人の姫を見て、慌てて土橋の下に隠れていると、「人臭い」「たった一口」と声がする。震える金兵衛が「たった一口でたまるか」と言うと、三番目の姫が「寺参りじゃ、帰りにしょうや」と言う。姫たちが通り過ぎてから、金兵衛は飛んで家に帰った。次の朝そこへ行くと、大きな糞が三つあったと言い、そこを姫糞と言うようになったという（『国東半島の民話　第1集』）。

その後、「盆の16日には、姫糞のところを歩くな」となったという。盆の16日は死鬼や幽霊が、冥界からこの世に現れる日という民俗伝承は各地にある。姫糞は、西叡山の土蜘蛛が寺参りする道筋ということになろう。夜の都大路で「百鬼夜行」に会うと命を取られる説話が連想される。

45 宮崎県

地域の特徴

　宮崎県はよく「太陽と緑の国」とたとえられ、昭和30年代・40年代は新婚旅行のメッカとして人気を博していた。九州山地と鰐塚山地が冬の季節風をさえぎり、温かい黒潮の流れとあいまって、温暖な気候で南国情緒があふれているからである。山系では、県南から鹿児島県境に連ねる霧島連山が活火山として有名で、特に新燃岳と御鉢は活発に噴煙を上げている。

　このような自然概況であるが、人類の足跡は古く、五ヶ瀬川（ごかせがわ）流域、宮崎平野には旧石器時代遺跡も発見されているし、縄文時代遺跡は草創期から晩期に至るまで、期ごとの特徴をもつ遺物が発掘され研究が進んでいる。縄文遺跡としては三幸ヶ野（みこうがの）第二遺跡（串間市）の集石遺構は特筆されるであろう。弥生時代、それに続く古墳時代遺跡も多く、特に西都原（さいとばる）古墳群は、復元整備されている。

　県南は、『日向国風土記（逸文）』『古事記』『日本書紀』で有名な天孫降臨神話の舞台で、高千穂神社、天岩戸神社、天安河原（あまのやすかわら）は、現在も多くの参詣者でにぎわっている。高千穂夜神楽は国の重要無形民俗文化財に指定されている。

伝承と特徴

　隣県鹿児島県の民話調査が他県に先駆けていたのに比べて、同じ南九州文化圏の本県の民話調査は遅れをとったが、戦前の資料としては『日向の伝説』『亡びゆく日向の伝説』『日向路めぐり』『日向馬関田の伝承』などが挙げられる。戦後の調査では『日向今昔物語』『日向民話集』『日向の民話』『半ぴのげな話　日向の昔話』『塩吹き臼』『日向民俗』22・23、『郷土の歴史』（日南高等学校郷土研究部）、『ふるさとの民話』などが代表的な資料集である。

　上記の『半ぴのげな話　日向の昔話』という書名について説明すると、「半

九州・沖縄地方　279

ぴ」というのは有名なとんち者の名で、「げな話」というのは「昔話」を意味する宮崎方言である。現在の語り始めは「昔の話じゃ」などであるが、かつて「昔あったげな」と語り始めた名残であろう。県中部では「〜という話じゃげな」と語り収める地域もある。本県では「半ぴ」のほかに、飫肥地方では「徳蔵」、高千穂では「万太左衛門」といったとんち者が活躍している。語り収めは、「と申すかっちり」「と申す米ん団子」「という話じゃげな」「これぎりの昔」などが報告されている。

本県には「話は庚申、歌二十三夜」ということわざがあり、庚申待ち、二十三夜待ちの夜が伝承の場になっていたことがわかる。「竜宮女房」「蛇女房」「地蔵浄土」などの本格昔話の他に、「河童」の伝説、「半ぴ話」などの巧智譚なども豊富に収集されている。

おもな民話（昔話）

龍宮のみやげ　九州は龍宮話が豊富だが、本県の話は聞き耳頭巾譚となっていて興味深い。西都市では、「父が病死し、息子が花や薪を売って細々と暮らしていた。ある日売れ残った花を龍宮様にと川へ投げやって、水神堂で横になって休んでいたら、龍宮世界のお姫様が来て花の礼を言い、左右の耳たぶに油をさしてくれた、と思ったら目がさめる。帰ってくると、烏が「庄屋の娘が大病人、やかた（家）の大黒柱の下に、雨の降るとき地搗きをして、大きなわくど（蛙）が押し込まれて出られんげな。ね石をのけてじわりじわり掘って、わくどを北さね逃がしたら病気が治る」というのが聞こえる。帰って母に話し、庄屋を訪ねて言われたとおりわくどを逃がすと、庄屋の娘は全快し、息子は娘の恩人として母とともに養子にもらわれ、よい暮らしをした。下から上を向いての養子はむずかしいが上から下の養子はやすいという」と語る。

宮崎市では、「漁師が子供のいじめている亀を金で買いとって海へ逃がしてやる。亀は手を合わせるようにして去ったが、潮が満ちてきて漁師が困っていると、夫婦の亀が船を押して現われて漁師を乗せ、龍宮世界へと案内する。漁師はてあつくもてなされ、帰るときみやげに烏の聞き耳という頭巾のような物をもらう。そのころ殿様が重病にかかって、法者どんが願をかけても治らない。漁師が烏の聞き耳で聞くと烏が「悪党が御殿をのっとろうとして御殿の床の下に隠れている」と言っているので御殿に知ら

せ、床の下を掘ったら蛇となめくじととくろ（がま）がにらみ合っている。それをとり除くと殿様の病気は本復し、漁師はたくさんの扶持をもらった」（『塩吹き臼』）と語る。

姥捨て山

本県では、「姥捨て山」の昔話をよく聞くことができる。

北郷町では、「六十になると老人を捨てなければならないので負って行くと、行きがけに老人が枝を折って行く。老人をおいて帰り道がわからなくなるが、枝の折ってある所をさぐって帰ることができる。これほど知恵のある母親を捨てるに忍びないとまた連れ帰って納戸に隠しておく。村の間の知恵くらべで『灰でのうた縄を出せ』という難題が他村から言われ、『できなければ水をやらない』と言う。村人が協議をするがわからない。こっそり婆に聞き、縄をない、塩水につけて火をつけて焼く。それを持って行って勝つ。つぎに『叩かなくても鳴る太鼓を持ってこい』と言われ、婆に聞いて太鼓に熊蜂を入れて持って行く。その男はそのため村の長になり、難題を解いたわけを打ち明け、それから親を捨てないようになった」（『日向民俗22・23』）と語る。

「枝折り型」プラス「難題型」の姥捨て山の話で、宮崎県には多い。

すねこ太郎

神仏に願掛けして生まれた小いさ子が、鬼退治をするという話は桃太郎だけでない。山形では五分次郎が有名だが、本県では「すねこ太郎」が活躍している。

すねこ太郎は一寸法師と同じように、おわんの舟で鬼が島にむかう。すねこさんに、子が生まれたはなしじゃ。昔、じいさん、ばあさんがおって、子どもはおらんかったげな。ふたりは、子が欲しかった。それで、じいさんばあさんは、観音菩薩を信仰して、願をかけたげな。観音さんは、百段あがって、百段おりて、石だんがきつかった。それでん、毎日参っておった。ふたりは、夫婦ゲンカもせんで、口論もせんかった。それでん、子はなかなかできんかったげな。ある日、百段あがって、百段おりる途中に転けて、スネをけがして、スネが痛くなったげな。すると、すねこがだんだんふくれて、十月の神が受けとって、おすねこ（すね）から、かわいい子が生まれたげな。皮をひらいて頭が出て、「痛い、痛い」というと、右のすねこから、こんまい人形さんのような子ができた。「こりゃ、観音さまのさずかり子じゃ」、じいさんばあさんは、そんげいうてよろこんで、その男の子に、産湯をつかわせて、半紙の上で拭いてとりあげた。眉は絵に

描いたごつ、美しい顔だちの子じゃった。それから、ばあさんは、重湯をつくって、鳥の羽をむしって、それで呑ませたげな。三月四月（みつきよつき）——たっても、すねこは大きくならんかったが、二年三年たつうちに、十五、十六くらいの大きな子のようなコトバをつかうごつなった。

そのころは、タカシロビキ（殿様蛙）ぐらいの大きさになっていて、「じいさん、おわんの舟にのって、お箸のカイで鬼が島に行く」というた。それから、観音様のお札を、帆になるごつして、おわんの舟で、風にふかれて川をくだっていったげな。それから、すねこ太郎が鬼が島につくと、赤オニ、青オニがそうどうして、「人くさい人くさい」というたが、すねこ太郎は、鬼のサシハマ（高下駄）の下にかくれちょった。それから、すねこ太郎は、鬼たちの弟子入りをして、鬼たちの好きなごつ、はたらいたげな。そして、鬼が島にある、打ちでん小槌をつこうてもろて、「一人まえに、五尺あまりの人間にしてくれんか」「そりゃ、心やすいが、なして（なぜ）早よういわんかったかよ」というて、きれいな男まえの五尺の男にしてもろた。それから、すねこ太郎は知恵があったかい、鬼たちにいろいろ仕事をおそえて、鬼たちもよろこんでいたげな。そして、鬼が島で三年たった時、また鬼たちに願い出て、「おれはすねこから生まれた子じゃったが、里にかえって、じいさんばあさんをよろこばせにゃならん」というたら、鬼たちが舟をつくてくれたげな。そして、その大きな船にのって、観音さまのお札を持って、それかい鬼たちは、「おまえに、打ちでん小槌はくれるわい」というたかい、すねこ太郎は、青オニ、赤オニたちにはいつくばって礼をいうた。それから、すねこ太郎は、じいさんばあさんところさね帰った。じいさんばあさんはよろこんで、「大きくなったわい。観音さまのさずかり子は大きくなったわい」というて、打ちでん小槌で、いい物を出して分限者どんになったげな（『塩吹き臼』）。

この西都市の「すねこ太郎」は、鬼征伐とは反対に、鬼たちと深い友好関係を結び、おみやげに打ち出の小槌をもらい分限者になって、じいさんばあさん孝行をしたという話である。

おもな民話（伝説）

千石岩と鬼岩　鬼や巨人が、石や岩に足跡を残したとする伝説は全国的に流布している。えびの市には巨大な鬼が霧島に行っ

た跡に、その爪痕が残ったのが、牧之原の鬼岩である。

　牧之原には千石岩と鬼岩といわれる二つの大きな岩がある。千石岩は北の山一番の親石であり、地上に現れている岩の中ではもっとも大きな石であるといわれる。明治時代から大正時代、小学校生徒の恒例の遠足の場所は、必ず千石岩ときまっていた。それほど景色もすぐれていて気持ちのはればれするところでもあった。この千石岩はその根を麓の炎谷に出しているので、どんなに川内川が烈しい水勢で突き当たってもビクともしないのだといわれる。鬼岩もまた牧之原にある。昔、鬼がこの岩の上から真幸盆地を一またぎして霧島に行ったといわれ、その鬼の足の爪跡といわれるくぼみが岩の上に残されている。牧之原の篠原家は鬼岩の篠原さんと俗にいわれているが、それはこの鬼岩が近くにあるからである（『えびの市史』）。

法華獄の薬師と和泉式部

　和泉式部は平安時代の女流歌人であるが、伝説上の姿は、漂泊、病などのイメージがつきまとう。東諸県郡国富町の伝説も、式部が病平癒のために薬師如来に祈願にやってきたと語っている。

　八代村に法華獄というがあり、薬師如来を祭ってあるこの薬師は参河の鳳来寺の薬師、越後の米山の薬師と共に日本三薬師と称せられている。昔、上東門院の女房和泉式部は癩を患って京の清水観音に参籠した。その時日本の三薬師に参籠して祈れとの霊夢を見た。そこで式部は先ず越後に行き次に参河に行き最後に日向に来って法華獄の薬師に参籠した。彼の女は昼夜にみ仏を念じた。しかし何の験も見えない。式部は我が身の業因を嘆き、「南無薬師如来病悉除の願を立てて身より仏の名こそ惜しけれ」、かく一首の歌を詠んで道場の南涯に身を投じた。気絶した彼女は怪しき人が手を取って、「村雨は唯々一時のものぞかし己が蓑笠そこに脱ぎおけ」といったのを聞いて息を吹き返した。かくて式部は重瘡平癒し再び玉の姿となって京に帰った。今も彼の女の翫賞したと伝える一面の琵琶が遺っている（『日向の伝説』）。

　宮崎市佐土原鹿野田村の氷室山の腰に式部塚がある。そして鹿野田村では、毎年3月3日に式部の忌日だといって祭祀を行うという。

おもな民話（世間話）

おどけもの話　九州のとんち者といえば、又兵衛（福岡県）、八兵衛（長崎県）、勘右衛門（佐賀県）、吉四六（大分県）、吉五（大分県・福岡県）、彦市（熊本県）、日当山侏儒（鹿児島県）、もーい親方（沖縄県）が有名だが、宮崎では「半ぴ」が活躍している。

　昔、日向の跡江に半ぴどんというトンチ者がいたげな。ある日のこつ、半ぴどんが高岡の外記どんかたへあそびけ行ったげな。「外記どん、大けな話くらをすうや」、半ぴどんがそんげ言ううち、大けな話がはじまったっと。ちょうど川端に竹ヤブがあってそこで雀がぎょうさん群をなしてとんでいたげな。外記どんはそいを見て、「半ぴどん――こんげぎょうさん雀がおればバラダマで撃てば、一ぺんに十ばかりとれるじゃろ」と、言うたっと。すっと、半ぴどんが笑いながら、「なに、そんげなこつを言ううち、一発バラダマを撃てばかまげ（かます）に三俵ばかりとれて、まだあまりが出るわい」と、言うたっと。すっと、外記どんはひったまげて、「半ぴどん、そりゃどんげな（どういう）わけや？」ときいたげなかい、半ぴどんが、「うん、昔、ある人が鉄砲を持っち山へ行ったげな。そりゃ猪撃ちじゃった。ところが山の中をせっぺ（いっぱい）あるいたげなが、ちっとん猟が無かったげな。そいで気がむしゃくしゃしていたげなが鉄砲にはシシ撃ちの一発ダマが入っていたっと。――そいでそん猟師どんが、孟宗竹の竹林めがけて、ガンと一発撃ったげな」と言うたっと。「うん、そいで竹林にはなにがおったか？」外記どんがそんげ言うと、半ぴどんが、「なーに、雀の宿じゃが。そいで、鉄砲のタマがカチャカチャ、カチャカチャ――音をたてて竹にあたっちゃ、雀にあたって、雀にあたっちゃ、竹にはねて、夜どおし、カチャカチャ鳴っていたげなが――朝がた行って見たら雀がかまげに三俵ばかしとれたげな」というたげな（『民話と文学2』）。

　宮崎市跡江には、半ぴどんの墓がある。跡江の農家に生まれた半ぴどんは、俗称を半平といい、天明5年に亡くなっている。墓石には「月潤自光信士」と刻まれている。

46 鹿児島県

地域の特徴

　鹿児島県は九州の南端に位置し、北を熊本県、宮崎県と接し、南は海を隔てて沖縄県と接している。県本土は大隅地方と薩摩地方に分けられ、北部に霧島、中心部に桜島、南部に開聞岳（かいもんだけ）など、雄大な景色が広がっている。南に連なる離島の始まりは、ポルトガル人来航の種子島、世界自然遺産に登録されている屋久島である。種子島は種子島銃で名を馳せたが、最近は宇宙センターで有名である。縄文杉で有名な屋久島は太古の自然が残っているなどといわれるように山が深い。宮之浦岳（1,936m）は九州の最高峰でもある。

　屋久島、種子島の南には、トカラ列島が奄美諸島まで飛び石のように続いている。奄美諸島は鹿児島県に所属しているが、沖縄県とともに琉球文化圏を形成している。かつての方言区分「北部琉球方言」とは「奄美諸方言」のことである。奄美諸島は歴史的にも数奇の運命をたどっている。為政者も琉球王朝、薩摩藩、鹿児島県、アメリカ軍政、鹿児島県と変遷してきた。奄美諸島は自然環境も本土とは大きく異なっている。亜熱帯性気候で冬でも降雪することはまずない（奄美大島最高峰の湯湾岳（ゆわんだけ）での降雪確認はある）。植物相、動物相も本土とは大きく異なり、来島者の目を楽しませている。国の特別天然記念物アマミノクロウサギは絶滅の危機にあり、ルリカケス（瑠璃色のカケス）、オーストンオオアカゲラ（大型のキツツキ）、アカヒゲ（ヒタキ科の小鳥）などの鳥類も天然記念物である。奄美大島、徳之島には毒蛇ハブが生息している。

伝承と特徴

　鹿児島県は岩手県、沖縄県とともに、民話研究のさきがけとなった県である。その理由の一つは、日本民俗学草創期の代表的雑誌『旅と傳説（でんせつ）』が奄美大島（現・奄美市笠利町）出身の萩原正徳（三元社社長）の手によっ

九州・沖縄地方　285

て出版されたことである。『旅と傳説』は創刊号において、日本固有の芸術や伝説の消滅を防ぎ、収集保存の重要性をうたっている。『旅と傳説』は月刊誌として1928（昭和3）年から1944（昭和19）年まで出版され、蓄積された資料・論文は膨大である。現在口承文芸と称される歌謡、ことわざ、昔話、伝説、世間話などの戦前の資料の多くは『旅と傳説』誌上に発表されたものである。柳田國男は『旅と傳説』の理論的支柱であるだけでなく、率先して寄稿し（「木思石語」「伝説と習俗」「昔話新釈」などなど）、全国の民俗学徒に影響を与えた。折口信夫、伊波普猷（いはふゆう）、中山太郎も寄稿している。

　もう一人は、喜界島（現・喜界町阿伝）出身の岩倉市郎の活動である。岩倉は速記術を駆使して多くの著作を残した。1935（昭和10）年からは渋沢敬三の主催するアチックミュージアムに研究員として所属活動した。戦前における日本語資料の代表的文献である『喜界島方言集』は、彼の訓練された聞き取り能力と、表記能力がいかんなく発揮され、奄美語資料として一級である。現在においても、『喜界島方言集』は、語彙だけでなく、音韻、文法を研究するうえに欠かせない。岩倉は、喜界島の年中行事、漁業習俗に関しても一級資料を残している。

　岩倉は、文野白駒の名で玄久社から新潟県南蒲原郡の民話を『加無波良夜譚（かんばらやたん）』として出版して、昔話研究に一石を投じた。その後、故郷喜界島を調査して『島』などに寄稿、集成して『喜界島昔話集』を出版した。また、故郷奄美の沖永良部島に採訪して『おきえらぶ昔話』、鹿児島本土に近い甑島（こしきじま）を採訪して『甑島昔話集』を出版している。彼の業績は戦前の日本民俗学、特に昔話、伝説の研究史に大きな足跡を残した。

おもな民話（昔話）

天人女房　徳之島の天人女房譚は、前半が対句を連ねた「口説き（アモロ口説き）」になっていて、巧みに歌われ、後半部が語りになっていることがある。どうして前半部と後半部が異なる叙述形式になっているかは今後の課題となるが、口説き形式をとること自体は沖縄の影響である。徳之島は周辺島嶼（とうしょ）に比べ口説きが多く伝承されている。ただ、ここでは紙面の関係上、口説きのない形で紹介しよう。

　天人が天降って東知念川（ちねん）で浴びているとみかる主前（しゅめー）が飛び着を隠し、二

人は夫婦になり、七歳、五歳、三歳の子供ができる。上の子が子守り歌で「六つまた倉をつきあけて、母の飛び着をとってやろう」と歌っている。立ち聞きした母は六つまた倉から飛び着をとり出し、七歳の子をおぶって、五歳の子をわきに抱き、三歳になる子はとり落として天へ帰る。天上ではちょうど娘の七年忌をしている。夫は、「わらじを千足作り、その上にきん竹を植えて天に上がってこい」という妻の置き手紙のとおりにして天に上がる。天上ではさっそく「七町歩の木をないでこい」、つぎに「ないだ所をみな耕してこい」と言いつけられるが妻の教えたとおりにする。つぎに「そこに冬瓜(とうがん)を植えてこい」と言いつけられ、また妻に教わる。

つぎに「それをみな収穫してこい」と言いつけられ、これも妻が教えたとおりにする。つぎに「それをみな縦に切れ」と言う。妻は「横に切れ」と言うが親の言うとおりに縦に切ると、冬瓜が大川になり夫婦を流す。流れるときに二人は「なんとか星になろう」と言って流れる。三歳になる末の子のために正月元旦には「米おろし所」という所に、むしろ七枚を敷いておくと、天からいっぱいのつき米がおろされていたが、誰かが元日にふんどしをつるしたためにおろされなくなった。今でもその子孫が元日に行くと、三粒は落ちているという。

天人女房譚は奄美諸島において最も濃い伝承をもつ昔話である。上記の話の原話は、『徳之島の昔話』『奄美大島昔話集』に所載されているが、それを編著者の田畑英勝自身が『日本昔話通観25　鹿児島』のために梗概を書いたものである。原話は前述したように、前半が口説きで、三弦楽器(三線)(さんしん)に合わせて歌われ、後半は語りとなって話されている。夫の名が「みかる主前」となっているのは、この説話を題材とした沖縄の組踊「銘苅子(めかるしー)」の影響であろう。編著者田畑英勝は奄美がアメリカ軍政下から日本に復帰すると、いち早く『奄美大島昔話集』を出版、その後、『徳之島の昔話』『奄美諸島の昔話』『増補改訂　奄美大島昔話集』『奄美の伝説』などを上梓して、鹿児島の昔話研究をリード、日本口承文芸学会創設に参加した。

食わず女房

「食わず女房」は「蛇女房型」「鬼女房型」「くも女房型」が流布しているが、甑島(こしきしま)では「くも女房型」を聞くことができる。

ある所に、一人暮らしの男がおいやったもんでござい申す。ある日座敷にすわって、お茶でも飲んでおいやったところが、きれいな女が風呂敷ど

もかぶって来て、「あ申し、御免くだはれ」と言う。「あなたはいじゅく（どこ）の者か」「いじゅくとも知れんもんでござる」「何しにこの辺へぶらめいて来たか」「実はあなたの内方にないけ（なりに）来申したわけで」「俺は一人者であるが、こんな小屋では、そのことはお断りじゃ」「いいやぜひ、あなたを見込んで来たわけであるから——」「見かけて来やったことならば、しかたはござらん」。女はその日からだんだんその家の仕事をして、二月、三月とたつと、世間の人の噂に、「あの女ごは夫の出た後、握り飯をつくっては、ごろくぼ（ぼんのくぼ）に入れ入れする」——夫が聞いて、妙な話を聞いたもんじゃ、今日は陰見（かげみ）してみよう。——家の裏にさがんで（しゃがんで）見ておったところが、ほんのこと、飯を炊いて握り飯を作って、ごろくぼに入れ入れして食べている。こら世間の人の噂のごと、ほんまだ——、玄関に回ってエヘッと言うと、女はびっくいして、そこらを取り片付けて、知らん振りしている。「その方は俺のおらん間に、飯を炊いて食い食いしているようだが」と言うと、女は、「さて今まで何か月一緒に暮らしたが、正体を見られたは残念」と言うてヌシトコブ（家の中に住むくも）になって、自在鍵（鉤）からチョロチョロと家のそら（天井）に上った。そして上って行く行く「この報（むく）いは歳の夜にやる」という。男の家の隣に鍛冶屋があった。男はそこへ行って、どうすればよいか相談した。「鍛冶屋さん、鍛冶屋さん、どうすればしのぎが取れるか、教えてくだはれ」「よしよし、火箸を、一本は右捻じり、一本は左捻じり、一本は一分長く、一本は一分短く作って上げるから、歳の夜になって、どんな小さいコブが自在鍵かり下りて来ても、長い方の火箸で殺せ」——。歳の夜になった。なるほどコブか芥（ごみ）かという小さい物が自在鍵を下りて来た。それを長い方の箸で突き殺したところが、座敷いっぱい八本の手を広げて、大きなヌシトコブが死んだ。それから火箸は右ねじり左ねじりに作るようになったということである（『甑島昔話集』）。

　女房の正体は「家ぐも」であるが、戦後遅れて採集した話では「地ぐも」となっている資料もある。夫の相談相手が鍛冶屋というのも、鍛冶屋の呪力が信じられているからである。岩倉の甑島採訪は、1927（昭和12）年で、一冊にまとまったのは戦時下の1943（昭和18）年である。

おもな民話（伝説）

小島の暗河（くらごう）

「だんと　音（うとぅ）わたる　島尻ぬ暗河（くらごう）、をぅなりゐひり知らぬ　あはれ暗河（島歌の歌詞で、〈なんと　その名も高い島尻の暗河よ、兄妹の見分けもつかない　あはれ、暗河〉という意味）」。このネィグリ（根本、由来の意味）はこういうことだ。昔は、そこに作ってあるような、サバ（草履）を作って履くものであった。ヰヒリ（男の兄弟）がヲゥナリ（女の兄弟）に二つのサバを作って持って来て、いいサバはネンゴロ（妾／ねんごろ）にやって、悪い方はお前が履けといって渡してあった。ヲゥナリは妾のサバが綺麗だったので、それを妾にやらずに自分のものにしてしまった。ある日、そのサバが暗河の入口にぬいであったので、男はてっきり妾が暗河にいるものと思いこみ、その暗河の中で自分のヲゥナリをねいんごろにしてしまった。そこで、そのヲゥナリは人のしないことをしたというので身を投げて死んでしまったという（『徳之島の昔話』）。

奄美諸島の鍾乳洞はその規模から沖永良部が有名であるが、徳之島の小島の鍾乳洞も美しい。暗河とは地下に潜った鍾乳洞中の川である。太陽があたらず暗いので暗河という。この話は視界がきかない暗河で間違いを犯した兄妹の悲しい物語である。そして、島歌と支え合いながら伝承されてきたというのは特筆にあたいする。歌と民話、歌とことわざ、ことわざと民話が、互いに支え合いながら伝承されるというのは奄美口承文芸の特徴でもある。

おもな民話（世間話）

ケィンムン

奄美の夜には、多くの妖怪がばっこするが、なかでも恐れられてきたのはケィンムンである。

これはカマド小父という人が熱病になった人を治したという話だよ。これは宇検（うけん）（現、宇検村宇検）であった話だよ。それは男の人が大熱を出して、体の下に芭蕉の葉を敷き、上からは水を汲みかけて、懸命に熱をさげようと努力したんだが、いっさい熱はさがらなかったそうな。それで、「それじゃ、カマド小父をお供してこい（案内して連れてこい）」と言って、カマド小父はお供されて、神様拝みに行くと、その家の前に積み置かれている割り木（薪にする木）の上でケィンムンが、「これは私の取り分」、「こ

れは私の取り分」と言って、大騒ぎをして割り木の配分をしていたそうな。それでカマド小父は、「ああ、これはケィンムンの仕業だ」と言って、それからその熱病になっている人が木を伐ったところへ行き、代え木（伐った木の代わりの木）を植えて、そこで高盆を供えて拝んだところが、拝み終わると同時に熱がさがったという話だよ（『奄美大島の口承説話』）。

　この話はケィンムンの棲む大木を伐ったため、高熱が出た人を、カマド小父が救ったという話である。カマド小父は昭和10年代～30年代にかけて活躍した霊験あらたかな大和村名音集落の神拝みをする人である。大和村だけでなく宇検村にもその名を知られており、各地に逸話が残っている。

　ケィンムンは大木、特にガジュマル、アコウなどに棲んでいると言われるが、大和村では松の大木も怖れられている。その姿を見た人も多く、赤毛でおかっぱ頭、手足が長く、よくガジュマルの下に座っているという。座り方に特徴があり、いわゆる体操座りをしているが、そのすねは頭の上に飛び出すくらいに長いという。頭に皿があるという地域もあるが、ない地域が多い。笠利町では膝頭に皿があるという集落もある。相撲を好むなどは、本土の河童に近い。火の怪となって現れることが多いが、臭いの怪、音の怪として姿を現さないことも多い。道の怪、山の怪、川の怪、海の怪として神出鬼没な妖怪である。最近はそのキャラクターから、ケィンムンが絵本、紙芝居、民話劇の主人公となったり、包装紙のイラストやマスコットになったりしている。小さ子妖怪として、朝鮮半島のトッケビ、沖縄のキジムナー、本土の河童と類縁関係にある。

47 沖縄県

地域の特徴

　鹿児島から南西へと連なる奄美・沖縄の島々は、西に東シナ海、東に太平洋を臨む。マングローブが自生する亜熱帯の気候であるが、稲作はそれほど盛んではない。山が低く小さな川は水田耕作には不向きであり、畑作のサトウキビ・パイナップル・マンゴーの栽培が中心である。

　数多くの島嶼から成立する沖縄は、本土から遠く離れた亜熱帯に位置しており、日本語と姉妹語の琉球語を話し、国家を形成した歴史を有している。琉球文で記したオモロ・琉歌・組踊、それに先祖神や死者の声を聞く霊能者のユタは、琉球文化独自の信仰と思想を創出している。

　また、琉球王国の史書は、国土創成神話や王権伝説を記している。その神話は、阿摩美久（あまみく）という神が下界におりて島をつくり、一組の男女を住まわせた。二人の間から三男二女が生まれ、長男が王、次男が按司（あじ）、三男が百姓の始まりとなり、長女が聞得大君（きこえおおきみ）、次女がノロ（神女）の始まりとなったと記す。

伝承と特徴

　沖縄の本格的な民話集は、『遺老説傳（こうし）』が嚆矢である。正史『球陽』の外巻として18世紀初期に編纂された。『遺老説傳』は、琉球各地に古くから伝わる不思議な話・自然異変・百姓の善行などを記しているが、「百合若大臣」は「宮古水納島（みんなじま）の鷹塚由来のこと」、三輪山型の「蛇神伝説」は「宮古漲水嶽（はりみずうたき）由来のこと」などと、由来伝承として語ることが多い。

　近代になると、佐喜真興英（さきまきょうえい）の『南島説話』、島袋源七の『山原の土俗』の「琉球小話」などが刊行された。また、伊波南哲の『日本の民話11 沖縄の民話』、川平朝申（かびらちょうしん）の『おきなわ昔話』などの挿絵入りの読みやすい昔話集も刊行された。ただし、それらの民話集には、琉球語の息づかいが感じられない。漢文もしくは和文でリライトしているからである。

その意味において、琉球語の民話採集は、福田晃（立命館大学教授）・岩瀬博（大谷女子大学助教授）・遠藤庄治（沖縄国際大学専任講師）の1973年の三大学合同調査を嚆矢とする。その成果の『南島昔話叢書』は、奄美・沖縄・宮古・八重山の方音を活かして表記し、対訳を付してある。また、遠藤庄治を中心とした沖縄伝承話資料センターの音声資料は、沖縄県立博物館などに一部寄贈されている。『日本昔話通観26　沖縄』『日本伝説体系15』も、福田・岩瀬・遠藤を中心とする調査の成果である。

　日本語と姉妹語の関係にある琉球語の民話は、「天人女房」「蛇聟入」「大歳の客」「雀孝行」「炭焼長者」など、本土と共通する話型を伝承する一方で、「七つ星由来」「クスケー由来」「パイパティローマ（南波照間）」など沖縄独自の話も伝えている。国吉瑞枝や山本川恒など、100話以上を語る話者も発見された。

　また、沖縄の民話は、歴史的真実として、伝説として語られる傾向が強く、祭りや年中行事の由来伝承として語ることが多い。福田晃は、沖縄の民話の特徴として「その伝承素材が昔話であっても、それが伝説を越えて〈神話〉として機能することもしばしばある」と述べている。

おもな民話（昔話）

天人女房　奄美や沖縄の各地域には、聖なる川や泉に天降りした天女の話が伝承されるが、その民話は神女・巫女とのかかわりで語られる。また、天女の羽衣が、「六足の倉、八足の倉」に隠されていたこと、天女の親が天女の夫に「山薙ぎ・山焼き・山打ち・冬瓜植え・冬瓜収穫」の難しい仕事を次々と課したことは、伝承者が農夫であったからであろう。

　その一方で、『中山世鑑』『中山世譜』『球陽』に記された察度王の話は、王権にかかわる伝承である。

　貧しい奥間大親が田を耕しての帰り、手足を洗うために「森の川」という泉に行った。奥間大親は、水浴している美麗の女房を見て天女であろうと思い、飛衣を隠して彼女の前に現れた。驚いた天女は昇天しようとしたが、飛ぶことができず、奥間大親の妻となって女子1人・男子1人を生む。そして、成長した娘の子守唄を聞いた天女は、飛衣の在り処を知って1人昇天する。

ここまでの話は、離別型の天人女房譚であるが、炭焼長者譚へと続き、王権伝説となる。
　地上に残された天女の男子は貧しい生活をしていたが、勝連按司（かつれんあじ）の娘が彼の優れた相を見て結婚する。そして、田んぼの黄金を発見し、そこに楼閣を建てて「金宮」と名付けた。また、夫は日本商船から鉄塊を購入し、鉄製農具を耕作者に分け与え、人望を集めて察度王となった。
　以上の王権伝説は、時代が下って玉城朝薫（たまぐすくちょうくん）作の組踊「銘刈子（めかるしー）」となり、中国からの冊封使歓待の御冠船（おかんせん）踊りで上演されるようになった。

蛇聟入（へびむこいり）　沖縄では「ハブ聟入」「アカマタ聟入」という。アカマタは、マダラヘビ属である。この話は、夜な夜な通って来る男の正体を突き止めるため、針に糸を通して着物の裾に刺す。その糸を辿ると、洞窟の中からハブの親子の会話が聞こえる。それを立ち聞きした娘は、潮干狩りに行き、身ごもったハブの子どもは海に流されて海蛇となる。

　本土の蛇聟入は、3月3日の桃酒、5月5日の菖蒲酒、菖蒲湯、または9月9日の菊酒の由来となるが、沖縄では3月3日の浜下りの由来として語られる。沖縄の旧暦の3月3日は、サンガチャー（3月）、サンガチアシビ（3月遊び）と称し、女性たちがご馳走をつくり、海浜で不浄を浄め、健康を祈願して楽しく遊ぶ日である。

　また、宮古島では、3月の巳の日に生まれた3人の女の子を、父親の大蛇が棲む張水御嶽に連れて行くと、女の子たちは恐れることなく、首・胴・尾にすがりついた。大蛇は昇天し、3人の子は御嶽（うたき）に入って島守りの神となったと伝えている。

大歳の客　大晦日に訪ねてきた乞食のようなお爺さんを親切にもてなしたところ、その客が亡くなって黄金に化した話と、もう一つは、客を歓待した貧乏の爺さん・婆さんは若返って金持ちになるが、冷たく追い払った隣の金持ちの家族は動物にされた話とがある。沖縄ではいずれの話も伝承しているが、石垣島川平の久場川（上の村（シチ））では、節祭りの夜に各戸を廻る来訪神・マユンガナシの由来として伝えている。

　節祭りは、昔の正月といわれる。その大晦日の夜に、川平村の北の干瀬（ひせ）で難破した乞食のような旅人が各戸を廻って宿を乞うたが、泊める家はなく南風野（はえの）家の主人だけが快く泊めてくれた。その夜中、主人が目を覚ますと、旅人は神口（カンフチ）（祝詞）を唱えていた。おかげで、その年の南風野家は豊

九州・沖縄地方　293

作になった。旅人は、節(シチ)祭りの戊戌(つちのえいぬ)の日に3年続けて来訪した。しかし、来訪が途切れたので、戌年生まれの男をこの神に扮装させて各戸を廻り、豊作を祈る神口を唱えるようになったという。

絵姿女房　美しい女房を娶った男が、妻に見とれて仕事をしなくなった。それで、妻の絵を描いて働いたが、大風が吹いて絵はお城に舞い降りた。その絵を目にした殿様は、彼女を探し出してお城に迎え入れた。夫は物売りとなってお城に入り、無事妻を取り戻した。

　以上が本土の絵姿女房であるが、沖縄の絵姿女房は、美しい妻を領主に奪われた夫は、「人形芝居」と「万歳」を考案する。そして、息子と共にお城を訪ねて妻に会う。しかし、そのことが発覚し、男は京を追われ、沖縄に流れ着いてチョンダラー（京太郎）となった。チョンダラー（京太郎）は、首里のアンニャ（安仁屋）村に居住した門付け芸人であり、「人形芝居」「鳥刺し舞」「馬舞」「万歳」などの芸を披露したという。

産神問答(うぶがみ)　夜の漁に出かけた2人の男が、潮待ちしながら流木を枕に寝入ったところ、海から神様がやって来て、「これから生まれる2人の赤ん坊の運定めに行こう」と流木の神に声をかけた。その後、2人の赤ん坊が成長して結婚したが、わがままになった夫は麦飯を食うのを嫌がって離婚した。妻とともに、倉の神・穀物の神も家を出たため、男は貧しくなったが、運定めで福を授かった妻は炭焼きの男と再婚して豊かに暮らす。零落した夫は箕(み)売りになり、ある家を訪ねて麦飯でもてなされた。ご馳走した奥方がかつての妻であったと知った男は、恥ずかしさのあまり自害する。

　沖縄の産神は、海からやって来て、生まれる赤ん坊の運定めをする。それは、海の彼方から生命・豊穣・害虫・疫病などがやってくるというニライカナイ信仰が基になっているからである。本土では、山の神は女神であるとの考えから、山の神を産神としている。

おもな民話（伝説）

白銀堂(はくぎんどう)　漁師町の糸満市(いとまんし)にある白銀堂の由来伝説。白銀堂は、糸満の船漕ぎ競争の「ハーレー」や「大綱引き」などの行事の祈願所となっている。漁師のマンクーが、「意地が出たら、手を引きなさい。手が出たら、意地を引きなさい」（腹が立ったら、手を引きなさい。手が出

そうになったら、心を静めなさい）と、借金の取り立てに来た薩摩の侍に忠告した。薩摩の侍は、マンクーのその言葉のおかげで母親を殺さずにすんだ。それで、薩摩の侍は、マンクーに貸したお金は受け取らないことにしたが、マンクーは約束を果たすと言って聞かず、お互いに「受け取ってくれ」「受け取らない」と言って譲らなかった。それで、そのお金を洞窟の中に祀り、白銀堂と名付けたという話である。

ちなみに、『遺老説傳』は、「古人言ふ有り、心怒れば、即ち手を動かす勿れ、手動けば、即ち当に戒心すべしと」と記す。沖縄では、マンクーの言葉を黄金言葉（諺）として伝えている。

赤犬子（あかいんこ）

赤犬子（阿嘉の子）は、赤犬と美しい女の間に生まれたとの言い伝えがある。読谷村楚辺の生まれと伝えているが、津堅島生まれとも言われる。

沖縄最古の歌謡集『おもろさうし』の巻8の44番〜83番までは「あかのおゑつき」（赤犬子、阿嘉の子）のオモロと記している。「あか」（阿嘉）は地名で、「おゑつき」は職能者のことだという。赤犬子は、オモロを作って歌って聴かせたオモロ歌人であったといわれる。

しかし、『琉歌百控（りゅうかひゃっこう）』の冒頭は、「歌と三味線の昔はじまりや、犬子ねやがりの神の御作」と記し、赤犬子は琉球古典音楽の祖であると伝えている。「ねやがり」とは、音頭取りの意。読谷村楚辺には、赤犬子宮があり、旧暦9月20日は「赤犬子まつり」が行われる。また、読谷まつりの「赤犬子琉球古典音楽大演奏会」では、琉球古典舞踊を奉納する。

しかし、40首のオモロが記された赤犬子はオモロの名人であり、三線演奏家・琉歌歌人の祖とするのは、伝承世界の話であろうと思われる。

真玉橋（まだんばし）の人柱伝説

首里城から那覇港までの「真珠道」は1522年に造られ、「真玉橋」が架けられた。しかし、真玉橋は、何度も大雨で流されてしまうので、工事責任者の役人は困っていた。そんなとき、ある女性が「七色ムーティ（元結）の女性を人柱にすれば、橋は壊れない」と助言した。それを聞いた役人が該当者を探したところ、話した本人が七色ムーティーの女性であった。彼女は人柱になって埋められるとき、娘に「人より先にものを言ってはいけない」と戒めた。それで、娘は言葉を話さなくなったが、立派な求婚者が現れて話すようになり、幸せに暮らした。

架橋・築堤・築城などの土木工事では、神の心を和らげると同時に、人身の霊が柱を強化するという考えがあり、生きている人間を水底や土中に埋めたという。人柱伝説は、沖縄ではきわめて少ないが、それは動物供犠のシマクサラシの行事のおかげであろうか。

おもな民話（世間話）

モーイ親方　実在する人物。名前は伊野波盛平（いのはせいへい）で、唐名は毛克盛。1647年生まれ。1694年に三司官に就任。少年のころ、髪が乱れていたので、モーイ（乱れ髪）とあだ名された。薩摩から難問を言われた琉球王府が、少年モーイの頓智（とんち）のおかげで切り抜けた話が多い。有名なとんち話として一つ挙げる。薩摩から、「雄鶏の卵」を持って来いと言われたが、モーイが琉球を代表して薩摩に行き、「私の父が参る予定でしたが、出立直前に産気づいて、代わりに私が参りました」と返答した。すると、「男が産気付くことがあるか」と反論されたので、「その通りです。雄鶏が卵を産むこともありません」と、やり込めたという。

モーイ親方のとんち話は、最高の行政官まで上り詰めた伊野波盛平の少年の頃の話として伝えている。少年という点では一休話と同じだが、強大な薩摩をやり込める話であり、弱小国・琉球の人々のカタルシスとして語られた。そのため、琉球を代表する偉いモーイ親方の少年の頃の話として語る必要があったのであろう。

キジムナー　キジムナーが魚を捕ってくれたおかげで金持ちになった男が、キジムナーと手を切ろうとして棲み処のガジュマルの木を焼いた。その男は、何年か経って那覇に出た。そして、たまたま泊めてもらった老人にガジュマルの木を焼き払った話をしたが、何とその老人はあのときのキジムナーであった。男は、両眼を潰され殺された。

沖縄では、キジムナー・キジムン・ブナガヤなどと言われ、奄美諸島ではケンモンと称する。樹木を棲み処としながらも、漁を得意とし、相撲をとったり、かけっこなどの競走をしたがる無邪気な妖怪であり、本土の河童伝説との関連性も指摘されている。しかし、その一方で、残虐な復讐を遂げる怖さをもつ。

近年は、無邪気で可愛いという側面が強調され、キジムナーの歌や踊りが盛んである。妖怪というよりも「ゆるキャラ」的になりつつある。

付録　民話を「学びたい」・「聞きたい」・「語ってみたい」人のための諸団体一覧

研究団体

日本口承文芸学会　https://ko-sho.org/
日本昔話学会　https://sites.google.com/site/mukashi2005/
説話・伝承学会　http://setsuwa-densyou.moo.jp/
日本民話の会　http://minwanokai.c.ooco.jp/top.html
小澤昔ばなし研究所　代表：小澤俊夫　http://www.ozawa-folktale.com/
　〒214-0014　神奈川県川崎市多摩区登戸3460-1　パークホームズ704
全日本語りネットワーク　http://www.japankatarinet.jp/
語り手たちの会　http://www.katarite.com/
昔話伝説研究会　https://mukaden.amebaownd.com/
世間話研究会　https://sekenbanasi.wordpress.com/

民話関連施設・資料館・サイト

羽後町民話伝承館　〒012-1123　秋田県雄勝郡羽後町貝沢字柳原188-1
東成瀬村まるごと自然館　〒019-0803　秋田県雄勝郡東成瀬村椿川字堤31-2
とおの物語の館　〒028-0523　岩手県遠野市中央通り2-11
夕鶴の里　〒992-0474　山形県南陽市漆山2025-2
姥ヶ懐民話の里　民話伝承館　〒989-1302　宮城県柴田郡村田町大字小泉字朊石2
森の民話茶屋　〒969-1302　福島県安達郡大玉村玉井字前ヶ岳国有林7林班
民話と紙芝居の家　〒379-1403　群馬県利根郡みなかみ町猿ケ京温泉1150-1
森の民話館　〒243-0121　神奈川県厚木市七沢901-1　神奈川県立七沢森林公園管理事務所
出雲かんべの里民話館　〒690-0033　島根県松江市大庭町1614
NPO沖縄伝承話資料センター　〒901-2214　沖縄県宜野湾市我如古2-4-15
　　　　　　　　　　　　　　　　　　盛マンション301　照屋寛信
フジパン　民話の部屋　https://minwa.fujipan.co.jp/

民話の本が充実した図書館

国立国会図書館　〒100-8924　東京都千代田区永田町1-10-1
国立国会図書館国際子ども図書館　〒110-0007　東京都台東区上野公園12-49
北海道立図書館　〒069-0834　北海道江別市文京台東町41
青森県立図書館　〒030-0184　青森県青森市荒川藤戸119-7
秋田県立図書館　〒010-0952　秋田県秋田市山王新町14-31
岩手県立図書館　〒020-0045　岩手県盛岡市盛岡駅西通1-7-1

山形県立図書館	〒990-0041	山形県山形市緑町1-2-36
宮城県立図書館	〒981-3205	宮城県仙台市泉区紫山1-1-1
福島県立図書館	〒960-8003	福島県福島市森合字西養山1
栃木県立図書館	〒320-0027	栃木県宇都宮市塙田1-3-23
群馬県立図書館	〒371-0017	群馬県前橋市日吉町1-9-1
茨城県立図書館	〒310-0011	茨城県水戸市三の丸1-5-38
埼玉県立熊谷図書館	〒360-0014	埼玉県熊谷市箱田5-6-1
埼玉県立久喜図書館	〒346-8506	埼玉県久喜市下早見85-5
神奈川県立図書館	〒220-8585	神奈川県横浜市西区紅葉ケ丘9-2
神奈川県立川崎図書館	〒213-0012	神奈川県川崎市高津区坂戸3-2-1
東京都立中央図書館	〒106-8575	東京都港区南麻布5-7-13
東京都立多摩図書館	〒185-8520	東京都国分寺市泉町2-2-26
千葉県立中央図書館	〒260-8660	千葉県千葉市中央区市場町11-1
山梨県立図書館	〒400-0024	山梨県甲府市北口2-8-1
長野県立図書館	〒380-0928	長野県長野市若里1-1-4
新潟県立図書館	〒950-8602	新潟県新潟市中央区女池南3-1-2
富山県立図書館	〒930-0115	富山県富山市茶屋町206-3
石川県立図書館	〒920-0964	石川県金沢市本多町3-2-15
福井県立図書館	〒918-8113	福井県福井市下馬町51−11
岐阜県立図書館	〒500-8368	岐阜県岐阜市宇佐4-2-1
静岡県立中央図書館	〒422-8002	静岡県静岡市駿河区谷田53-1
愛知県立図書館	〒460-0001	愛知県名古屋市中区三の丸1-9-3
滋賀県立図書館	〒520-2122	滋賀県大津市瀬田南大萱町1740−1
三重県立図書館	〒514-0061	三重県津市一身田上津部田1234
和歌山県立図書館	〒641-0051	和歌山県和歌山市西高松1-7-38
奈良県立図書館	〒630-8135	奈良県奈良市大安寺西1-1000
京都府立図書館	〒606-8343	京都府京都市左京区岡崎成勝寺町
大阪府立中央図書館	〒577-0011	大阪府東大阪市荒本北1-2-1
大阪府立中之島図書館	〒530-0005	大阪府大阪市北区中之島1-2-10
兵庫県立図書館	〒673-8533	兵庫県明石市明石公園1−27
岡山県立図書館	〒700-0823	岡山県岡山市北区丸の内2-6-30
広島県立図書館	〒730-0052	広島県広島市中区千田町3-7-47
鳥取県立図書館	〒680-0017	鳥取県鳥取市尚徳町101

島根県立図書館	〒690-0873	島根県松江市内中原町52
山口県立図書館	〒753-0083	山口県山口市後河原150-1
香川県立図書館	〒761-0393	香川県高松市林町2217-19
徳島県立図書館	〒770-8070	徳島県徳島市八万町向寺山　文化の森総合公園
愛媛県立図書館	〒790-0007	愛媛県松山市堀之内
オーテピア高知図書館	〒780-0842	高知県高知市追手筋2-1-1
福岡県立図書館	〒812-8651	福岡県福岡市東区箱崎1-41-12
長崎県立図書館	〒850-0007	長崎県長崎市立山1-1-51
佐賀県立図書館	〒840-0041	佐賀県佐賀市城内2-1-41
大分県立図書館	〒870-0008	大分県大分市王子西町14-1
熊本県立図書館	〒862-8612	熊本県熊本市中央区出水2-5-1
宮崎県立図書館	〒880-0031	宮崎県宮崎市船塚3-210-1
鹿児島県立図書館	〒892-0853	鹿児島県鹿児島市城山町7-1
沖縄県立図書館	〒900-0021	沖縄県那覇市泉崎1-20-1

各地の民話の会

都道府県名	所　在　地
北海道	**北海道語り手ネットワーク**　代表：中次明、事務局：平野美和子 〒061-2283　北海道札幌市南区藤野3条9-13-3
青森県	**津軽語り部の会**　代表：菊地菊代 〒036-8095　青森県弘前市城東4-3-6
	あおもり民話かたりべの会　代表：前田歌子 〒030-0966　青森県青森市花園1-25-8
岩手県	**遠野昔話語り部の会**　事務局：〒028-0522　岩手県遠野市新穀町5-22
	雫石・語りっこの会　会長：西山甲士良、事務局：菅原好美 〒020-0573　岩手県岩手郡雫石町南畑28-182　コテージむら管理センター
山形県	**真室川民話の会** 〒999-5312　山形県最上郡真室川町大字新町233-1　真室川町教育委員会
	新庄民話の会 〒996-0085　山形県新庄市堀端町4-74　新庄ふるさと歴史センター
	東根民話の会　代表：滝口国也、〒999-3787　山形県東根市白水1-8-3
宮城県	**みやぎ民話の会**　代表：島津信子 〒981-1505　宮城県角田市角田字牛館3-2

秋田県	**あきた民話の会** 代表：岩谷作一、事務局：倉田直美	
	〒014-0068　秋田県大仙市大曲飯田町13－3	
	つむぎの会 代表：畑　則子、事務局：黒沢せいこ	
	〒013-0063　秋田県横手市田久保下126-1	
福島県	**NPO法人 語りと方言の会** 代表：三田公美子	
	〒963-0202　福島県郡山市柏山町　3	
	ふくしま民話茶屋の会 代表：渡部八重子、事務局：高橋富子	
	〒960-0241　福島県福島市笹谷字三本松17-21	
新潟県	**長岡民話の会** 代表：青柳保子、事務局：今井淳子	
	〒940-1163　新潟県長岡市平島3-13	
栃木県	**栃木県民話の会連絡協議会**	
	〒320-0865　栃木県宇都宮市睦町2-2　栃木県立博物館内	
群馬県	**高崎民話を語る会** 代表：奥村佳永	
	〒370-1213　群馬県高崎市山名町1671-170	
	民話の会紙風船 代表：結城裕子	
	〒370-3511　群馬県高崎市金古町2517	
茨城県	**常陸みんわの会** 代表：吉成智枝子	
	〒391-1101　茨城県那珂郡東海村石神外宿1831-2	
千葉県	**市川民話の会** 代表：湯浅止子	
	〒272-0805　千葉県市川市大野町3-1766	
	船橋の民話をきく会 代表：荒石かつえ、事務局：青　亮子	
	〒274-0063　千葉県船橋市習志野台7-12-27	
埼玉県	**民話の会どんとはれ** 代表：長澤昭洋	
	〒349-0218　埼玉県白岡市白岡793-5	
東京都	**渋谷民話の会** 代表：沼尻順之助、事務局：中島昭子	
	〒154-0017　東京都世田谷区世田谷4-8-5-504	
	NPO法人 まちだ語り手の会 代表理事：増山正子、事務局：市川美奈	
	〒194-0003　東京都町田市小川1-16-2　E509	
神奈川県	**「ほどがや」えかたり〜べ** 代表：篠崎顕一	
	〒240-0045　神奈川県横浜市保土ケ谷区川島町1199-10	
山梨県	**山梨むかしがたりの会** 代表：藤巻愛子	
	〒404-0041　山梨県甲州市塩山千野363-2	
長野県	**大町民話の里づくり もんぺの会** 事務局：丸山令江子	
	〒398-0002　長野県大町市大町5707-36	
岐阜県	**飛騨のかたりべ いろりばた** 代表：諸屋小夜子	
	〒506-0055　岐阜県高山市上岡本町4-372-9	

静岡県	中川根語り部の会『話楽座』	代表：澤井初美、事務局長：薗田はる
	〒428-0313　静岡県榛原郡川根本町上長尾579-3	
愛知県	豊橋民話の会　代表：小柳津 紈	
	〒440-0825　愛知県豊橋市瓦町52	
	お山の杉の子　代表：相羽正康	
	〒474-0071　愛知県大府市横根町浜田245	
三重県	亀山民話を語る会　代表：渥美八重子、事務局：寺山 昭	
	〒519-0165　三重県亀山市野村1-7-5	
	民話語りこもの菊　代表：平林和江	
	〒510-1234　三重県三重郡菰野町福村125	
富山県	とやま語りの会　代表：奥井悦子	
	〒930-0881　富山県富山市長江3-3-68	
石川県	一般社団法人 語り部協会　代表理事：冨田靜香	
	〒923-0034　石川県小松市長田町ロ116	
福井県	活芦塾　代表：後藤義明、〒910-4103　福井県あわら市二面46-6-2	
奈良県	奈良の民話を語りつぐ会　代表：小西雅子	
	〒631-0803　奈良県奈良市山陵町110-8-603	
	生駒おはなしの会　連絡係：岡本順子	
	〒630-0254　奈良県生駒市東旭ヶ丘4-58	
和歌山県	和歌山おはなしの会　語りの森　代表：上甲ひとみ	
	〒641-0045　和歌山県和歌山市堀止西2-7-4	
滋賀県	大津おはなしのとびら　代表：岸本篤子	
	〒520-0047　滋賀県大津市浜大津2-1-3（大津市立図書館）	
	読書グループ松葉会　代表：北脇恭子	
	〒520-0047　滋賀県草津市志那中町111（常盤学区まちづくりセンター）	
大阪府	なにわ語り部の会　代表：富永 孝	
	〒540-0012　大阪府大阪市中央区谷町2-2-20 市民活動スクエア「CANVAS谷町」内L10	
兵庫県	福崎民話かたりべ研究会　代表：鎌谷 泉	
	〒679-2215　兵庫県神崎郡福崎町360-1（福崎町立図書館内） ＊同会には「紙芝居グループ」もあり、ともに活動する	
広島県	備後語りの会「ふくふく」　代表：廣田美三子	
	〒720-2413　広島県福山市駅家町法成寺171-7	
鳥取県	鳥取県民話サークル連合会　会長：小林龍雄	
	〒680-0007　鳥取県鳥取市湯所町2-301 ＊連合会には4団体が加盟（とっとり民話を語る会（会長：小林龍雄）、倉吉民話の会（倉吉市）、伯耆民話の会（米子市）、さじ民話会（鳥取市佐治町））	

島根県	**とんとむかしのお話会** 代表：安部光江	
	〒690-0033　島根県松江市大庭町1614（出雲かんべの里）	
	民話の会「石見」 代表：石川あや子	
	〒698-0023　島根県益田市常磐町8-6（益田市立図書館）	
愛媛県	**うわじま民話の会** 代表：佐々木　嶺	
	〒770-0834　愛媛県宇和島市三間町大藤686	
高知県	**土佐民話の会** 代表：市原麟一郎	
	〒780-0051　高知県高知市愛宕町4-11-16	
福岡県	**おはなし会　昔っコ** 主宰：梅田惠子	
	〒811-3216　福岡県福津市花見が浜2-6-6	
長崎県	**諫早おはなしの会** 代表：関山恵美子	
	〒854-0067　長崎県諫早市久山台47-1	
	有明童話の会くすのき 代表：森　昭子	
	〒859-1415　長崎県島原市有明町大三東1438-1	
佐賀県	**佐賀昔話の会** 代表：宮地武志	
	〒840-0814　佐賀県佐賀市成章町5-12	
宮崎県	**西米良村語り部の会** 代表：佐伯厚子	
	〒880-1411　宮崎県児湯郡西米良村大字村所15	
鹿児島県	**種子島の語り部「ぢろ」の会** 代表：鮫島京子	
	〒892-0838　鹿児島県鹿児島市新屋敷町16-48	
沖縄県	**読谷ゆうがおの会** 代表：山内源徳	
	〒904-0301　沖縄県読谷村字座喜味708-6（ユーンターンザミュージアム）	
	やんばる民話の会 代表：手登根千津子	
	〒905-0014　沖縄県名護市港2-1-1（名護中央公民館）	

● 参考文献一覧 ●

第Ⅰ部

「桃太郎の誕生」柳田國男『柳田國男全集6』筑摩書房、1998

『日本昔話名彙』柳田國男、日本放送出版協会、1948

『日本昔話通観』稲田浩二・小澤俊夫責任編集、同朋舎、1977～98

『日本昔話大成』関敬吾編、角川書店、1978～80

『日本伝説名彙』柳田國男、日本放送出版協会、1950

『日本伝説体系』荒木博之他編、みずうみ書房、1984～88

「じいとばばとの話—完形昔話を考える—」稲田浩二『昔話研究入門』三弥井書店、1981

『ガイドブック　日本の民話』日本民話の会、講談社、1991

『遠野物語』柳田國男、自刊、1910

『消えるヒッチハイカー　都市の想像力のアメリカ』ジャン・ハロルド・ヒッチハイカー、大月隆寛他訳、新宿書房、1997

『学校の怪談』常光徹、ミネルヴァ書房、1993

『現代民話考』松谷みよ子、立風書房、1985～96

「民話」関敬吾『関敬吾著作集5』同朋舎、1981

『「世間」とは何か』阿部謹也、講談社現代新書、1995

『昔話の魔力』ベッテルハイム、評論社、1978

『雪国の女語り—佐藤ミヨキの昔話世界—』花部英雄、三弥井書店、2014

『集団パラダイムにおける昔話の意味世界と心理機能』廣瀬清人、三弥井書店、2012

第Ⅱ部

◆1. 北海道

『北の生活文庫7　北海道の口承文芸』高橋宣勝他著、北海道新聞社、1998

『北海道民間説話〈生成〉の研究』阿部敏夫、共同文化社、2012

『服部健著作集—ギリヤーク研究論集—』服部健、北海道出版企画センター、2000

『日本昔話通観1　アイヌ』稲田浩二・小沢俊夫編、同朋舎、1989

『アイヌ神謡集』知里幸恵編訳、岩波書店、1978〔初版郷土研究社1923、補訂版弘南堂〕

『アイヌの伝説と其情話』青木純二、富貴堂書房、1924

『アイヌ民話』工藤梅次郎、工藤書店、1926

『北方文明史話』中島峻蔵、北海出版社、1929

『北海道郷土研究』札幌放送局編、1932

『伝説蝦夷哀話集』石附舟江、1936

『北海道移民政策史』安田泰次郎、生活社、1941

『北海道のむかし話』児童図書研究会編、みやま書房、1956

『ギリヤーク　民話と習俗』服部健、楡書房、1956

『むかし話北海道』北書房、1967～1980

『北海道の伝説』須藤隆仙、山音文学、1971

『北国の史話と伝説』(上・下) 野呂進、山音文学会、1971

『ロビンソンの末裔』開高健、新潮社、1973

『北海道の伝説』渡辺茂、北海道出版企画センター、1976
『日本の伝説17　北海道の伝説』更科源蔵・安藤美紀夫、角川書店、1977
『県別ふるさとの民話6　北海道の民話』日本児童文学者協会編、偕成社、1978
『北海道のむかし話』北海道むかし話研究会編著、日本標準、1978
『日本の民話1　北海道』浅井亨編、ぎょうせい、1979
『日本伝説体系1　北海道・北奥羽編』宮田登編、みずうみ書房、1985
『北海道昔ばなし』（4冊）北海道口承文芸研究会編、中西出版、1989
「都築蛍雪氏の語り」『北の語り』6号、阿部敏夫・矢島睿編、北海道口承文芸研究会、1991
『ギリヤークの昔話』中村チヨ・口述、村崎恭子編、ロバート・アウステリッツ採録、北海道出版企画センター、1992
『樺太アイヌの昔話 TUYTAH』浅井タケ口述、村崎恭子編訳、草風館、2001
『拓北農兵隊　増補』石井次雄、旬報社、2019
『蝦夷地に於ける和人伝説攷』函館師範学校校友会編・発行〔深瀬春一代表〕、1928
『北海道の口碑伝説』北海道庁編、日本教育出版社、1940
『北海道義経伝説序説』阿部敏夫編著、響文社、2002
「大蛇神社」『郷土研究広島村』1号、広島村郷土史研究会、1967

◆2. 青森県
『下北半島西通りの民俗』青森県史叢書、青森県、2003
『手っきり姉さま』能田多代子、未來社、1958
『木造町のむがしコ集』宮本朋典、木造町教育委員会、1984
『陸奥の伝説』森山泰太郎、第一法規出版、1976
『津軽一統志』『新編青森県叢書1』新編青森県叢書刊行会編、歴史図書社、1974
『青森の「繁次郎ばなし」』佐々木達司・新田寿弘、青森県文芸協会、2008
『青森県史民俗編資料』（南部、下北、津軽）、青森県環境生活部、2001、2007、2014

◆3. 岩手県
『遠野物語』柳田國男、自刊、1910
『江刺郡昔話』佐々木喜善、郷土研究社、1922
『老媼夜譚』佐々木喜善、郷土研究社、1927
『聴耳草子』佐々木喜善、三元社、1931
『紫波郡昔話集』小笠原謙吉、三省堂、1942
『すねこ・たんぱこ』平野直、有光社、1943
『黄金の馬』森口多里、三弥井書店、1971
『ねむた鳥』田中喜多美・石井正己編、田中満、2002
『民話の平泉』朴沢謙一郎、自刊、1970
『陸奥二戸の昔話』佐藤良裕・丸山久子、三弥井書店、1973
『わがのむがしばなし』武田礼子、自刊、1970
『火っこをたんもうれ―岩泉の昔ばなし―』高橋貞子、熊谷印刷出版部、1977
『遠野に生きつづけた昔』佐々木徳夫、講談社、1976
『遠野の昔話』佐々木徳夫、桜楓社、1985

『日本昔話通観3　岩手』稲田浩二・小沢俊夫編、同朋舎、1985
『岩手民話伝説事典』佐藤秀昭、岩手出版、1988
『白幡ミヨシの遠野がたり』吉川祐子、岩田書院、1996
『鈴木サツ全昔話集と語り』小澤俊夫他、福音館書店、1999
『正部家ミヤ昔話集』小池ゆみ子他、古今社、2002
『佐々木健の語りによる　遠野郷宮守村の昔ばなし』小野和子、庄司幸栄、世界民話博実行委員会、1992
『紫波の民話　中鉢カヨの語り』小平民話の会、国土社、1987
『ふるさと北上の昔話』加藤ゆりいか、自刊、2010
『大平悦子の遠野ものがたり』日本民話の会、悠書館、2014
『読みがたり　岩手のむかし話』岩手県小学校国語教育研究会、日本標準、1976
『遠野むかしばなし　鈴木サツ自選50話』工藤紘一、熊谷印刷出版部、1987
『岩手の伝説』平野直、津軽書房、1976
『奥州のザシキワラシの話』佐々木喜善、玄文社、1920
『岩手のむがしッコ』加藤ゆりいか、星の環会、2006

◆4. 宮城県

『日本大百科全書』Japanknowledge 版、小学館（2019年1月30日確認）
『日本昔話事典』稲田浩二他編、弘文堂、1977
『日本昔話通観4　宮城』稲田浩二・小澤俊夫編、同朋舎、1982
『宮城県の民話―民話伝承調査報告書―』（宮城県文化財調査報告書第130集）、宮城県教育委員会、1988
『紫波郡昔話集』小笠原謙吉、三省堂、1942
「日本人と小豆1―民間説話の中の小豆―」『一般教育論集』53号、菱川晶子、愛知大学一般教育論集編集委員会、2017
「廻国雑記」道興准后、1487
『高等小学校読本　女子用巻三』1927
『今昔物語集』巻第29第32
『近世江都著聞集』巻5、1757
『ケガレの構造』波平恵美子、青土社、1984
『南三陸町入谷の伝承―山内郁翁のむかしかたり』（みやぎ民話の会叢書　第12集）みやぎ民話の会、小田嶋利江編、2009
『永浦誠喜翁の昔話』佐々木徳夫編、日本放送出版協会、1975
『夢買い長者』佐々木徳夫編、桜楓社、1972
『陸前の昔話』佐々木徳夫、三弥井書店、1979
『松島町史　資料編』松島町史編纂委員会、松島町、1989
『陸前の伝説』三崎一夫、第一法規出版、1976
『日本の伝説40　宮城の伝説』佐々木徳夫他著、角川書店、1979
『宮城縣史21』、宮城縣史編纂委員会、宮城縣、1973
『酒の三太郎』佐々木徳夫、明窓社、1977（後に増補版として『陸前の昔話』三弥井書店、1979）

『陸前昔話集―宮城―』佐々木徳夫編、岩崎美術社、1978
◆5. 秋田県
『角川日本地名大辞典5　秋田県』角川書店、1980
『日本伝説大系2　中奥羽編』みずうみ書房、1985
『日本昔話通観5　秋田』稲田浩二・小澤俊夫編、同朋舎、1982
『秋田むがしこ　第1集』今村義孝・今村泰子編、未來社、1959
『日本の昔話20　羽後の昔話』今村泰子編、日本放送出版協会、1977
『尤の草紙』下之巻『日本随筆大成』第2期6巻、吉川弘文館、1974
『全国昔話資料集成12　角館昔話集』武藤鉄城編、岩崎美術社、1975
『桃太郎の誕生』柳田國男、角川ソフィア文庫、角川学芸出版、2013
『新・桃太郎の誕生―日本の「桃ノ子太郎」たち―』野村純一、吉川弘文館、2000
「桃太郎神社の誕生」にむけて1」斎藤純『世間話研究』第4号、世間話研究会、1993
「秋田県平鹿郡山内村昔話集」『傳承文藝』17号、國學院大學民俗文学研究会、1990
『日本昔話通観28　昔話タイプインデックス』同朋舎、1988
「蟋蟀報恩」三原幸久『日本昔話事典』弘文堂、1977
『秋田むがしこ　第2集』今村義孝・今村泰子編、未來社、1968
「悪の昔話―「俵藥師」をめぐって―」小堀光夫『語りの講座　昔話入門』花部英雄・松本孝三編、三弥井書店、2014
『羽後の伝説』木崎和廣編著、第一法規出版、1976
「参宮松」野添憲治『日本伝奇伝説大事典』角川書店、1986
『日本の伝説24　富山の伝説』角川書店、1977
「雪の出羽路　平鹿郡　巻1」『菅江真澄全集6』未來社、1976
「光と民俗」武藤鐵城『旅と傳説』昭和12年6月号、三元社、1937（『完全復刻　旅と伝説19』岩崎美術社、1978）
「影取沼伝説の研究―影取沼伝説の伝承資料（1）（2）―」戸塚ひろみ『芸能』16（6）・（8）、芸能学会編、1974
「影へのまなざし」戸塚ひろみ『伝承文学研究の方法』野村純一編、岩田書院、2005
『高岳親王航海記』澁澤龍彦、文春文庫、1990
「Kの昇天」『梶井基次郎全集　全1巻』ちくま文庫、1986
「若勢の世間話―相撲取山内をめぐって―」小堀光夫『調査資料』166、日本私学教育研究所、1992
『大曲町郷土史』大曲町、1934
「恠を話ば恠至」浅井了意『伽婢子』巻之十三（『東洋文庫480　伽婢子2』平凡社、1988に収録）
『昔話の森―桃太郎から百物語まで―』野村純一、大修館書店、1998
『全国昔話資料集成12　角館昔話集』武藤鉄城編、岩崎美術社、1975
◆6. 山形県
『葛籠の華』常葉金太郎編、葛籠社、1922
『豊里村誌』豊里村、1928

東北文教大学短期大学部民話研究センター　http://www.t-bunkyo.jp/library/minwa/minwa.htm
『木小屋話　置賜の昔話』武田正編、桜楓社、1971
『出羽の庄内　早物語聞書―庄司弥右衛門の伝承―』矢口裕康編、東北出版企画、1977
新庄ふるさと歴史センター内「語りの部屋」　http://www.city.shinjo.yamagata.jp/k001/020/050/130/20150224190656.html
夕鶴の里　https://nanyo-bunka.jp/yuduru/index.html
ふるさと山形　地域文化　伝承・体験サイト　ふるさと塾記録アーカイブス「活動記録（口承文芸）」http://www.yamagata-furusatojuku.jp/actograph-theme/folklore/
『飯豊山麓中津川昔話集』（上）武田正編、山形短期大学民話研究センター、2009（自刊 1970）
『ふるさとお話の旅　山形―やまがた絆語り―』野村敬子・井上幸弘編著、星の環会、2006
『出羽の民話』沢渡吉彦編、未来社、1958
『全国昔話資料集成24　真室川昔話集　山形』野村敬子編、岩崎美術社、1977
「山形県の「牛方山姥」考―積荷と交易の関係―」関根綾子『昔話伝説研究31』昔話伝説研究会編・刊、2012
『関澤幸右衛門昔話集』自刊、1972
『萩野才兵衛昔話集』野村純一・野村敬子共編、自刊、1970
『「定本」関澤幸右衛門昔話集―「イエ」を巡る日本の昔話記録―』野村純一編、瑞木書房、2007
『南陽市史　民俗編』南陽市、1987
高畠町観光協会ホームページ「観光スポット」（亀岡地区・高橋佐兵次翁供養塔）　http://takahata.info/detail/?no=9639
『全国昔話資料集成1　羽前小国昔話集』佐藤義則他編、岩崎美術社、1974
『飯豊山麓の昔話』武田正編、三弥井書店、1973
『山形県伝説集・総合編』山形東高等学校郷土研究部編、高橋書店、1960（『日本伝説大系3』野村純一編、みずうみ書房、1982所収）
『日本の伝説4　出羽の伝説』須藤克三他、角川書店、1976

◆7. 福島県

『会津百話』國學院大學説話研究会編、國學院大學、1972（後に桜楓社より1975年に刊行）
『河童火やろう』石川純一郎、東出版、1968
『遠藤登志子の語り―福島の民話―』吉沢和夫・藤田浩子編、一声社、1995
『小野町のむかしばなし』小野町編、小野町、1987
『福島県磐城地方昔話集』柳田國男編・岩崎敏夫採録、三省堂、1974
『郡山の伝説』郡山市教育委員会社会教育課編、郡山市教育委員会、1986
『石川郡のざっと昔―福島県石川郡昔話集―』國學院大學説話研究会ざっと昔を聴く会編、國學院大學説話研究会、1991

『あだち野のむかし物語』斎藤龍雄他、安達地方新しい旅実行委員会、2001
『会津物語』赤坂憲雄・会津学研究会、朝日新聞出版、2015
『残しておきたい大熊のはなし』鎌田清衛、歴史春秋出版、2016
『ふくしまの世間話』野沢謙治、歴史春秋出版、2002
「福島県二地域における長者伝説―長者伝説の生成と伝承の一考察―」玉水洋匡『口承文芸研究』40号、口承文芸学会、2017
「「学校の伝承」の総合的研究―「七不思議」と「ガッコウ」の関係性―」玉水洋匡『伝承文化研究』8号、國學院大學伝承文化学会、2009
『鬼の小綱―福島の昔話―』山本明、桜楓社、1974

◆8. 茨城県

『茨城の昔話』鶴尾能子編、三弥井書店、1972
『勝田の昔話と伝説』勝田市史編さん委員会編、勝田市、1974
『茨城の伝説』武田静澄・今瀬文也、角川書店、1979
『高萩の昔話と伝説』高萩市教育委員会編、高萩市、1980
なら学研究会／奈良女子大学文学部「なら学プロジェクト」沢田四郎作研究記事一覧 http://narastudies.hateblo.jp/
CD昔話資料：日立市科学文化情報財団企画制作「笠原政雄昔話集13」1992、「鈴木サツ昔話集11」1993、「みちのく昔話集第1集12」1994、「みちのく昔話集第2集12」1995
「「繁治郎話」の成立と伝播」『昔話と呪歌』花部英雄、三弥井書店、2005
『ほらふき男爵の冒険』G・ビュルガー編、新井晢士訳、岩波文庫、1983
「愚か村項目」『日本昔話事典』稲田浩二他、弘文堂、1977
『安寺持方おもしろばなし』今瀬文也監修、茨城新聞社、2005
『日本伝説大系4　北関東編』渡邊昭五編、1986

◆9. 栃木県

『下野伝説集　あの山この里』小林友雄、栃の葉書房再販、1975（初版1930）
『下野伝説集　追分の宿』小林友雄、栃の葉書房再販、1975（初版1932）
『栃木の民話　第1集・第2集』日向野徳久編、未來社、1961
『栃木のむかし話』下野民俗研究会編、1997
『下野の伝説』尾島利雄編、第一法規出版、1974
『しもつけの伝説1～8』下野連合教育会編、1979～1984
『とちぎの民話の招待　読み聞かせ　語り聞かせのために』上野直哲・尾島利雄監修、随想社ブックレット、1998
『読みかたり　栃木のむかし話』下野民俗研究会編、日本標準、2004
『ふるさとお話の旅　栃木　短大生が書いたむかしむかし』野村純一監修・國學院栃木短期大学口承文芸セミナー編、星の環会、2005
『日本の伝説44　栃木の伝説』武田静澄・安西篤子、角川書店、1980
『性に関する説話集　芳賀郡土俗資料第一編』高橋勝利、芳賀土俗学会、1929
『栗山の話　栃木県芳賀郡土俗資料第二編』高橋勝利、芳賀土俗学会、1929
『全国昔話資料集成18　下野昔話集』加藤嘉一・高橋勝利編、岩崎美術社、1975

『日本の昔話22　下野の昔話』小堀修一・谷本尚史編、日本放送出版協会、1978
『日本昔話通観8　栃木・群馬』稲田浩二・小澤俊夫責任編集、同朋舎、1986
『南方熊楠「芳賀土俗研究」』高橋勝利、近代文藝社1992
『野木町史民俗編』野木町教育委員会、自刊、1988
『那須記』大金重貞、1683
『那須拾遺記』木曽武元、針生宗白編著、1733
「機織御前」『日本の伝説　柳田國男全集25』柳田國男、ちくま文庫、1990
『ふるさと雑記―世代間の対話―』黒羽町教育委員会、自刊、1979
『湯津上村誌』湯津上村誌編さん委員会編、湯津上村、1979
『芳賀町史通史編民俗』芳賀町史編さん委員会編、芳賀町、2002
『黒磯市誌』黒磯市誌編さん委員会編、黒磯市、1975

◆10. 群馬県
『群馬県史　資料編27　民俗3』群馬県史編さん委員会、群馬県、1980
『日本昔話通観8　栃木・群馬』稲田浩二・小澤俊夫、同朋舎出版、1986
『金の瓜　上州・利根の昔話』柾谷明、桜楓社、1973
『群馬県新田郡藪塚本町昔語り資料集第1号　やぶづかの昔がたり』高井恵子・森村方子、1987
『全国昔話資料集成31　吾妻昔話集』柾谷明、岩崎美術社、1979
『おこさまのはなし』静野晴雄、自刊、1994
『長野原町の伝承　小山ふみさん・篠原きぬさんのむかしあったって』たかさき民話の会、1997
『上州路（伝説篇）』萩原進、ヒコナル社、1954
『群馬伝説集成2　渋川・北群馬の伝説』中村倫司、あかぎ出版、1998
『語りによる日本の民話3　上州新治の民話』持谷靖子、国土社、1987
『伊勢崎市史　民俗編』伊勢崎市、1989
『群馬県史　資料編25　民俗1』群馬県史編さん委員会、群馬県、1984
『日本昔話ハンドブック新版』稲田浩二・稲田和子、三省堂、2010
『縮刷版　日本昔話事典』稲田浩二他、弘文堂、1994
『日本伝奇伝説大事典』乾克己他、角川書店、1986
『全国昔話資料集成13　利根昔話集』上野勇、岩崎美術社、1975
『妙義町誌』（下）妙義町誌編さん委員会、妙義町、1993
『太田市鳥山　天笠弘祐翁の昔語り』太田市史編集委員会元民俗編監修委員井田安雄、太田市、1986
『日本の民話4　関東』谷本尚史他、ぎょうせい、1979
『前橋とその周辺の民話』酒井正保、群馬県文化事業振興会、1983
『おっかちゃんの昔話』平本愛子、1986
『伝説の上州』中島吉太郎、歴史図書社、1978
『日本の民俗　群馬』都丸十九一、第一法規出版、1972
『定本　柳田國男集12』（新装版）筑摩書房、1969（「神を助けた話」柳田國男、實業之日本社、1950）

『昔話と文学』柳田国男、角川学芸出版、2013（「笑われ聟」柳田國男『文学』1938）

◆11. 埼玉県

『川越地方昔話集』鈴木棠三、民間伝承の会、1937（『日本民俗誌大系8　関東』、角川書店、1975に収録）

『全国昔話資料集成20　武蔵川越昔話集』鈴木棠三、岩崎美術社、1975

『日本の昔話20　武蔵の昔話』池上真理子、日本放送出版協会、1979

「埼玉県大里郡大里村の口承文芸」榎本直樹『帝京大学山梨文化財研究所研究報告第2集』1990

『岩槻市史』民俗資料編、岩槻市教育委員会市史編さん室編、岩槻市、1984

「秩父郡吉田町の昔話・世間話」岡島正一『昔話伝説研究』17号、1993

『埼玉県伝説集成　分類と解説』（上巻自然編、中巻歴史編、下巻信仰編、別巻）韮塚一三郎編著、北辰図書出版、1973～1974

『滑川村史　民俗編』滑川村、1984

「埼玉県大里郡大里村の『たんぎくどん』」榎本直樹『昔話―研究と資料』17号、三弥井書店、1989

『日高町史調査報告第3集　民俗1』日高町教育委員会、1985

「埼玉県日高町高麗のおどけ者―新井の五郎―」榎本直樹『コロス』40号、1989

「鳥の名と昔話」『野鳥雑記』柳田國男『柳田國男全集12』筑摩書房、1998

『埼玉の伝説』韮塚一三郎、関東図書、1955

『西行伝承の世界』花部英雄、岩田書院、1996

『新編埼玉県史　別編2　民俗2』埼玉県、1986

『日本伝説大系5　南関東編』みずうみ書房、1986

◆12. 千葉県

『南総の俚俗』内田邦彦、桜雪書屋、1915（『日本民俗誌大系8　関東』角川書店、1975に収録）

『日本伝説叢書』（下総の巻、安房の巻）藤沢衛彦編、日本伝説叢書刊行会、1917・1919

『千葉県東葛飾郡誌』千葉県東葛飾郡教育会編、千葉県東葛飾郡教育会、1923

『木更津郷土誌』木更津市編、木更津市、1952

「安房の増間の話」安田高次『昔話―研究と資料―』6号、昔話研究懇話会編、三弥井書店、1997（『増間の話』1962）

『昭和46年度調査報告長柄町の民俗』東洋大学民俗研究会編・刊、1972（『関東の民俗千葉県編（日本民俗調査報告書集成）』三一書房、1994に収録）

『日本の民俗12　千葉』高橋在久・平野馨、第一法規出版、1974

『房総の伝説』平野馨編著、第一法規出版、1976

『日本の伝説6　房総の伝説』高橋在久・荒川法勝、角川書店、1976

「一目千両」那谷光代『日本昔話事典』稲田浩二他、弘文堂、1977

『房総の笑いばなし』中嶋清一編著、土筆書房、1978

『日本の民話4　関東』谷本尚史他編、ぎょうせい、1979

『ふるさと千葉県の民話』安藤操、千秋社、1980

『昔話研究資料叢書16　房総の昔話』川端豊彦・金森美代子編著、三弥井書店、1980

「遠山ますさんのこと」柾谷明『口承文芸研究通信（昔話研究資料叢書附録）』19、第2期第4巻、三弥井書房、1980

『千葉県の民話（県別ふるさとの民話21）』日本児童文学者協会編、偕成社、1980

『印内の重右衛門話―下総の笑話（ふるさと文庫）』阿彦周宜編、崙書房、1981

「重右衛門話考」阿彦周宜『口承文藝研究』7号、日本口承文藝學會・刊、1984

『千葉県の歴史　県史シリーズ12』（第2版）小笠原長和・川村優、山川出版社、1985（初版1971）

『新編日本の民話11　千葉県』高橋在久編、未來社、1985

「羽衣伝説」佐々木勝『昔話・伝説小事典』野村純一他編、みずうみ書房、1987

『日本昔話通観9　茨城・埼玉・千葉・東京・神奈川』稲田浩二・小澤俊夫責任編集、同朋舎、1988

『市川の伝承民話』市川民話の会編、市川市教育委員会、1992

『浦安の世間話―前田治郎助の語り（シリーズ・日本の世間話2）』米屋陽一編、青弓社、1992

「愚か村話の近代―「解釈する言説」の変遷―」飯倉義之『口承文藝研究』24号、日本口承文藝學會編、2001

「木小屋ばなしと現代伝説」武田正『伝え（日本口承文芸学会会報）』31、日本口承文芸学会、2002

『富浦町のはなし―千葉県安房郡富浦町〈口承〉資料集―』國學院大學説話研究会編・飯倉義之責任編集、國學院大學説話研究会、2002

『房総と江戸湾　街道の日本史19』川名登編、吉川弘文館、2003

「特集『遊歴雑記』・初編（上）巻32「やはたしらずの藪の事実」」井伊美紀子『昔話伝説研究』23号、昔話伝説研究会編・刊、2003

「翻刻・『般若心經繪入講釋』「無里碍故無有恐怖」（八幡不知森説話）」根岸英之『昔話伝説研究』23号、昔話伝説研究会編・刊、2003

「変容し続ける〈真間の手兒奈〉像―『万葉集』から「手児奈フェスティバル」まで―」根岸英之『昔話伝説研究』24、昔話伝説研究会編・刊、2004

「もう一羽の「くらっこ鳥」―ある「片脚脚絆」説話と本草書―」伊藤龍平『昔話伝説研究』24号、昔話伝説研究会編・刊、2004

『ふるさとお話の旅　千葉　南房総ちょっとむかし3』野村純一監修、飯倉義之編著、星の環会、2005

「下総の笑話・重右衛門話考―「たたかれ鷹匠」「うるさい鷹番」を中心に―」米屋陽一『伝承文化研究』4号、國學院大學伝承文化学会編・刊、2005

『千葉県の歴史100話』川名登編、国書刊行会、2006

『民話―伝承の現実』大島廣志、三弥井書店、2007

『千葉県の歴史　県史12』（第2版）石井進・宇野俊一編、山川出版社、2012（初版2000）

『常設展示解説』館山市立博物館、2012年3月

『房総の民話』平野元三郎・畠山哲明、海の会、1957

『富津町の口承文芸』富津町教育委員会、1971
『昭和46年度調査報告　長柄町の民俗』東洋大学民俗研究会編・刊、大島建彦責任指導、1972（『日本民俗調査報告書集成　関東の民俗　千葉県編』三一書房、1994所収）

◆ 13. 東京都

『大田区の文化財22』、東京都大田区教育委員会社会教育部社会教育課文化財係編、1986
『青梅市の民俗』第2分冊、青梅市教育委員会、1972
『新修　世田谷区史』（上）東京都世田谷区、1962
『墨田区史』東京都墨田区役所編、1959
『続　中野の昔話・伝説・世間話』（中野の文化財 No.15）中野区立歴史民俗資料館、中野区教育委員会、1989
『平将門伝説』村上春樹、汲古書院、2001
『東京都の民俗』宮本馨太郎、慶友社、1981
『中野の昔話・伝説・世間話』（中野の文化財 No.11）中野区立歴史民俗資料館、中野区教育委員会、1987
『八王子ふるさとのむかし話1』清水成夫、1980
『町田市の文化財』11、1974
『町田の民俗』22、町田市立博物館、1980
『府中の口伝え集』府中市立郷土館編、府中市教育委員会、1986
『文化財の保護』6号「特集　八丈島緊急調査」東京都教育委員会、1974
『昔話研究2』1号、壬生書院、1936

◆ 14. 神奈川県

「相州内郷村話」鈴木重光『日本民俗誌大系8』池田弥三郎他、1975
『日本民族伝説全集2　関東篇』藤沢衛彦、河出書房、1955
「津久井郡昔話三篇」鈴木重光『旅と傳説』昭和6年4月号、三元社、1931（『完全復刻　旅と伝説7』岩崎美術社、1978）
『ひでばち』7号、11号、15号、17号、20号、21号、ひでばち民俗談話会、1957～58、1960～61
『神奈川県昔話集1・2』小島瓔禮、神奈川県弘済会、1967・1968
『全國昔話資料集成35　武相昔話集』小島瓔禮編、岩崎美術社、1981
『三浦半島の口碑伝説百選』横須賀文化協会、1958
『遠藤民俗聞書』丸山久子他、藤沢市教育委員会、1961
『横浜郷土叢書2　横浜の伝説』横浜市図書館、1963
『三浦半島の伝説』田辺悟・石黒幸雄、横須賀書籍出版、1971
『藤沢の民話』第1集～第3集、丸山久子他、藤沢市教育文化研究所、1973・1975・1978
『かながわのむかし話3』萩坂昇、むさしの児童文化の会、1972
『神奈川のむかし話』相模民俗学会、日本標準、1977
『日本の伝説20　神奈川の伝説』永井路子他、角川書店、1977
『県別ふるさとの民話8　神奈川県の民話』日本児童文学者協会編、偕成社、1978

『語りつごうふるさとの民話』尾崎忠昭、小田原青年会議所、1978
『かながわのむかしばなし五〇選』神奈川県教育庁文化財保護課編、神奈川合同出版、1983
『横浜の民話』横浜市PTA連絡協議会編、1987
『日本昔話通観9　茨城・埼玉・千葉・東京・神奈川』稲田浩二・小澤俊夫編、同朋舎、1988
『神奈川こども伝承文化発掘・収集報告書4　その1（昔話）・その2（伝説）』神奈川新聞調査センター、神奈川県立青少年センター児童文化課、1990
『丹沢山麓秦野の民話』（上・中）岩田達治、1976、1977
『角川日本地名大辞典14』角川書店、1984
『川崎の民話と伝説』萩坂昇、多摩川新聞社、1993
『川崎の世間話』「川崎の世間話」調査団編、川崎市市民ミュージアム、1996
「横浜の泉区踊場の「猫の踊」譚」高塚さより『昔話伝説研究』21号、昔話伝説研究会、2000
『ポプラディア　新訂版3』ポプラ社、2011
『現代民話考3』松谷みよ子、筑摩書房、2003
『あつぎのむかしむかし』厚木市教育研究所、1978

◆15. 新潟県

『新潟県の昔話と語り手』野村純一、新潟県教育委員会、1979
『波多野ヨスミ女昔話集』佐久間惇一、波多野ヨスミ女昔話集刊行会、1988
『日本民話　瞽女のごめんなんしょ昔』水沢謙一、講談社、1976
『全国昔話資料集成22　越後宮内昔話集』水沢謙一、岩崎美術社、1977
「桃太郎の誕生」柳田國男『定本　柳田國男集8』筑摩書房、1962
『南蒲原郡昔話集』三省堂、岩倉市郎、1943
『昔話と日本人の心』河合隼雄、岩波書店、1982
『越後佐渡の伝説』小山直嗣、第一法規出版、1975
『新潟県伝説集成　中越篇』小山直嗣、恒文社、1995
『越後三条南郷談』外山暦郎、炉辺叢書、1926
『加無波良夜譚』文野白駒（岩倉市郎）、玄久社、1932
『西頚城郡郷土誌稿口碑　伝説篇』文野白駒（岩倉市郎）、西頚城郡教育会、1937
『佐渡昔話集』鈴木棠三、三省堂、1942
『思出の夜話　あったとさ』山田貢、越後タイムス、1942
『富曾亀民俗誌』水沢謙一、富曾亀公民館、1955
『とんと昔があったげど』水沢謙一、未來社、1957
『いきがポーンとさけた』水沢謙一、未來社、1958
『北蒲原郡昔話集』佐久間惇一、岩崎美術社、1974
『佐渡国仲の昔話』丸山久子、三弥井書店、1972
『五泉の民話』新潟県立村松高等学校社会クラブ編、中村書店、1968
『つまりの民話集大成版』つまりの民話刊行会、越後新報社、1969
『吹谷松兵衛昔話集』野村純一、國學院大學、1967

「新潟県佐渡郡羽茂町赤泊村昔話集」『傳承文藝』18号、國學院大學民俗文学研究会、1993

◆16. 富山県

『越中伝説集』小柴直矩、富山県郷土史会、1959
『となみ昔むかし』砺波市小学校教育研究会、1962
『越中の民話』伊藤曙覧、未來社、1963
『伝説とやま』北日本放送、1971
『越中射水の昔話』伊藤曙覧、三弥井書店、1971
『とやま民俗』20号、富山民俗の会、1980
『富山県明治期口承文芸資料集成』稲田浩二、同朋舎、1980
「越中・八尾地方の昔話」(上・下)『昔話―研究と資料―』13・14号、三弥井書店、1984・1985
『柳田國男未採択昔話聚稿』野村純一、瑞木書房、2002
「最初に語る昔話」『野村純一著作集1 昔話伝承の研究(上)』清文堂出版、2010
「富山県下新川郡朝日町・入善町の昔話」『昔話―研究と資料―』47、日本昔話学会、2019

◆17. 石川県

『加賀江沼郡昔話集』山下久男、小川書店、1935
『白山山麓白峰の民話』小倉学・山下鉱次郎、石川県図書館協会、1963
「奥能登地方昔話集」『傳承文藝』8号、國學院大學民俗文学研究会、1971
『石川県珠洲市の昔話と伝説1・2』常光徹編、自刊、1973・1974
『全国昔話資料集成4 白山麓昔話集』小倉学編、岩崎美術社、1974
『全国昔話資料集成19 加賀昔話集』山下久男編、岩崎美術社、1975
『三右衛門話―能登の昔話―』大島広志・常光徹編、桜楓社、1976
『能登・志賀町の昔話・伝説集』石川県立郷土資料館編、志賀町史編さん委員会、1976
『加南の民話』青垣編集委員会、1978
『能登富来町昔話集』立命館大学説話文学研究会、1978
『加賀の昔話』加能昔話研究会編、日本放送出版協会、1979
『南加賀の昔話』黄地百合子他、三弥井書店、1979
『白山麓・手取川流域昔話集』立命館大学説話文学研究会、1980
『小松市の昔話』京都女子大学説話文学研究会・『日本昔話通観』編集委員会編、小松市教育委員会、1981
『金沢の昔話と伝説』金沢口承文芸研究会、金沢市教育委員会、1981
『河内村史』(下)上山秀之編著、河内村役場、1983
『金沢の口頭伝承調査報告書 補遺編』金沢口承文芸研究会、金沢市教育委員会、1984
「石川県石川郡鳥越村調査報告書」『常民』22号、中央大学民俗研究会、1986
『伝説 芋掘り藤五郎』本光他雅雄、北国新聞社、1989
『加南の民話 第2集』民話グループ青垣、1992

『柳田國男未採択昔話聚稿』野村純一編著、瑞木書房、2002
『輪島の民話』輪島市教育委員会、2004
「加賀地方の昔話伝承」『民間説話〈伝承〉の研究』松本孝三、三弥井書店、2007

◆18. 福井県
『福井県の伝説』河合千秋編、福井県鯖江女子師範学校郷土研究部、1936
『福井県郷土誌第二輯　民間伝承篇』中塩清之助編、福井市立実科高等女学校郷土研究部、1939
『泉村民話集　妙春夜話』中道太左衛門、白水社、1966
『越前の民話』杉原丈夫、福井県郷土誌懇談会、1966
『ふるさとの民話と伝説』山口久三、1967
『若狭・越前の民話　第1集』杉原丈夫・石崎直義編、未來社、1968
『越前若狭の伝説』杉原丈夫、松見文庫、1970
「奥越地方昔話集」『傳承文藝』9号、國学院大學民俗文学研究会、1972
『若狭の昔話』稲田浩二、日本放送出版協会、1972
『若越民話の世界』杉原丈夫、福井県郷土誌懇談会、1976
『名田庄むかしはなし』名田庄中学校生徒会編集委員会編、名田庄村教育委員会、1977
『八百比丘尼　伝説資料集』小浜市郷土研究会、1991
『柳田國男未採択昔話聚稿』野村純一、瑞木書房、2002
『わかさ美浜町誌〈美浜の文化5〉「語る・歌う」』美浜町誌編纂委員会、2003
「八百比丘尼」『民間説話〈伝承〉の研究』松本孝三、三弥井書店、2007
『若狭路の民話　福井県三方郡編』田中文雅編著、若狭路文化研究会、2008

◆19. 山梨県
『甲斐の落葉』山中共古、郷土研究社、1926
『甲斐昔話集』土橋里木、郷土研究社、1930
『山梨県の民話と伝説―ふるさとの民話研究―』土橋里木、有峰書店、1979
『甲州年中行事』大森義憲、山梨民俗の会、1952
『山梨県の武田氏伝説』笹本正治編著、山梨日日新聞社、1996
「田螺の長者」『桃太郎の誕生』柳田國男、角川文庫、1951
『全国昔話資料集成16　甲州昔話集』土橋里木、岩崎美術社、1975
『和尚と小僧』中田千畝、温故書屋坂本書店、1927
「和尚と小僧譚」『日本昔話事典』稲田浩二他編、弘文堂、1977
『甲斐の伝説』土橋里木編著、第一法規出版、1975
『日本伝奇伝説大事典』乾克己他編、角川書店、1986
『甲斐国志2』(第2版)佐藤八郎校訂、雄山閣、1998
『山梨県の民話』日本児童文学者協会編、偕成社、1982
『富士吉田市史　民俗編2』富士吉田市史編さん委員会編、富士吉田市、1996
『コト八日―二月八日と十二月八日―』大島建彦編、岩崎美術社、1989
『甲州年中行事　稿本』若尾勤之助、『甲斐志料集成8』甲斐志料集成刊行会編、歴史図書社、1981

『山梨県史民俗調査報告書第6集道志の民俗―南都留郡道志村―』山梨県史編さん専
　門委員会民俗部会、山梨県、2001
『山梨市史　民俗編』山梨市役所編、山梨市、2005
『富士川谷物語』加藤為夫編著、山梨日日新聞社、1987
『日本昔話事典』稲田浩二他編、弘文堂、1977

◆20. 長野県
『日本伝説叢書　信濃の巻』藤澤衛彦編、日本伝説叢書刊行会、1917
『小谷口碑集』小池直太郎編、郷土研究社、1922
『信州の口碑と伝説』杉村顕編、信濃郷土誌刊行会、1933
『小県郡民譚集』小山真夫編、郷土研究社、1933
『信濃昔話集』牧内武司編、山村書院、1939
『信濃の伝説』村沢武夫編、山村書院、1941
『信濃の昔話』1～4、浅川欽一編、スタジオ・ゆにーく、1974～1981
『全国昔話資料集成40　奥信濃昔話集』浅川欽一編、岩崎美術社、1984
『北安曇郡郷土史稿』1～8、信濃教育会北安曇部会、郷土研究社、1930～1937
『諏訪湖畔の口碑伝説』信濃教育会諏訪部会編、信濃教育会諏訪部会、1932
『北佐久郡口碑伝説集』北佐久教育会編、信濃毎日新聞社、1934
『南佐久郡口碑伝説集』南佐久教育会編、信濃毎日新聞社、1939
『信濃の民話』1～13、信州児童文学会編、信濃教育会出版部、1975～1984
『塩の道の民話』平林治康編、信濃教育会出版部、1982
『白馬の民話』あずみ野児童文学会編、信濃教育会出版部、1995
『真田郷の民話』宮島清編、信濃教育会出版部、1995
『諏訪の民話』竹村良信編、信濃教育会出版部、2007
『長野のむかし話』長野県国語教育学会編、日本標準、1976
『信州の民話伝説集成・北信編』高橋忠治編、一草舎出版、2005
『信州の民話伝説集成・南信編』宮下和男編、一草舎出版、2005
『信州の民話伝説集成・中信編』はまみつを編、一草舎出版、2006
『信州の民話伝説集成・東信編』和田登編、一草舎出版、2006

◆21. 岐阜県
『角川日本地名大辞典21　岐阜県』、「角川日本地名大辞典」編纂委員会編、角川書店、
　1980
『日本伝説大系7　中部編』渡辺昭吾編、みずうみ書房、1982
『日本昔話通観13　岐阜・静岡・愛知』同朋舎、1980
「丹生川昔話集」『飛騨採訪日誌続』(「五倍子雑筆」8号)、沢田四郎作編、自刊、1939
「昔話「味噌買橋」の出自―その翻案と受容の系譜―」櫻井美紀『口承文芸研究』15号、
　日本口承文芸学会、1992
『しゃみしゃっきり』鈴木棠三・及川清次編、未來社、1975
「「人影花」考」『昔話の源流』稲田浩二、三弥井書店、1997
『全国昔話資料集成25　恵那昔話集』大橋和華編、岩崎美術社、1977
『西行はどのように作られたのか　伝承から探る大衆文化』花部英雄、笠間書院、

2016
「皿皿山」丸山久子『日本昔話事典』稲田浩二他編、弘文堂、1977
『荘川村の民話　昔話編』荘川村口承文芸学術調査団編、荘川村教育委員会、1993
『中国民話集』飯倉照平訳、岩波文庫、岩波書店、1997
「悪の昔話―「俵薬師」をめぐって―」小堀光夫『語りの講座　昔話入門』花部英雄・松本孝三編、三弥井書店、2014
『日本昔話16　美濃の昔話』稲田浩二編、日本放送出版協会、1977
「夜叉ヶ池伝説」『民話と文学』33号、國學院大学説話研究会編、民話と文学の会、2002
「夜叉ヶ池」駒敏郎『日本伝奇伝説大事典』乾克己他編、角川書店、1986
「椀貸し伝説再考―近代における伝説の生成と受容―」川村清志『人文学報』80号、京都大学、1997
「奥飛騨地方昔話集」『傳承文藝』7号、國學院大學民俗文学研究会、1970
「物食う魚」岩瀬博『日本昔話事典』稲田浩二他編、弘文堂、1977
「近江醒井の泡子塚伝説」『鮭の神・立烏帽子・歌比丘尼　伝説・縁起・ハナシを尋ねる』小林幸夫、三弥井書店、2017
『荘川村の民話　伝説・世間話編』荘川村口承文芸学術調査団編、荘川村教育委員会、1994
「日本の世間話」野村純一『野村純一著作集7』野村純一著作集編集委員会編、2012
『まっ黒けの話』増山たづ子語り、鈴木遥編、影書房、1993

◆22. 静岡県
『伊豆傳説集』後藤江村、郷土研究社、1931
『靜岡縣傳説昔話集』静岡縣女子師範學校郷土研究會編、静岡谷島屋書店、1934
『伊豆の傳説』小山枯柴編著、安川書店、1943
『日本の民話50　遠江・駿河の民話』菅沼五十一編、未來社、1973
『ふるさとの民話9　静岡県の民話』日本児童文学者協会編、偕成社、1978
『全国昔話資料集成30　伊豆昔話集』鈴木遥編、岩崎美術社、1979
『平賀源内と相良凧　凧あげの歴史』川原崎次郎、羽衣出版、1996
『ふるさと百話4』静岡新聞社、1998（「民話の手帳」鎌田久子、「遠州七不思議」渥美静一所収）
「蜘蛛淵伝説の形成―浄蓮の滝を例として―」立石展大『立教女学院短期大学紀要』44、2012
『静岡県の歴史散歩』静岡県日本史教育研究会編、山川出版社、2006
『水窪のむかしばなし』二本松康宏監修、三弥井書店、2015
『みさくぼの民話』二本松康宏監修、三弥井書店、2016
『民話集　殿さま狐』劔持正一、静岡新聞社、2016
『みさくぼの伝説と昔話』二本松康宏監修、三弥井書店、2017
『たつやまの民話』二本松康宏監修、三弥井書店、2018
『春野のむかしばなし』二本松康宏監修、三弥井書店、2019

◆23. 愛知県

『三洲横山話』早川孝太郎、郷土研究社、1921
『猪・鹿・狸』早川孝太郎、郷土研究社、1926
『愛知の民話』名古屋タイムズ社会部編、名古屋タイムズ、1960
『東栄町の民話』東栄町文化財保護委員会、自刊、1962
『鳳来むかしばなし』鈴木隆一、鳳来町教育委員会、1964
『矢作の里』矢作地区小中学校合同研究会編、自刊、1973
『愛知県伝説集（増補）』福田祥男、泰文堂、1974
『中京民俗』11号、藤中尚義編、中京大学郷土研究会、1974
『尾張の民話』小島勝彦、未來社、1978
『三河の民話』寺沢正美、未來社、1978
『愛知県北設楽地方の生活文化昔話集資料編』「愛知県北設楽地方の生活文化」学術調査団、名古屋女子大学生活科学研究所、1984
『南知多の昔ばなし』南知多の昔ばなし編集委員会編、南知多教育委員会、1991
『ふるさとお話の旅　愛知7―奥三河あんねぇおかっさんの語り―』杉浦邦子、星の環会、2005
『私の南吉覚書』中山文夫、蓮華庵編、小栗大造、2005
『豊橋妖怪百物語』内浦有美、豊川堂（発売）、2014
『「ごん狐」の誕生』かつおきんや、風媒社、2015

◆24. 三重県

『生きている民俗探訪　三重』堀田吉雄、第一法規出版、1981
『伊勢・志摩の民話』倉田正邦編、未來社、1961
『奥熊野のはなし―須崎満子媼の語る三〇〇話―』梶晴美編、自刊、2005
『国「登録記念物」・世界「かんがい施設遺産」登録記念誌　立梅用水』水土里ネット立梅用水編・刊、2014
『徐福論―いまを生きる伝説―』逵志保、新典社、2004
『鳥羽志摩の民俗』岩民準一、自刊、1970
『日本の伝説32　伊勢・志摩の伝説』駒敏郎・花岡大学、角川書店、1979
『日本昔話事典』稲田浩二他編、弘文堂、1977
『日本昔話通観15』稲田浩二・小沢俊夫編、同朋舎、1977
『三重県南昔話集』（上）國學院大學説話研究会編、自刊、1984

◆25. 滋賀県

『伊吹町の民話』伊吹山麓口承文芸学術調査団編、和泉書院、1983
『いろりばた』伊吹町教育委員会編、伊吹町教育委員会、1980
『愛知川谷の民俗―神埼郡永源寺町―』滋賀民俗学会編、滋賀民俗学会、1967
『愛知川町の伝承・史話』愛知川町教育委員会編、サンブライト出版、1979
『近江愛知川町の昔話』稲田浩二・笠井典子、滋賀県愛知郡愛知川町、1972
『近江から日本史を読み直す』今谷明、講談社、2007
「近江湖東の竜蛇伝説」『御伽草子と昔話　日本の継子話の深層』黄地百合子、三弥井書店、2005

『近江町むかし話』近江町教育委員会・近江町むかし話編集委員会編、サンブライト出版、1980
『近江の昔話』笠井典子編、日本放送出版協会、1973
『近江八幡ふるさとの昔ばなし』近江八幡市教育委員会編、近江八幡市教育委員会、1980
『近江むかし話』滋賀県老人クラブ連合会・滋賀県社会福祉協議会編、東京ろんち社、1968
『近江竜王町の昔話―滋賀県蒲生郡竜王町―』稲田浩二・笠井典子編、京都女子大学説話文学研究会、1971
「狐の話」三田村耕治『旅と傳説13』昭和15年3月号、三元社、1940（『完全復刻 旅と伝説25』岩崎美術社、1978）
『きのもとのむかし話』木之本町教育委員会編、木之本町教育委員会、1980
『朽木村昔話記録 針畑・麻生川編』丸谷彰他編、京都精華短期大学美術科、1977
『五個荘昔ばなし』五個荘町教育委員会編、サンブライト出版、1980
『湖國夜話―傳説と秘史』樋上亮一、立命館出版部、1935
『湖東町のむかし話』湖東町教育委員会編、サンブライト出版、1979
『三国伝記』（上・下）池上洵一校注、三弥井書店、1976・1982（原書は沙弥玄棟編、室町時代）
『山東昔ばなし』山東昔ばなし編集委員会編、山東町史談会、1977
『滋賀県湖北昔話集』國學院大學説話研究会編、自刊、1985
「滋賀県長浜昔話集」三田村耕治『昔話―研究と資料―』2号、昔話研究懇話会編、三弥井書店、1973（原書1936）
『地震で沈んだ湖底の村 琵琶湖底遺跡を科学する』林博通他、サンライズ出版、2012
『新註 近江輿地志略 全』宇野健一校注、弘文堂書店、1976（原書『近江輿地志略』寒川辰清、1716）
『続近江むかし話』滋賀県老人クラブ連合会編、洛樹出版社、1977
『守山往来 続』守山市教育委員会編、サンブライト出版、1982
『高月町のむかし話』高月町教育委員会編、サンブライト出版、1980
『多賀町の民話集』多賀町教育委員会編、多賀町教育委員会、1980
『中京民俗19 虎姫町の民俗』中京大学郷土研究会編、中京大学郷土研究会、1982
「伝承に見る淡海」2・3・10・11・14・15・29、黄地百合子（『湖国と文化』104・105・112・113・116・117・131号）滋賀県文化振興事業団、2003・2005・2006・2010
『豊郷の昔ばなし』豊郷町教育委員会編、サンブライト出版、1980
『長浜の伝承』長浜市教育委員会編、サンブライト出版、1980
『西浅井むかし話』西浅井町教育委員会編、西浅井町教育委員会、1980
『日本伝説大系8 北近畿編』荒木博之他編、みずうみ書房、1988
『日本昔話通観15 三重・滋賀・大阪・奈良・和歌山』稲田浩二・小沢俊夫編、同朋舎、1977

『日本昔話事典』稲田浩二他編、弘文堂、1977
『能登川のむかし話』能登川町教育委員会編、サンブライト出版、1980
『永源寺町の史蹟と文化財 3 八風街道筋の歴史』深谷弘典、永源寺町郷土史会、1980
『秦荘むかしばなし』愛知郡秦荘町史談会編、秦荘町教育委員会、1980
『びわ町昔ばなし』びわ町教育委員会編、びわ町教育委員会、1980
『米原町むかし話』米原町社会福祉協議会他編、米原町老人クラブ連合会、1980
『マキノのむかしばなし』マキノ町教育委員会編、サンブライト出版、1980
『守山往来』守山市教育委員会編、サンブライト出版、1980
『やす町ムカシむかし』野洲町教育委員会編、野洲町教育委員会、1980
『八日市市のむかし話―孫にきかせる―』八日市市老人クラブ連合会・八日市市社会福祉協議会編、八日市市社会福祉協議会、1972
『余呉の伝説』余呉町立鏡岡中学校郷土クラブ編、余呉町立鏡岡中学校、1971
『余呉の民話』余呉町教育委員会編、余呉町教育委員会、1980
『余呉村の民俗―滋賀県伊香郡余呉村―』東洋大学民俗研究会編、東洋大学民俗研究会、1970
『栗東の民話』栗東町教育委員会編、サンブライト出版、1980
『竜王町のむかし話』竜王町教育委員会編、サンブライト出版、1980

◆26. 京都府

『何鹿の伝承』加藤宗一編、郷土書房、1954
『京都　丹波・丹後の伝説』京都新聞社編、京都新聞社、1977
『京都の伝説　乙訓・南山城を歩く』福田晃・松本孝三、淡交社、1994
『京都の伝説　丹後を歩く』福田晃・真下厚、淡交社、1994
『京都の伝説　丹波を歩く』福田晃・小林幸夫、淡交社、1994
『京都の伝説　洛中・洛外を歩く』福田晃・真下美弥子、淡交社、1994
『京都府の伝承1　京都府船井郡和知町昔話調査報告書』京都府立総合資料館資料部編、京都府立総合資料館資料部、1969
『京都魔界案内』小松和彦、光文社、2002
『京都民俗志改訂版』井上頼寿、東洋文庫、1968（初版1933）
『京の怪談』田中緑紅、緑紅叢書1の5、三人社、1957、復刻版（2018）
「口丹波口碑集」垣田五百次・坪井忠彦編、1925（『日本民俗誌大系4（近畿）』、池田弥三郎他編、角川書店、1975に収録）
『京城勝覧』貝原益軒、1706（『新修京都叢書12』、新修京都叢書刊行会編、臨川書店、1971に所収）
『現代民話考3』松谷みよ子、立風書房、1985
『新京極今昔話　その1』田中緑紅、緑紅叢書2の11、三人社、1959、復刻版（2018）
「ダイダラ坊の足跡」『一目小僧その他』柳田國男、小山書店、1934（『柳田國男全集6』、ちくま文庫、筑摩書房、1989に収録）
『ものと人間の文化史74　蛸』刀禰勇太郎、法政大学出版局、1994
『丹後伊根の昔話　京都府与謝郡伊根町』京都府立総合資料館、1972
『丹波の伝承』田中勝雄、建設社出版部、1941

『丹波和知の昔話―京都府船井郡和知町―』稲田浩二編、三弥井書店、1971
『日本怪異妖怪大事典』小松和彦他編、東京堂出版、2013
『サラブレッド・ブックス93 日本怪奇名所案内』平野威馬雄、二見書房、1976
『日本伝説大系8 北近畿編』福田晃他編著、みずうみ書房、1988
『日本昔話事典』稲田浩二他編、弘文堂、1977
『日本昔話通観14 京都』稲田浩二・小沢俊夫編、同朋舎出版、1977
『日本昔話通観28 昔話タイプ・インデックス』稲田浩二・小沢俊夫編、同朋舎出版、1988
『ピアスの白い糸』池田香代子他編著、日本の現代伝説、白水社、1994
『ひげとちょんまげ 生きている映画史』稲垣浩、毎日新聞社、1966
『ふるさとの民話―丹後町の昔話―』岡節三編、丹後町教育委員会、1983
『町町の伝説 その一』田中緑紅、緑紅叢書1の1、三人社、1957、復刻版（2018）
『都花月名所』秋里籬島、1793（『新修京都叢書5』新修京都叢書刊行会編、臨川書店、1968所収）
『都名所図会』秋里籬島、1780（『日本名所風俗図会8 京都の巻2』竹村俊則編、角川書店、1971所収）
『山城和束の昔話』京都府立総合資料館編、京都府立総合資料館、1982

◆27. 大阪府
『摂陽群談』岡田渓志、大日本地誌大系刊行会、1916
『口丹波口碑集』垣田五百次・坪井忠彦、郷土研究社、1925
『上方』6号、上方郷土研究会、1931
「郷土調査」『枚方市史』枚方市役所、1951
「寝屋長者鉢かづき」『寝屋川市誌』寝屋川市役所、1966
『日本の昔話17 浪速の昔話』笠井典子、日本放送出版協会、1976
『日本の伝説8 大阪の伝説』角川書店、1976
『日本昔話通観15 三重・滋賀・大阪・奈良・和歌山』稲田浩二・小沢俊夫編、同朋舎、1977
「南近畿編」『日本伝説大系9』渡邊昭五他編著、みずうみ書房、1980
『夢のしらせ 大阪の昔話』宮本常一、現代創造社、1981
『日本伝奇伝説大事典』乾克己他編、角川書店、1986
「親棄山」『村と学童』柳田國男、朝日新聞社、1945（『柳田國男全集23』ちくま文庫、1990に収録）
『日本説話伝説大事典』志村有弘・諏訪春雄編、勉誠出版、2000
「別巻民俗」『新修茨木市史10』茨木市、2005
「京都・大阪・奈良」『日本の伝説』藤沢衛彦、河出書房新社、2018
『おばばの昔ばなし』水沢謙一編、野島出版、1966

◆28. 兵庫県
『兵庫県の歴史』三浦俊明他編、山川出版社、2004
『日本昔話通観16 兵庫』同朋舎、1978
『全国昔話資料集成27 但馬昔話集』、岩崎美術社、1978

『民話の炉ばた 彦八はなしなど』井口宗平、のじぎく文庫、1966（増補版は『全国昔話資料集成8 西播磨昔話集』岩崎美術社、1978に所収）
『柳田國男未採択聚稿』野村純一、瑞木書房、2002
『伝説の兵庫県』西谷勝也、神戸新聞出版センター、2000
「氷上郡昔話集」天野眞弓『旅と傳説1～5』昭和12年4・6・7・9・11月号、三元社、1937（『完全復刻 旅と伝説19・20』岩崎美術社、1978）
「播州人のユーモア」『故郷七十年』柳田國男、のじぎく文庫、1989
『播磨鑑』「飾磨褐地染之由来」平野庸脩、江戸後期
『ふるさとの民話史話（綜合版）』足立誠太郎、自刊、1978

◆29. 奈良県

『川上村の昔話』岡節三他編、自刊、1980
『紀伊半島の昔話』京都女子大学説話文学研究会、日本放送出版協会、1975
『九二歳の語り手 松本智惠記の昔話』黄地百合子編、自刊、2013
『日本古典文学大系1 古事記 祝詞』倉野憲司他校注、岩波書店、1958
『下北山村の昔話』岡節三他編、岡節三、1981
「伝承の語り手に学ぶ昔話の継承」吉川紗代『昔話―研究と資料―42』日本昔話学会、2014
『十津川郷の昔話』1・2集、十津川村教育委員会編、第一法規出版、1985・1989
『十津川村の昔話―奈良県吉野郡十津川村―』岡節三編、自刊、1980
「奈良県橿原市・耳成の民話（上）」比較民話研究会『昔話―研究と資料―25号 昔話と呪物・呪宝』日本昔話学会編、三弥井書店、1997
「奈良県橿原市・耳成の民話（下）」比較民話研究会『昔話―研究と資料―26号 昔話における時間』日本昔話学会編、三弥井書店、1998
「奈良県広陵町沢の昔話」松本俊吉『近畿民俗』36号、近畿民俗学会、1965
「奈良県弓手原の昔話」中上武二『近畿民俗』37号、近畿民俗学会、1965
「奈良県吉野郡大塔村の昔話（上）」比較民話研究会『昔話―研究と資料―14号 昔話と世間話』日本昔話学会編、三弥井書店、1985
「奈良県吉野郡大塔村の昔話（下）」比較民話研究会『昔話―研究と資料―15号 昔話と伝説』日本昔話学会編、三弥井書店、1987
「奈良県吉野郡昔話集」國學院大學説話研究会編、自刊、1983
「奈良県吉野町・国栖の昔話（上）」比較民話研究会『昔話―研究と資料―19号 視る昔話』日本昔話学会編、三弥井書店、1991
「奈良県吉野町・国栖の昔話（下）」比較民話研究会『昔話―研究と資料―20号 昔話と子ども』日本昔話学会編、三弥井書店、1992
『奈良県吉野町民間説話報告書』櫻井龍彦他編著、名古屋大学大学院国際開発研究科、1997
『奈良市民間説話調査報告書』竹原威滋他編著、奈良教育大学教育学部 竹原威滋、2004
『奈良伝説探訪』丸山顯德編、三弥井書店、2010
『奈良の伝説』岩井宏美・花岡大学、角川書店、1976

『奈良の民話』松本俊吉編、未來社、1980
『奈良ふるさとのはなし』乾健治、奈良新聞出版センター、1985
『奈良歴史案内』松本俊吉、講談社、1974
『西吉野村の昔話』岡節三他編、自刊、1978
『日本伝説大系9　南近畿編』青山泰樹他、みずうみ書房、1984
『日本昔話大成6』関敬吾、角川書店、1978
『日本昔話通観15　三重・滋賀・大阪・奈良・和歌山』稲田浩二・小沢俊夫編、同朋舎、1977
『日本昔話事典』稲田浩二他編、弘文堂、1977
『野迫川村の昔話』岡節三他編、岡節三他、1979
『野迫川村史』野迫川村史編集委員会、野迫川村役場、1974
『東吉野の民話』竹原威滋・丸山顕徳編、東吉野村教育委員会、1992
『昔話覚書』柳田國男（『定本柳田国男集6』）筑摩書房、1968
『吉野西奥民俗採訪録』宮本常一編著、日本常民文化研究所、1942
『やまぞえ双書2　村の語りべ』やまぞえ双書編集委員会・山添村教育委員会編、山添村、1996
『大和の伝説』（増補版）奈良県童話連盟・高田十郎編、大和史蹟研究会、1959
『大和の民話　奈良市篇』中上武二、地域情報ネットワーク、2015
『大和民俗　昭和48年度調査報告』奈良教育大学民俗研究会編、自刊、1973
『大和民俗　昭和50年度調査報告』奈良教育大学民俗研究会編、自刊、1975

◆30. 和歌山県
『日本昔話事典』稲田浩二他編、弘文堂、1977
『日本昔話通観15　三重・滋賀・大阪・奈良・和歌山』稲田浩二・小沢俊夫編、同朋舎、1977
『南方熊楠全集2』南方熊楠、平凡社、1977
『南方随筆』南方熊楠、岡書院、1926
『南紀土俗資料』森彦太郎編、森彦太郎、1924
『日本の昔話13　紀伊半島の昔話』京都女子大学説話文学研究会編、日本放送出版協会、1975
『紀州　民話の旅』和歌山県、1982
『和歌山県の民話』（ふるさとの民話20）日本児童文学者協会編、偕成社、1980
『熊野・中辺路の民話』（民話叢書5）民話と文学の会、1980
『桃山の民話』（きのくに民話叢書7）和歌山県民話の会、2002
『長寛勘文』
　http://base1.nijl.ac.jp/iview/Frame.jsp?DB_ID=G0003917KTM&C_CODE=0099-002005&IMG_SIZE=&PROC_TYPE=null&SHOMEI

◆31. 鳥取県
『日本昔話通観17　鳥取』稲田浩二、同朋舎、1978
『日本昔話大成』1～12全巻、関敬吾、角川書店、1979
『日本の民話11　兵庫・中国1〈兵庫・鳥取・島根〉』坂田貞和編、研秀出版、1976

『因幡智頭の昔話』福田晃、三弥井書店、1979
『因幡伯耆の伝説』野津龍、第一法規出版、1975
『日本の伝説47　鳥取の伝説』鷲見貞夫、角川書店、1980
『山陰の口承文芸論』酒井董美、三弥井書店、1998
『山陰の民話とわらべ歌』酒井董美、ハーベスト出版、2010
『新鳥取県史 民俗1　民俗編』鳥取県立公文書館県史編さん室編、鳥取県、2016
『洲河崎むらの歴史』むらの歴史発刊委員会編、洲河崎部落、1986
『復刻 佐治谷のむかしばなし』中島嘉吉編、五しの里佐治地域協議会、2009
『佐治谷話のルーツを探る・増補版』有本喜美男、「佐治谷話のルーツを探る」刊行会、2015
『ふるさとの民話4〜6　鳥取県東部編・中部編・西部編』酒井董美、ハーベスト出版、2012

◆32. 島根県

『日本昔話通観18　島根』稲田浩二・小沢俊夫編、同朋舎、1978
『山陰の口承文芸論』酒井董美、三弥井書店、1998
『島根県口碑伝説集』島根県教育会編、島根県教育会、1927
『出雲隠岐の伝説』石塚尊俊編著、第一法規出版、1977
『ふるさとの民話27　島根県の民話』日本児童文学者協会編、偕成社、1981
『日本の昔話14　出雲の昔話』立石憲利・山根芙佐恵編、日本放送協会出版、1976
『日本の民俗　島根』石塚尊俊、第一法規出版、1973
『島根町誌　資料編』島根町教育委員会、1981
『日本昔話事典』稲田浩二他編、弘文堂、1977
『昔話は生きている』稲田浩二、三省堂新書、1970

◆33. 岡山県

『ばばさまのおはなし』阪谷俊作、私家版、1942
『御津郡昔話集』今村勝臣編、三省堂、1943
『なんと昔があったげな』（上・下）岡山民話の会、岡山民話の会、1964
『岡山の民話』稲田浩二編、未來社、1964
『奥備中の昔話』稲田浩二・立石憲利編、三弥井書店、1973
『中国山地の昔話―賀島飛左嫗伝承四百余話―』稲田浩二・立石憲利編、三省堂、1974
『岡山の伝説』太田忠久・水藤春夫、角川書店、1978
『日本昔話通観19　岡山』稲田浩二・小沢俊夫編、同朋舎、1979
『日本伝説大系10　山陽』荒木博之、みずうみ書房、1987
『隠徳のひじり玄賓僧都の伝説』原田信之、法藏館、2018
「岡山県大佐町の後醍醐天皇伝説」原田信之『新見公立短期大学紀要21』2000

◆34. 広島県

『安芸・備後の民話1』（新版）、垣内稔、未來社、2015
『全国昔話資料集成5　安芸国昔話集』磯貝勇、岩崎美術社、1974
『全国昔話資料集成14　芸備昔話集』村岡浅夫、岩崎美術社、1975

『日本昔話事典』（縮刷版）稲田浩二、弘文堂、1994
『日本昔話通観20　広島・山口』稲田浩二・小沢俊夫、同朋舎、1979
『採訪記録　ひろしまの民話1〜3』中国放送、第一法規出版、1981・1982・1984
『日本伝説大系10　山陽』荒木博之、みずうみ書房、1987
『瀬戸内海の十字路せとだ』瀬戸田町商工会（現・尾道しまなみ商工会瀬戸田支所）、1998
『日本昔話ハンドブック』稲田浩二・稲田和子、三省堂、2010改訂
『尾道の民話・伝説』尾道民話伝説研究会、2002
『芸藩通志』頼杏坪他編、復刻「芸藩通志」刊行会、1963
『広島県民俗資料』村岡浅夫、ひろしま・みんぞくの会、1968
『備後の昔話』稲田和子他編、日本放送出版協会、1977
『芸北地方昔話集』國學院大學説話研究会、荻野書房、1977
『西瀬戸内の昔話』柴口成浩他編、日本放送出版協会、1977
『広島県上下町昔話集』広島女子大学国語国文学研究室、渓水社、1983
『西備名区』得能正通編、東洋書院、1990
『稲生物怪録絵巻　江戸妖怪図録』谷川健一編、小学館、1994
『福富長者物語』市古貞治校注、岩波書店、1988
『黄色い泉』小松左京、徳間文庫、1984

◆35. 山口県

「寝太郎伝説の深層構造」井上孝夫『社会文化科学研究』12号、千葉大学、2006
「寝太郎翁に関する一資料」『厚狭郷土調査』2号、厚狭町郷土研究会、1937
「寝太郎伝説ゆかりの地」寝太郎伝説研究会、1993
「寝太郎物語」江沢能求『山陽町史』山陽町教育委員会、1984
「般若姫伝説資料集」柳井市立柳井図書館、1963
「真野長者伝説の分布に就いて」神田継治『山口県地方史研究』創刊号、1954
「般若姫物語　般若寺本「満野長者旧記」より』平生町郷土史調査研究会、1990
「山口市史」山口市史編集委員会、1982
「下関クジラ物語」安冨静夫・岸本充弘、下関くじら食文化を守る会、2002
『クジラと日本人の物語―沿岸捕鯨再考―』小島孝夫編、東京書店、2009
『宮本常一口承文学論集』田村善次郎編、八坂書房、2014
「"芳一ばなし"から「耳なし芳一のはなし」へ」宮田尚『梅光学院大学・女子短期大学部論集』39号、2006
「「耳なし芳一の話」の原話をめぐって」中田賢次『比較文學研究』47号、朝日出版、1985
『日本昔話大成』1〜12巻、関敬吾、角川書店、1978〜80
『日本昔話通観20　広島　山口』稲田浩二・小沢俊夫、同朋舎、1979
『ながとの民話』佐藤治、赤間関書房、1972
『ふるさと叢書Ⅱ　周防長門の伝説』松岡利夫、山口県教育会、1976
『周防・長門の民話　第1集』松岡利夫、未來社、1960
『日本の伝説35　山口の伝説』松岡利夫・古川薫、角川書店、1979

『周防大島昔話集』宮本常一、河出書房新社、2012
『ふるさと豊北の伝説と昔話　第2集浜出祭特集』豊北民話編集委員会、2004

◆36. 徳島県

『徳島県の歴史』北條芳隆他編、山川出版社、2007
『徳島県祖谷山地方昔話集』武田明、三省堂、1943
『あめご八の昔話』細川頼重、自刊、1972（増補版は『全国昔話資料集成10　東祖谷昔話集』岩崎美術社、1975に所収）
『阿波の狸の話』笠井新也、中央公論新社、2009
『土俗学上より観たる蒙古』鳥居きみ子、大鐙閣、1927
『新・桃太郎の誕生　日本の「桃ノ子太郎」たち』野村純一、吉川弘文館、2000
『日本昔話記録9　徳島県井内谷昔話集』武田明、三省堂、1973
『阿波名所図会』「行基菩薩古跡」1811（文化8）年刊
『阿波のタヌキあれこれ!?』猪井達雄、1976

◆37. 香川県

「猿聟入（高松市）」「山姥の話（高松市）」「竹笛（高松市）」「尚庵さんと鶴（高松市）」「古屋の漏り（高松市）」川野正雄『旅と傳説』昭和9年12月号、三元社、1934（『完全復刻　旅と伝説14』岩崎美術社、1978）
「讃岐傳説玩具」加藤増夫『旅と傳説』昭和10年8月号、三元社、1935（『完全復刻　旅と伝説16』岩崎美術社、1978）
『民俗採訪』香川県三豊郡詫間町、國學院大學民俗学研究会、1973
「讃岐丸亀地方の伝承」立花正一『郷土研究』5巻7号、郷土研究社、1936
『日本の民話5　讃岐の民話』武田明、未來社、1958
『全国昔話資料集成9　西讃岐地方昔話集』武田明、岩崎美術社、1975
『日本の伝説5　讃岐の伝説』武田明・北条令子、角川書店、1976
『全国昔話資料集成32　東讃岐昔話集』武田明・谷原博信、岩崎美術社、1979
『日本昔話通観21　徳島　香川』稲田浩二、小澤俊夫責任編集、同朋舎、1978
『県別ふるさとの民話38　香川県の民話』日本児童文学者協会、偕成社、1982
『日本の昔話12　東瀬戸内の昔話』柴口成浩・仙田実・山内靖子、日本放送出版協会、1975
『蟻の目にどんぐり　高松周辺の昔話』谷原博信・水野一典編、岩田書院、1999
『候えばくばく　讃岐・塩飽の昔話』武田明編、未來社、1965
『寺院縁起と他界』谷原博信、岩田書院、1998
『ふるさとお話の旅　香川』谷原博信編、星の環会、2005
『日本昔話大成6』関敬吾、角川書店、1978
『こんぴら狗』今井恭子、くもん出版、2017

◆38. 愛媛県

『伊予の民話』武田明、未來社、1958
『愛媛の昔語り』真鍋博、朝日出版、1960
『えひめの昔ばなし』森正史、南海放送、1967
『伊予路の伝説』合田正良、愛媛地方史研究会、1971

『日本の昔話5　伊予の昔話』和田良誉、日本放送出版協会、1973
『日本の民話18　讃岐・伊予編』武田明、未來社、1975
『日本昔話事典』稲田浩二、弘文堂、1977
『日本昔話通観22　愛媛・高知』稲田浩二、同朋舎、1979
『日本の伝説36　伊予の伝説』和田良誉・村上護、角川書店、1979
『日本伝説大系12　四国編』福田晃、みずうみ書房、1982
『愛媛県史　民俗』（上・下）愛媛県史編さん委員会、愛媛県、1983・1984
『日本昔話ハンドブック』稲田浩二・稲田和子、三省堂、2001
『愛媛の歴史散歩』愛媛県高等学校教育研究会　地理歴史・公民部会編、山川出版社、2006
「愛媛県松山市興居島の和気姫伝説と河野家」肥田伊織『尾道市立大学日本文学論叢』12号、尾道市立大学日本文学会、2016

◆39. 高知県
『土佐昔話集』桂井和雄編、高知日報社、1948
『笑話と奇談』桂井和雄編、土佐民俗叢書、高知県福祉事業財団、1952
『全国昔話資料集成23　土佐昔話集』桂井和雄編、岩崎美術社、1977
『猿の生肝―土佐の昔話―』坂本正夫編、桜楓社、1976
『日本の昔話25　土佐の昔話』坂本正夫編、日本放送出版協会、1979
『土佐の民話』市原麟一郎編、未來社
『高知・伝説散歩』市原麟一郎編、土佐民話の会、1975〜78
『土佐奇談実話集』小島徳治編、高知書房、1957
『土佐とんと昔―高知県の伝説と昔話―』市原麟一郎・冨川光男、土佐民話の会、1978
『土佐艶笑譚』市原麟一郎編、未來社、1986
『土佐の傳説』桂井和雄、土佐民俗叢書、1951〜1954

◆40. 福岡県
『筑紫野民譚集』及川儀右衛門、郷土研究所、1924
『福岡の民話　第1集』加来宣幸、未來社、1960（新版2016『日本の民話30』所収）
『福岡の民話　第2集』加来宣幸、未來社、1974（新版2016『日本の民話52』所収）
『豊国筑紫路の伝説』市場直次郎、第一法規出版、1973
『福岡昔話集（原題 福岡県童話）』（全国昔話資料集成11）福岡県教育会編、岩崎美術社、1975
『浮羽郷土会誌 宇枳波8号―浮羽郷土伝説集―』（復刻版）1975、田中幸夫（福岡県立浮羽高等女学校同窓会誌『高嶺』皇紀二千六百年記念号 付録「郷土の伝説」1940）
『筑前伝説集』佐々木滋寛、福岡県文化会館、1932
「寒田噺」坂根道治郎『國學院雑誌』32巻4号、1926
『豊前地方昔話集』國學院大學説話研究会編刊、1974

◆41. 佐賀県
『肥前の口承文芸考』宮地武彦、昭和堂印刷、1999
佐賀県立図書館HP「Web版　佐賀の昔話」（2012〜2016年作成）
『新佐賀市の民話』佐賀昔話の会、2017

『大和町の民話』佐賀昔話の会、2016
『蒲原タツヱ媼の語る843話』宮地武彦、三弥井書店、2006
『鳥栖の口承文芸』鳥栖市、2008
『厳木の民話』厳木町教育委員会、1980
『諸富の民話』佐賀県立佐賀東高等学校郷土研究部、1979
『三根の民話』佐賀民話の会、1996
『杵島山周辺の民話』白石町教育委員会、1999

◆42. 長崎県

『山口麻太郎著作集1　説話篇』和歌森太郎、佼成出版社、1973
『島原半島昔話集』関敬吾、三省堂、1942
『くったんじじいの話』鈴木棠三、未來社、1958
「昔話「長崎の魚石」の系譜」小堀光夫『昔話伝説研究』33号、昔話伝説研究会、2014
『全国昔話資料集成21　島原半島昔話集 長崎』関敬吾、岩崎美術社、1977
『長安の春』石田幹之助、東洋文庫、1967
『長崎県郷土誌』長崎県史談会、臨川書店、1973
『長崎市制六十五年史　後編』長崎市役所総務部調査統計課、1959
『西海の伝説』山口麻太郎、第一法規出版、1974
『長崎県のカクレキリシタン』長崎県教育委員会、1999
『昭和時代の潜伏キリシタン』田北耕也、日本学術振興会、1954

◆43. 熊本県

『天草島民俗誌』浜田隆一、郷土研究社、1932
『肥後民話集』荒木精之、地平社、1943
『続・肥後民話集』荒木精之、地平社、1944
『肥後昔話集』木村祐章、熊本年鑑社、1955（増補版が『全国昔話資料集成6　肥後昔話集』木村祐章編、岩崎美術社、1974刊行）
『肥後の民話』荒木精之編、未來社、1960
『天草の民話』浜名志松、未來社、1970
『肥後の笑話―熊本の昔話―』木村祐章編、桜楓社、1972
『日本の昔話19　肥後の昔話』濱名志松他編、日本放送出版協会、1977

◆44. 大分県

『炭焼小五郎傳記』波多野政男、農村青年社臨時増刊、1926
『豊後伝説集　増補』郷土史蹟伝説研究会編・刊、1932
『大分県の民話』土屋北彦、自刊、1964
『吉四六話』安部郡、双林社出版部、1965
『国東半島の昔話』第1集～第3集、宮崎一枝、三弥井書店、1978・1979
『吉四六ばなし』宮本清、大分合同新聞社、1974
『全国昔話資料集成17　大分昔話集』阿部通良他、岩崎美術社、1975
『日本昔話通観23　福岡・佐賀・大分』稲田浩二・小沢俊夫、同朋舎出版、1980
「豊後　杵築の民話」土屋北彦『語りによる日本の民話』日本民話の会、国土社、1987

『日本伝説大系13―北九州』山中耕作・宮地武彦、みずうみ書房、1987
『真名野長者伝記纂集　真名の長者一代観音記、内山山王宮縁起』芦刈政治、三重町立図書館、1998
『吉四六・吉吾・寒田ばなし』宇都宮泰長、鵬和出版、2000
『聴く語る創る17号　母の昔話』土屋北彦、日本民話の会、2008

◆45. 宮崎県

『日向の伝説』鈴木健一郎、文華堂、1972
『亡びゆく日向の傳説』小山文雄、日向印刷所、1924
『日向路めぐり』松山敏、文華堂、1933
『日向馬関田の伝承』楢木範行、大空社、1997
『日向今昔物語』日高重孝、ひうが社、1951
『日向民話集』中村地平、日向文庫、1982（復刻）
『日向の民話』比江島重孝、未來社、2015～2016（復刻）
『半ぴのげな話　日向の昔話』比江島重孝、未來社、1959
『塩吹き臼』比江島重孝、桜楓社、1973
『えびの市史』えびの市郷土史編纂委員会編纂、えびの市、1989～1998
『民話と文学2』民話と文学の会、1977

◆46. 鹿児島県

『加無波良夜譚』文野白駒（岩倉市郎）、玄久社、1932
『喜界島昔話集』岩倉市郎、三省堂、1943
『おきえらぶ昔話』岩倉市郎、民間伝承の会、1940
『甑島昔話集』岩倉市郎、三省堂、1933
『全国昔話資料集成15　奄美大島昔話集』田畑英勝、岩崎美術社、1954
『徳之島の昔話』田畑英勝、自家版、1972
『奄美大島の口承説話』田畑英勝、第一書房、2005

◆47. 沖縄県

『南島説話の研究』福田晃、法政大学出版局、1992
『海南小記』柳田國男、大岡山書店、1925（『定本柳田國男集1』筑摩書房、1963に収録）
『沖縄古代文化シンポジウム』谷川健一他、小学館、1983
「鉄文化の南下をめぐって」山下欣一『国文学・解釈と鑑賞』昭和55年12月号、至文堂、1980
「天人女房について―奄美の伝承を中心に―」『南島説話の研究』福田晃、法政大学出版局、1992
『日本伝説体系15　南島』福田晃他、みずうみ書房、1989
『八重山民俗誌』（上）喜舎場永珣、沖縄タイムス社、1977
『南島説話』佐喜真興英、郷土研究社、1922
「琉球小話」『山原の土俗』島袋源七、郷土研究社、1929
『日本の民話11　沖縄の民話』伊波南哲、未來社、1958
『おきなわ昔話』川平朝申、清水書房、1969
『日本昔話通巻26　沖縄』稲田浩二・小沢俊夫編、同朋舎出版、1983

編者・執筆者一覧

●編　者●

花　部　英　雄　　國學院大學文学部教授
小　堀　光　夫　　國學院大學文学部兼任講師

●執筆者●　（50音順、［　］は執筆担当部分）

阿　部　敏　夫　　元北星学園大学文学部教授［北海道］
一　條　宣　好　　敷島書房［山梨県］
黄　地　百合子　　日本昔話学会［滋賀県、奈良県］
小副川　　　肇　　佐賀民話の会［佐賀県］
加　藤　ゆりいか　岩手民俗の会［岩手県］
狩　俣　恵　一　　沖縄国際大学総合文化学部特任教授［沖縄県］
木　村　康　夫　　大田原市歴史民俗資料館［栃木県］
久　保　華　誉　　日本民話の会［静岡県、香川県］
熊　倉　史　子　　日本民俗学会［群馬県］
小　泉　　　凡　　島根県立大学短期大学部名誉教授［島根県］
小　堀　光　夫　　國學院大學文学部［秋田県、岐阜県］
小　堀　美　和　　神田女学園中学校高等学校［神奈川県］
齊　藤　　　純　　天理大学文学部［京都府］
山　東　正　昭　　國學院大學伝承文化学会［鳥取県］
関　根　綾　子　　東京実業高等学校非常勤講師［山形県］
高　塚　さより　　江東区芭蕉記念館［千葉県］
立　石　展　大　　高千穂大学人間科学部［東京都］
田　畑　千　秋　　大分大学名誉教授［宮崎県、鹿児島県］
田　畑　博　子　　中国曲阜師範大学翻訳学院［大分県］
玉　水　洋　匡　　学習院中等科［福島県］
逵　　　志　保　　愛知県立大学非常勤講師［三重県］
内　藤　浩　誉　　國學院大學文学部［福岡県］

中村　とも子　昔話伝説研究会［茨城県］
新田　寿弘　日本口承文芸学会［青森県］
二本松　康宏　静岡文化芸術大学文化政策学部［長野県］
花部　英雄　國學院大學文学部［第1部、兵庫県、徳島県、高知県、熊本県］
原田　信之　新見公立大学看護学部［岡山県］
菱川　晶子　愛知大学非常勤講師［愛知県］
廣瀬　千香子　晃華学園中学校高等学校［新潟県、長崎県］
廣田　收　同志社大学文学部［大阪府］
藤井　佐美　尾道市立大学芸術文化学部［広島県、愛媛県］
松本　孝三　日本昔話学会［富山県、石川県、福井県］
矢部　敦子　小平民話の会［和歌山県］
山田　栄克　神田女学園中学校高等学校［宮城県］
湯川　洋史　福井県立若狭歴史博物館［山口県］
和久津　安史　北本市役所［埼玉県］

事項索引

あ 行

愛本橋伝説 115
赤犬子 295
赤城と日光の戦 79
アカショウビンの話 83
悪竜退治と尻あぶり 83
阿古屋の松 56
朝茶は魔除け 101
朝日長者 277
足跡池 174
足緒のねずみ 73
足柄駒の子のおきつねさん 103
あずき洗い 62
阿曽津婆 168
安達ヶ原鬼婆伝説 61
安寺持方話 66
あめご三貫目 227
飴は毒 113
雨降れ降れ 82
蟻通し説話 112
蟻通明神 178
阿波と讃岐と大阪の人 236

生きていた平賀源内 151
和泉式部 61, 283
伊勢参りの松 48
いたずらカワウソ 242
因幡の白兎 198
犬島 212
犬の足 240
茨木童子 180
芋掘り長者 195
芋掘り藤五郎 121
異類婚姻譚 72
岩手山と姫神山と早池峰山 35
岩一升、米一升・西村彦左衛門 163
印内の重右衛門 91

浮島伝説 276
鶯のほけきょう 107
牛方（と）山姥 53, 135
うしろがわのたすけ 68
うそつき男（俵薬師） 48
歌い骸骨 251
打吹山の天女 202
姥捨（て）山 60, 112, 165, 281
→姨捨山（おばすてやま）
産神問答 294
馬の尻に札 114
浦島太郎 138, 154, 173, 215
ウラズに置こう 猫になったソバ 109
瓜子姫 52
瓜生島伝説 278

江差の繁次郎（話） 23, 32
絵姿女房 105, 294
愛知川の竜 168
衛門三郎と弘法大師 240
遠州七不思議 150

置いてけ堀 97
近江の国のひやみ太郎 47
大石さま 155
大男おじょも 237
狼の玉 189
狼の話 133
狼の眉毛 189
狼報恩 196, 211
大きい歌・小さい歌 148
大歳の客 70, 105, 217, 293
大歳の火 101
大蛇神社 26
大晦日の火 70
大森彦七と鬼女 241
送り狼 133

送りちょうちん	97
おこさまのはなし	80
→蚕由来	
おさととおみつ	64
お小夜沼	72
おさん狐	219
和尚と小僧	113
オシラサマ	37
お玉杓子	231
落葉なき椎	97
おどけもの話（半ぴ）	284
女化稲荷	67
小野小町	46
姨捨山	137
→姥捨山（うばすてやま）	
叔母峯の一本足	191
おはる狐	127
おむすびころりん	206
→鼠浄土（ねずみじょうど）	
愚か村譚（話）	71, 136, 172

か 行

蚕由来	67
かぐや姫	149
影とり沼	49
賢淵	148
貸し椀淵（椀貸伝説）	72, 144
風祈り観音	31
片足脚絆	87
片葉の葦	97
かちかち山	94
甲冑堂	43
河童（河童と相撲）	38, 213, 254, 260, 272
蟹の褌（ふんどし）	114, 200
蟹報恩	171
蟹満寺縁起	171
釜神さまのはじまり	40
かまぼこ汁	114
雷封じ	169
亀の報恩	276
鴨取（り）権兵衛	194, 228
閉所（便所）の屋根葺き	113

消えずのあんどん	97
キジムナー	296
吉五の話／福間の又兵衛	252
吉吾ばなし	223
吉四六話	274
狐（オトウカ）	80
狐・狸化け	192
狐に化かされた話	74
狐のお産	169
狐話	175
木原山に何故九十九も谷があるかの話	270
木部姫伝説	79
清盛の日招き	217
銀の滴降る	24
「きんぷくりん」と「かんぷくりん」	264
鯨のお礼	196
件の話	185
熊と兎と川獺	123
熊野山神社由来（三十人小屋場）	49
熊野の三次郎話	162
くらっこ鳥	87
暗闇から牛でござる	83
栗山話	71
食わず女房	30, 99, 119, 263, 287
鍬取り物語	100
ケィンムン	289
玄賓僧都	212
犬頭の白糸	155
五月の節句にのぼりは立てぬ	156
小島の暗河	289
瞽女淵と土手番さま	103
小僧改名	113
子育て幽霊	119, 258
後醍醐天皇	213
小丸山の鬼退治	72
米福粟福	77
米ぼこ、糠ぼこ	77
湖山長者	201
子を殺してその胃袋を割いて見せた	

索　引　333

武士の話	270
金色姫と蚕	67
コンニャクの貰い風呂	198

さ 行

西行さんと大井川	142
西行伝承	19, 73
西行戻しの橋	84
西行戻しの松	42
酒は三匹	113
佐五郎話	109
ザシキワラシ	38
佐治谷話	212
里見氏の話	90
讃岐の狸	236
鯖腐れ石	265
鯖大師	229
佐兵話・酒の籠抜け	54
佐兵話・豆腐のすだれ	55
猿蟹合戦	76, 95, 129
猿神退治	212
猿地蔵	54
猿と蟹の寄合餅（猿とがにゃの餅争い）	268, 269
猿婿入り	166
寒田話／野間話	252
さんさ踊りの始まり	37
三次郎話・ミナヌカ	162
三体月	197
山内の大力の話	50
三年寝太郎	221
三枚のお札（護符）	60, 78
塩水鳥の親不孝	256
飾磨のかちん染め	184
地獄谷から鬼淵への伝言	145
四国に狐が住まぬわけ	242
爺と婆の餅争い	113
舌切（り）雀	171, 182
しっぺい太郎（猿神退治）	148
ジュネ畑	30
常宮の善坊	125
庄七と小狐	157
上清お虎	115
浄瑠璃姫	156
浄蓮の滝の女郎蜘蛛（賢淵）	148
徐福伝説	160, 259
尻あぶり	126
神功皇后伝説	252
人肉館	139
水軍の母・和気姫	241
水死人と先祖	44
菅原道真	208, 253
雀孝行	111, 188
雀報恩	88
すねこ太郎（すねこたんぱこ）	35, 281
炭焼長者	276
炭焼きと狼	197
瀬戸の海坊主	243
千石岩と鬼岩	282
禅師丸柿	101
せんとくの金	53
千疋狼	166
蕎麦を作らない村	102
蘇民将来と巨旦将来	162

た 行

泰作話	246, 249
大山の背比べ	202
ダイダラ坊の伝説（だいだらぼっち、だんだらぼっち）	85, 102, 161
平将門伝説	96
高尾山の天狗	96
タクシー幽霊	175
竹代り爺（竹切り爺）	172, 205, 216
蛸薬師	174
狸寺	151
狸話	103
旅人馬	200
玉取姫	235
だらな兄ま（鷭さ）	114
鱈の化け物	41
鱈聟	41

樽の栓	126
太郎次郎三郎	124
俵薬師（うそつき男）	48
たんぎくどんの仕事は弁当	85
炭鉱（ヤマ）話	27
団子爺	167
団子婿（聟）	77, 114
だんだらぼっち（ダイダラ坊の伝説、だいだらぼっち）	85, 102, 161
丹波の始まり	173
だんぶり長者	37
血に咲く鈴蘭	25
茶の泡	145
長太の貉退治	121
ツガニの恩返し	251
津軽の太鼓	97
津波の話	93
角なし栄螺	89
燕の恩返し（燕報恩）	87, 186
鶴女房（鶴の恩返し）	54
手なし娘	235
天狗の石合戦	190
天人女房	88, 147, 286, 292
天道さん金の綱	189
遠野三山	36
遠野昔ばなし祭り	34
戸隠山の鬼女紅葉	138
泥鰌汁（勘右衛門話）	258
どっこいしょ買い	131
取っ付（つ）く引っ付く	160, 211
トッポ話	239
隣の寝太郎	183
飛び立ったはったい粉	125
虎丸長者伝説	60
鳥食い婆	190
鳥呑（み）爺	26, 131, 178

な 行

中江ノ島の御水	266
長崎の魚石	264
長良橋人柱	179
七人みさき	247
七尋女	203
七尋女房	208
なまこにまけた鯨	223
名馬里が淵の馬	68
ならぬ鐘	120
鳴門の渦潮	229
難題婚	262
南蛮幽霊井戸	266
南部と伊達の藩境い	35
肉付面	126
女房の口	119
女房の首	119
額田の達才	65
盗人女房	65
猫絵とねずみ	136
猫檀家	148
猫塚	43
猫と南瓜（かぼちゃ（胡瓜））	100, 215
寝覚めの床の浦島太郎	138
鼠（の）浄土	30, 206, 211
野つぼ風呂	203

は 行

馬鹿囃	97
ばか婿さま	71
白銀堂	294
博労と閻魔	143
化け狐	213
化け狸	213
化け袋	231
旗山の義経	230
鉢かづき	180
八郎太郎	31
初歩き	257
鳩と蟻	201
播磨糸長	245

晴れ着は船の櫂	126
半殺し皆殺し	71
盤司祠	56
坂東長者	114
般若姫物語	224
半ぴ（おどけもの話）	287

ピーピーヒョロヒョロジュウージュウーブー	25
引砂の三右衛門話	120
彦一のがらっぱ釣り	269
日高の大男ダイダラ坊（だいだらぼっち）	85
引っ張り屏風	114
尾藤金じゃあどん	271
人影花（椿の花一つ）	142
人柱	254
一目千両	88
ヒバゴン	219
ピピンピヨドリ	130
姫糞	278
姫田の森塚	62
百物語	50
白狐の湯	224
琵琶湖と富士山	167

ふぐとひらめ	233
藤原実方の伝説	56
仏前の松明	114
古屋の漏り	154, 207
不老長寿の妙薬	248

へっぴり嫁	70
屁ひり爺	131
屁の問答	100
蛇女房	124, 166, 263
蛇婿入（り）譚	29, 42, 58, 72, 118, 275, 293
蛇息子	130
弁慶	126, 207

| 法印と狐 | 55 |
| 牡丹餅は蛙 | 112 |

法華嶽の薬師と和泉式部	283
仏ガ浦	30
時鳥と兄弟（時鳥の姉妹）	58, 117
ほら比べ	216
本所七不思議	97

ま 行

まぁだまだわからん	222
マオ鳥	34
増間話	91
真玉橋の人柱伝説	295
真人貉	108
松虫鈴虫	218
松浦佐用姫伝説	259
まのよい漁師	228
継子と尺八	257
継子話	111
真間の手児奈	89
満濃池の竜	237

見（乾）養院（黒羽堀之内）の西行桜	73
三池長者	253
三井寺の鐘	159
三返りの翁	138
水蜘蛛	264
水ひょろ→アカショウビン	195
味噌買橋（夢の夢）	141
御袖天満宮の由来	218
三谷城の松	258
道は十三里	125
皆神山ピラミッド	139
南山の馬鹿婿	59
三保の松原・羽衣（天人女房）	147
耳なし芳一	222
ミヤマショウビンの話→アカショウビン	83
見るなの座敷	107
三輪山	191

| 麦とそば | 83 |
| 虫報恩 | 47 |

| 布良星 | 89 |

モーイ親方	296
物食う魚（飯食う魚）	144
桃内小太郎	47
桃太郎	13, 47, 94, 118, 206, 210, 228, 233
もろぞ恐ろしや→古屋の漏り	153

や 行

八百比丘尼	107, 127
焼餅和尚	113
疫病神の帳面	132
野狐に化かされた話 →狐に化かされた話	260
弥三郎婆	108
夜叉ヶ池	143
山陰中納言	179
山代の馬鹿話	225
山田白滝	125
山の神と乙姫さま	246
山の背比べ	120, 131
山伏狐	55
山姥ぁの話	189
八幡の藪知らず	90
幽霊井戸	265
幽霊和尚（子育て幽霊）	239
夢買長者	106
夢見山	132
ユルカイ村ニシトラノスケ	35
横波三里の海坊主	247
横行の爺	184
吉崎の嫁おどし	126
義経伝説	27, 36
義経北行伝説	36
与蔵沼	55
嫁田	149
嫁と姑	112
与茂吉話	42

ら 行

竜宮（龍宮）	72, 154, 280
良弁杉	190

わ 行

鷲の育児	190
笑話	4
藁しべ長者	177
椀貸伝説（貸し椀伝説）	72, 144

人名索引

あ 行

浅井了意 ……………………………… 50
浅川欽一 ……………………………… 135
安部勤也 ……………………………… 15
荒木博之 ……………………………… 6

井口宗平 ……………………………… 182
池上真理子 …………………………… 82
石井忠行 ……………………………… 45, 50
石村春荘 ……………………………… 205
礒貝勇 ………………………………… 214
市原麟一郎 …………………………… 245
和泉式部→事項索引 p.332
井出道貞 ……………………………… 134
伊藤曙覧 ……………………………… 110
稲田浩二 ……………… 5, 66, 142, 190, 210
伊波南哲 ……………………………… 291
伊波普猷 ……………………………… 286
今村泰子 ……………………………… 45, 47
今村義孝 ……………………………… 45
岩倉市郎（文野白駒）………………… 104
岩瀬博 ………………………………… 292

上田秋成 ……………………………… 73
上野勇 ………………………………… 76
内田伸 ………………………………… 221

江口文四郎 …………………………… 51
遠藤庄治 ……………………………… 292

及川儀右衛門 ………………………… 214
大島広志 ……………………………… 116
大庭良美 ……………………………… 205
岡節三 ………………………………… 188
小野小町→事項索引 p.333
折口信夫 ……………………………… 161, 288

か 行

桂井和雄 ……………………………… 244
鎌田久子 ……………………………… 147
河合千秋 ……………………………… 122
河合隼雄 ……………………………… 107

喜田貞吉 ……………………………… 227, 229
木下順二 ……………………………… 2
木村祐章 ……………………………… 268
金田一京助 …………………………… 23, 33

久保寺逸彦 …………………………… 23
久留島武彦 …………………………… 274

玄賓僧都→事項索引 p.333
劔持正一 ……………………………… 147

小泉八雲（ラフカディオ・ハーン）…… 204
小倉学 ………………………………… 116
小島勝彦 ……………………………… 153
小島瓔礼 ……………………………… 98
後醍醐天皇→事項索引 p.333
駒形覐 ………………………………… 105
近藤喜一 ……………………………… 57

さ 行

西行→事項索引 p.334
斎藤純 ………………………………… 47
酒井董美 ……………………………… 205
坂本久之進 …………………………… 268
坂本正夫 ……………………………… 245
佐喜真興英 …………………………… 291
佐久間惇一 …………………………… 105
櫻井美紀 ……………………………… 16, 142
佐々木徳夫 …………………………… 33, 39
佐々木喜善 …………………………… 33
笹本正治 ……………………………… 129

佐藤義則	51
更科源蔵	23
沢田四郎作	63, 140
島袋源七	291
清水達也	147
菅江真澄	45, 49
菅原道真→事項索引 p.334	
杉浦邦子	153
須崎満子	163
鈴木棠三	51, 81, 104, 140, 142, 262
鈴木隆一	153
関敬吾	2, 4, 12, 82
瀬下敬忠	134

た 行

高井恵子	77
高木敏雄	267
武田明	232
武田正	51, 55
立石憲利	210
田中螢一	205
谷垣桂蔵	181
知里真志保	23
土橋里木	128
常光徹	116
鶴尾能子	63
寺沢正美	153
外山暦郎	104
鳥居龍蔵	227

な 行

中上武二	188
中塩清之助	122
中田千畝	131, 274
中山太郎	286
波平恵美子	44

新見南吉	157
西谷勝也	182
能田太郎	268
野口正義	268
野添憲治	48
野村純一	11, 47, 50, 77, 81, 105, 163, 182, 228

は 行

萩原正徳	285
浜田隆一	268
浜名志松	268
早川孝太郎	152
人見焦雨	45
平賀源内→事項索引(生きていた──)p.332	
廣瀬清人	17
福田晃	292
藤澤衛彦	134
藤原実方→事項索引 p.336	
文野白駒→岩倉市郎	104
弁慶→事項索引 p.336	
細川頼重	226

ま 行

柾谷明	79
松岡利夫	221
松谷みよ子	11
松本俊吉	188
丸山久子	105
丸山學	268
水沢謙一	104
三田村耕治	163
南方熊楠	194
宮田登	11, 50, 84
宮地武彦	255
宮本常一	180, 221
武藤鉄城	45, 49

持谷靖子····································76
森脇太一··································205

や 行

八木三二··································268
柳田國男··········2, 6, 9, 33, 48, 72, 79, 106, 130, 161, 179, 189, 221, 226, 274
山口麻太郎······························261

山下久男····························116, 120
山田貢····································104

吉沢好謙································134
吉野秀政································261

ら 行

ラフカディオ・ハーン→小泉八雲········204

47都道府県・民話百科

令和元年11月25日　発行

編者　花部英雄
　　　小堀光夫

発行者　池田和博

発行所　丸善出版株式会社
〒101-0051 東京都千代田区神田神保町二丁目17番
編集：電話(03)3512-3265／FAX(03)3512-3272
営業：電話(03)3512-3256／FAX(03)3512-3270
https://www.maruzen-publishing.co.jp

© Hideo Hanabe, Mitsuo Kobori, 2019
組版印刷・富士美術印刷株式会社／製本・株式会社星共社
ISBN 978-4-621-30418-1　C 3539　　　　　　Printed in Japan

JCOPY 〈(一社)出版者著作権管理機構 委託出版物〉
本書の無断複写は著作権法上での例外を除き禁じられています．複写される場合は，そのつど事前に，(一社)出版者著作権管理機構（電話 03-5244-5088, FAX 03-5244-5089, e-mail：info@jcopy.or.jp）の許諾を得てください．

【好評関連書】

47都道府県・**地野菜／伝統野菜百科** ISBN 978-4-621-08204-1
47都道府県・**魚食文化百科** ISBN 978-4-621-08406-9
47都道府県・**こなもの食文化百科** ISBN 978-4-621-08553-0
47都道府県・**伝統調味料百科** ISBN 978-4-621-08681-0
47都道府県・**地鶏百科** ISBN 978-4-621-08801-2
47都道府県・**肉食文化百科** ISBN 978-4-621-08826-5
47都道府県・**汁物百科** ISBN 978-4-621-08947-7
47都道府県・**和菓子／郷土菓子百科** ISBN 978-4-621-08975-0
47都道府県・**寺社信仰百科** ISBN 978-4-621-30122-7
47都道府県・**乾物／干物百科** ISBN 978-4-621-30047-3
47都道府県・**くだもの百科** ISBN 978-4-621-30167-8
47都道府県・**米／雑穀百科** ISBN 978-4-621-30182-1
47都道府県・**遺跡百科** ISBN 978-4-621-30224-8
47都道府県・**国宝／重要文化財百科** ISBN 978-4-621-30295-8
47都道府県・**公園／庭園百科** ISBN 978-4-621-30180-7 ※定価（本体3,800円＋税）

ISBN 978-4-621-08065-8

ISBN 978-4-621-08543-1

ISBN 978-4-621-30158-6

ISBN 978-4-621-08761-9

ISBN 978-4-621-08996-5

ISBN 978-4-621-30379-5

ISBN 978-4-621-30409-9

ISBN 978-4-621-30411-2